U0559149

基于风险认知与知识产权视角的
转基因水稻产业化可持续发展研究

齐振宏 等 著

科学出版社

北 京

内 容 简 介

本书基于风险认知与知识产权视角对我国转基因水稻产业化可持续发展问题进行了系统研究。借助风险认知理论、感知价值理论、风险社会理论等相关理论和多元有序分类 Logistic 模型、结构方程模型建模等统计数据分析工具进行了实证研究，重点研究了转基因水稻产业化可持续发展公众认知、风险管理、知识产权、法律监管、生物育种和政策创新等问题。对相关领域的理论研究者、政策制定者和工作实践者具有较为重要的指导和参考价值。

本书可供关注转基因水稻产业化可持续发展的科技工作者、管理工作者、高等院校师生参考使用。

图书在版编目（CIP）数据

基于风险认知与知识产权视角的转基因水稻产业化可持续发展研究/齐振宏等著. —北京：科学出版社，2019.9

ISBN 978-7-03-062262-4

Ⅰ.①基… Ⅱ.①齐… Ⅲ.①转基因植物-水稻-农业可持续发展-研究-中国 Ⅳ.①F326.11

中国版本图书馆 CIP 数据核字（2019）第 193887 号

责任编辑：林　剑 / 责任校对：彭珍珍
责任印制：吴兆东 / 封面设计：无极书装

科 学 出 版 社 出版

北京东黄城根北街 16 号
邮政编码：100717
http://www.sciencep.com

北京中石油彩色印刷有限责任公司 印刷

科学出版社发行　各地新华书店经销

*

2019 年 9 月第 一 版　开本：720×1000　1/16
2019 年 9 月第一次印刷　印张：19
字数：370 000

定价：208.00 元

（如有印装质量问题，我社负责调换）

本书获得华中农业大学农林经济管理一流学科建设经费资助

本书获得国家科技重大专项子课题"抗虫转基因水稻新品种培育"研究经费资助

本书获得国家重点项目"转基因农业生物技术产业化可持续发展研究"经费资助

前　言

本书基于风险认知与知识产权视角对我国转基因水稻产业化可持续发展问题进行了系统研究。借助风险认知理论、感知价值理论、风险社会理论等相关理论和多元有序分类 Logistic 模型、结构方程模型建模等统计数据分析工具进行了实证研究，重点研究了转基因水稻产业化可持续发展公众认知、风险管理、知识产权、法律监管、生物育种和政策创新等问题。

一、研究内容与特点

1. 转基因水稻产业化可持续发展背景和现实意义分析——基于全球粮食安全视角

粮食安全始终是推动经济发展、保持社会稳定的基础。但从中长期发展趋势看，我国受人口、耕地、水资源、气候、能源、国际市场等因素变化的影响，在现有的农业科技水平下，实现粮食安全和可持续发展将面临更加严峻的挑战。国家科技支撑计划水稻产业技术调研课题组（简称课题组）结合全球转基因技术产业化发展面临的机遇和挑战，针对我国粮食生产面临的资源禀赋约束、资源环境瓶颈、粮食供需结构性矛盾等突出的现实问题，就转基因水稻产业化可持续发展对保障我国粮食安全和食品安全、培育战略新兴产业、提高生物育种产业国际竞争力、转变农业经济发展方式及实现农业可持续发展的重要性、必要性和紧迫性进行了全面而深入的分析。

2. 公众对转基因食品风险认知实证分析——基于结构方程模型实证研究

转基因食品风险问题一直备受争议与关注。公众作为市场的主体，其对转基因食品风险客观而科学的认知在一定程度上直接影响其对转基因食品的价值判断和购买意愿。因此，如何消除公众对转基因食品的风险认知偏差，不仅直接影响政府对转基因食品的相关决策，也将直接决定转基因食品的产业化发展和商业化进程。

课题组通过对信息不对称理论、风险认知理论和计划行为理论的诠释与运用，提出了公众对转基因食品风险认知的分析框架；通过描述性统计分析了公众对转基因食品风险认知的现状；采用验证性因子分析识别了影响公众对转基因食品风险认知的关键因子；并运用结构方程模型和回归分析方法揭示了公众对转基因产品知识认知、安全风险认知及卷入程度对其转基因食品感知价值和购买行为的影响机理。课题组运用多元有序分类 Logistic 模型揭示了公众和科学家风险认知差异产生的根本原因，并提出了建立有效的风险交流机制的对策路径，对政府部门制定转基因食品相关政策、引导转基因产业健康有序发展具有重要的参考价值。

3. 知识产权视角下转基因水稻产业化可持续发展战略设计与制度安排

我国转基因生物技术和产业化发展虽然取得一定成绩，但技术发展不够和产业化水平不高仍然是整个转基因水稻产业化可持续发展面临的最大实际问题。如何有效地推动和保障我国转基因水稻产业化可持续发展，需要从宏观上制定转基因水稻技术产业知识产权战略来引导转基因水稻技术创新和产业化可持续发展，从微观上建立健全以知识产权制度为核心的法律法规，保护相关利益主体的利益，促进转基因水稻技术产业化发展。

课题组以《国家知识产权战略实施纲要》和《农业知识产权战略纲要（2010—2020 年）》为指导，在充分借鉴发达国家和发展中国家转基因水稻技术产业知识产权战略实践经验的基础上，提出了我国转基因水稻技术产业知识产权战略制定的现实基础、指导原则、发展目标及战略重点，重点对我国转基因水稻技术产业知识产权创造战略、保护战略、管理战略和运用战略进行了系统分析和建构。为了保障我国转基因水稻技术产业知识产权战略的有效实施，从知识产权保护模式、客体、内容，配套政策法律，科技成果转化，以及人才队伍与文化建设等方面提出了政策建议。

4. 转基因水稻产业化增加生物种业可持续发展路径选择

课题组基于风险认知与知识产权保护视角进行的转基因水稻产业化可持续发展的实证研究和综合分析，系统总结了国内外转基因水稻产业化可持续发展对全球种业特别是生物种业科技发展带来的重大机遇和挑战。为了突破我国种业发展瓶颈，推进生物种业可持续发展，提升我国生物种业核心竞争力，分别从提高育种研发创新能力、加快种业科技创新体制改革、培育大型生物种业公司、推广上下游一体化的育种模式、加快育种制种基础设施建设和完善市场政策法规体系等方面提出了促进我国生物种业可持续发展的对策建议。

二、研究方法与特点

本书研究范围涉及经济学、管理学、社会学、心理学、法学等领域的内容，因此在研究过程中课题组打破了时空、学科界限，采用文献研究法、实证研究法和计量模型研究法，通过将规范分析与实证分析相结合，定性分析与定量分析相结合，案例研究、比较研究与计量模型研究相结合来进行研究。

在对转基因水稻产业化可持续发展背景和现实意义进行分析时，通过文献收集、统计年鉴数据测算，揭示国内外转基因食品产业化可持续发展的现状、特征与问题。在对公众转基因食品风险认知进行分析时，借鉴相关学科领域的理论，构建了公众及科学家对转基因食品风险认知的分析框架，并运用实地调研数据和多元有序分类 Logistic 模型，探讨影响公众和科学家对转基因食品风险认知的因素及这些因素之间的相互关系。在对转基因水稻产业化可持续发展战略及相关保障制度进行设计时，通过对转基因水稻技术产业知识产权战略已有相关研究成果进行比较分析，为我国转基因水稻技术产业知识产权战略规划制定提供参考借鉴；通过对国际法律体系、发展趋势和发展动向对比的研究，提出完善我国转基因水稻技术产业知识产权战略的政策建议。

三、创新程度与特点

1）研究视角和范式创新之处：已有文献对转基因水稻产业化方面的研究主要是从技术视角，或从伦理学、法学、社会学、管理学、经济学等单一视角展开，本书则是以 21 世纪全球生物科技与产业革命发展和我国粮食安全为研究背景，从"技术链+产业链"整合视角，从产业链视角运用可持续发展理论范式对我国转基因水稻产业化可持续发展问题进行了研究。从宏观、微观层面建立了一个具有中国特色的转基因水稻产业化可持续发展基本模式和分析框架。本书首次从产业链视角运用可持续发展理论范式，从文理交叉的整合视角来研究相关问题，其研究视角和范式有所创新。

2）在研究方法上的创新之处：已有文献对转基因水稻产业化可持续发展的研究以经验总结式定性描述性分析为主，课题组根据转基因水稻产业化发展具有的"自然系统+经济系统+社会系统"的复合系统特性，广泛采用产业经济理论、可持续发展理论、信息不对称理论、风险认知理论、产业链理论、制度经济学、计量经济学模型等相关理论与方法，采用规范分析与实证研究相结合，定量分析与定性分析相结合，案例研究、比较研究和数理模型研究相结合的研究方法，同时综合运用逻辑的混合合成（logic compound systhesis）方法。研究方法整合性强，体现了文理多学科交叉综合的特点。实证研究作为本书的基点，也是一大特色。

3）在研究内容上的创新之处：近年来，转基因作物产业化研究是一个前沿性的研究热点问题，但理论界对转基因农业生物技术产业化可持续发展的研究还非常少见，特别缺乏深入而系统的理论研究与实证分析。课题组运用产业链理论、可持续发展理论，首次从风险认知与知识产权保护两个视角，构建了转基因水稻产业化可持续发展分析框架；以往对转基因风险管理的研究主要是从客观的技术风险角度来研究的，本书从风险认知视角对其进行深入的实证调查和理论分析，建立基于信息不对称理论的风险认知 Logistic 模型与风险交流机制分析框架。这些研究内容都是首次全面而系统地研究转基因水稻产业化可持续发展问题，具有较大创新。

四、突出特色与主要建树

1）本书比较系统、全面地梳理和分析了我国转基因水稻产业化可持续发展问题，构建了基于信息不对称理论的公众转基因风险认知实证模型与风险交流机制分析框架；从知识产权视角丰富了我国转基因水稻产业化可持续发展战略系统；构建了我国转基因水稻产业化可持续发展的法律监管制度框架；构建了基于"四力模型"的生物育种产业可持续发展分析框架。

2）本书研究成果打破了时空、学科界限，以跨学科研究和文理交叉研究为主要研究方法，综合运用文献法、描述性研究法、调查法、比较分析法、个案研究法等方法，从伦理学、法学、社会学、管理学和经济学等不同领域对转基因水稻消费者认知问题、转基因科技伦理问题、转基因风险管理问题、转基因知识产权问题、转基因产业经济影响问题和国际贸易问题进行了系统研究。

五、学术价值和应用价值，以及社会影响和效益

1. 学术价值

本书比较系统、全面地梳理和分析了我国转基因水稻产业化可持续发展问题，构建了基于信息不对称理论的公众转基因风险认知实证模型与风险交流机制分析框架；从知识产权视角丰富了我国转基因水稻产业化可持续发展战略系统；构建了我国转基因水稻产业化可持续发展的法律监管制度框架；构建了基于"四力模型"的生物育种产业可持续发展分析框架。

2. 应用价值、社会影响和效益

课题阶段性成果——《打造国家种业中心研究》被湖北省委书记李鸿忠批示，获得湖北发展研究奖一等奖。齐振宏提交的《打造国家种业中心研究》被湖北省委书记李鸿忠、省委副书记张昌尔、省委秘书长傅德辉等批示，认为"课题重大，针对性强，意见具操作性，建议很好"，要求农业厅、省农业科学院、种业公司等"要大力推进"，农业厅在落实全省现代农业发展规划、制定种业工程专项规划时"要统筹研究考虑"。该成果获得湖北发展研究奖一等奖（编号：HBF2014-1-05；湖北省人民政府 2014 年 12 月颁发），产生了较大的经济社会效益。

转基因水稻可持续发展研究，研究的视角很多，而且有的还特别重要，由于研究经费、研究时间、研究能力所限，我们遵循有限目标与重点突出原则，主要从公众对转基因食品的风险认知和转基因水稻的知识产权保护两个视角来进行重点研究，其他视角（如科技创新视角、产业链发展视角）的研究有待于今后进一步深入展开。

　　由于课题组掌握的资料和课题组认识水平的限制，本书难免存在不足之处，恳请广大读者批评指正。

齐振宏

2019 年 1 月 10 日

目　　录

第1章 转基因水稻产业化可持续发展
对我国的意义

转基因水稻，是通过转基因技术将不同品种水稻或近缘物种的抗虫基因、抗病基因等导入某种水稻基因组内培育出的水稻品种。我国转基因水稻技术研究居于世界先进水平，稻米又是我国的主粮，发展转基因水稻产业化对我国的农业发展具有特别重要的意义。但由于转基因水稻是主粮，其产业化推广和应用过程中，不仅受技术创新和安全环境评价的影响，还会受公众的接受度和知识产权保护的影响。虽然我国现在转基因水稻技术研究处于世界先进水平，但产业化步伐遭遇种种阻力而推进迟缓，如何提高公众的接受度和知识产权保护的有效性成为亟待研究的重大课题。

当前国际上转基因技术及其产业化发展势头异常迅猛，全球农业转基因的技术研发态势非常强劲，发达国家全力抢占技术制高点，发展中国家也在积极跟进。国际农业生物技术应用服务组织（International Service for the Acquisition of Agri-biotech Applications, ISAAA）2018 年 6 月 26 日颁布的《2017 年全球生物技术/转基因作物商业化发展态势》报告指出，转基因作物的种植面积从 1996 年的 170 万 hm^2 上升至 2017 年的 1.898 亿 hm^2（James，2018）。生物技术仅用 22 年时间便取得 110 倍的增长，成为近年来应用最为迅速的农作物技术。作为有 13.9538 亿[①]人口的大国，自然不能落伍，我国对转基因生物的研发和产业化也高度重视。2008年启动了转基因生物新品种培育科技重大专项，2008～2018 年的中央一号文件多次对推进转基因生物新品种培育和产业化工作进行了专门部署，明确提出要加强农业转基因技术研发，抢占技术制高点。农业农村部确定了"十三五"要推进新型转基因抗虫棉、抗虫玉米等产业化进程，保持抗虫水稻、抗旱小麦等粮食作物转基因品质的研发力度，保持转基因水稻新品种研发的国际领先地位，并且确定了首先发展非食用的经济作物，其次发展饲料作物、加工原料作物，再次发展一般食用作物，最后发展主粮作物的发展路径图。我国在确保安全的基础上，在技术上要进行大胆研究，在产业化上要谨慎推进，但转基因水稻产业化必将成为发展趋势。

从中长期发展趋势看，我国受人口、耕地、水资源、气候、能源、国际市场

---

① 数据来源于 http://data.stats.gov.cn/search.htm?s=2018　人口。

等因素变化的影响，在农业经济和科技水平都比较落后的条件下，实现粮食安全和可持续发展将面临更加严峻的挑战。自 1998 年以来，我国水稻单产无明显增加，常规水稻生产技术发展遇到了瓶颈。更为重要的是，现代杂交育种技术负面作用日益凸显，突出表现为化肥农药的过量施用，不仅导致水稻生产成本上升，而且破坏了生态环境，给农民和消费者身体健康也带来了损害，直接影响了水稻种植业的可持续发展。而 Bt 转基因水稻的大田试验数据显示，转基因水稻具有节省农药和减少农民施用农药中毒及增产的作用（Huang et al.，2005）。因此，我国发展转基因水稻，并积极推进其产业化，既是国家粮食安全战略层面上的布局，也是转变农业生产方式的迫切需求（农业部农业转基因生物安全管理办公室，2013）。尤其是 2009 年 8 月，两种转基因抗虫水稻‘华恢 1 号’和‘Bt 汕优 63’获得了由农业部颁发的农业转基因生物安全证书，标志着我国转基因水稻产业化进入加快发展的新阶段，2014 年底，农业部重新向‘华恢 1 号’和‘Bt 汕优 63’转基因抗虫水稻颁发了农业转基因生物安全证书，我国转基因水稻产业化在确保安全中谨慎推进。运用转基因技术培育高产、优质、多抗、高效的新水稻品种，对降低农药和化肥投入、缓解资源压力、保护生态环境、改善水稻品质、保障我国 21 世纪大米主粮安全、促进产业升级和农业可持续发展等具有重要作用。

1.1　保障我国粮食安全

国以民为本，民以食为天，食以安为先。解决好 13.9538 亿人口的吃饭问题，始终是治国安邦的头等大事，始终是推动经济发展、保持社会稳定的基础。因此，必须从战略和全局高度，牢牢掌握粮食安全的主动权。从当前和今后相当长的时期来看，我国粮食安全面临的形势十分严峻。随着工业化、城市化加速推进，我国人多地少的矛盾更加突出，粮食消费结构出现重大变化，资源环境瓶颈约束日趋增强，农业市场竞争日益激烈，气候变化不断加剧，自然灾害呈现多发频发态势，保持粮食持续稳产增产、有效供给、价格稳定的压力不断加大，矛盾越来越多，保障水稻总量平衡、质量提升的任务十分艰巨。我国农业基础十分脆弱、农业生产成本上升、比较效益下降、青壮年劳动力短缺等对粮食安全的约束日益加大。从我国粮食生产现实情况来看，粮食单产长期徘徊不前，增加产量主要依靠单产的提高，这就意味着必须进一步提升科技水平，而常规技术增产潜力遇到了技术瓶颈制约。在诸多的农业科技中，优良品种技术对农业增产贡献率可达 40%以上，因此加快水稻生物育种技术创新，培育高产、优质、多抗、高效的新水稻品种就显得格外重要。推进转基因水稻产业化有助于深刻认识我国基本国情和粮食安全面临的严峻挑战，以及转基因水稻产业化所具有的巨大潜力及其对保障粮食安全的重大意义。

1.1.1 人口总量增长带来粮食刚性需求，导致粮食缺口扩大

人口总量和增长速度是影响粮食需求的最为重要的因素。据美国人口调查局估计，全球人口将由2013年的70.57亿人[①]增加到2050年的98亿人[②]，增长29.66%。根据联合国环境规划署（United Nations Environment Programme，UNEP）的报告，2013～2050年，全球粮食需求将增长70%[③]。人口的膨胀将继续推动人类对粮食和纤维的需求。我国是一个人口大国，根据国际计划生育联合会等机构相关研究预测，到2020年我国总人口大约为14.2亿人，预计到2030年将达14.5亿人[④]，人口对粮食的需求总量将继续呈现刚性增长态势。

虽然2003～2014年，我国粮食产量实现了连增，平均总产量约为5299.66亿kg[⑤]。但粮食自给率从2002年的100%逐年下滑，到2012年粮食自给率仅为88%，其中，水稻自给率则为99%；2012年大米的净进口量为20.88亿kg，2013年为17.61亿kg（朱晶，2014）。2016年3月6日全国政协常委、全国政协经济委员会副主任陈锡文则表示，2015年中国粮食总产量为6214.5亿kg，总需求量为6400亿kg以上，存在200亿kg左右的缺口（陈锡文，2016）。根据国务院发布的《中国食物与营养发展纲要（2014—2020年）》，2020年中国人均粮食需求量为420kg才能达到粮食安全标准。根据国家发展和改革委员会预测，到2020年我国居民人均粮食消费量为395kg，总需求量为5725亿kg；2030年我国居民人均粮食消费量为420～450kg，总需求量为6720亿～7200亿kg。据农业部预测，到2020年即使中国粮食产量上升到5540亿kg，缺口仍将加大到500亿kg；到2030年，粮食缺口将达1220亿～1700亿kg（国家发展和改革委员会，2008）。因此，保障粮食安全的任务十分艰巨，水稻增质增产需求迫切。随着我国乃至全球人口的增加，要保持现有的营养水平，依靠目前的水稻品种不可能实现这一目标，必须更加广泛地运用生物育种技术包括转基因水稻技术，促进转基因水稻产业化及其可持续发展。

1.1.2 居民膳食消费结构改善拉动粮食需求不断扩大

随着我国经济的高速增长，工业化、城市化的不断推进，人均收入的不断提高，农产品消费需求不断增长，居民膳食消费结构发生了巨大变化，农产品消费

---

① 数据来源于全球经济数据. 2018-11-28. 2013年世界国家和地区人口总数排名. http://www.qqjjsj.com/lssj/46749.html。

② 数据来源于联合国经济和社会事务部. 2017-06-21. 联合国报告预测：2050年世界人口将达98亿7年后印度人口总数将超中国. http://www.un.org/development/desa/zh/news/population/world-population-prospects-2017.html。

③ 数据来源于环球网。http://finance.huanqiu.com/data/2013-12/4668110.html?agt=15438。

④ 数据来源于《国家人口发展规划（2016—2030年）》。

⑤ 数据来源于国家统计局官网，是2003～2014年我国粮食产量的平均数。

结构性矛盾日益突出。到 2020 年我国城市化率将达到 55%，到 2030 年我国城市化率将达到 65%，即每年大约增加 1100 万城市人口（叶林，2011）。大批进城农民由粮食生产者变为消费者，使粮食生产满足需求的压力增大。根据全面建设小康社会的目标，我国到 2020 年人均 GDP 将达到 3000 美元，2050 年将达到中等发达国家的水平，这势必进一步促进消费结构的升级和消费水平的提高。20 世纪 80 年代以前，我国居民膳食消费结构以粮食为主，但经过改革开放 40 多年的发展，居民膳食消费结构发生了显著改变，以粮食转化为基础的肉类、禽蛋、牛奶、水产品及油料等迅速增加（图 1-1）。由此，粮食安全问题也由量的保障发展到量与质的双重保障，粮食安全衍化为食品安全，不仅要解决温饱问题，还要解决健康与食物多样化问题。

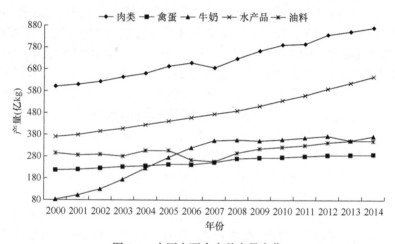

图 1-1　中国主要农产品产量变化

在我国食物结构转变过程中，人均直接消费的粮食有下降趋势。与此同时，动物性食物和水果、蔬菜、油、糖的消费量则呈现出快速增长趋势。居民膳食消费结构、品种质量和营养水平的迅速改善仍然是以粮食作为基础物质，蔬菜、水果、肉类、牛奶、食用油、食糖的增加需占用更多优质粮田，畜产品消费的增加需要更多的粮食转化，500g 猪肉通常需要 2500g 粮食进行转化，牛肉则需要更多。肉食消费增加将形成对粮食更大的需求量和更大的粮食安全压力。据中国科学院农业政策研究中心预测，至 2050 年，中国奶制品需求将增加 6 倍以上，水产品需求将增长近 3 倍，畜产品、饲料粮、水果、食用油和纤维总量需求将增长 1.5～1.6倍，蔬菜和食糖将分别增长 75% 和 1 倍，农产品需求将发生结构性的变化。这种变化将使我国种植业由传统的粮食作物/经济作物"二元结构"向粮食作物/经济作物/饲料作物"三元结构"转变，经济作物、饲料作物与粮食作物争田现象将日益突出。根据我国国民膳食结构和养殖业发展规划（杨振海和张志清，2001），在实现粮食生产规划目标的前提下，2015 年和 2030 年，我国能量饲料、蛋白质饲料需求量缺口巨大（表 1-1）。从长远看，能量饲料、蛋白质饲料需求量将成为食品安全的巨大挑战。

表 1-1　我国能量饲料、蛋白质饲料供需趋势（单位：亿 kg）

年份	能量饲料			蛋白质饲料		
	需求量	供给量	缺口	需求量	供给量	缺口
2015	3204.5	2772.5	432	500	248	252
2030	3922.0	3622.0	300	600	321	279

资料来源：全国饲料工作办公室

1.1.3　国际粮食贸易无法保障我国粮食安全

从发展趋势看，我国耕地减少、水资源短缺、气候变化、环境污染、生产成本上升、比较效益下降、青壮年劳动力短缺等对粮食生产等的约束将更加突出，我国粮食的供需将长期处于紧平衡状态。在此背景下，试图通过国际粮食贸易来保障我国的粮食需求是不现实的。

首先，全球粮食供求偏紧，贸易量很小，国际市场调剂空间十分有限。

供需预测方面，OECD-FAO（2009）、Alexandratos 和 Bruinsma（2012）、Westcott 和 Trostle（2012）等对世界谷物的预测（不含生物能源）结果为，2015 年需求量为 22 870 亿～23 790 亿 kg，产量为 23 870 亿～24 160 亿 kg；2030 年需求量为 26 770 亿～28 310 亿 kg，产量为 26 790 亿～28 390 亿 kg；2050 年需求量为 30 100 亿 kg，产量为 30 120 亿 kg。而 Nonhebel（2012）预期全球谷物需求（含生物质能源）2030 年将增至 55 000 亿 kg；其中，生物质原料需求增加 11 000 亿 kg，口粮和饲料粮需求各增加 8000 亿 kg。Westcott 和 Trostle（2012）预期未来 10 年内大米需求年均增速为 1%，而全球粮食产量增速未来 10 年都将少于 1%，即全球大米供需偏紧。贸易量方面，2008～2013 年全球粮食平均贸易量约为 2935 亿 kg（黄菡，2013），即使将其全部购买也只能满足我国粮食需求的 45%。大米是我国粮食消费的主体，占粮食消费总量的 60%，每年消费量为 1850 亿～1875 亿 kg，而国际市场大米贸易总量只有 296 亿～370 亿 kg（黄菡，2013），仅占我国大米消费量的 15% 左右。因此，不能指望用别国的耕地来生产我国需要的粮食。

其次，粮食作为特殊商品，具有敏感性、脆弱性、传导性与波动性。

粮食是民生战略资源，是人类生存和发展不可或缺的必需品。粮食的消费需求弹性小，供求两端任何细小的变化，都可能产生剧烈的价格反应，容易受自然灾害、供求关系、价格水平、资本投机、政治干预与心理预期的共振影响，粮食市场具有非常强的价格传导效应并易引发恐慌现象。由于进口大米价格普遍较低，近两年我国进口大米数量不断增加，据海关总署统计，2011 年大米进口量为 0.9 亿 kg，2012 年猛增到 32.5 亿 kg，创下了进口大米数量历史新高（魏雅华，2014）。2013 年大米进口量有所下降，为 22.5 亿 kg[①]，2014 年则又有所上升，为 25.79 亿 kg[②]。我国是人口大国与粮食消费大国，从历史经验看，如果我国进口的粮食占国际粮食市场贸易量的 10%，国际市场的粮价则有可能上涨 100%（黄菡，2013）。

所以，我国粮食问题必须立足国内，通过加快农业科技进步，加快发展转基因水稻产业化，从而巩固和提高粮食综合生产能力，保障国家粮食安全。

1.1.4　水资源制约着粮食生产

我国水资源总体状况是水资源总量多，人均占有量少，水资源空间和时间分布不均。经济社会的发展，造成了一系列水问题，包括水资源短缺、水资源污染、水环境恶化、水灾害加剧、水管理薄弱等，已经对我国粮食安全构成了重大威胁。

《2013 年中国水资源公报》显示，我国水资源总量约为 2.8 万亿 m^3，占全球水资源的 6%，但人均占有水资源约为 $2200m^3$，仅为世界平均水平的 1/4，是世界上 13 个缺水最严重的国家之一。水土资源匹配不佳，约占全国 67.7% 的耕地面积的淮河以北地区，水资源量不足全国的 20%，尤其是黄河、淮河、海河三大流域的耕地占全国的 40%，水资源却只占全国的 8%；长江流域及长江以南耕地只占全国的 36%，而水资源量则占全国的 80%。降水量年内年际分配不均，且降水量从东南沿海向西北内陆递减，年内降水主要集中在 6～9 月，占全年的 70% 以上，春耕和秋冬期间用水矛盾突出，同时旱涝灾害频繁。

目前，灌区缺水约 300 亿 m^3，平均每年因旱受灾的耕地达 3 亿多亩[③]，年均减产粮食 200 多亿 kg（袁德霞，2010）。东北和黄淮海地区粮食产量占全国的 53%，商品粮占全国的 66%。但是，三江平原和华北平原很多地区是水资源超采地区，地下水水位持续下降，华北平原甚至形成 9 万 km^2 的世界上最大的地下水开发漏斗区（国家统计局设管司，2008）。我国淡水供给从南到北全面趋紧，对粮食生产的制约作用日益凸显，生产、生活、生态争水矛盾日益加剧。

我国农业灌溉系统落后，农田水利与基础设施陈旧，大量病险水库尚未除险加固，防洪抗旱能力弱；用水粗放，管理落后，农业有效灌溉耕地面积只占 40%，尚未摆脱"靠天吃饭"的脆弱局面。农田灌溉水有效利用率低，2011～2014 年分别为 0.51、0.516、0.523、0.53[④]，远不及发达国家 0.7～0.8 的有效利用率。粮食

---

① 数据来源于中国粮油信息网. 2014-01-28. 2013 年中国进口大米 224 万吨，同比减少 5%. http://www. chinagrain. cn/dami/2014/1/28/20141289222928414. shtml[2016-04-15]。

② 数据来源于 http://www.zgswcn.com/2015/0130/579942.shtml。

③ 1 亩≈666.67m^2。

④ 数据来源于 2011～2014 年《中国水资源公报》。

作物平均水资源生产率仅为 1kg/m³，而发达国家则可达 2～2.5kg/m³。据《国家中长期科技发展规划纲要（2006—2020 年）》测算，在节水灌溉前提下，到 2020 年我国农业用水缺口在 700 亿 m³ 左右，用水形势十分严峻。

水资源危机已被联合国和世界银行等国际机构列入威胁全球粮食作物和农业发展的最大因素。随着我国工业化、城市化的快速发展带来的工业用水、生活用水，以及生态保护用水需求的不断增加，农业用水所占比例将不断下降。我国农业用水所占比例已经从 1949 年的 97% 降低到 2007 年的 61.9%，2050 年则将进一步下降到 40% 甚至 30% 以下。有限的水资源的激烈竞争将严重威胁粮食生产与安全。

1.1.5　土地资源制约着粮食生产

耕地作为粮食生产的载体，具有稀缺性和不可替代性。受工业化、城市化及农业内部产业结构调整、生态退耕、自然灾害损毁和非农建设占用等影响，我国耕地总面积逐年减少、耕地质量不断下降，可开发的后备资源少，我国粮食安全将面临日益严峻的耕地资源约束（图 1-2）。

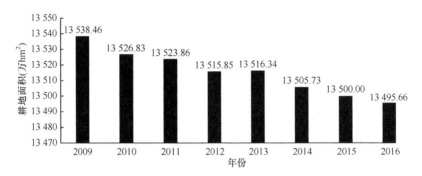

图 1-2　2009～2016 年全国耕地面积变化趋势[①]

本图数据为第二次全国土地调查成果，比基于第一次全国土地调查成果的 2009 年变更调查数多出 1358.7 万 hm²（约 2 亿亩），这主要是由于调查标准、技术方法的改进和农村税费政策调整等因素影响，调查数据更加全面、客观、准确。多出的耕地有相当部分需要退耕还林、还草、还湿和休耕，有相当部分受污染不宜耕种，还有一部分因表土层破坏、地下水超采等已影响耕种，因此，耕地保护形势依然严峻

第一，耕地面积减少。从 2009～2016 年全国耕地面积变化趋势（图 1-2）中可以发现，除 2013 年外，我国耕地面积呈现逐年明显下降趋势。2016 年全国耕地面积为 20.24 亿亩，比 2009 年减少了 0.07 亿亩，年均减少 87.5 万亩，减少的耕地面积约占总量的 0.35%。全国人均耕地面积约为 1.46 亩，仅为世界平均水平的 40%。在 2000 多个县（市）中，有 600 多个县（市）人均耕地面积在世界

---

① 根据《2013 中国国土资源公报》《2015 中国国土资源公报》和《2016 中国国土资源公报》数据整理得出。

公认的人均耕地警戒线 0.8 亩以下。而且，根据 2009～2016 年全国耕地增减变化趋势（图 1-3）可知，虽然每年通过土地整治、农业结构调整等途径增加耕地面积，但因建设占用、灾毁、生态退耕、农业结构调整等减少的耕地面积远超过增加的耕地面积，即除 2009 年、2013 年外，其他年份的耕地面积净增加量为负。并且受污染及生态的限制，适宜开发使用的新增耕地会越来越少。但随着工业化与城市化进程加快，近几年，全国建设用地的需求在 1200 万亩左右，但每年只能满足 50%，再加上生态退耕用地、农业结构调整用地、灾害损毁用地及非法侵占用地，用地矛盾十分突出。根据预测，2020 年我国耕地面积需求在 12 100 万 hm²（18.15 亿亩），而据不同情境耕地变化预测，2020 年耕地需求缺口将达 770 万 hm²（1.16 亿亩）（林铁钢，2005）。因此，依靠扩大耕地面积增加农产品供给将成为瓶颈约束。

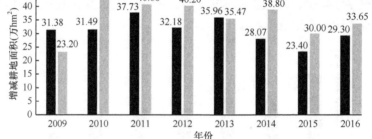

图 1-3　2009～2016 年全国耕地增减变化趋势[①]

　　第二，耕地质量下降。受多种因素影响，我国的土地质量不断下降。2014 年中低等耕地面积占全国耕地评定总面积的 70.6%[②]。中低产田约占总面积的 2/3，土地沙化、土壤退化、"三废"污染严重（赵其国等，2008）。截至 2014 年，我国荒漠化土地面积为 261.16 万 km²，占国土总面积的 27.20%，与 2009 年相比，每年以 2424km² 的速度在减少；沙化土地面积约为 172.12 万 km²。截至 2011 年，我国水土流失总面积为 294.9 万 km²，占国土总面积的 30.7%。据中国科学院农业政策研究中心研究，即使在我国耕地不发生大量减少的情况下，我国水稻、小麦、玉米三种主要粮食作物的总播种面积从 20 世纪 90 年代后就出现了下降趋势；到 2050 年，水稻、小麦、玉米总播种面积将减少到 6.6 亿亩以下，比 2004 年减少 13%；其中，水稻和小麦播种面积至 2050 年将下降 25%～30%。

　　要在极为有限且质量不高的耕地上生产足够的粮食，将必然依靠科技水平的

---

①　根据《2013 中国国土资源公报》和《2015 中国国土资源公报》数据整理得出。
②　数据来源于《2015 中国国土资源公报》。

突破，尤其是转基因水稻产业化可持续发展，来提高单产水平和防灾减灾，以保障粮食稳定发展。

1.2 保障我国农业可持续发展

我国农业尚未从根本上改变粗放式生产方式，粮食生产过度施用农药、化肥，不仅带来严重的资源环境问题，而且带来土壤肥力退化、单产下降、农产品安全隐患等严重问题，如何既保证粮食安全又加快转变农业生产方式成为亟待解决的重大问题。"十三五"是我国农业转型发展关键期，国家转基因重大科技专项是农业领域的国家重大专项，如何充分利用国家重大专项技术研究及其产业化成果促进农业转型发展，将是一个重大课题。大力培育一批抗病虫、抗逆、优质、高产、高效的新水稻品种，加速生物育种、生物农药、生物肥料等绿色农用生物产品产业化应用，对加快土壤的生物修复与治理，实现优质、高产和功能化、绿色化具有重要意义。因此，推进转基因水稻产业化有助于解决我国农业发展方式面临的突出矛盾与问题，对加快转变农业生产方式，促进农业可持续发展具有重要意义。

1.2.1 转基因水稻产业化应对日益严重的资源环境危机

我国农业生产还未从根本上摆脱"高投入、高消耗、高浪费、低效益"的粗放式发展模式，农业生产与资源、环境之间的矛盾日益突出。过量的化肥、农药投入带来资源耗竭、环境污染。我国现有污染源 40%以上来自农业，农业面源污染成为最大的污染源。农业可持续发展面临资源和环境的制约。因此，必须转变农业发展方式，推进转基因水稻产业化，发展"两型农业"，实现绿色发展。

我国为了解决庞大人口的吃饭问题，不断加大农药、化肥投入，用农药和化肥换粮食，在增产的同时，带来了越来越大的资源与环境压力。

资源压力方面，生产化肥的资源，如磷、钾、煤炭和天然气都是不可再生资源。"十一五"末，我国化肥生产能力达到 6350 万 t，化肥产量达到 6000 多万 t，2010 年化肥生产约消耗煤炭 1 亿 t，天然气 150 亿 m^3，电力 600 亿 $kW \cdot h$，磷矿 6500 万 t，硫矿 1580 万 t，铁路运输量 7000 万 t。"十二五"时期则需严控化肥业产能增长。但 2012～2014 年化肥平均产量仍高达 7173.28 万 t[①]。我国生产化肥的原料仅煤炭资源相对丰富，但我国煤炭产区主要集中在北方，而水稻产区主要集中在南方，北煤南运的运输压力与成本压力也十分巨大。化肥生产还消耗

---

① 数据来源于中国产业信息网——2014 年我国各类化肥产量情况分析. http://www.chyxx. com/industry/201511/357859.html。

了我国 72%的硫资源,导致硫资源十分紧张,对外依存度已超过 50%。我国钾资源非常匮乏,80%以上的钾肥需要进口,对外依存度高,受控于国际市场。我国磷资源紧张,储量虽居世界第二位,但品位高于 30%的富矿仅占 6.6%,我国化肥生产每年消耗的高品位磷矿石超过 1 亿 t,富矿仅可用 10 年,磷矿石已被国土资源部列入 2010 年后紧缺资源,磷矿也将由出口变成进口,资源压力日益增加(顾宗勤,2007)。资源匮乏使中国粮食安全面临着资源供应短缺的困境。以钾矿为例,我国钾矿蕴藏量仅占世界的 1.6%,全国可耕地 56%的面积已经缺钾,中国每年将近 80%的钾肥需要进口。在市场驱动下,仅 2006~2008 年,世界钾肥价格就从不到 150 美元/t 飙升至近 1000 美元/t[①]资源匮乏不仅带来供需失衡,使我国受制于人,而且推动粮食成本上升,直接导致种粮比较效益下降,严重影响农民种粮积极性。

环境危害方面,2013 年中国的化学农药施用量已到达 180.19 万 t,居世界第一位,单位面积的农药施用量是世界平均水平的 2.5 倍。但是,一般只有 10%~20%的农药依附在农作物上,而 80%~90%则流失在土壤、水体和空气中,在降水、灌水等淋溶作用下污染地下水,并在水体中持续发生毒害。近年农药、化肥施用量及农用地膜每年持续增长,不仅浪费了大量资源,增加了农民投入,而且形成地下水、地表水、土壤到空气的立体污染,对环境、气候和人体健康产生持续长久的危害。大量施用化肥导致土壤板结,土地肥力下降。目前,世界每年的化肥施用量约为 1.35 亿 t,其中,我国耕地仅占世界的 9%,却占世界化肥施用量的 1/3。施用的肥料量超过了土壤承载能力,流入农田周围的水中,形成农业面源污染,造成水体富营养化,诱发藻类滋生,破坏水环境。研究结果显示,中国每年因不合理施肥造成 1000 多万 t 的氮素流失到农田之外,过量的肥料渗入 20m 以内的浅层地下水中,使得地下水硝酸盐含量增加(章力建和朱立志,2005)。

据对全国七大重点流域及内河的 110 个重点河段调查,符合"地面水环境质量指标"Ⅰ类和Ⅱ类标准的仅占 32%,符合"地面水环境质量指标"Ⅲ类标准的占 29%,符合"地面水环境质量指标"Ⅳ类、Ⅴ类标准的占 39%,全国近 2 亿人的饮用水受到不同程度的污染。经过对全国 532 条河流监测,其中,432 条河流受到污染,污染率为 81.2%。全国 1/3 的水体已不适合鱼类生存,1/4 的水体不适宜灌溉。图 1-4 直观地反映了这一状况。另据 10 个大型湖泊统计,总磷、总氮污染分担率高达 31.93%和 25.89%,总磷年均值超标 2.12~5.02 倍,总氮年均值超标 1.16~4.7 倍。而 2015 年国务院颁布的《水污染防治行动计划》要求,到 2020 年,长江、黄河、珠江、松花江、淮河、海河、辽河七大重点流域水质优良(达

---

① 网易新闻. 2010-09-10. 钾肥"世界大战"中国式尴尬如何化解. http: //news. 163. com/10/0910/13/6G7LFL0300014JB5。

到或优于Ⅲ类）比例总体达到 70% 以上，到 2030 年全国七大重点流域水质优良比例总体达到 75% 以上。

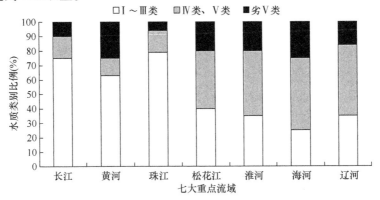

图 1-4 2011 年七大重点流域水质类别比例比较[①]

过量施用化肥会降低生物生产能力，使农作物的抗病虫能力减弱，易遭病虫侵染，继而导致农药施用量增加，直接威胁食品安全，导致粮食品质降低。过量施用农药会带来农药残留超标问题，既影响农产品品质和粮食的市场竞争力，又直接影响农民收入和食物安全，并增加应对这些问题的社会成本。

要实现我国农业可持续发展，必须坚持绿色发展理念，走资源节约、环境友好的"两型农业"道路。而发展转基因水稻产业化则是破解资源环境危机的重要手段。只有实施抗虫、抗旱、抗病等转基因水稻产业化，才能将粮食生产的负外部性内部化，优化生态环境，降低粮食生产成本，提高粮食产量，增加粮食比较效益，实现水稻产业的可持续发展，从而确保粮食安全。

1.2.2 转基因水稻产业化应对气候变化的挑战

农业作为国民经济的基础产业，是重要的温室气体来源，同时又受气候变化的严重影响。据联合国粮食及农业组织（Food and Agriculture Organization of the United Nations, FAO）研究，耕地释放出的温室气体，超过全球人为温室气体排放总量的 30%，相当于 150 亿 t 的 CO_2。据统计，全球范围内农业排放的 CH_4 占人类活动排放的 CH_4 的 50%，N_2O 占 60%（Barker et al., 2009）。其中，土地利用变化是目前大气中碳含量增加的第二大来源，仅次于化石燃料的燃烧。

全球气候的任何异常变化，都会对农业产生显著影响。气候变化导致粮食生产的波动性、威胁性和风险性加大，正引起全球的广泛关注与普遍忧虑。中国是个农业大国，由于国土面积大、生态类型多、基础设施薄弱，农业极易受气候变

---

① 数据来源于 http://www.guancha.cn/guanzhong2/2015_04_19_316457.shtml。

化的不利影响，很大程度上依赖"靠天吃饭"的农业面临严峻冲击和考验。国际水稻研究所的实验表明，夜间最低气温升高 1℃，水稻的单产要下降 10%。2005～2010 年，我国每年因自然灾害造成的粮食损失达 500 亿 kg 左右，是粮食总产量的 10%。其中，旱灾造成的损失约占全部灾害损失的 60% 左右。2007 年中国发表的《气候变化国家评估报告》指出，气候变化对中国农业生产产生重大影响，未来我国气候变化的速度将进一步加快，预测到 2020 年，我国年平均气温可能增加 1.1～2.1℃，2030 年增加 1.5～2.8℃，2050 年增加 2.3～3.3℃，极端天气、气候事件发生的频率可能增加，并将面临更明显和更频繁的异常气候变化。20 世纪 50 年代以来，中国沿海海平面每年上升 1.4～3.2mm，渤海和黄海北部冰情等级下降，西北冰川面积减少了 21%，西藏冻土最大减薄了 4～5m，某些高原内陆湖泊水面升高，青海和甘南藏族自治州牧区产草量下降，西南地区、三江平原和青海的湿地面积减少，功能衰退。

随着气候继续明显变暖，华北地区干旱加剧，需水量大大增加，水资源更加紧缺，2010～2030 年西北地区年缺水量约为 200 亿 m³；2050 年后，农牧交错带边缘和绿洲边缘区沙漠化土地面积将会增加。华东地区洪涝风险将会加大，百年一遇的洪水发生的可能性将增大；华中地区旱涝交替频繁，双季稻尤其是晚稻产量将会降低；西南地区山地灾害活动强度、规模和范围将加大，发生频率将增大，损失将更为严重；华南地区受海平面上升影响显著，预计到 2100 年的上升幅度将达 60～74cm，可能给珠江三角洲等低洼地区带来严重影响。如果不采取任何措施，到 2030 年，全国粮食综合生产能力可能下降 5%～10%，到 21 世纪后半期，中国主要农作物小麦、水稻、玉米的产量最多可下降 37%。气候变暖将导致我国农业生产面临一系列突出问题，如粮食减产波动性加大；农业结构、农业病虫害发生规律和农业气象灾害发生规律产生变化，给农业生产造成很大困难；水资源短缺矛盾更加突出，草地潜在荒漠化趋势加剧，畜禽生产和繁殖能力可能受到影响，畜禽疫情发生风险加大等。

因此，我国农业必须加快转变发展方式，大力发展"两型农业"、转基因水稻产业，积极应对气候变化对我国农业生产特别是粮食安全的影响。FAO 估计，"两型农业"可抵消 80% 的由农业导致的全球温室气体排放量，减少生产农业化肥每年可为世界节省 1% 的石油能源，不再把化肥用在土地上还能降低 30% 的农业碳排放。大力发展"两型农业"，需要现代生物科技的强有力支撑。运用转基因技术可培育抗高温、耐干旱、抗洪涝、抗病虫害、生长发育期长、氮素利用高的水稻等农作物新品质，提高农业适应气候变化的能力，确保粮食安全和农业的可持续发展。

1.3　培育战略新兴产业，提高生物产业国际竞争力

转基因生物科技革命为农业和人类社会发展提供了新资源、新手段、新途径，引发农业、医药、能源等领域新的产业革命，有效地缓解了人类社会可持续发展所面临的食品、健康、资源等重大问题。生物产业具有广阔的发展潜力和空间，当前，世界生物产业发展处于成长期，尚未形成由少数跨国公司控制产业发展的垄断格局。我国可发挥生物资源优势、市场优势，抓住我国生物产业发展面临的难得的历史机遇。如何强化自主创新，培育一批抗病虫、抗逆、优质、高产、高效的重大转基因生物新品种；如何突出战略重点，创新管理机制，大力提高农业转基因生物研究和产业化整体水平，为我国农业可持续发展提供强有力的科技支撑成为紧迫的课题。转基因水稻产业化可持续发展对加快培育生物育种战略新兴产业，促进农业生物产业加快发展，增强核心竞争力具有十分重要的意义。

1.3.1　全球转基因作物产业化发展态势

2017 年，24 个国家种植了转基因作物，其中 19 个为发展中国家，5 个为发达国家。2017 年种植面积超过 1000 万 hm^2 的五大转基因作物种植国当中，3 个是发展中国家，为将来持续多样化的发展打下了深厚的基础。其中，美国是全球转基因作物的领先生产者，种植面积达到 7500 万 hm^2（占全球种植面积的 39.5%），主要转基因作物玉米、大豆、棉花的平均应用率达到 94.5%。全球第二大转基因作物种植国——巴西 2017 年转基因作物的种植面积为 5020 万 hm^2，比 2016 年增加了 2%，首次占全球种植面积的 26%，恢复了其全球转基因作物增长引擎的地位。阿根廷以 2360 万 hm^2 的种植面积保持在全球第三名。加拿大的种植面积排名全球第四，四大转基因作物大豆、玉米、油菜和甜菜的平均应用率与 2016 年相似，为 95%。印度的转基因作物种植面积排名全球第五，其在棉花生产方面取得了巨大进展，占全球棉花生产市场份额的 1/4。转基因棉花的种植面积从 2016 年的 1080 万 hm^2 增加到 2017 年的 1140 万 hm^2，增加了 6%，相当于棉花总种植面积 1224 万 hm^2 的 93%。全球转基因作物种植面积的迅速增加，使生物技术成为近 20 年应用最快的技术，显示出其可持续性、适应性和为小农户、大农场主及消费者带来的巨大收益。另外 43 个国家（地区）进口转基因作物用于粮食、饲料和加工。因此，共有 67 个国家（地区）应用了转基因作物。

1.3.1.1　美国方面

2015 年美国在转基因生物产业方面取得了巨大进展，包括：新的审批，新的商业化转基因作物——首次批准了作为人类食用的转基因动物产品，强大的突破

性新技术——CRISPR 基因组编辑技术的广泛应用，以及在标识方面取得的一些成功。

新审批与商业化转基因作物产品有 5 个：①第一代 Innate™ 马铃薯（Simplot 公司开发的一种多性状改良的马铃薯）于 2015 年首次进行了 160hm² 的商业化种植。②Innate™ 2 马铃薯也于 2015 年获批，其对真菌病和马铃薯晚疫病具有更强的抗性（马铃薯晚疫病是造成 1845 年 100 万人饥饿而死的爱尔兰饥荒的原因，而在 150 多年后，这种病仍然是每年造成高达 75 亿美元损失的全球最主要的马铃薯疾病）。③第一个非转基因的基因组编辑作物 SU Canola™（抗磺酰脲除草剂油菜 TM，由 Cibus 公司开发）首次在美国 4000hm² 的土地上进行了商业化种植。④两种 Arctic® 苹果（防挫伤和切片后防褐化）于 2015 年获批在美国和加拿大种植，美国 2015 年种植面积达到 6hm²，目前已面市；开发 Arctic® 苹果的加拿大 Okanagan Specialty Fruits 公司将同样的技术应用于其他易腐烂的水果，如桃子、梨和樱桃；该公司 2015 年被一家美国合成生物公司 Intrexon 收购。⑤更易消化并且产量更高的低木质素苜蓿事件 KK179（HarvXtra™）于 2014 年 11 月获批并于 2016 年实现商业化。苜蓿是全球第一大饲料作物。此外，2013 年首次在美国种植的转基因抗旱玉米 Drought Gard™ 的种植面积出现猛增，从 2013 年的 5 万 hm² 增加到 2014 年的 27.5 万 hm² 再到 2015 年的 81 万 hm²，反映了农民对它的高接受度。并且，2015 年 12 月，陶氏化学公司和杜邦公司达成合并协议，合并为陶氏杜邦（Dow DuPont），目的是将新公司分成三家公司，分别专注于农业、材料和特色产品。

新审批与商业化转基因动物产品有 2 个：①转基因三文鱼 Aqu Advantage（大西洋鲑），经过 20 年的审核，2015 年美国食品药品监督管理局（Food and Drug Administration, FDA）批准首个转基因动物作为商业化食品用于人类消费，即生长更快的转基因三文鱼，它于 2018 年之前已进入美国食品链，正常情况下养殖的转基因三文鱼需要三年才能收获，而转基因品种则仅需一半时间即可，该产品由 Aqua Bounty Technologies 公司开发，该公司于 2015 年被美国 Intrexon 公司收购；②转基因鸡，它的鸡蛋能够治疗一种罕见但致命的人类疾病——溶酶体酸性脂肪酶缺乏症。

突破性新技术为：CRISPR 基因组编辑技术。该技术被《科学》杂志评为 2015 年的突破性技术。许多实验室用它来开发改良性作物和动物，如对温室中的改良性大豆和玉米进行评估。按照监管程序，它们将最早于 5 年内获批商业化。另外，有学者正在研究能够抵抗一种致命的病毒性疾病的猪。这种疾病使美国的养猪行业每年损失 6 亿美元。

转基因作物标识方面。继 2014 年在俄勒冈州和科罗拉多州进行转基因标识的投票被否决之后，2015 年在加利福尼亚州和华盛顿州的投票也被否决。更重要的是，美国众议院 2015 年 7 月通过了一项法案用于预先制止州和地方的非转基因法，类似的法案也于 2016 年在参议院进行听证。2015 年 11 月 FDA 驳回了要求强制性标识转基因产品的市民请愿。曾经宣布将转基因产品从其菜单上取消而只供应本地产非转基因蔬菜的 Chipotle 食品公司，在多达 300 名美国人声称因消费了其在当地采购的非转基因蔬菜致病后，已放弃先前的决策。

1.3.1.2　其他国家方面

巴西 2016 年批准了三种转基因作物商业化，分别是由 Futura Gene/Suzano 开发的一种产量提高了 20% 的中国产桉树和两种中国产作物产品（一种抗病毒豆类和一种新的抗除草剂大豆）。缅甸 2015 年对一种新的 Bt 棉花品种 Ngwe-chi-9 进行了商业化。加拿大批准了一种防褐化的高品质苹果。阿根廷批准了两种中国产的产品——一种抗旱大豆和一种抗病毒马铃薯。越南 2015 年首次进行了复合性状转基因玉米的商业化。

从 1994 年到 2015 年 11 月 15 日，共计 67 个国家（地区）的监管机构批准转基因作物用于粮食和/或饲料，或释放到环境中，涉及 26 种转基因作物（不包括康乃馨、玫瑰和矮牵牛）。其中，玉米是获批最多的作物（29 个国家），其次是大豆（28 个国家）、棉花（22 个国家）、马铃薯（11 个国家）及油菜（13 个国家）。

1.3.2　中国转基因作物产业化发展态势

2017 年中国种植了 278 万 hm^2 的转基因棉花（棉花总种植面积为 323 万 hm^2），在广东、海南岛和广西种植了 7000hm^2 抗病毒木瓜。尽管低价和高库存导致中国棉花总种植面积从 2014 年的 420 万 hm^2 减少到 2017 年的 278 万 hm^2，但转基因棉花的应用率从 2014 年的 93% 升高到 2015 年的 96%。抗病毒木瓜的应用率为 90%。

Bt 玉米和 Bt 水稻对中国、亚洲乃至世界其他地区在近期、中期和长期都具有重大利益和巨大意义，这是因为水稻是世界上最重要的粮食作物而玉米是最重要的饲料作物。中国对 Bt 玉米、抗除草剂玉米、植酸酶玉米和 Bt 水稻的研发及商业化将对中国及世界的粮食和饲料需求做出非常重要的潜在贡献。虽然中国大量进口转基因大豆和玉米（2015 年进口 7700 万 t 大豆和 330 万 t 玉米），但至今尚未在国内生产这些转基因作物。

中国政府已经向研究机构和国内公司支付了至少 30 亿美元用于研发国产转基因种子。中国正在讨论加快待批转基因作物种植的审批。国产转基因玉米将提高生产率并且减少中国对数量不断增长的进口玉米的依赖。进口玉米 90% 以上为转基因玉米。中国消费了全球大豆产量的 1/3，大豆进口量占全球大豆进口的 65%，其中 90% 以上为转基因大豆。一些观察者指出国产转基因玉米（Bt 或者植酸酶玉米）的商业化已于 2018 年实现，这将开放我国玉米种植面积为 3500 万 hm^2 的巨大潜在市场。中国化工集团有限公司出资 430 亿美元收购 Syngenta 公司，这一收购将对中国在近期内及时在 3500 万 hm^2 的种植面积上种植转基因玉米产生巨大的潜在影响。这一成功收购使中国化工集团有限公司能够立刻获得一大批通过安全评价、进入商业化的转基因作物产品，这些产品已经在全球种植了许多年。

1.3.3 转基因水稻产业化将进一步提升我国生物产业国际竞争力

首先，转基因水稻产业化是提升我国生物种业国际竞争力的需要。转基因水稻产业化无疑将促进生物种业的发展。当今世界各国已把生物种业作为战略产业予以高度重视，生物种业创新成为关键。面对跨国"大鳄"的严峻挑战，国务院 2011 年发布了《国务院关于加快推进现代农作物种业发展的意见》，2012 年国务院办公厅发布了《全国现代农作物种业发展规划（2012—2020 年）》，首次把农作物种业提升到国家战略性、基础性核心产业的高度，出台了一系列扶持种业发展的"种业新政"。转基因水稻产业化带来的水稻新品种革新，将丰富我国生物种业产品，提高我国生物种业产业市场份额，扩大品牌声誉与效益，从而提升我国生物种业的国际竞争力。

其次，转基因水稻产业化是提高我国农产品及其产业链国际竞争力的需要。转基因水稻产业化将提高我国农产品的比较效益，从而提高其国际竞争力。同时，其对农产品加工产业、饲料产业等国际竞争力的提升大有裨益。综观当前国际形势，转基因作物加速产业化已成全球必然趋势。当前，加速生物产业发展，抢占生物经济时代制高点，保障国家粮食安全、生物安全和能源安全，已经成为世界各国特别是大国经济社会发展战略的重点，其战略地位日益凸现。美国白宫、国会均设有生物产业委员会跟踪生物技术产业发展，及时研究制定财政预算、管理法规和税收政策；欧盟委员会制定了《欧盟生命科学和生物产业发展战略》，明确提出欧洲必须采取积极主动的政策措施，强调欧盟各国应发展生物产业集群，发挥在国际合作和制定国际标准中的领导地位；日本制定了"生物产业立国"战略，并于 2002 年启动实施了"生物行动计划"；印度 2016 年初正式发布了《国家生物技术发展战略（2015—2020）》，力争打造世界级的生物制造中心。世界许多国家已把加速生物产业的发展作为国家的战略重点。

从国内形势来看，我国的转基因作物的研究始于 20 世纪 80 年代初期，在国家政策扶持下，尤其是国家高技术研究发展计划（863 计划）和国家转基因植物研究与产业化专项基金的直接扶持下，已经取得了突出的进步。目前，我国正在研究和开发的各种生物物种已超过 100 种，涉及动物、植物、微生物基因达 200 多个，若干作物品种已具备了产业化条件。就整体研究水平而言，我国在发展中国家处于领先地位，一些领域已经进入国际先进行列。我国是世界上继美国之后第二个拥有转基因抗虫棉自主知识产权的国家。在产业化推进方面，我国也取得了显著的业绩。生物技术作为重点发展的高技术，已经列入中国《国家中长期科学和技术发展规划纲要（2006—2020 年）》；生物产业作为重点培育的高技术产业，相继列入了国民经济和社会发展的"十一五"规划、"十二五"规划和"十三五"规划中。我国在 2008 年启动了"转基因生物新品种培育"重大科技专项，这是农业领域里"十二五"期间唯一列入重大专项的项目，2009 年又颁发了抗虫转基因水稻和转植酸酶基因玉米生产应用安全证书，标志着我国转基因作物产业化进入一个新阶段。2010 年的中央一号文件更是明确提出"继续实施转基因生物新品种培育科技重大专项，抓紧开发具有重要应用价值和自主知识产权的功能基因和生物新品种，在科学评估、依法管理基础上，推进转基因新品种产业化"[①]。此后，每年的中央一号文件均对我国转基因技术研究与产业化发展进行了部署，我国转基因作物已经进入了加快发展的关键时期。面对人口增加、资源减少、生态恶化等诸多制约因素和不利影响，大力发展生物技术产业，把现代生物技术与种子产业进行全面结合，将推进形成新型的现代种业，这对加快农业发展方式的转变、培育新型战略产业和新的经济增长点、抢占未来经济科技竞争制高点、保障我国粮食安全和食品安全意义重大、影响深远。

虽然从整体水平看，我国的转基因技术研究进展与国际基本同步，在发展中国家居领先地位，但与国际先进水平相比仍有很大差距，主要表现包括：生物农业产业在研究开发水平、自主创新能力上还不强，拥有自主知识产权的基因较少，知识产权保护不力；水稻、小麦、林果抗病虫能力较弱，蔬菜、花草和畜禽品种主要依赖国外引进；分子标记、转基因及细胞工程等现代生物育种等关键技术尚不能满足产业发展的需求；产学研结合的创新体系和机制尚未形成，产业化渠道不畅通，产业化能力依然薄弱，限制了重大品种的产业化；生物产业投融资体系不完善，融资渠道单一；生物技术公司大多资金不足、生产规模小、自主研发能力弱、企业竞争力弱；生物农业产业化人才难以满足发展需要；公众特别是有些决策和管理者对转基因作物还缺乏科学认知，态度消极，行动犹豫，转基因作物产业化步伐停滞不前等问题都亟待研究和解决（张启发和齐振宏，2011）。

1.4　实现经济、社会和生态效益

发展现代生物技术，转变粮食发展方式，培养高产、优质、高效水稻品种是确保粮食安全、提高粮食生产率和市场竞争力、增加农民收入、改善生态环境和

---

① 详见 ip. people. com. cn/GB/139288/10906827. html。

实现粮食可持续发展的重要途径。在我国转基因重大科技专项的支持下，我国转基因技术研究与应用取得积极进展，其经济社会效益和生态效益初步显现。据农业部调查，2008～2009 年新培育并审定的转基因抗虫棉品种共 28 个，推广转基因抗虫棉 1.12 亿亩，使国产抗虫棉的市场份额达到 93%，净增效益 130 亿元，减少农药用量 5.6 万 t。

1.4.1　全球转基因作物商业化已实现的经济、社会和生态效益

1.4.1.1　国际方面

1996～2015 年全球转基因作物累计种植面积达到空前的 20 亿 hm²，相当于中国或美国总面积的 2 倍多。这累计的 20 亿 hm² 包括 10 亿 hm² 转基因大豆、6 亿 hm² 转基因玉米、3 亿 hm² 转基因棉花和 1 亿 hm² 转基因油菜。1996～2015 年，农民获益超过 1500 亿美元。20 年的商业化证明，转基因作物已经实现了其先前的承诺，为农民乃至全社会带来了农业、环境、经济、健康和社会效益。

1996～2015 年，多达 1800 万名农民受益于转基因作物，其中 90%为资源匮乏的小农户。每年大约有 1800 万名农民种植转基因作物，其中大约 90%（即 1650 万名农民）是发展中国家怕风险的小农户。1996～2014 年的经济数据表明，印度农民获益 183 亿美元。除经济收益外，种植转基因作物使得杀虫剂的喷洒量减少了至少 50%，因而减少了农民暴露于杀虫剂的风险，更重要的是有助于可持续的环境和更好的生活质量。

1996～2016 年，转基因作物产生的累计经济效益为 1861 亿美元，其中，发达国家为 883 亿美元，发展中国家为 978 亿美元。2016 年，发展中国家的经济效益为 102 亿美元，占全球 182 亿美元的 56.04%，而发达国家为 80 亿美元（James，2018）。

1.4.1.2　中国方面

1996～2014 年的经济数据表明，中国农民从中获益 175 亿美元。种植转基因棉花的农民人数超过 660 万人。除了直接受益于 Bt 棉花的农民外，还有 1000 万名农民间接受益于 2200 万 hm² 棉铃虫轮换寄主作物的种植和因种植 Bt 棉花导致的虫害减少。因此，仅实际受益于转基因 Bt 棉花的中国农民就远超过了 1700 万人。1997～2014 年农民从 Bt 棉花获得的经济收益为 175 亿美元，仅 2014 年就达到 13 亿美元。

1.4.2　转基因水稻产业化将实现的经济、社会和生态效益

转基因水稻未能商业化的重要原因之一是缺乏转基因食物改善农民福利的证据。基于此，黄季焜和白军飞（2006）在对我国湖北、福建两省承担转基因抗螟

虫水稻品种生产性试验的八个村的农户生产进行跟踪调查的基础上，研究了农民种植转基因水稻对水稻生产力和稻农的健康影响；研究结果发现，在生产性试验的大田上，种植转基因水稻的农户平均每季仅施用 0.5 次农药，而种植非转基因水稻的农户平均每季施用 3.7 次农药，转基因水稻平均每公顷可减少 16.77kg 的农药施用量，相当于减少了 80% 的施用量，与此同时，转基因水稻减少了农民防治水稻螟虫不及时所造成的减产损失，使种植转基因抗虫稻品种的农户比种植非转基因抗虫稻品种的农户增产达 6%～9%，除此之外，2002 年和 2003 年种植转基因水稻品种的农户，没有一例报告其在施用农药过程中发生头痛和恶心等不得不停止工作或去医药就医的中毒现象；未种植转基因抗虫稻品种的农户，其两年因稻田施用农药中毒的比例分别为 8.3% 和 3%。另外，中国科学院农业政策研究中心对转基因抗虫水稻的调查结果表明：农民种植转基因抗虫水稻平均每公顷可节省投入 600～1200 元，其中可节省施药用工 9 个工作日，可节省 17kg（或 80%）的农药投入，可节省 62kg 的化肥投入。转基因抗虫水稻可显著挽回水稻因受虫害所造成的产量损失，由此可使水稻增产 6%～9%。这些研究均表明，转基因水稻品种的采用，不仅可以使农民增产和增收，而且大幅度减少了由农药施用所造成的环境问题，并显著地改善了农民的健康（黄季焜和胡瑞法，2007）。

因此，转基因水稻在保障我国粮食安全、增加农民收入、提高农民生活和健康质量、改善生产和生活环境等方面产生的经济效益、生态效益和社会效益巨大。推广转基因水稻产业化及其可持续发展将会得到经济、生态和社会的"三赢"结果。

第 2 章　公众对转基因食品总体认知的调查和研究

转基因食品自从诞生以来就备受争议，并伴随争议不断发展壮大。公众对转基因食品的认知直接影响了包括转基因水稻等在内的转基因作物的推广和产业化，决定着转基因产业的发展方向和市场前景。同时，随着转基因作物和转基因食品的快速发展，作为转基因食品潜在风险的直接承担者——公众对转基因食品的信息需求与知情权也日益增强。如何满足公众的信息需求和知情权，帮助公众建立科学的认知，了解公众在认知中遭遇的困惑和问题，提高公众对转基因技术及食品的正确认知对我国转基因作物产业化的健康发展极其重要。本章通过实地调研和网络问卷调查，归纳了公众对转基因食品争议的态度，总结了公众对转基因产业和科学技术发展的评价；并利用调研数据深入分析验证了公众对转基因食品认知的影响因素，以期为引导公众正确认知转基因技术及食品，做好相关科学普及和信息传播，促进转基因产业化发展提供有力的实践依据。

2.1　公众对转基因食品的认知与争论

2.1.1　核心概念界定

2.1.1.1　公众

有关转基因食品认知的研究，多是从消费者维度展开。而公众是有别于单一消费者的，它囊括了更广泛的对象，可以是某一组织或群体，而消费者往往是独立的、唯一的，内含于公众之中。在本章的研究中，需要密切结合消费者行为学及本章研究的特点对公众进行界定：本章研究中所指公众，即 18～80 岁具备行为能力的社会群体和个人，包括消费者、生产者、研究者和管理者，进行实证研究的过程中，重点调查对象主要是消费者和研究者。

2.1.1.2　认知

认知一词由心理学发展而来，最早出现在奈瑟 1967 年出版的《认知心理学》一书中。认知作为心理学中的重要概念，被视为个体进行的认识活动，即个体对信息进行的一系列加工处理过程。当认知这一概念转移到消费者行为的研究当中，不同学者便进行了不同的定义。一般认为，消费者认知是受到认知刺激，将刺激与需求连接，从而对不同的产品加以评估，最终判断产品和自己的心理期望是否匹配，进而做出购买决策并产生购买行为的心理过程。

刘柏松等（2008）认为，消费者的一切心理活动，以及由此推动的，包括消费需求、消费动机、消费偏好、购买决策、消费体验和消费反馈等，整个过程都应该看作消费者的认知。因此王瑞懂（2010）在此基础上将消费者对产品的了解程度、接受程度和购买意愿视为认知的一部分进行界定和度量。本章研究作为"事前研究"，并不涉及实际购买行为，因此采纳了王瑞懂（2010）的测量维度，将公众在实际调查中表现出来的对转基因食品的了解程度、购买行为等一系列活动均看作公众认知的一部分。

2.1.1.3　转基因食品

转基因食品的出现与基因工程技术的发展息息相关。具体来说，转基因食品是利用基因重组技术，将一种或几种外源性基因转移至其他物种，通过改变生物的遗传物质形成转基因生物，使其获得自然条件下所不具备的良好性状、营养品质、消费品质等，以转基因生物为原料加工生产的食品统称为转基因食品。转基因食品与传统食品的区别最大的特征在于：转基因食品是利用基因重组技术插入外源基因，改变了作为食品原料的原有基因而生成了新的资源食品；传统食品则一般是通过自然选择或人工杂交育种来产生和繁殖食品原料（王宇红，2012）。

转基因食品的分类一般有以下三种标准：根据食品原料的来源不同，可以分为转基因植物源食品（转基因水稻、玉米、大豆等）、转基因动物源食品（转基因猪、牛、鱼等）、转基因微生物源食品（工业用转基因细菌、酵母等），其中，由于植物基因工程相比动物或人类基因工程的社会接受度较高，遭遇的伦理道德障碍较小，转基因植物源食品的推广和商业化进程要顺利得多；根据食品加工阶段的不同，可以分为增产型转基因食品、控熟型转基因食品、高营养型转基因食品、加工型转基因食品（Hansen，2004）；根据食用方式的不同，可以分为直接食用型（番茄、甜椒等）和间接食用型（以转基因食物为原料进行二次加工制作而成的食品）。

2.1.2　转基因食品的发展现状及公众争论

转基因食品随着转基因技术及其产业化的迅猛发展而加速发展。1994 年，美国转基因番茄 Flavr Savr 获准上市，开启了转基因食品商业化的时代。根据国际农业生物技术应用服务组织的数据，全球转基因作物种植面积从 1996 年的 170 万 hm^2 增加到 2014 年的 1.82 亿 hm^2，增长了 106 倍。到 2014 年为止，全球棉花、大豆、玉米、油菜的转基因品种种植比例分别达到 64%、81%、29%、23%（张熠婧，2015）。美国、巴西、阿根廷、加拿大、印度等 27 个国家大面积种植转基因作物，另有 30 多个国家虽尚未正式批准转基因作物的商业化种植，但允许进口转基因农产品作为食品和饲料的加工原料（James，2015）。转基因作物在 1995～2014 年产生了多重重大效益：采用转基因技术使化学农药施用率降低了 37%，作物产量提高了 22%，农民利润增加了 68%。中国作为世界转基因作物种植大国，2014 年种植面积达到 390 万 hm²，位居世界第六位，越来越多的转基因食品进入了公众的食物链（Huffman，2003）。

然而，在转基因食品快速发展的同时，转基因食品的安全问题备受争议。转基因食品的研发者认为转基因食品具有高营养价值且可减少农药使用，对人类健康和环境都有极大的帮助；相反，反对者则认为转基因食品可能会影响人类与其他生物的健康与安全，并且影响生态环境（Asian Development Bank，2001）。这场旷日持久的争论的导火索始于 1998 年英国的"Pusztai 大鼠事件"，随后发生的"美国斑蝶事件""加拿大超级杂草事件""墨西哥玉米事件""美国 Star Link 玉米事件""奥地利转基因玉米事件"和"法国转基因玉米事件"等，虽然这些事件被学术权威机构一一证伪，但是，这些事件引起了转基因食品安全问题的巨大争议，沉重地打击了决策者与公众的信心，甚至引起了公众对转基因食品的恐慌和抵制。

对转基因作物的争论主要围绕四个方面展开，即食品安全问题、生态环境安全问题、社会经济影响问题和伦理道德问题（Asian Development Bank，2001）。围绕食品安全方面：这方面研究和争论的焦点主要是转基因作物潜在的风险是否会导致出现新的过敏源和对抗体有抗性的细菌；围绕生态环境安全方面：转基因食品环境安全的研究侧重于关注转基因是否会扩散至其他作物品种、野生亲缘种和杂草，是否会扩散至对象或非对象昆虫、病毒或菌类（Huffman，2003）；围绕社会经济影响方面：研究人员对转基因食品的经济和社会效益的关注主要集中在这种技术对农业生产、食品消费、贸易等方面的影响（Asian Development Bank，2001）；围绕伦理道德方面：研究人员对转基因食品的关注主要集中在转基因食品是自然食品还是非自然食品、转基因食品是否需要标识，以及转基因食品中的知情权与选择权问题等（毛新志，2004）。

这种争论直接影响对转基因食品的管理和决策。一般认为美国和欧盟处在两个争议的对立面，即美国模式和欧洲模式。美国对转基因食品持积极支持态度，管理相对较松，主张只要在科学上无法证明它有危险性，就不该对转基因食品在生产、流通、贸易中加以限制，对转基因食品和非转基因食品实行"实质性等同"（substantial equivalence）原则和自愿标识原则。相对美国，欧盟对转基因食品的态度则要严格复杂得多，虽然欧盟组织的调查尚未发现已经上市的转基因食品对人体健康有害的证据，但对转基因食品一直持非常谨慎的态度，对转基因食品生产、流通与贸易遵循以严格的风险预防为主的原则，很多欧盟国家对转基因食品设置禁令。美国、欧盟在转基因食品政策和态度上迥然相异，争议很大，其原因十分复杂，包括欧洲相对落后的转基因技术成熟度，被媒体和一些民间组织夸大了的"Pusztai 大鼠事件"，疯牛病、二噁英等食品安全问题引发的公众担忧与恐慌所受到的牵连影响。另外，市场保护和贸易冲突也是欧盟拒绝转基因作物的重要原因（张启发，2001a，2001b）。

许多调查研究显示：欧洲各国消费者普遍对转基因食品持反对态度，而且，反对的人数正随着时间的推移不断上升（Hoban，1997；Gaskell et al.，1999）。甚至一些国家的消费者通过损坏转基因作物试验田来表示抗议。公众对转基因食品和转基因生物的担忧已在总体上对转基因产品在欧盟上市销售产生重要影响。即使在日本这样一向比较接受转基因食品的国家，2000 年也有近一半的公众对转基因西红柿持强烈的反对态度（Macer and Ng, 2000）。1997 年，欧盟出台了强制性标签制度，要求所有含转基因成分超过 1%的食品都必须加贴标签说明（Rousu et al.，2005）。与此同时，许多食品加工企业也禁止使用转基因产品作为原料，如麦当劳、Frito-Lay 等都拒绝使用转基因马铃薯作为原料。

有关转基因安全方面的激烈的争论至少带来了三种后果：一是，不论是在发达国家还是在发展中国家都已经使其政策决策者陷入了一种两难境地，从而使其采取了更加谨慎的态度，中国也不例外；二是，从 1998 年以来，全球转基因作物种植面积增长速度明显放慢（Burton et al.，2002）；三是，争论沉重地打击了公众对转基因食品的信心，甚至已经在公众中形成一种对转基因产品的恐慌心理，尤其是在一些发达国家，而且这种恐慌心理正在向发展中国家迅速蔓延（白军飞，2003）。

2.1.3　对转基因食品认知的研究

研究者对转基因食品消费者认知问题的研究是随着 20 世纪 90 年代中期后转基因食品进入公众食物链而不断出现的，虽然研究的时间并不长，但已经有很多国家在这方面做了大量的工作，尤其是在一些发达国家，如美国的 Hoban（1997，1999）、Hallman 和 Metcalfe（2001）、Moon 和 Balasubramanian（2001）、Mendenhall 等（2002）、Hallman 等（2002），欧洲的 Burton 等（1995）、Boecaletti 和 Moro（2000），日本的 Macer 和 Ng（2000）等。对发展中国家消费者认知和态度的研究也不少，如菲律宾的 Philip（2001，2002）等。相比较而言，对我国消费者认知和态度方面的研究不多。我国最早研究这一问题的是 2000 年的黄季焜。随后，我国学者已经陆续进行了一些研究，如白军飞（2003）、黄季焜和白军飞（2006）、周峰（2003）、丁玉莲（2004）、毛新志（2004）、毛新志和冯巍（2007）、柳鹏程等（2005）、周梅华和刘馨桃（2009）、张郁等（2014）等，但真正通过大范围的调查，进行实证研究的还很少，特别是在我国实施转基因重大专项和获得转基因水稻与玉米主粮安全证书背景下的研究还是空白，这对准确把握目前公众认知和态度非常不利，相关研究需要加强。

对转基因食品的研究在国外开展得比较早，因而关于转基因食品的消费者行为方面的研究也比较多，主要集中在消费者对转基因食品的认知程度、对不同转基因食品的态度及购买意愿、对加贴转基因标签的态度和对相关管理的看法等方面。世界各国的研究表明，消费者对转基因食品的关注程度越来越高，但不同国家和地区消费者对转基因食品的认知及态度存在很大差异。欧洲和日本等的消费者对转基因食品的接受程度较低，美国和许多发展中国家的消费者对转基因食品的接受程度则较高。一些研究表明，美国消费者对转基因食品的接受程度在 50%～59%，泰国、印度、墨西哥等发展中国家对转基因食品的接受程度都在 70%左右（黄季焜和白军飞，2006）。也有一些调查研究表明，消费者总体上对转基因食品有偏见，从而影响了对转基因食品的正确认知。例如，Bredahl（2001）进行的跨国调查显示，意大利消费者对转基因食品的态度较丹麦和德国消费者积极，消费者目前排斥所有的转基因食品技术，而不是只针对某一种具体的转基因食品技术。特罗姆瑟大学进行的一项研究表明，人们对转基因食品的态度以消极为主，价值观影响人们对转基因食品的态度。Hoban（1997）发现公众认知程度越高，会越对转基因食品保持正面态度。Frewer 等（1997）发现公众对转基因食品是否接受大多是考虑转基因食品对健康或环境是否有益，而不是考虑转基因食品的价格。

近年来我国学者开始研究消费者对转基因食品的认知、态度等问题，但各项研究的结果差异很大。中国科学院的研究结果表明，我国的城市消费者对转基因食品的接受程度为 65%左右（Philip，2001）。宣亚南和周曙东（2002）的研究表明，仅有 11%的消费者认为转基因食品对人体健康有益，并且只有 12%的消费者认为转基因食品对环境有益。绿色和平组织 2004 年对广州、上海、北京三个城市的调查结果表明，我国消费者基本不能接受转基因食品。还有许多其他研究表明，不同城市的消费者对转基因食品的接受程度存在着很大差异，如天津和南京消费者的接受程度约为 50%，而北京消费者的接受程度为 80%（周峰，2003）。那么，我国在 2008 年实施和推进转基因重大专项之后，我国公众对转基因食品的认知与接受度究竟如何，就成为我国转基因技术及其产业化过程中亟待研究的重大现实课题。

2.2　公众转基因食品认知的调查与分析

2.2.1　数据来源

2.2.1.1　调查方法的选择

一般研究的数据来自调查，调查方法通常有自填式问卷调查、面谈式问卷调查、电话调查、网络调查、邮寄调查和邀请受访者进行试验等。自填式问卷调查具有经济、快捷、省工省力的优点，可调查的样本数量比较多，但问卷的回收情况及问卷填写效果通常不理想，因此单纯采用这种方法的不多，一般是与其他调查方法相结合。电话调查、网络调查和邮寄调查较易于操作，调查成本低且都较容易扩大样本数量，整个调查过程也比较快捷，但由于没有与受访者见面，受客观因素影响较多，问卷的回答质量不能得到保证，存在样本偏差较大、调查结果准确性较差的缺陷。而邮寄调查不仅时效性较差、成本高，回收率也不高，所以一般采用这种方法的比较少。面谈式问卷调查最大的优点是可以保证调查结果的准确性，样本具有较强的代表性，因此这种调查方法的采用最为普遍。但是面谈式问卷调查需要投入较多的人力、物力和财力，调查成本较高，选取的样本数量有限，往往局限在特定群体，对访谈者的要求也比较高。

目前转基因食品公众认知调查的常用方法有 3 种：一是面对面的问卷调查（Mccluskey et al.，2016），即面谈式访问；二是通过打电话询问的方式随机调查（Hallman et al.，2002）；三是利用现代发达的网络进行网上被动访问式调查（Badrie et al.，2006）。鉴于以上几种方法的比较及本章研究的需要，为了保证研究结果的科学性和准确性，对普通公众采用的是面谈式问卷调查，以期更深入地了解普通公众对转基因食品的认知情况。

2.2.1.2　调查问卷的设计及内容

为了提高调查数据可靠性，本章研究所用调查问卷的设计经历了一个很长的过程。首先通过国内外相关文献的研究，根据研究目标和研究内容设置了一系列相关的题目，形成调查问卷初稿；其次由有关专家对调查问卷初稿提出修改建议，并进行小规模试调查；最后结合专家意见和试调查的结果进行调整和完善，形成问卷终稿。问卷设计完成后，课题组负责对调查员进行问卷调查和访谈的培训，尽量做到客观准确地反映公众本人的真实想法。

问卷内容包括四部分，分别涉及调查对象基本情况、公众对转基因食品的认知情况、对转基因食品的基本态度和其他方面情况。调查对象基本情况部分包括公众个体特征和社会经济因素，如年龄、性别、健康、教育、职业、收入等；公众对转基因食品的认知情况部分涵盖了风险认知、信息沟通、科学普及等内容；在调查了公众对转基因食品的基本态度之后，最后一部分为调查结果，总结了公众对生态环境保护、政府信任程度、生物技术公司及标签制度等的一些看法和观点。

2.2.1.3　调查地点的选取

虽然转基因食品这种颇具争议的新生事物随着时间的推移被公众认知和关注的程度不断提高，但根据有关国内实证研究，信息渠道通畅、商品经济发达的城市目前更适宜进行有关研究。因此课题组 2010 年 7~8 月选取了我国各地区较具代表性的 6 个城市作为实地面谈式问卷调查的地点，主要包括东部经济发达的城市——北京、上海、深圳、苏州，中部工业重镇武汉及西部重要城市重庆（表 2-1）。

表 2-1　具体调查地区和有效样本

城市	调查的城区	有效样本（份）
上海	黄浦区、闵行区、静安区等	199
北京	西城区、东城区、朝阳区、通州区、丰台区等	190
深圳	福田区、罗湖区、南山区、宝安区、盐田区等	200
苏州	工业园区、金阊区、平江区等[①]	197
武汉	洪山区、武昌区、东西湖区、江夏区等	200
重庆	渝中区、南岸区、九龙坡区、沙坪坝区等	200

在对每个城市的具体调查地点进行选择时，既对中心城区，也对远郊地区的公众开展调查；既包含人员密集、流动性大的商业区，也包含便于深入访谈的居民生活区，调查地点主要安排在超市、商场休息区和饮食区、广场、住宅小区等，在公众有比较充足的时间和平和理性的心态下来做好访谈与问卷填写工作，提高信度（reliability）和效度（validity）。

2.2.1.4　调查样本量的确定

根据统计学原理，每个调查地区的有效样本量根据如下抽样公式估算：

$$n = \frac{Z^2 \times p(1-p)}{e^2}$$

式中，n 为样本容量；Z 为置信区间 Z 统计量（本章选用 91.8%，对应 Z 值为 Z=1.74）；

---

① 2012 年，经国务院批准，撤销苏州沧浪区、平江区、金阊区，设立苏州姑苏区。

p 为总体成数（本章取 p=0.5）；e 为容许的抽样误差（本章采用 5%）。由估算结果可知，每个地区的样本容量约为 194 份，考虑到有效问卷的比例不可能达到 100%，为保证样本的代表性，扩展 3%的样本量，单个城市的样本量应为

$$N=194×1.03≈200（取 200）$$

因此最终 6 个城市的总样本量为 1200 份，剔除无效问卷后，最终回收的有效样本为 1186 份。

2.2.2　调查问卷的信度和效度

需要特别说明的是，由于本章研究内容覆盖的范围较广，与一般的量表设计有所不同，测量的题目综合性更强，整个问卷的综合信度和效度因此可能被低估，必须将问卷分为几个分量表进行信度和效度的检验，主要对认知量表、风险评价量表、转基因产业发展态度量表、争论根源量表 4 个分量表进行考察。本章研究通过 SPSS16.0 软件进行相关的处理和分析。

信度即可靠性，它指采用同样的方法对同一对象重复测量时所得结果的一致性程度。其主要包括重测信度、复本信度、折半信度和内部一致性信度等。目前，检验信度的主要方法为 Cronbach's α 信度系数法，即对问卷的内部一致性进行检验，这个方法也是最适合本章研究的检验方法。Cronbach's α 越大，表示条目间相关性越好，一般而言，Cronbach's α 大于 0.8 表示内部一致性极好，Cronbach's α 在 0.6～0.8 表示内部一致性较好，而 Cronbach's α 低于 0.6 表示内部一致性较差。表 2-2 的结果显示，调查问卷各个分量表的 Cronbach's α 均大于 0.6，问卷具有较好的信度水平。

表 2-2　调查问卷各分量表的信度检验

项目	认知量表	风险评价量表	转基因产业发展态度量表	争论根源量表
Cronbach's α	0.626	0.741	0.800	0.826

效度即有效性，它指测量工具或手段能够准确测出所需测量的事物的程度。效度分为三种类型：内容效度、准则效度和架构效度。而通过因子分析进行问卷的结构效度的分析是主要的检验方法之一。运用因子分析法时，首先必须通过 KMO 检验是否适用因子分析，即因子分析的结果是否有效和可信，之后再对效度指标进行相关的评价（表 2-3）。通过因子分析来判断结构效度的标准主要有三个：①公共因子应与问卷设计时的结构假设的组成领域相符，且公共因子的累积方差贡献率至少在 40%以上（表 2-4）；②每个条目都应在其中一个公共因子上有较高载荷值（大于 0.4），而对其他公共因子的载荷值较低（表 2-5）；③公因子方差均应大于 0.4，该指标表示每个条目的 40%以上的方差都可以用公共因子解释。

首先，从 KMO 检验值来看，表 2-3 中 4 个分量表的 KMO 值均达到或超过了

0.5，显著水平均达到 1%，即适合进行因子分析，可以进一步开展效度检验的工作。其次，从表 2-4 判断公共因子的累积方差贡献率，各量表的累积方差贡献率均超过 40%。接下来通过表 2-5 判断在每个条目任一公共因子上是否具有大于 0.4 的因子载荷值，其也均达到要求。最后，通过表 2-4，可以看到各分量表抽取得到的公因子方差均大于 0.4。

由此可见，各个分量表的效度也已经通过检验，问卷具有较好的信度和效度，适合做进一步的实证分析。

表 2-3　调查问卷各分量表的 KMO 和 Bartlett's 球形度检验

项目		认知量表	风险评价量表	转基因产业发展态度量表	争论根源量表
取样足够多的 KMO 度量		0.684	0.500	0.840	0.824
Bartlett's 球形度检验	χ^2	251.149	165.892	1295.530	642.481
	df	6	1	28	15
	Sig.	0.000	0.000	0.000	0.000

表 2-4　调查问卷各分量表的因子贡献率

分量表	成分	解释的总方差								
		初始特征值			提取平方和载入			旋转平方和载入		
		合计	方差贡献率（%）	累积方差贡献率（%）	合计	方差贡献率（%）	累积方差贡献率（%）	合计	方差贡献率（%）	累积方差贡献率（%）
认知量表	1	2.068	51.692	51.692	2.068	51.692	51.692			
风险评价量表	1	1.588	79.385	79.385	1.588	79.385	79.385			
	2	0.412	20.615	100						
转基因产业发展态度量表	1	3.662	45.769	45.769	3.662	45.769	45.769	3.265	40.816	40.816
	2	1.310	16.381	62.150	1.310	16.381	62.150	1.707	21.335	62.151
争论根源量表	1	3.203	53.380	53.380	3.203	53.380	53.380			

表 2-5　调查问卷各分量表的因子载荷

分量表	具体条目	成分	
		1	2
认知量表	听说与否	0.750	—
	是否知道转基因食品流通	0.729	—
	是否知道争论	0.732	—
	已知的转基因食品正确	0.661	—
风险评价量表	对健康的影响	0.891	—
	对生态环境的影响	0.891	—

续表

分量表	具体条目	成分	
		1	2
转基因产业发展态度量表	转基因食品商业化效益	0.455	0.042
	赞成种	0.866	−0.171
	赞成加工	0.902	−0.175
	赞成销售	0.881	−0.247
	赞成进口	0.701	−0.350
	对转基因技术发展的态度	0.225	0.655
	对转基因专项的态度	0.544	0.552
	转基因专项的投资	0.525	0.575
争论根源量表	缺乏转基因食品知识了解	0.647	—
	缺乏与科学家的交流沟通	0.757	—
	转基因食品具有不确定性	0.789	—
	媒体报道易误导公众	0.634	—
	NGO*的极力反对	0.794	—
	食品问题的重要性、敏感性	0.746	—

* 非政府组织（Non-Governmental Organizations, NGO）

2.2.3　公众对转基因食品认知的描述性分析

2.2.3.1　调查样本的分布描述

从表 2-6 的调查样本分布情况可以看到，各个地区调查所获的样本男女比例均匀，涉及各种职业、各种专业和不同收入水平的公众，虽然略有差异，但分布基本一致。全部样本以 18～49 岁的中青年人为主（比例为 86.36%），这主要与老年人外出不便，街头调查偶遇的概率较小有关，年龄分布基本符合我国的人口分布结构。另外由于 18～29 岁的年轻人居多，受教育程度大多在大专或本科（55.06%），可以据此推测，得出的认知情况可能会高于我国公众平均的认知水平。此外，接受调查的公众健康状况较为理想。整体上看，样本具有代表性和广泛性。

表 2-6　样本描述性统计（单位：%）

项目		上海	北京	苏州	武汉	重庆	深圳	全部
性别	男	50.25	38.95	46.19	52.00	53.00	49.00	48.31
	女	49.75	61.05	53.81	48.00	47.00	51.00	51.69
	合计	100.00	100.00	100.00	100.00	100.00	100.00	100.00
年龄	18 岁以下	4.52	2.63	3.55	2.50	5.50	1.00	3.28
	18～29 岁	48.24	44.74	55.33	51.00	57.50	38.50	49.24
	30～39 岁	22.61	20.00	23.86	26.00	16.50	31.50	23.48
	40～49 岁	13.57	15.79	9.64	13.50	8.50	21.00	13.64
	50～59 岁	7.04	9.47	4.57	4.50	10.50	3.50	6.57
	60 岁及以上	4.02	7.37	3.05	2.50	1.50	4.50	3.79
	合计	100.00	100.00	100.00	100.00	100.00	100.00	100.00
受教育程度	小学及以下	2.01	2.11	2.54	2.50	2.50	2.50	2.36
	初中	6.53	7.89	9.64	7.50	11.00	7.00	8.26
	高中、技校或中专	20.10	26.84	27.92	21.00	26.00	23.00	24.11
	大专或本科	55.28	54.74	54.32	55.50	54.50	56.00	55.06
	研究生及以上	16.08	8.42	5.58	13.50	6.00	11.50	10.21
	合计	100.00	100.00	100.00	100.00	100.00	100.00	100.00
专业	理科	23.98	31.21	24.10	23.08	18.52	13.69	22.41
	工科	32.14	13.38	13.25	20.88	16.66	29.77	21.44
	农科	3.57	1.91	0.60	2.75	0.62	2.38	2.03
	医科	5.11	1.91	1.81	8.79	9.26	7.14	5.72
	文科	29.08	37.58	32.53	34.06	35.80	42.26	35.01
	其他	6.12	14.01	27.71	10.44	19.14	4.76	13.39
	合计	100.00	100.00	100.00	100.00	100.00	100.00	100.00
健康状况	非常好	29.44	20.63	22.16	14.57	19.60	5.50	18.59
	比较好	45.69	41.80	47.42	48.24	43.22	74.00	50.17
	一般	22.84	33.86	26.81	34.17	34.17	17.00	28.10
	比较差	1.52	3.71	2.58	3.02	2.01	3.00	2.63
	非常差	0.51	0.00	1.03	0.00	1.00	0.50	0.51
	合计	100.00	100.00	100.00	100.00	100.00	100.00	100.00

续表

	项目	上海	北京	苏州	武汉	重庆	深圳	全部
收入	1000元及以下	12.18	21.43	3.55	22.35	26.44	12.37	16.35
	1001~2000元	9.14	22.53	36.09	22.35	27.59	8.25	20.46
	2001~3000元	25.89	23.07	34.92	21.23	27.59	10.83	23.65
	3001~5000元	30.46	20.88	11.83	26.26	14.37	25.77	21.92
	5001~8000元	16.75	8.24	8.88	4.47	1.71	22.16	10.68
	8001元及以上	5.58	3.85	4.73	3.34	2.30	20.62	6.94
	合计	100.00	100.00	100.00	100.00	100.00	100.00	100.00
职业	党政机关干部	3.05	2.63	0.52	3.52	1.01	2.00	2.12
	企业单位管理者	14.21	10.00	14.95	11.06	8.54	24.50	13.91
	事业单位人员	15.23	16.84	10.82	13.57	6.03	13.00	12.55
	专业技术人员	31.98	7.37	10.82	14.05	7.54	9.00	13.49
	个体工商户	6.07	3.16	6.70	3.52	5.03	8.50	5.53
	工人	2.54	2.63	7.22	2.01	5.03	0.00	3.22
	农民	0.51	1.05	2.58	0.50	6.01	0.00	1.78
	服务业人员	11.68	15.79	16.49	12.06	13.07	14.50	13.91
	退休人员	2.03	7.37	1.03	11.06	20.10	4.00	7.63
	学生	9.14	21.58	15.46	21.61	16.58	14.50	16.45
	下岗或待业人员	1.02	3.16	7.22	2.01	6.03	1.00	3.39
	其他	2.54	8.42	6.19	5.03	5.03	9.00	6.02
	合计	100.00	100.00	100.00	100.00	100.00	100.00	100.00

2.2.3.2 公众对转基因食品概念和知识的认知调查

转基因食品作为一种高科技新生事物，走进公众视野的时间也仅是短短十几年，虽然各种报道和舆论显示转基因食品已经成为安全争议的热点问题，但从本次大规模的调查情况来看，我国公众对转基因食品的知晓度较高（图2-1），但认知度非常欠缺（图2-2）。

从调查情况看，公众对转基因食品的知晓度较高。经常听说的比例为29.94%，偶尔听说的比例为44.70%，只听说过一两次的比例为11.37%，三者之和超过86%，从未听说过的比例为13.99%，这说明公众对转基因食品的知晓度还是比较高的。为了进一步考察公众对转基因确切的认知水平，问卷特别设置了3道与生物技术

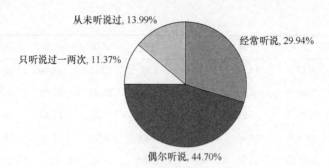

图 2-1　公众对转基因食品的知晓度

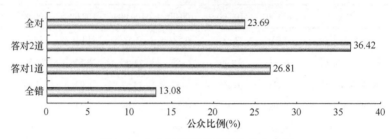

图 2-2　公众回答题目总数的分布情况

常识相关的问题。从答题情况来看,公众对转基因技术知识缺乏基本的常识和了解。即使是一些常识性的问题,回答正确的比例也比较低(图 2-2、表 2-7)。3道题回答都正确的公众的比例只有 23.69%,答对 1 道的公众的比例也只有 26.81%,答对 2 道的公众比例为 36.42%,全错的比例为 13.08%。其中,针对"转基因番茄有基因,普通番茄没有"的问题,71.21%的公众回答正确,但这个认知水平甚至低于或者仅仅相当于欧美国家 20 世纪 90 年代末的水平。涉及转基因技术的基因转移问题,公众表现出了最模糊的认知(仅 19.50%的人回答正确)。由此可见,公众对转基因食品的了解可能只是停留在听说这个名词概念的层次,对其真正知识的了解还非常欠缺。

表 2-7　公众的生物知识了解水平(单位:%)

项目	孩子性别由父亲决定	转基因番茄有基因,普通番茄没有	把动物基因转移到植物不可能
正确	51.33	71.21	19.50
错误	37.30	7.28	43.47
不确定	11.37	21.51	37.03
合计	100.00	100.00	100.00

　　此外,调查结果还显示,虽然 60%~70%的公众对生活中存在转基因食品有基本的了解,但对具体的转基因食品是否存在的认知比较模糊,再次印证"公众

对转基因食品知晓度较高，但对具体知识知之甚少"的事实。从图 2-3 可知，在给出的多个转基因食品选项中，公众仅对大豆油（50.34%）、大豆及豆制品（48.06%）的认知度较高。究其原因，一方面，可能是大豆油是生活必需品，与公众生活非常密切相关；另一方面，由于加贴标签，转基因和非转基因大豆油之间的价格差距较大，某些非转基因食用油企业特意以非转基因作为宣传卖点。其他产品中，玉米和番茄也是公众认为的主要存在的转基因食品，选择率超过了 30%。此外，马铃薯、甜椒、棉花（棉籽油）均有 20% 左右的公众认为是存在的。公众认为最不可能存在的转基因食品主要是木瓜和鱼。根据我国目前的转基因作物商业化种植的批准情况，仅有棉花和番木瓜，但对这些真正已获批准的转基因作物，特别是第一大转基因作物——棉花，公众并未表现出较高的认知率，而对非转基因食品很多公众产生了混淆，从这个调查中可以看出，公众对转基因食品的认知是非常有限的。

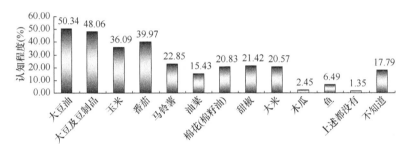

图 2-3 公众对转基因食品和非转基因食品的认知

2.2.3.3 公众对转基因食品的风险认知与评价

调查显示，转基因食品争议最大的问题是其潜在风险问题，而转基因食品的潜在风险又集中在健康风险和生态风险上。通过表 2-8 可以看到，公众对转基因食品发展存在的疑虑主要集中在安全问题上，如对"转基因食品和非转基因食品一样安全""转基因作物虫子不能吃而人能吃"两道题进行调查时，公众的信心明显不足，持否定意见的占多数，这也反映了目前公众对转基因食品安全问题的顾虑与担心。

表 2-8 公众对转基因食品相关观点的评价（单位：%）

项目	非常同意	比较同意	基本同意	不太同意	非常不同意	合计
转基因食品和非转基因食品一样安全	3.85	12.57	30.37	42.84	10.37	100.00
转基因作物虫子不能吃而人能吃	3.22	9.75	22.45	46.55	18.03	100.00

进一步调查发现公众对转基因食品健康风险评价和环境风险评价有一定区别。

1）公众对转基因食品健康风险的评价偏正面。此次调查显示，有 37.85%的公众无法对转基因食品健康风险做出评价，这也再次证实公众对转基因食品的认知非常有限。但在给出评价的 62.15%的公众中，认为转基因技术对人类健康比较安全和非常安全的比例为 54.33%，超过了认为比较危险和非常危险的 45.64%的公众（图 2-4），由此可见，公众关于转基因食品对人类健康风险的评价还是较正面的。

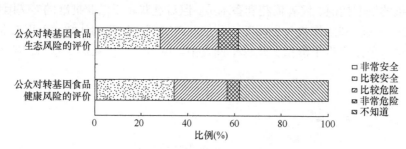

图 2-4　公众对转基因食品健康风险和生态风险的评价

2）公众对转基因食品生态风险的评价偏负面。在对生态环境影响的评价上，公众的看法似乎有所不同。有 38.29%的公众无法对转基因食品生态风险做出评价，在给出评价的公众中，认为比较危险和非常危险的公众有 54.52%，认为比较安全和非常安全的公众则只有 45.48%。可见，公众对转基因食品影响生态环境的忧虑，要超过了对人类自身健康的担忧（图 2-4），这可能与当前生态环境问题比较突出的直接切身感受和日益提高的生态环境意识有关系。

2.2.3.4　信息传播与公众的转基因食品认知

公众在获取转基因食品知识过程中，网络媒体和传统媒体（书籍或报刊）发挥了重要作用，而且网络媒体的作用越来越大，已经超过传统媒体（图 2-5）。调查显示，通过互联网得到转基因食品信息的比例达到了 48.99%，排在第一位。不过传统媒体还是获得了更高的信任度（图 2-5），传统媒体和科普活动的信任度都超过了 40.00%，而互联网则只有 23.44%的信任度，可见，互联网媒体的公信力尚待大力提高。不过令人深思的是，学校在转基因食品信息获取和信任度方面都比较低，这在某种程度上说明公众的转基因食品信息来源基本是自发获取的，靠学校和科普等正规渠道获取的很少，这在某种程度上反映出目前学校与科普在转基因食品教育方面的缺失与不足。

从调查所获结果看（图 2-6），公众对获得信息的信任度不高，但信息的影响力较大。69.38%的公众表示对媒体信息只有部分可信，认为非常可信和比较可信

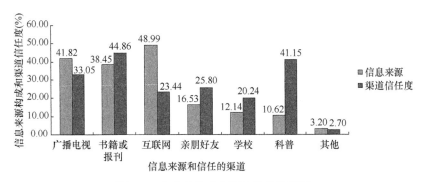

图 2-5 公众的信息来源和信任的渠道

的仅占 2.68%和 13.21%，两者总和仅有 15.89%。但是值得关注的是，虽然公众不太信任媒体传递的信息，但超过半数的公众认为他们的行为会受到媒体很大和较大的影响，这部分公众占 55.52%。认为没有多大影响的为 34.20%，完全没有影响的仅有 2.88%。这种看似有些矛盾的现象背后，反映出了一个非常重要的问题，即一方面，公众希望得到客观真实的信息，而现实中良莠混杂的爆炸信息使公信力遭到怀疑；另一方面，公众被越来越多的外在海量信息影响，往往表现出对信息的无所适从和从众行为，尤其对负面信息有一种"宁可信其有，不可信其无"的风险规避心理。

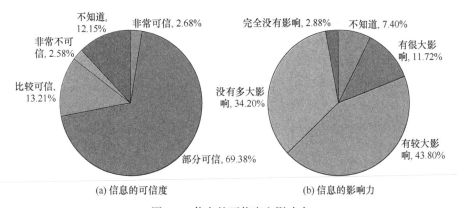

(a) 信息的可信度   (b) 信息的影响力

图 2-6 信息的可信度和影响力

2.2.3.5 转基因科普与公众的转基因食品认知

图 2-5 显示科普是获得公众普遍信任的主要渠道之一，但在对公众实际参与科普活动及对科普活动评价的调查中却发现了矛盾的情况（图 2-7）。78.72%的公众几乎完全没参与或仅是偶尔参与科普活动，在深入访谈中发现，生活节奏快，不愿意花时间参与科普活动，科普活动少，科普内容枯燥不符合公众需求，不知道科普活动的信息等是公众参与度低的主要原因。

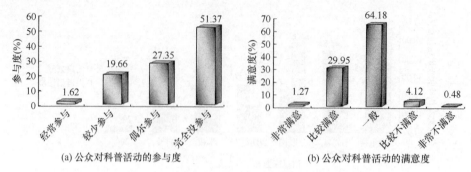

(a) 公众对科普活动的参与度　　　(b) 公众对科普活动的满意度

图 2-7　公众对科普活动的参与度和满意度

而对科普活动的实际效果，参与过科普活动的公众普遍认为成效"一般"（64.18%），小部分表示"比较满意"（29.95%）或"非常满意"（1.27%）。可见，公众对转基因食品认知程度较低，科普活动少、科普活动效果不太理想、公众参与度低都是非常重要的原因，这也从一个方面说明，提高公众对转基因食品的认知水平，加强科普活动不仅必要而且非常紧迫，不仅要提高科普的量更要注重科普的质，增加科普的科学性与可接受度。

2.2.3.6　公众对转基因食品安全的态度

调查结果显示，目前有 44.56% 的公众表示对转基因食品非常有信心和比较有信心，完全没有信心和比较没有信心占 23.87%，其所占比例仅为有信心公众的一半左右，这说明公众对转基因食品的信心总体是偏正面和积极的。在调查中，对食品安全非常有信心和比较有信心（48.93%）和对食品安全比较没有信心和完全没有信心的公众（44.01%）比例相当（图 2-8），并且对食品安全没有信心的公众要多于对转基因食品没有信心的公众，这说明公众对我国目前整体食品安全的信心不足，也就是说，我国食品安全的整体状况也直接影响了公众对转基因食品的信心。

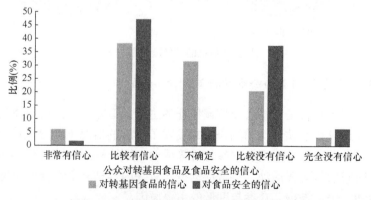

图 2-8　公众对转基因食品及食品安全的信心

在实际的购买行为中，公众的态度比较明确。在面临转基因食品和非转基因食品的选择时，52.52%的公众比较介意和非常介意食品中的转基因成分（表2-9），因此公众更倾向于购买非转基因食品（65.21%）（表2-10），并且这一比例要大于表示介意的比例，可见一些意见不明确的公众仍然更愿意选择非转基因食品来降低风险。但仍有29.82%的公众认为两种食品没有太大差别，都愿意购买（表2-10），且有4.97%的公众坚定地支持转基因食品。

表 2-9　公众是否介意食品含有转基因成分（单位：%）

项目	上海	北京	苏州	武汉	重庆	深圳	全部
非常介意	12.69	16.31	12.89	12.18	9.54	8.50	11.96
比较介意	44.67	41.31	42.27	41.62	41.71	32.00	40.56
比较不介意	32.49	27.17	23.71	29.44	28.14	32.00	28.86
完全不介意	1.52	3.80	7.22	5.08	1.51	1.50	3.42
不知道	8.63	11.41	13.91	11.68	19.10	26.00	15.20
合计	100	100	100	100	100	100	100

表 2-10　公众的食品购买意愿（单位：%）

项目	上海	北京	苏州	武汉	重庆	深圳	全部
转基因食品	3.55	6.49	6.19	9.23	3.06	1.50	4.97
非转基因食品	71.57	67.03	61.34	57.95	57.65	75.50	65.21
两种都可以	24.88	26.48	32.47	32.82	39.29	23.00	29.82
合计	100	100	100	100	100	100	100

由于公众认知水平的限制及食品安全问题的敏感性，在知道购买的食品是转基因食品后，为了降低自身面临的风险水平，公众可能会通过购买决策的调整做出应对（图2-9）。国内学者的研究表明，公众购买转基因食品后的反应并不如我们想象中的那么恐慌。33%～56%的公众仍然会选择继续购买，数量可能不变也可能减少一些，只有很少的公众（10%～20%）会直接放弃购买转基因食品（吕瑞超，2010）。本章研究所获结果与已有研究基本一致。虽然有31.21%的被调查公众认为自己应该马上停止购买（高于已有研究的比例），但是更多的公众仍然只是通过减少购买数量（46.50%）来降低风险，还有相当一部分的公众（20.80%）表示不会改变购买决策，也就是说接近7成（67.30%）的公众还是会继续购买转基因食品，这一比例也高于其他研究的结果。可见，当前公众对转基因食品的消费有了更多理性的思考，并不会盲目地放弃选择更优质食品的可能性。购买转基

因食品经验的积累可能使得公众的接受程度提高。

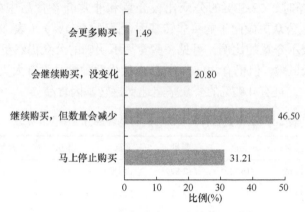

图 2-9　公众应对转基因食品潜在风险的策略调整

但是很多公众在食用态度上非常模糊，只有 45.05%给出了明确回答。其中，表示一定会食用的公众占 15.44%，29.61%的公众表示一定不会食用（表 2-11）。对表示不确定的公众进行追问后发现，相当一部分公众是愿意在尝试之后再进行选择的，也有公众有从众心理，只要其他身边的亲朋好友吃过便愿意食用。由此可以发现，公众虽然对转基因食品这种新生事物存在很多的疑问和困惑，在购买及食用中也表现出了观望和保守的态度，但是并不完全盲目地排斥这类食品，态度比较理性。

表 2-11　公众对转基因食品的食用态度（单位：%）

项目	上海	北京	苏州	武汉	重庆	深圳	全部
一定会	17.26	15.14	15.03	11.17	16.50	17.50	15.44
一定不会	29.44	32.43	27.46	30.46	25.50	32.50	29.61
不确定	53.30	52.43	57.51	58.37	58.00	50.00	54.95
合计	100	100	100	100	100	100	100

2.2.3.7　公众对转基因技术发展和转基因科学家的态度

公众对从事转基因技术研发的科学家的态度给予了充分肯定。从图 2-10 可以看出，有 71.22%左右的公众表示支持转基因科学家的工作，只有 12.89%的公众持负面态度。与其充分肯定转基因科学家的工作相比，公众对转基因科学家的信任度却略显不足，有 47.22%的公众对转基因科学家表示了积极的信任，但是也有相当比例的公众（45.51%）的信心仅是一般。这说明公众和转基因科学家之间还是缺乏必要的沟通与理解，有必要进一步加强沟通和交流。转基因科学家除了积极从事转基因科研工作外，也有必要加强对公众的转基因科普宣传，提高公众对转基因食品的科学认知，让公众更加理解转基因科学家的工作。

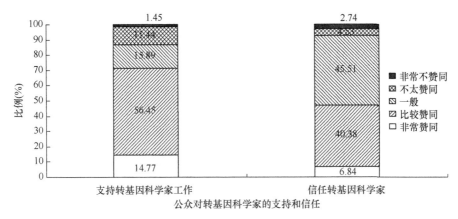

图 2-10　公众对转基因科学家的支持和信任度

2.2.3.8　公众对转基因食品争论的认知

有关转基因食品的争论在国际和国内都非常激烈，那么普通公众对此究竟了解多少呢？图 2-11 显示，公众对转基因食品争论知道较少也较少关注，他们对此了解非常有限。只有 2.12% 和 12.21% 的公众认为自己非常清楚和比较清楚转基因争论，30.45% 的公众了解程度只是一般，知道较少甚至完全不知道的公众占了大多数，其比例高达 55.22%，这在某种程度上说明普通公众对转基因的巨大争论是缺乏了解的，而有可能更多的是网络炒作行为。

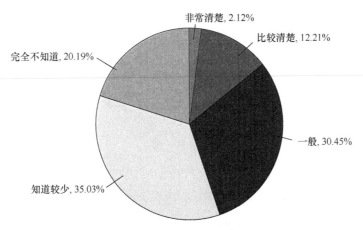

图 2-11　公众对争论的知晓程度

　　而对转基因食品争论发展的趋势，图 2-12 显示公众表示几乎没有失控的可能性或失控的可能性较小的比例为 41.65%，表示不确定的比例为 28.28%，而表示失控可能性较大和很大的比例也较高，达到了 30.07%，说明转基因争论问题也不可小觑，需要引起足够的重视。在调查公众对转基因巨大争论的利弊时，图 2-13 显示有 33.13% 的公众表示不确定，占第一位；认为利弊相当的排在第二位，达到 26.66%；还有 24.45% 的公众认为利大于弊，而认为弊大于利的公众只占 15.76%。对公众来说，争论可能解决现有的信息不对称问题，但是也可能是双刃剑，部分信息的虚假和非理性信息有可能带来公众心理的恐慌和认知的混乱。

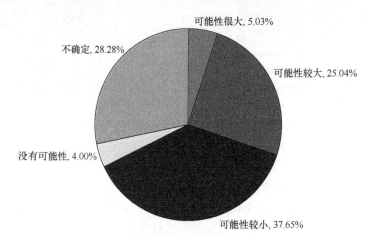

图 2-12　对转基因食品争论失控的可能性

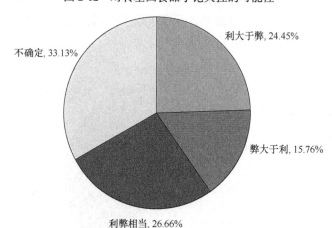

图 2-13　对转基因食品争论的利弊

　　对转基因食品的争论由来已久，那么公众对转基因食品争论根源有何看法呢？从表 2-12 可以看出，公众认为最关键的因素分别是：科学家与公众缺乏相互交流和沟通（96.07%）；食品问题与每个人息息相关，本身具有高度敏感性（95.87%）；公众缺乏对转基因知识的了解（95.80%）；转基因作为新生事物具有不确定性（95.56%）；转基因食品决策、监管机制缺乏透明性（94.38%）；媒体对转基因问题缺乏科学、客观、准确的报道，误导公众（87.64%）。

表 2-12　公众对转基因食品争论根源的看法（单位：%）

项目	非常 同意	比较 同意	基本 同意	不太 同意	非常 不同意	合计
公众缺乏对转基因知识的了解	47.86	32.68	15.26	3.52	0.68	100
科学家与公众缺乏相互交流和沟通	33.40	41.65	21.02	3.14	0.79	100
转基因作为新生事物具有不确定性	36.26	37.65	21.65	3.95	0.49	100
媒体对转基因问题缺乏科学、客观、准确的报道，误导公众	20.38	33.53	33.73	11.47	0.89	100
转基因食品决策、监管机制缺乏透明性	29.62	34.85	29.91	4.44	1.18	100
食品问题与每个人息息相关,本身具有高度敏感性	49.17	30.62	16.08	3.34	0.79	100

2.2.3.9　公众对转基因食品加贴标签的态度

一方面，公众对转基因食品安全方面还存在顾虑；另一方面，由于转基因食品识别上的困难，标签成为公众目前唯一可以借以识别转基因食品的工具。调查显示，公众迫切希望能够维护自己在食品消费中的知情权和选择权，83.55%的公众认为需要转基因食品标签，并且绝大多数（82.61%）的公众要求必须由国家强制执行（图 2-14、图 2-15）。

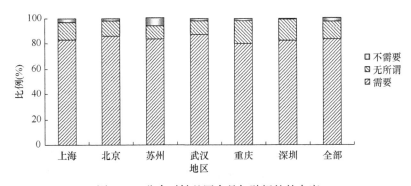

图 2-14　公众对转基因食品加贴标签的态度

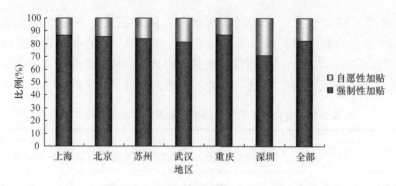

图 2-15　公众对标签管理方式的期望

2.2.3.10　公众的食品安全意识和消费特征

目前，我国公众食品安全风险意识不断提升。在购买食品的过程中，公众对食品的主要需求反映在"新鲜程度"（80.52%）和"质量"（62.39%）上；其次，公众看中食品的营养成分和价格；味道、品牌、农药残留也有一定的需求，但不是特别主要的；外观则是考虑得很少的因素（图 2-16）。随着我国公众的食品消费观念的变化，70%左右的公众比较关注和非常关注环保（72.57%）及农药残留的食品安全问题（69.49%）（图 2-17），可是在公众最关心的食品需要中，农药残留少却不是最主要的需求，这也反映出虽然公众的意识有所提高，但要落实在生活中，使其成为一种自觉的消费观念还需要时间。

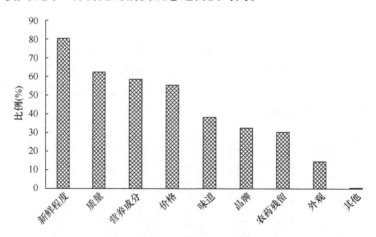

图 2-16　公众购买食品的偏好排序

为了尽可能买到安全放心的产品，公众还会对购买食品的地点做出慎重选择。超市和农贸市场成为公众的首选，而超市被选的比例（94.10%）远高于其他选项甚至是第二位的农贸市场（54.89%）（表 2-13）。超市产品遵循严格的入场制度，

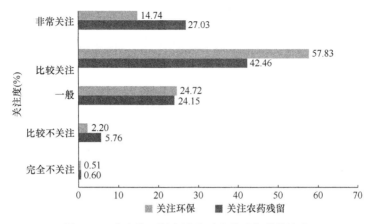

图 2-17　公众的环保意识及对农药残留的关注度

公众消费时能更安心。另外，一站式购物的方便也使得公众喜欢在超市选择食品。通过调查还发现，受访公众本人和自己长辈担当了家庭主要购买者和购买决定者的角色，可见在一定程度上，公众的购买卷入度较高，受访的公众较大一部分是主要购买者和购买决定者（表 2-14）。

表 2-13　公众主要购买食品的地点排序（单位：%）

项目	上海	北京	苏州	武汉	重庆	深圳	全部
超市	98.49	87.89	88.83	95.50	95.50	98.00	94.10
农贸市场	85.93	51.58	50.76	49.50	50.50	41.00	54.89
固定门市部	8.54	13.16	11.17	19.00	8.50	44.00	17.45
路边地摊	5.03	3.68	2.03	3.00	5.50	2.50	3.63
其他	0.00	1.58	3.05	2.00	1.00	1.00	1.43

注：排序根据全部样本偏好选择的比例进行

表 2-14　家庭主要购买者和购买决定者（单位：%）

项目	主要购买者	购买决定者
以自己为主	40.77	38.24
以配偶为主	10.58	9.31
自己和配偶差不多	13.79	16.92
自己长辈	33.42	33.84
其他人	1.44	1.69
合计	100.00	100.00

2.3　公众对转基因食品的认知的实证分析

2.3.1　公众对转基因食品的认知的理论模型构建

2.3.1.1　公众对转基因食品的认知的主要影响因素

回顾当前国内外的各项研究后不难发现，影响公众对转基因食品的认知的因素主要可以归纳为个体特征因素、转基因食品信息传播因素、风险意识因素、信任程度因素这四个方面。

其一，个体特征（包括人口学、社会学特征）会影响公众对转基因食品的认知水平。这些特征包括多个方面，如年龄、性别、婚姻状况、文化程度、收入水平、信仰和文化背景等。并且就现有的研究成果来看，不同个体特征对个体认知的影响程度有所差别（Morris and Adley，2001；Hossain et al.，2002；周峰，2003；丁玉莲，2004；项新华等，2005；严功翠和秦向东，2006；刘志强等，2007；王卫清和薛达元，2008；Hossain and Onyango，2010）。

其二，转基因食品信息传播对个人的转基因食品认知会产生重要影响。Frewer等（1997）的调查研究认为信息对消费者态度的影响主要来自两个方面的因素——信息自身因素（包括信息的内容、风格等）和信息传播者（如行业、消费者组织或政府部门），其中，信息源的可信度、信息的主要内容和信息的传播执行情况尤为重要。国内学者的研究同样证实了 Frewer 等（1997）的结论。丁玉莲（2004）的研究发现，在正面信息组中有 54.62%的消费者愿意以高于传统食品 12.5%的价格购买转基因食品，而负面信息组中愿意购买转基因食品的消费者占比很少，甚至在转基因食品比传统食品便宜 37.5%的情况下，也只有 16.9%的消费者愿意购买。消费者对媒体的态度及信任程度会影响消费者对转基因食品的认知，媒体对转基因食品的态度与消费者对转基因食品的态度有显著的相关性，消费者的态度在很大程度上受媒体的影响，更倾向于媒体的观点（项新华等，2005）。

其三，风险意识也会影响公众对转基因食品的认知和态度。越是风险规避型的人越不能接受消费转基因食品（Hallman et al.，2002），因此公众对转基因食品的风险和收益的认知决定了其对转基因食品的接受程度。Bredahl（2001）也认为可感知的风险和收益会影响消费者的接受程度，而且可感知的收益比可感知的风险更重要。Baker 和 Burnham（2001）分析了消费者对转基因食品的接受度，发现当消费者具有高风险趋避、相信转基因食品会改善食品品质、了解生物科技的条件时，将更能接受转基因食品。

其四，信任程度也会影响公众对转基因食品的认知及态度。公众对管理机构、科学家和转基因产业的信任程度，以及管理机构是否明确地对其关心的问题进行交流会影响其认知（仇焕广等，2007）。

2.3.1.2　公众对转基因食品的认知的理论模型框架

结合课题组实地调查的结果，围绕课题研究目的，本书建立了公众对转基因食品的多维分析研究模型。

公众对转基因食品认知=f（个人特征因素，社会经济因素，家庭特征，风险意识因素，信息传播因素，转基因科普因素，其他因素）。

上述模型中，个人特征主要包括年龄、性别、健康状况；社会经济因素主要包括职业、受教育程度、收入；风险意识因素主要包括风险偏好、购买参与度及食品关注度；信息传播因素主要包括信息源、信息可信度、信息传播满意度；转基因科普因素主要包括科普内容、科普方式、公众参与度、公众满意度；其他因素主要包括认识能力、环保意识、对政府管理水平的看法。以往的多项研究中，很多学者均将知晓程度（即听说与否）等同于公众对转基因食品的认知程度来进行分析，笔者认为还不够准确。于是为了深层次地了解公众对转基因食品真实的认知水平和真正起到关键作用的影响因素，本章拟建立两个有关认知程度的模型，一是知晓程度的模型，二是更能深入考察公众认知的认知水平模型，这两个模型均选取以上理论框架中的因素作为变量。

模型Ⅰ：公众对转基因食品的知晓=f（个人特征因素，社会经济因素，家庭特征，风险意识因素，信息传播因素，转基因科普因素，其他因素）。

模型Ⅱ：公众对转基因食品的认知=f（个人特征，社会经济因素，家庭特征，风险意识因素，信息传播因素，转基因科普因素，其他因素）。

在模型Ⅱ中，公众认知水平将从以下四个方面来进行深入的考察，以期获得更科学准确的结果：①知晓程度，即听说转基因食品的频率；②对当前是否存在转基因食品做出判断；③对转基因食品争论的了解程度；④对转基因技术的了解，即对相关转基因技术的知识判断。具体的赋值情况可见表 2-15。特别要指出的是，由于认知水平得分是一个具体的分值，不像知晓程度一样是一个等级变量，在进行检验后，此认知水平模型的回归采用多元回归模型。

表 2-15　认知水平指标的赋值说明

赋值项	具体赋值情况			
听说转基因食品的频率	从没听说过	只听说过一两次	偶尔听说	经常听说
	1	2	3	4
是否存在转基因食品	否	不知道	是	
	1	2	3	

续表

赋值项	具体赋值情况				
是否知道转基因食品争论	完全不知道 1	知道较少 2	一般 3	比较清楚 4	非常清楚 5
对相关转基因技术的 知识判断（共三题）	正确 1	错误 0			

2.3.2　变量的选取与说明

基于已经构建的公众对转基因食品的认知的理论模型，对纳入模型的自变量和因变量进行选取和说明。变量赋值和说明见表 2-16。

表 2-16　变量赋值和说明

变量 分类	变量名称	变量赋值	预期 方向
因变量	知晓程度	从没听说过=1，只听说过一两次=2，偶尔听说=3，经常听说=4	
	认知水平	表 2-15 认知水平指标四个题项的得分均值	
	接受程度	完全不能接受=1，不能接受=2，不确定=3，比较能接受=4，完全可以 接受=5	
	购买意愿	购买非转基因食品=1，两种都可以=2，购买转基因食品=3	
	决策调整	停止购买=1，减少数量=2，维持原状=3，更多购买=4	
	食用意愿	一定不会食用=1，不确定=2，一定会食用=3	
个人 特征	性别	男=1，女=0	+
	年龄	18 岁以下=1，18～29 岁=2，30～39 岁=3，40～49 岁=4，50～59 岁 =5，60 岁及以上=6	−
	健康状况	非常差=1，比较差=2，一般=3，比较好=4，非常好=5	+/−
社会经 济特征	受教育程度	小学及以下=1，初中=2，高中、中专（职高）=3，大专或本科=4，研 究生及以上=5	+
	是否从事生物工作	是=1，否=0	+
	月收入	1000 元及以下=1，1001～2000 元=2，2001～3000 元=3，3001～5000 元=4，5001～8000 元=5，8001 元及以上=6	+/−
家庭 特征	家庭人数	实际人数	+/−
	是否有 16 岁以下人口	是=1，否=0	+
	是否有人过敏	是=1，否=0	+

续表

变量分类	变量名称	变量赋值	预期方向
风险意识	对转基因食品的健康风险认知	非常危险=1，比较危险=2，不知道=3，比较安全=4，非常安全=5	+/-
	对转基因食品的生态风险认知	非常危险=1，比较危险=2，不知道=3，比较安全=4，非常安全=5	+/-
	是否查看生产日期、保质期或食品成分说明	根本不看=1，看得较少=2，看得较多=3	+
	主要购买者	其他人=1，自己长辈=2，以配偶为主=3，自己和配偶差不多=4，以自己为主=5	+
	购买决定者	其他人=1，自己长辈=2，以配偶为主=3，自己和配偶差不多=4，以自己为主=5	+
信息传播	信息来源——广播电视	是=1，否=0	+
	信息来源——书籍报刊	是=1，否=0	+
	信息来源——互联网	是=1，否=0	+
	信息来源——亲朋好友	是=1，否=0	+
	信息来源——学校	是=1，否=0	+
	信息来源——科普	是=1，否=0	+
	信息来源——其他	是=1，否=0	+
	信息可信度	非常不可信=1，比较不可信=2，不确定=3，部分可信=4，非常可信=5	+
	是否受媒体影响	完全没有影响=1，没有多大影响=2，不确定=3，有较大影响=4，有很大影响=5	+
转基因科普	科普活动参与度	完全没参加=1，较少参加=2，偶尔参加=3，经常参加=4	+
	科普活动满意度	非常不满意=1，比较不满意=2，一般=3，比较满意=4，非常满意=5	+
其他	是否关注环保	完全不关注=1，比较不关注=2，一般=3，比较关注=4，非常关注=5	+
	是否关注农药残留	完全不关注=1，比较不关注=2，一般=3，比较关注=4，非常关注=5	+
	政府管理水平——颁发证书的慎重性	非常草率=1，比较草率=2，不知道=3，比较慎重=4，非常慎重=5	+

2.3.3 模型的结果与分析

2.3.3.1 公众对转基因食品知晓程度的影响因素分析

针对上述理论模型设定，本章采用多元有序分类 Logistic 模型进行计量回归，经 SPSS 16.0 软件运行得到的模型结果见表 2-17。从回归结果来看，个人特征、社会经济特征、信息传播及转基因科普对公众对转基因食品知晓程度有至关重要的影响。

表 2-17　公众对转基因食品知晓程度的影响因素

项目		估计	标准误差	Wald	df	显著性	95%置信区间	
							下限	上限
因变量	[知晓程度=1]	2.289	0.762	9.037	1	0.003	0.797	3.782
	[知晓程度=2]	4.672	0.745	39.302	1	0.000	3.211	6.133
	[知晓程度=3]	7.600	0.78	94.886	1	0.000	6.071	9.130
个人特征	性别	0.466	0.152	9.442	1	0.002***	0.169	0.764
	年龄	0.023	0.093	0.060	1	0.807	−0.160	0.206
	健康状况	0.050	0.132	0.142	1	0.707	−0.209	0.309
社会经济特征	受教育程度	0.665	0.117	32.242	1	0.000***	0.436	0.895
	是否从事生物工作	1.072	0.305	12.378	1	0.000***	0.475	1.670
	月收入	−0.109	0.056	3.765	1	0.052*	−0.219	0.001
家庭特征	家庭人数	0.034	0.063	0.286	1	0.593	−0.090	0.158
	是否有 16 岁以下人口	−0.028	0.167	0.028	1	0.866	−0.355	0.299
	是否有人过敏	−0.183	0.262	0.490	1	0.484	−0.696	0.330
风险意识	是否查看生产日期、保质期或食品成分说明	0.228	0.186	1.504	1	0.220	−0.136	0.591
	主要购买者	0.085	0.090	0.890	1	0.346	−0.092	0.262
	购买决定者	−0.117	0.091	1.673	1	0.196	−0.295	0.060
信息传播	信息来源——广播电视	0.845	0.150	31.941	1	0.000***	0.552	1.139
	信息来源——书籍报刊	1.099	0.152	52.497	1	0.000***	0.802	1.397

续表

项目		估计	标准误差	Wald	df	显著性	95%置信区间	
							下限	上限
信息传播	信息来源——互联网	−0.073	0.159	0.210	1	0.647	−0.384	0.239
	信息来源——亲朋好友	0.271	0.193	1.962	1	0.161	−0.108	0.650
	信息来源——学校	0.765	0.245	9.760	1	0.002***	0.285	1.246
	信息来源——科普	−0.128	0.246	0.269	1	0.604	−0.611	0.355
	信息来源——其他	0.581	0.405	2.057	1	0.151	−0.213	1.375
	信息可信度	0.156	0.074	4.447	1	0.035**	0.011	0.302
	是否受媒体影响	−0.021	0.067	0.101	1	0.751	−0.152	0.110
转基因科普	科普活动参与度	0.467	0.092	25.654	1	0.000***	0.286	0.648
	科普活动满意度	0.100	0.165	0.368	1	0.544	−0.223	0.423
其他	是否关注环保	0.246	0.118	4.389	1	0.036**	0.016	0.477
	是否关注农药残留	0.224	0.095	5.537	1	0.019**	0.037	0.411

*、**、***分别表示在 10%、5%和 1%的水平上显著，下同

（1）个人特征

个人特征中，年龄和健康状况的影响并不显著，只有性别与知晓程度呈正相关，且达到了 1%的极显著水平。可见相对女性，男性的知晓程度更高，一方面男性可能具有对外部宏观世界更浓厚的求新意识，对新的事物敏感度更高，获取信息的主动性较女性更强，同时有研究表明，男性对科学技术的关注远比重视情感需要的女性高，因此在知晓程度上女性相对偏低一些。

（2）社会经济特征

从社会经济特征来看，受教育程度、是否从事生物工作和月收入均对知晓程度有显著影响，其中，受教育程度和是否从事生物工作与知晓程度呈正相关，达到 1%的极显著水平，而月收入则是负相关，显著水平为 10%。随着受教育程度

的提高，公众的视野和知识面更广阔，且自身获取最新信息及吸收处理信息的渠道增多，能力也随之增强，因此这部分公众接触和主动掌握转基因食品信息，消除转基因食品信息不对称的能力比没有受过高等教育的公众更强，因此相比之下知晓程度更高。从事过生物工作的公众的认知水平明显高于普通公众，这得益于他们的职业和专业优势。月收入越高的公众对转基因食品的知晓程度反而越低，可能是源于高收入群体的消费结构与普通公众存在一定差异，他们的需求层次可能集中在精神层面而非物质层面，对食品的关注度可能更加关注有机食品，而对转基因食品的关注度则下降。

（3）家庭特征

以往的相关研究中，将家庭特征作为研究对象进行考察的还较少，从消费者行为学和营销学的角度来看，公众的家庭特征会对公众的行为产生影响。那么家庭特征是否影响公众对转基因食品的知晓程度？本章特针对认知问题，选择了与家庭购买特征有关的变量进行验证，但是研究结果发现，不同家庭规模和家庭结构的公众在转基因食品知晓程度上没有显著差异。家庭成员是否有食物过敏也不是公众知晓水平存在差异的主要原因。根据前文的描述性分析可以得出结论，公众家庭目前集中关注和选择的食品仍以传统食品为主，亲朋好友也不是转基因食品信息传递的主要渠道，由此可能造成不同家庭特征的公众知晓水平基本一致，但这并不意味着家庭因素完全不影响公众行为，还有待更深入的研究和探索。从回归的符号来看，家庭结构、家庭成员的过敏问题及家庭主要购买者和购买决定者与公众的知晓度呈负相关，可以从这方面入手，进行更深入的探索。

（4）风险意识

公众对食品的关注度及食品购买卷入度并没有显示出很明显的影响。虽然超过80%的公众经常查看食品包装上的相关信息，但是主要关注的仍然是食品成分说明、生产日期和保质期，对转基因食品的标签关注较少，访谈中公众大多表示并不知道或者根本没有关注过这样的信息，因此没有表现出差异。而食品购买卷入度的高低，也不是主要的差异来源，这可能是因为公众能够从直接购买的经验中获取转基因食品信息的机会较少有关。

（5）信息传播

认知既可能来源于直接经验，又可能通过大众媒体而产生。公众获取信息的内容及获取信息的方式会明显影响其对转基因食品的风险认知与态度。在本章研究中发现，公众，尤其是从最主要的信息渠道（广播电视、书籍报刊）了解过转基因食品的公众，对信息的可信度和满意度越高，其认知水平越高。由于对信息的来源和内容评价较高，这些公众主动获取和接收信息的积极性就更易于被调动；传统媒体信息量大，可获取性高，促进了公众知晓程度的提高。此外，从学校获取到知识的公众也有更高的知晓水平，可能与学校知识传达的效率和水平较高有关。

（6）转基因科普

计量结果显示，参与科普活动频繁的公众具有更高的知晓水平，科普活动参与度与知晓程度呈高度正相关，显著水平达到了1%。可见，科普宣传在影响公众方面的作用极其重要，并应该受到重视，科学普及对转基因食品的发展具有重要影响作用，但是，公众对科普活动的满意度并没有显著影响公众对转基因食品知晓程度。

（7）其他

另外，关注环保、农药残留的公众对转基因食品知晓程度更高。这和转基因技术大量涉及生态环境问题是直接相关的。

2.3.3.2 公众对转基因食品认知水平的影响因素分析

从软件得到的结果来看，模型Ⅰ和模型Ⅱ的结果有非常相似之处：一是个人特征和社会经济特征的作用极大，甚至在模型Ⅱ中，其几乎完全决定了公众的认知水平，它们的重要性在与其他几个因素相比时表现得更为突出，这也说明内因对个体认知具有重要影响。二是家庭特征和购买卷入度具有一定影响。但是，模型Ⅰ和模型Ⅱ有非常重要的一点不同，即在模型Ⅱ中，除了上述四方面的因素，其他的因素均未影响公众的认知水平。

从个人特征看，性别和年龄与认知水平呈正相关，显著水平分别为5%和1%。性别的影响在2.3.1.1节中已经做了解释，在此不赘述。而随着年龄的增长，认知水平有所提高，这主要与公众的阅历和知识面的增加相关。而在社会经济特征方面，受教育程度、是否从事生物工作、月收入三个变量的影响分别在1%、5%和5%的水平上显著。受教育程度与认知水平呈正相关，是否从事生物工作、月收入则与认知水平呈负相关。从家庭特征看，家庭人数越多，生活在大家庭的公众的认知水平越高。这主要是因为家庭规模的扩大，成员间信息的沟通和交流的广度也随之增大，有利于转基因食品信息的传播，进而提高公众的认知水平（表2-18）。

表2-18 公众对转基因食品认知水平的影响因素

变量	非标准化系数		标准化系数		显著性
	β	标准误	β	t	Sig.
常量	5.328	0.676	—	7.879	0.000
性别	0.345	0.143	0.062	2.404	0.016**
年龄	0.506	0.079	0.180	6.435	0.000***
健康状况	−1.310	0.146	−0.038	−0.897	0.370
受教育程度	1.362	0.105	0.370	12.935	0.000***

续表

变量	非标准化系数		标准化系数		显著性
	β	标准误	β	t	Sig.
是否从事生物工作	0.569	0.273	−0.052	−2.081	0.038**
月收入	−0.109	0.055	−0.055	−1.978	0.048**
家庭人数	1.026	0.059	0.435	17.278	0.000***
是否有 16 岁以下人口	−0.102	0.161	−0.016	−0.635	0.525
是否有人过敏	0.153	0.243	0.016	0.629	0.530
是否查看生产日期、保质期或食品成分说明	−0.021	0.220	−0.004	−0.097	0.923
主要购买者	−0.120	0.086	−0.058	−1.394	0.163
购买决定者	0.192	0.086	0.092	2.231	0.026**
信息来源——广播电视	0.108	0.143	0.019	0.754	0.451
信息来源——书籍报刊	0.121	0.146	0.021	0.824	0.410
信息来源——互联网	0.248	0.151	0.045	1.642	0.101
信息来源——亲朋好友	−0.096	0.189	−0.013	−0.510	0.610
信息来源——学校	−0.046	0.229	−0.005	−0.199	0.842
信息来源——科普	−0.156	0.239	−0.017	−0.654	0.514
信息来源——其他	−0.138	0.394	−0.009	−0.351	0.726
信息可信度	−0.107	0.073	−0.037	−1.460	0.145
是否受媒体影响	−0.053	0.066	−0.020	−0.793	0.428
科普活动参与度	−0.141	0.089	−0.042	−1.590	0.112
科普活动满意度	0.253	0.193	0.058	1.311	0.190
是否关注环保	0.012	0.110	0.003	0.113	0.910
是否关注农药残留	0.002	0.088	0.001	0.022	0.983

通过两个模型不完全相同的结果比较,可以得到几个可能比较有价值的结论。

1)要提高公众对转基因食品的知晓程度可以从多方面入手。例如,完善信息渠道,加强信息的传播,多办科普活动并提高科普质量,收到的成效会比较显著。但是要真正提高公众对转基因食品的科学认知水平,相比之下是一项相当艰难的工作，因为决定认知水平高低的因素，往往与公众目前的个人特征、家庭特征和社会经济特征有关。

2）媒体在转基因食品信息传播中的作用没有得到有效发挥。仅从模型反映的情况来看，个人特征和社会经济特征是主要决定因素，公众即使曾经通过某些渠道获取了有关转基因食品的信息，也不等同于完善了他们对转基因食品的科学认知，无论是从主要信息渠道（传统媒体）还是其他渠道获取信息的公众，均没有特别明显的差异，由此可见，在普及转基因食品相关知识、提高公众对转基因食品的科学认知的层面上，目前媒体的贡献还十分有限，需要特别加强和促进。

3）科普活动需要深层次的完善。即使是参加科普活动较多的公众，与一般的公众的认知水平相比也不存在显著差异。从公众对科普活动的满意度来看，科普活动效果不显著是一个非常重要的原因。如何对公众进行转基因食品知识的科普，提高转基因食品科普的科学性、趣味性、吸引力和有效性，是一个至关重要的问题。

2.3.3.3　公众对转基因食品的接受程度的影响因素分析

个人特征和社会经济特征中，随着受教育程度的提高，公众更容易接受转基因食品，两者之间是极显著的正相关关系。这可能是源于学历高的公众对科学技术的了解程度较普通公众更深，对信息的把握更全面，更易于接受新技术带来的变革和新产品。

风险意识对接受程度的影响力在众多因素中最为明显。如果公众对转基因食品的主观风险程度较低，则有利于促进他们对转基因食品的接受。如果公众越是认为转基因食品的健康风险和生态风险小，则越表现出接受。此外，公众对食品标签等的关注度越高，食品安全意识越强，则较为谨慎的态度使得接受程度越低。

其他影响接受程度的因素还包括认知水平的高低、环保意识的强弱、对农药残留问题的关注、对政府管理水平的信任，以及对转基因食品的评价。其中，环保意识越强、越是信任政府管理水平、同等看待转基因食品和传统食品，并对转基因食品优点赞成度越高的公众，则越易于接受转基因食品。这些因素当中，认知水平和农药残留的关注度越高，接受程度越低。可能由于认知水平高的公众对基因技术和争论的了解水平较高，对转基因食品潜在风险的负面信息非常敏感，影响了对转基因食品的接受程度。而关注农药残留问题的公众，对食品安全的关注度较高，对食品的甄别更为慎重，不会轻易接受转基因食品。特别值得关注的是，信息传播和科普活动的参与度并不是直接影响接受程度的主要因素（表 2-19）。

表 2-19　公众对转基因食品的接受程度的影响因素分析

变量	估计	标准误	Wald	df	显著性	95%置信区间 下限	95%置信区间 上限
[接受程度 = 1]	1.569	1.013	2.399	1	0.121	−0.417	3.554
[接受程度 = 2]	5.389	1.015	28.212	1	0.000	3.400	7.378
[接受程度 = 3]	6.331	1.021	38.458	1	0.000	4.330	8.333
[接受程度 = 4]	10.905	1.086	100.842	1	0.000	8.776	13.033
性别	0.028	0.154	0.033	1	0.856	−0.274	0.330
年龄	−0.109	0.100	1.188	1	0.276	−0.306	0.087
健康状况	0.004	0.107	0.001	1	0.972	−0.206	0.214
受教育程度	0.344	0.123	7.801	1	0.005***	0.103	0.585
是否从事生物工作	−0.130	0.282	0.212	1	0.645	−0.683	0.423
月收入	−0.076	0.058	1.725	1	0.189	−0.190	0.038
对转基因食品的健康风险认知	1.431	0.130	121.557	1	0.000***	1.177	1.686
对转基因食品的生态风险认知	0.192	0.106	3.266	1	0.071*	−0.016	0.401
对转基因食品优点的赞同	0.067	0.029	5.453	1	0.020**	0.011	0.123
是否查看生产日期、保质期或食品成分说明	−0.464	0.169	7.536	1	0.006***	−0.795	−0.133
信息可信度	0.068	0.079	0.747	1	0.387	−0.087	0.223
是否受媒体影响	−0.013	0.070	0.033	1	0.857	−0.149	0.124
科普活动参与度	−0.019	0.093	0.043	1	0.835	−0.202	0.163
认知水平得分	−0.058	0.031	3.436	1	0.064*	−0.120	0.003
是否关注环保	0.369	0.126	8.583	1	0.003***	0.122	0.616
是否关注农药残留	−0.296	0.101	8.542	1	0.003***	−0.495	−0.098
政府管理水平——颁发证书的慎重性	0.290	0.085	11.701	1	0.001***	0.124	0.456
是否同意转基因食品和传统食品一样安全	0.400	0.094	18.281	1	0.000***	0.217	0.583

2.3.3.4　公众对转基因食品的购买意愿的影响因素分析

个人特征和社会经济特征中，性别和受教育程度最为显著。可见男性相比女性更愿意选择购买转基因食品。值得注意的是，高学历群体对转基因食品态度和行为背离的情况非常明显，2.3.3.3 节分析显示受教育程度高的群体是接受程度更高的群体，但却表现了较低的购买意愿。受教育程度与购买意愿呈负相关，但与接受程度呈正相关。

在与风险相关的因素中，对转基因食品生态风险的主观感知越低，公众的转基因食品购买意愿越向积极的方向变化。购买卷入度是影响购买选择非常重要的因素，但主要购买者和购买决定者的选择完全不同。这可能由于主要购买者和购买决定者并不一定是同一人，购买决定者在进行决策时会考虑家庭成员、食品需求等多方面因素，选择食品更慎重，认为选择传统食品更安全。而主要购买者主要是执行购买决策，因此他们表示的购买意愿主要代表个人，由于主要购买者经常购买食品接触到转基因食品的可能性更大，购买转基因食品的可能也随之增大。

此外，信息可信度、对政府管理水平的信任、接受程度和对转基因食品的评价是主要的影响因素。其中，对转基因食品的接受程度更高、更有信心和评价更高的公众，越愿意选择转基因食品。而信息可信度、对政府管理水平的信任态度，与公众的购买意愿呈负相关，这可能是由目前公众对转基因食品的认知水平和信息流畅性较低引起的。虽然公众认为政府在管理转基因食品方面较为谨慎，但是由于公众自身的认知水平不高，加之对转基因食品的报道特别是网络媒体报道中充斥着大量负面的偏激信息，公众越对这些信息报以信任，越对转基因食品有所抗拒，进而影响购买意愿（表 2-20）。

表 2-20　公众对转基因食品的购买意愿的影响因素分析

变量	估计	标准误	Wald	df	显著性	95%置信区间	
						下限	上限
[购买选择= 1]	3.016	0.983	9.406	1	0.002	1.089	4.943
[购买选择= 2]	5.574	0.999	31.146	1	0.000	3.616	7.531
性别	0.451	0.167	7.312	1	0.007***	0.124	0.778
年龄	−0.083	0.101	0.681	1	0.409	−0.280	0.114
健康状况	−0.147	0.109	1.810	1	0.179	−0.361	0.067
受教育程度	−0.287	0.127	5.105	1	0.024**	−0.535	−0.038
月收入	−0.026	0.063	0.176	1	0.675	−0.149	0.097
是否有人过敏	−0.114	0.282	0.165	1	0.685	−0.666	0.438
对转基因食品的健康风险认知	0.060	0.140	0.181	1	0.671	−0.215	0.334
对转基因食品的生态风险认知	0.483	0.113	18.307	1	0.000***	0.262	0.704

续表

变量	估计	标准误	Wald	df	显著性	95%置信区间	
						下限	上限
是否查看生产日期、保质期或食品成分说明	0.117	0.166	0.497	1	0.481	−0.208	0.442
主要购买者	0.214	0.100	4.564	1	0.033**	0.018	0.410
购买决定者	−0.221	0.101	4.792	1	0.029**	−0.418	−0.023
信息可信度	−0.218	0.076	8.131	1	0.004***	−0.367	−0.068
是否受媒体影响	−0.005	0.072	0.005	1	0.945	−0.146	0.136
认知水平得分	−0.041	0.033	1.562	1	0.211	−0.105	0.023
政府管理水平——颁发证书的慎重性	−0.192	0.096	4.009	1	0.045**	−0.381	−0.004
接受程度	0.593	0.122	23.469	1	0.000***	0.353	0.833
对转基因食品优点的赞同	−0.007	0.022	0.109	1	0.741	−0.051	0.036
是否担心安全	0.236	0.105	5.092	1	0.024**	0.031	0.441
对转基因食品的信心	0.502	0.112	19.931	1	0.000***	0.281	0.722
是否同意转基因食品和传统食品一样安全	0.193	0.111	3.016	1	0.082*	−0.025	0.411

2.3.3.5　公众对转基因食品决策调整的影响因素分析

个人特征和社会经济特征中，不同性别和年龄的公众在面临购买转基因食品后的购买决策问题时会有显著的差异。相比女性，男性由于接受水平更高，维持原先购买决策甚至购买更多转基因食品的可能性更大，而年龄较大的公众，则倾向于停止购买转基因食品。

风险因素在决策调整时也扮演了非常重要的角色。并且，只有认为转基因食品对健康越是安全的公众，才越愿意维持原来的购买选择。2.3.3.4节分析中已经发现主要购买者对转基因食品的购买意愿更强烈，因此在购买之后，他们仍然愿意维持原来的购买决策。

由于目前关于转基因食品的舆论信息几乎被消极信息覆盖，公众越是接受这些信息，则在购买后越容易采取停止购买的回避态度。此外，对转基因食品的评价和接受程度是极其重要的影响因素，显著水平都达到了1%。对转基因食品更有信心的公众，显然不会轻易因为买到转基因食品后产生恐慌而即刻停止购买。但是，认知水平和国家对转基因食品的监管能力并不直接影响购买决策调整（表 2-21）。

表 2-21　公众对转基因食品决策调整的影响因素分析

变量	估计	标准误	Wald	df	显著性	95%置信区间	
						下限	上限
[购买意愿 = 1]	5.211	0.906	33.090	1	0.000	3.435	6.986
[购买意愿 = 2]	8.486	0.943	80.991	1	0.000	6.638	10.334
[购买意愿 = 3]	11.831	1.004	138.788	1	0.000	9.862	13.799
性别	0.254	0.154	2.726	1	0.099*	−0.048	0.556
年龄	−0.217	0.100	4.735	1	0.030**	−0.412	−0.022
健康状况	−0.126	0.103	1.478	1	0.224	−0.328	0.077
受教育程度	−0.162	0.120	1.818	1	0.178	−0.398	0.074
月收入	0.077	0.059	1.681	1	0.195	−0.039	0.193
是否有人过敏	0.132	0.255	0.268	1	0.605	−0.368	0.632
对转基因食品的健康风险认知	0.267	0.123	4.690	1	0.030**	0.025	0.510
对转基因食品的生态风险认知	0.088	0.101	0.763	1	0.383	−0.109	0.285
主要购买者	0.223	0.092	5.824	1	0.016**	0.042	0.404
购买决定者	−0.092	0.093	0.980	1	0.322	−0.274	0.090
信息可信度	−0.205	0.080	6.575	1	0.010***	−0.361	−0.048
是否受媒体影响	−0.037	0.068	0.300	1	0.584	−0.170	0.096
认知水平得分	0.046	0.031	2.280	1	0.131	−0.014	0.106
接受程度	0.722	0.102	50.053	1	0.000***	0.522	0.922
政府管理水平——颁发证书的慎重性	0.025	0.086	0.085	1	0.771	−0.143	0.193
转基因食品决策、监管缺乏透明性的同意度	0.130	0.083	2.460	1	0.117	−0.033	0.293
对转基因食品优点的赞同	0.068	0.024	8.104	1	0.004***	0.021	0.115
是否担心安全	0.468	0.107	19.243	1	0.000***	0.259	0.677
对转基因食品的信心	0.616	0.099	38.290	1	0.000***	0.421	0.811

2.3.3.6　公众对转基因食品的食用意愿的影响因素分析

在个人特征和社会经济特征中，只有健康状况对食用意愿产生了显著影响。基于保健身体的考虑，身体素质较差的公众更愿意食用转基因食品，身体素质一般的公众对食品的食用会有更多要求，因此会对转基因食品的保健功能寄予较大的期望，则其食用意愿较强。类似的，只要认为转基因食品对人体健康安全，食用意愿就更高。认知水平和接受程度高，可以提高公众对转基因食品的食用意愿。而对转基因食品的信心越充分，认为传统食品和转基因食品安全性差异越小的公众，越愿意尝试转基因食品。信息的传播及对食品的不同需求却不是影响公众食用意愿的主要因素（表 2-22）。

表 2-22　公众对转基因食品的食用意愿的影响因素分析

变量	估计	标准误	Wald	df	显著性	95%置信区间 下限	95%置信区间 上限
[食用意愿= 1]	4.978	0.847	34.536	1	0.000	3.318	6.639
[食用意愿= 2]	8.361	0.888	88.689	1	0.000	6.621	10.101
性别	0.146	0.149	0.952	1	0.329	−0.147	0.438
年龄	−0.125	0.094	1.777	1	0.182	−0.309	0.059
健康状况	−0.218	0.101	4.614	1	0.032**	−0.417	−0.019
受教育程度	−0.018	0.117	0.024	1	0.876	−0.248	0.211
月收入	−0.022	0.058	0.142	1	0.706	−0.135	0.092
对转基因食品的健康风险认知	0.749	0.111	45.862	1	0.000***	0.532	0.966
信息可信度	0.067	0.076	0.788	1	0.375	−0.081	0.215
是否受媒体影响	−0.096	0.066	2.082	1	0.149	−0.226	0.034
接受程度	0.429	0.098	19.111	1	0.000***	0.237	0.621
认知水平得分	0.059	0.030	4.060	1	0.044**	0.002	0.117
注重价格	0.092	0.150	0.379	1	0.538	−0.201	0.385
注重食品成分	0.025	0.156	0.025	1	0.873	−0.281	0.331
注重新鲜程度	0.142	0.189	0.570	1	0.450	−0.227	0.512
注重品牌	0.198	0.160	1.524	1	0.217	−0.116	0.512
注重味道	0.003	0.153	0.000	1	0.985	−0.297	0.302
注重质量	−0.044	0.157	0.079	1	0.779	−0.352	0.264
注重农药残留	0.076	0.164	0.211	1	0.646	−0.247	0.398
注重外观	0.145	0.210	0.477	1	0.490	−0.266	0.556

变量	估计	标准误	Wald	df	显著性	95%置信区间	
						下限	上限
注重其他	−1.472	0.896	2.701	1	0.100*	−3.227	0.283
对转基因食品优点的赞同	0.005	0.028	0.032	1	0.858	−0.051	0.061
是否担心安全	0.170	0.106	2.548	1	0.110	−0.039	0.379
对转基因食品的信心	0.469	0.096	23.610	1	0.000***	0.280	0.658
是否同意转基因食品和传统食品一样安全	0.277	0.102	7.333	1	0.007***	0.076	0.477

2.3.3.7　公众对转基因食品接受程度、购买意愿、决策调整、食用意愿的关系分析

为了更好地分析这几个因变量之间的关系，本书采用比较分析法将四个模型的结果一并列入一张表格（表2-23）来进行综合的、全面的分析。通过上述模型结果的比较分析，可以得出以下非常重要的信息。

表2-23　公众对转基因食品接受程度、购买意愿、决策调整、食用意愿的公共影响因素

变量	变量名称	接受程度	购买意愿	决策调整	食用意愿
个人特征	性别	×	√***	√*	×
	年龄	×	×	√**	×
	健康状况	×	×	×	√**
社会经济特征	受教育程度	√***	√**	×	×
风险意识特征	对转基因食品的健康风险认知	√***	×	√**	√***
	对转基因食品的生态风险认知	√*	√***	×	/
	对转基因食品优点的赞同	√**	×	√***	/
	是否查看生产日期、保质期或食品成分说明	√***	×	×	/
	主要购买者	×	√**	√**	/
	购买决定者	×	√**	×	×
信息因素	信息可信度	×	√***	√***	×
认知水平	认知水平得分	√*	×	×	√**
接受程度	接受程度得分		√***	√***	√***

续表

变量	变量名称	接受程度	购买意愿	决策调整	食用意愿
其他	是否关注环保	√***	/	/	/
	是否关注农药残留	√***	/	/	/
	政府管理水平——颁发证书的慎重性	√***	√**	×	/
对转基因食品的评价	是否同意转基因食品和传统食品一样安全	√***	√*	×	√***
	是否担心安全	/	√**	√***	×
	对转基因食品的信心	/	√***	√***	√***

注：表中"√"为影响显著的因子，"×"表示不是显著性的影响因子；"/"表示该变量不是模型中的自变量

1）认知水平促进接受程度和食用意愿的提高，但没有影响公众的购买意愿和决策调整。可以判断，公众对转基因食品的消费行为相比传统食品有一定的特殊性，在传统食品的购买行为中，对食品认知水平的高低非常重要，但是在购买转基因食品时，心理因素和风险认知几乎决定了公众的选择。愿意将传统食品和转基因食品同等对待，信心充足的公众才有可能购买，并且他们在购买转基因食品后维持原先购买选择的稳定性也更强。

2）接受程度不是产生购买和食用行为的必要条件，但是是促进购买和食用的充分条件。无论是已有的研究，还是本章研究已做的实证分析结果都显示，公众对转基因食品的接受程度会与实际的购买和食用行为发生分离，在高学历群体中，这种矛盾体现得十分明显。即使公众认为自己具有较高的接受程度，但却未必能真正落实到购买和食用环节。但不可否认的是，从提高接受程度的角度来提高购买意愿和食用意愿是非常关键的。

3）对转基因食品的主观风险认知及评价在公众的接受程度、购买意愿、决策调整和食用意愿中至关重要。尤其是对转基因食品在健康风险方面的评价、对转基因食品的信心及是否能同等对待传统食品和转基因食品这三个变量，在四个模型中的影响都非常显著。可见要改变公众的态度，必须在这些方面更充分地传递信息。

4）信息对公众的购买意愿十分重要，但无法显著影响接受程度和食用意愿。信息经济时代，任何一种信息都有可能引起蝴蝶效应，尤其在食品安全领域。进行购买决策时，公众需要并且依赖着他们所能获取和认为可信的信息。但是极有可能获得的这些有关转基因食品的信息对公众决策而言不具有针对性，还不足以满足公众在接受程度和食用意愿上的信息需求，因此对公众的接受程度和食用意愿没有影响。

5）公众对自己的转基因食品食用意愿要求更为严格。结果显示，显著影响公

众食用意愿的因素集中在转基因食品的风险认知与评价这两个方面。可见即使公众对食品需求呈现多元化，但公众对转基因食品食用所考虑的因素比较单一，主观的、心理的因素占据了主导地位。只有从心理上改变公众的某些主观认识，才有可能使得公众愿意食用转基因食品。

6）相比于认知水平模型，个人特征和社会经济特征对接受程度、购买意愿、决策调整和食用意愿的影响作用弱化。在认知水平模型中，个人特征和社会经济特征是关键的变量，但是在接受程度、购买意愿、决策调整和食用意愿的四个模型里，它们的影响显然减弱了。不过值得一提的是，相比女性，男性实现转基因食品消费行为的可能性更大，这与男性猎奇求新的心理相关。

7）政府监管能力对消除公众的食用和购买顾虑的作用尚未得到充分发挥。对政府管理水平的信任可以促进公众对转基因食品的接受，但是可能无法增强公众对转基因食品购买和食用的信心。转基因食品的监管水平对转基因食品的发展和公众的认知具有重要的意义，应该不断提升监管水平，增强公众的信心。

第3章 公众对转基因食品风险认知的
调查与研究

转基因食品的风险问题自问世以来备受争议与关注，特别是 2009 年我国两种转基因抗虫水稻'华恢 1 号'和'Bt 汕优 63'获得了由农业部颁发的农业转基因生物安全证书、引起了公众质疑，以及 2012 年湖南"黄金大米事件"再度引发了公众对转基因水稻这一主粮安全风险的担忧。由于现代信息渠道的全覆盖与全时域，这种主观的风险担忧往往会借助媒体出现扭曲或放大效应，进而影响对转基因食品的客观风险评价倾向，刺激和强化公众对风险或风险事件的反应，而被扭曲和放大的风险认知又会导致公众心理和行为上的抵触心理与规避反应，进而影响公众对转基因食品的安全性认知与接收程度。因此，调查了解公众对转基因食品的风险认知现状，探究影响公众风险认知的因素，对了解风险争论产生的原因、构建风险沟通机制具有重要的理论与现实意义。本章分析了公众对转基因食品风险认知的现状调查结果，并构建结构方程模型分析公众对转基因食品风险认知的影响因素，为政府制定转基因水稻产业相关政策提供理论依据和实践佐证。

3.1 公众对转基因食品风险认知理论分析与研究假说

3.1.1 风险认知的概念

3.1.1.1 风险的概念

不同领域的学者对风险有不同的认知与解释。迪克森（1989）把风险描述成一种不确定性和其发生的可能性。同时，多数学者认为可以通过损失造成的严重性与这种损失发生的可能性的函数来进行风险的量化（Codex Alimentarius Commission，1998）。也有学者从主观方面进行考虑，认为风险是个人心理因素与风险发生概率估计的共同结果（Fischer et al.，2005）。因此，学术界对风险的界定可划分为两派：客观实体思维下的风险和主观建构思维下的风险。

在客观实体派的思维中，风险是客观存在的，它以风险事故的观察结果为基础，可以通过客观的尺度来进行测量（彭黎明，2011）。较具代表性的有，佩费尔将风险界定为"可测度的客观概率的大小"（叶青，2001），奈特将风险定义为"可测定的不确定性"（富兰克·奈特，2005）。在客观实体派看来，风险是风险因素、风险事故、风险损失三个要素的组合体。其中，风险因素指风险发生的直接原因或内在因素，包括实质性因素、社会性因素和道德及心理性因素等，这些因素是风险发生的诱导剂，会提高风险发生的可能性和风险发生后果的严重性；风险事故是直接带来损失的偶发事件或者意外事件，是造成损失的直接原因；风险损失则包括无形的、有形的损失和直接的、间接的损失。卓志（2007）认为，只有在风险因素、风险事故、风险损失三要素的相互作用和相互影响下，风险才能发生、存在和发展。

随着风险认知的不断深化，近年来学者对风险概念的界定主要从"主观"或"建构"的视角进行。主观建构派的学者认为风险是随着历史变迁和社会发展而产生的，其存在由文化背景、社会环境及人们的认知和态度等因素共同影响决定。较具代表性的风险范式有三种：一是以 Douglas 和 Wildavsky（1982）为代表的"风险文化理论"，他们认为风险是基于个人主观心理认知的结果，每个人都有自己独特的认知模式，当事情或者事物超出人们已形成的认知模式时，或者不符合人们常设的行为标准和违反人们固定的衡量尺度时，人们就会产生风险（张宁，2012）；二是以 Anthony 等（2003）、Baker 和 Burnham（2001）为代表的"风险社会理论"，该理论认为，风险是必然存在的，伴随着个体的行为与决策而发生与发展；三是以 Ewald（1991）为代表的"风险治理理论"或"风险规制理论"，该理论认为，现实生活中其实并不存在风险，它只是政府运用其训诫权利的一种战略，只要公众认同政府、专家制定的制度，风险就能够被有效地控制，因此该理论认为风险本身并不是问题。

3.1.1.2　风险认知的概念

风险认知是人们对有害的行为和可能存在危险的技术带来后果的一种（主观）判断和评估（董园园等，2014）。风险认知在名称上偶尔存在差异，有时也被称为风险认知、知觉风险等。在消费者行为学中，风险认知指消费者在购买产品或消费服务时对各种可能情况发生的概率和发生不好结果的严重性的感知（Dowling and Staelin，1994）。代豪（2014）将风险认知的概念定义为"公众基于主观感受与客观风险特征对客观风险因素在主观上的一种认知与评价"，钟浩（2007）则认为"知觉风险指消费者在购买产品或服务的过程中，因无法预知决策的结果而必须面对的一种不确定性。" Wansink（2004）和 Schroeder 等（2007）将消费者对食品安全的风险认知定义为"消费者在特定情景下对食品安全的风险认知和判断"或"消费者对自身面临食品安全风险的可能性评估"，其核心组成还是风险的不确定性和后果的严重性。本章认为公众的风险认知指公众对客观存在的风险在主观上的知觉、判断和体验。

3.1.2 转基因食品风险认知的文献综述

3.1.2.1 转基因作物及转基因食品风险维度

由于研究方向及研究对象不同，研究者对风险认知的维度划分一般都是根据自己的研究需要从不同的角度进行测量和划分，各有偏重（刘金平等，2006）。风险认知具有多重维度，常见的有 5 维度分法和 6 维度分法，5 维度即财务风险、绩效风险、身体风险、心理风险和社会风险，6 维度则在 5 维度的基础上增加了时间风险，即财务风险、绩效风险、身体风险、心理风险、社会风险和时间风险。由于食品安全关乎每个人的健康，再加上近年来食品安全问题频发，消费者对食品方面的风险认知水平通常远高于其他一般物品。对新生的转基因食品，西方公众的风险认知主要集中在心理风险、产品性能风险和健康风险上（Costa-Font and Mossialos，2007）；而中国公众对转基因食品的感知表现为后代风险、健康风险、环境风险、财务风险、时间风险和政治风险（陈从军等，2015）。

基于上述文献，本章将公众对转基因食品的风险认知划分为 4 个方面，即健康安全、生态环境、社会经济和伦理道德。

1）转基因食品健康安全方面的风险认知。这一方面公众的风险担忧主要涉及过敏反应、抗性、毒性与致病性。例如，有实验结果表明，耐除草剂的转基因大豆，其具有防癌成分的异黄酮类激素亦有减少。再如，转基因作物残留的毒素和蛋白酶抑制剂亦有可能进入人类的食物链，危害人畜的健康。因此，有公众对转基因食品的健康危害性忧心忡忡（付丽丽，2016）。然而，更多的科学家和公众认为转基因食品不会影响人类的身体健康，反而还可以通过增加食物中的微量元素来改善人体健康。例如，Tang 等（2012）研究发现，含有 β-胡萝卜素的黄金大米可以有效地对儿童补充维生素 A。

2）转基因食品生态环境方面的风险认知。一方面，公众关注和担心的是转基因是否会扩散到其他作物品种中，导致抗病虫杂草和病毒或细菌等新物种的产生，从而需要大量使用除虫剂等化学农药，污染土壤和地下水，破坏生态环境；另一方面，转基因作物还可能破坏非目标生物甚至是有益生物，导致该生物灭绝，影响生物的多样性。支持者则认为农业生产本来就是一种破坏自然环境的活动，传统农业对环境的破坏不会比转基因作物对环境的破坏小，国内外以 Bt 棉为例的大量研究，结果都表明，转基因抗虫棉的应用可以有效地减少农药使用、减轻农药中毒、减少环境污染（Huang et al.，2002；Pray et al.，2002；范存会，2005）。

3）转基因食品社会经济方面的风险认知。伴随着转基因产业化快速发展，争论也向更深、更广的方向发展，开始从生物学的范畴延伸到国家的食物安全、知识产权和贸易壁垒等方面。一方面，公众担心一些生物公司或转基因技术强国为了保护自己的知识产权，将转基因作物种子进行"绝育"处理，使得农民不能自行留种而要高价购买其种子，增加种植成本；另一方面，由于种子只能在生物技术公司购买，有可能会出现生物公司或生物技术强国利用种子的控制权控制全球粮食市场，进而威胁世界各国的政治安全。刘力（2014）以跨国转基因大豆对我国大豆产业造成的严重冲击为例，实证分析了技术垄断对中国在国际大豆市场上定价权的影响。但一些研究表明，转基因技术的应用并没有导致收入分配不均（Martinez-Poveda et al.，2009），反而是收入较低的农民从种植转基因作物中收获了更多的好处（Huang et al.，2002）。

4）转基因食品伦理道德方面的风险认知。围绕此方面争议的焦点是人类是否过分地干预了生物的进化过程？转基因食品是自然的还是非自然的？反对者认为，目前农作物的品种和种类是人类通过千百年来的不断观察和筛选得来的，适合本地生态系统的农耕方式、适合当地的独特地形、适合当地的环境和气候情况。而转基因技术通过人为的干预、选择特定的基因和性状，过分地干预了生物的进化过程，破坏了生物界"适者生存"的自然法则。但毛新志（2004）认为，几千年来人类为了生活、达成自己的目的已经干预了自然，改变了自然界，只是改变的程度不一样而已。

3.1.2.2　风险认知的测量

传统的风险认知研究主要包括两种取向，一是心理测量取向，即利用因素分析法找出研究对象的风险认知面向，然后将其作为一组风险类别的影响因素；二是实验法，以实验控制的方式，探讨风险认知变量间的因果关系。近年来，对转基因食品风险认知的测量以心理测量为主，采用传统的问卷调查方式直接询问被调查者，以获得被调查者对转基因食品的风险认知。大量结果表明，由于各国、各地区的农业资源状况、文化背景、转基因技术水平及公众的风险意识等不同，不同国家、地区的公众对转基因食品风险认知有很多的差异。例如，美国有54%的被调查者认为转基因作物具有治疗的作用，52%的被调查者认为转基因食品物美价廉，他们普遍不担心转基因食品的营养和价格问题；欧盟60%的民众认为转基因食品是有害的，仅有34%的人支持、鼓励生产、加工转基因食品（徐振伟和文佳筠，2016）。在我国，78.32%的公众认为转基因生物有风险，其中，55.25%的公众担心转基因食品对人体健康有影响，43.32%的公众担心转基因生物可能会对生态环境有一定的风险，对转基因食品口感不好、营养成分丢失的担忧分别占17.11%、21.93%（曲瑛德等，2011a，2011b）。当然，也有一些学者采用实验法测量公众对转基因食品的风险认知。例如，闫石和杨东霞（2010）通过对不同标签食品的 N 次价格拍卖实验测量消费者对转基因食品的认可程度，证明消费者对转基因作物的认可不仅取决于转基因作物的性状、性质和基因转移方法，还取决于消费者的先前观念和新获信息。此外，还有研究者利用其他一些方法对转基因食品的风险认知进行研究，如洪进等（2011）首次构建转基因作物技术风险三维模型，发现我国转基因技术风险处在三维模型的最高风险区位。

总的来说，转基因作物的风险认知测量方式主要有两大类，一是直接询问公众对风险的认知水平；二是用风险的组成、维度及不利后果发生的可能性和危害性来衡量公众的风险认知。在这些方法中，一个很明显的特点就是通过设计各种心理测量量表来获得有关风险的认知数据，如传统的态度问题测量、等级评价量表、非传统的单词联想及情景法等。

3.1.2.3 风险认知的影响因素

经过个体主观性过滤的风险认知形态是复杂、多样的，它会受到多种因素的影响。回顾大量相关文献发现，影响公众风险认知的因素主要可归纳为以下几个方面。

1）个体特征因素。人口统计学变量是对个体特征具体而客观的描述，包括性别、年龄、职业、学历、收入水平等，它们是进行市场细分的基本要素。具有不同个体特征的公众，其产品需求、偏好及风险态度等有较大的不同，大量的研究结果表明，人口统计学变量是影响公众风险认知的重要因素。①性别方面，较多研究结果表明，女性的风险认知高于男性（Dosma et al.，2010；胡卫中，2010）。具体到转基因食品的研究，周萍入（2012）研究结果发现，男、女公众对转基因食品的人体健康风险和生态环境风险的认知不存在显著差异，认为可能是由于转基因食品目前还具有较多的不确定性，公众的消费心理普遍较保守。②年龄方面，大多研究表明，消费者的食品安全风险认知与其年龄呈正相关，特别是老年人更容易高估风险（张文静，2017）。③受教育程度方面，大多数研究结果表明，受教育程度与风险认知度成反比，即受教育程度越高的消费者，其风险认知越低。可能的原因是高学历的消费者的信息搜索能力更强，因其掌握大量的风险信息能够更为准确地预知风险发生的概率及风险发生的后果，所以他们对风险的感知较少。④收入水平方面，收入越高的消费者，其购买高价格产品的能力越强，感知到的风险越小。Spence 等（1970）的研究表明，收入越高，风险认知越小。此外，职业、家庭结构和不同个人经历的消费者对食品安全的风险认知亦有所不同（周应恒和卓佳，2010；毛新志等，2011）。综上所述，整体而言，人口特征变量对消费者的风险认知有影响，但是其关系有待根据具体研究对象进行具体分析。

2）产品知识因素。消费者对某种产品的知识可以用其对该产品的熟悉程度、产品相关专业知识及产品购买经验三个维度来衡量。全世文等（2011）认为，消费者的风险认知首先受到其自身产品相关知识水平和消费习惯的影响，较多的产品知识和信息可以降低消费者对风险不确定性及风险后果严重性的评估。周萍入和齐振宏（2012）研究表明，消费者对转基因食品的了解程度显著影响其对转基因食品的健康风险认知。从购买经验来看，全世文等（2011）研究结果显示，消费越频繁的消费者，其风险认知越低，且随着消费频率的降低，消费者对奶制品的风险认知受消费习惯的影响程度及其显著性也下降。同时，有研究表明，产品的一些其他属性也会影响消费者的风险认知，如产品的新旧情况、技术含量、价格、产品的象征意义等（Fray，2012）。因此，公众对转基因食品的风险认知可能会有别于其他产品。

3）信息因素。由于食品安全问题发生的概率及其不利后果的严重性都是未知的，而消费者缺乏充分的信息进行科学判断，信息搜寻是降低食品安全风险认知的关键。充足的信息可以帮助消费者科学、准确地评估食品安全事件发生的可能性，进而做出更为合适的决策，降低不利后果发生的可能性（Duffy et al.，2013）。Stephen（2016）通过风险动态决策模型来描述媒体信息对消费者风险认知的一般影响过程，结果表明，负面信息和正面信息对消费者风险认知的影响在时间上不对称，新闻媒体的报道往往会加大消费者的负面反应，提高消费者的食品安全风险认知。同时，媒体接触越频繁的人，其风险认知越强（王甫勤，2010）。对转基因食品信息，Martinez-Poveda 等（2009）研究认为，有关信息的提供可以降低消费者的风险认知。彭光芒等（2010）研究生物科技专家、环保专家、媒体记者提供的不同信息对公众对转基因食品态度与行为的影响，发现信息的态度倾向显著影响被试者的态度和行为。

4）参与程度因素。参与程度又称"卷入程度"，主要指消费者与其所购买产品间的一种攸关程度，通常表现为消费者对产品或某一事件的关心程度及对产品的偏好等。Kapferer 和 Laurent（1993）认为当购买行为的负面影响较大或其产生负面影响的概率较大时，消费者就会产生卷入行为。因此，风险是卷入的充分条件。袁丹丹（2018）认为信任是影响消费者参与的重要因素，当消费者对产品产生攸关后，会进一步对产品进行评估，参与程度越高，即风险认知越高。聂晶晶和简迎辉（2015）从产品因素方面进行分析也得出相似的结论，即消费者对高卷入度的产品的风险认知要高于低卷入度的产品。对转基因食品相关标识的关注度显著影响其风险认知，关注度越高、安全意识越强的公众对转基因食品的风险认知越高（周萍人和齐振宏，2012）。

5）信任因素。在食品消费市场中，由于信息不对称，消费者对食品相关知识、信息知之甚少，因识别和判断风险的能力有限，其对食品安全的风险认知实质上就是信任问题（Yee et al.，2005）。换而言之，就是在特定情境下，信任可以替代风险认知成为影响消费者食品安全行为的重要因素（Jonge et al.，2004）。过去研究中，已有大量学者对信任与风险认知的关系进行了探讨，且大多数研究结果表明，信任显著影响消费者的风险认知水平，两者呈负相关（杨青等，2011），即消费者的信任度越高，其风险认知越低。对食品安全风险认知的信任因素研究主要指对信息相关因素的信任，对科学家、专家等专业人士的信任，以及对政府管理机构的信任（钱振华和刘家华，2016）。曲瑛德等（2011b）认为潜在风险认知主要来源于三个方面：对政府所提供的食品安全性的信任、对科学研究发现的态度、媒体的影响。Savadori（2004）研究发现，对信息源的信任度比风险沟通更为重要，尤其是对相关知识匮乏时，消费者信任度与风险认知水平密切相关。同时，消费者对食品安全风险认知的转变在很大程度上也由消费者对相关信息源的信任程度决定（Lobb et al.，2007）。但是，也有部分学者对此提出了质疑，他们认为信任对风险认知水平影响不大，两者只存在弱相关关系（Pijawka and Mushkatel，2010），甚至有些学者认为两者间不存在任何关系，指出信任不会对风险认知水平产生任何影响（Eiser et al.，2010）。这可能是因为信任在不同的环境所起的作用不同。

3.1.3　研究假说提出

为理清本章研究思路，提出如下研究假说。

假说 1（H1）：个体特征不同的公众因社会性心理因素不同会表现出不同的风险认知。

周应恒和卓佳（2010）认为公众的风险认知由其社会性心理因素直接影响决定，而人口特征变量与公众的风险认知是一种间接的影响关系，其通过社会性心理因素影响公众对转基因食品的风险认知。不同人口特征的公众，其社会性心理因素不同。例如，由于传统的男主外女主内的分工模式，女性对食品购买的参与度更高，并且较男性更为感性，更容易受媒体等信息的影响；再如，年龄越大的公众一般而言食品购买经验也越丰富，受教育程度越高的公众因其信息搜寻能力强，掌握着比受教育程度低者更充分的产品知识。因此，表现出不同个体特征的公众，其风险认知不同。

另外，通过梳理和总结风险认知的影响因素，本章认为影响公众对转基因食品风险认知的社会性心理因素可以归纳为 3 个方面，包括产品知识因素、卷入程度和信任因素。

假说 2（H2）：转基因食品相关知识水平越高的公众对转基因食品的风险认知越低。

丰富的产品知识可以降低公众对风险认知的不确定性及风险后果严重性的评估水平（贾鹤鹏等，2015），当公众拥有丰富的产品知识时，其对各种相关产品或服务都比较熟悉，知道各种品牌间的属性差异，也清楚该用哪些属性进行评估比较，因此其决策失误的可能性较低，即其产生的风险认知较低。反之，如果产品知识不足，对产品属性认知不高，公众决策失误的可能性也就较高，即其风险认知中的不确定性因素提高。

假说 3（H3）：公众卷入程度越高，转基因食品风险认知越高。

假说 4（H4）：公众对相关信息、机构的信任度越高，风险认知越低。

由于食品消费市场中信息不对称现象非常严重，公众对食品相关知识、信息知之甚少，因识别和判断风险的能力有限，其对食品安全的风险认知实质上就是信任问题，包括对信息主体的信任、对信息途径的信任和对信息本身的信任。信任度越高，风险认知越低（张应语等，2015）。而信息因素对公众的风险认知产生影响是建立在公众对信息信任的基础上的，因此，本章不再将信息因素作为一个单独的影响因素，而是用信任因素取代。

假说 5（H5）：公众卷入程度与其转基因食品知识的多寡有关联。

由于高卷入者与低卷入者的行为模式存在差异，高卷入者对搜集产品相关信息更感兴趣，所获信息更多。因食品安全问题关乎人的健康成长，其"试错成本"较高，因此，在面对众多、繁杂、良莠不齐的信息时，公众极易受到"宁可信其有不可信其无"的心理影响，对产品可能造成的严重后果产生恐惧感（展进涛，2015），风险认知提高。同时，为了验证已获信息的真实性，公众的卷入程度会更高，以搜寻更多的信息。

另外，如果公众相信政府、科学家及自己所获得的信息是真实可靠的，那么就会减少对此方面的关注，即卷入程度降低；而当公众对政府、科学家及自己所获得的信息表示不信任时，将会提高参与度，通过自身的努力来搜寻信息，掌握更多的产品知识以准确评估风险（戴佳等，2015）。同时，当公众掌握足够的知识时，其看问题将会更为深入和全面，更能理解政府的决策和科学家的工作及媒体报道的原因，即信任度上升。因此，本章提出假说 6（H6）、假说 7（H7）。

假说 6（H6）：公众对政府、科学家及信息的信任度与其卷入程度有关联。

假说 7（H7）：公众对产品知识的了解程度与其对政府、科学家及媒体的信任度有关联。

对此，本章构建的公众对转基因食品风险认知的研究框架如图 3-1 所示。

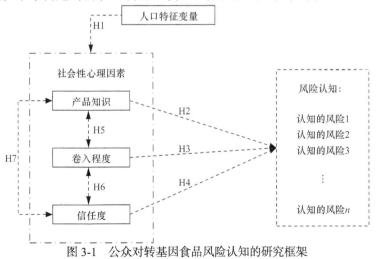

图 3-1　公众对转基因食品风险认知的研究框架

3.2　调研设计与调查结果

3.2.1　问卷设计

本章调查问卷主要由五部分构成，一是被调查者的个人基本情况，包括性别、年龄、文化程度、家庭人口状况、专业、职业和收入水平等；二是公众对转基因食品安全的卷入程度，包括公众对食品购买的参与程度，对食品安全问题的关注程度，对环境保护问题的关注程度，对生产日期、保质期或食品成分说明的关注程度，对食品安全问题的担心程度等；三是公众对转基因食品的认知和态度情况，包括对转基因食品的了解程度、获取信息的途径、信任渠道、对转基因食品的优点认知和风险认知、对转基因食品的购买态度等；四是对政府管理食品安全问题、科学家科研工作及媒体的信任度等；五是公众对加强转基因食品风险管理的需求及风险规避策略等。

3.2.1.1　转基因食品风险认知量表设计

（1）量表编制

风险认知的测量方式大致可分为两大类，一是直接询问公众，使用区间尺度来测量风险认知的大小；二是使用风险认知维度，将公众在各维度上的风险可能性与严重性相乘或相加，计算出公众的风险认知。本章采用区间尺度的方式，将风险认知测量量表设计成里克特5点量表法。量表中罗列了14项关于转基因食品可能会带来的潜在风险，由被调查者根据自己的主观感受在"非常同意""比较同意""一般""比较不同意""非常不同意"间进行选择，如选择"非常同意"即表示其认为这项风险很可能发生，即认知的风险非常高，本章研究对此赋值为5，依次类推，对"比较同意""一般""比较不同意""非常不同意"赋值分别为4、3、2、1，分值越高，表示风险认知越高，反之，则表示风险认知越低。

（2）预测分析

为了检验本量表的质量，课题组于2012年3～4月，通过面谈访问和发放电子邮件等方式向50名公众进行了预调查。预调查发放问卷50份，回收49份，其中，有效问卷48份。然后，通过SPSS17.0软件对预调查数据进行统计与分析，检验问卷的一致性与有效性。

1）信度分析。信度，即可靠性，它主要表现在检验结果的一致性、一贯性和稳定性上，用来评价调查问卷的可用性和可信性。信度分析的方法有多种，如内部一致性信度、分半信度、重测信度和复本信度等。目前常用内部一致性信度系数法检验项目之间是否具有较高的内在一致性。笔者利用预调查数据，运用

SPSS17.0 软件对风险认知量表进行了信度检验，信度系数为 0.899（表 3-1），表明本量表的内部一致性较好。

表 3-1 可靠性检验结果

Cronbach's α	基于标准化项的 Cronbach's α	项目数
0.899	0.902	14

2）效度检验。通过主成分分析方法检验本问卷的结构效果，风险认知的 KMO 值为 0.716，Bartlett's 球形度检验的概率为 0.000，表明问卷的测量条目是有效的（表 3-2）。

表 3-2 效度检验结果

项目	结果
KMO 值	0.716
Bartlett's 球形度检验近似卡方	292.731
df	91
Sig.	0.000

3）因子分析。为了验证量表能否真实测量本章研究所设想的风险维度，笔者接下来将利用预调查数据进行因子分析。经过信度与效度检验表，KMO 值为 0.716，说明各变量间的相关程度差异不大；Bartlett's 球形度检验的概率为 0.000，拒绝球型假设，说明指标间并不是相互独立的，因此，调查数据可进行探索性因子分析。探索性因子分析采用主成分分析法和最大正旋转交叉法进行（表 3-3）。

表 3-3 转基因食品风险认知的总方差解释

成分	初始特征值			提取平方和载入	
	合计	方差贡献率（%）	累积方差贡献率（%）	合计	方差贡献率（%）
1	6.377	45.551	45.551	6.377	45.551
2	1.880	13.428	58.979	1.880	13.428
3	1.495	10.681	69.660	1.495	10.681
4	1.228	8.768	78.428	1.228	8.768
5	0.719	5.137	83.565		
6	0.607	4.332	87.897		
7	0.511	3.648	91.545		
8	0.357	2.551	94.096		
9	0.295	2.105	96.201		

续表

成分	初始特征值			提取平方和载入	
	合计	方差贡献率（%）	累积方差贡献率（%）	合计	方差贡献率（%）
10	0.163	1.167	97.368		
11	0.151	1.077	98.445		
12	0.099	0.704	99.149		
13	0.081	0.576	99.725		
14	0.039	0.275	100.000		

根据因子分析结果，发现任何一个项目都可以归入一个维度中，且只能归入这个维度中，因此，风险认知测量量表没有需要删除的项目。同时，根据因子分析结果可以看到，14 个测量条目一共有 4 个主成分的特征值大于 1，累积解释变量达到 78.428%，说明这 4 个公因子涵盖了原始数据 14 个变量所能表达的足够信息，可以很好地划分为 4 个维度，且基本上符合本章的构面假想。因此，上述 14 个项目确定为正式测量量表的测量项目（表 3-4）。

表 3-4　旋转成分矩阵

项目	成分			
	1	2	3	4
R_1：担心营养不好	0.095	0.135	**0.912**	0.172
R_2：担心口感变差	0.022	0.134	**0.882**	0.142
R_3：担心出现过敏反应	0.461	**0.517**	0.493	0.058
R_4：担心影响家人身体健康	0.298	**0.878**	0.173	0.076
R_5：担心影响家里小孩的成长	0.129	**0.908**	0.133	0.157
R_6：担心人类后代的身体健康	0.208	**0.926**	0.150	0.116
R_7：担心产生超级杂草或超级病虫	**0.523**	0.259	0.522	0.005
R_8：担心破坏生物多样性	**0.712**	0.304	0.419	−0.140
R_9：担心破坏生态环境平衡	**0.805**	0.312	0.105	−0.012
R_{10}：担心造成基因污染或环境污染	**0.749**	0.144	−0.121	0.146
R_{11}：担心影响我国主粮安全	−0.022	0.062	0.247	**0.919**
R_{12}：担心外国控制我国的种子	0.396	0.323	0.043	**0.703**
R_{13}：担心过分干预生物进化过程	**0.838**	0.119	0.086	0.158
R_{14}：担心破坏自然选择	**0.773**	0.083	0.158	0.101

进一步，为了检验本问卷的内部一致性，本章在因子分析的基础上对每个因

子的测量条目进行信度检验，计算风险认知各维度量表的 Cronbach's α 系数，结果见表 3-5。胡卫中（2010）研究认为，对探索性研究而言，Cronbach's α 系数大于 0.6 即可行。本章研究中总量表及各分量表的 Cronbach's α 系数均大于 0.6，因此，信度检验表明本问卷的一致性较好。

表 3-5　公众对转基因食品风险认知各量表 Cronbach's α 系数

量表	项目数	Cronbach's α 系数	均值
因子 1	6	0.899	2.75
因子 2	4	0.922	3.40
因子 3	2	0.871	3.27
因子 4	2	0.660	3.16
总风险认知	14	0.905	

3.2.1.2　风险认知影响因素的量表设计

（1）产品知识

公众的产品知识主要指公众对产品的专业知识及对产品的熟悉程度。借鉴课题组以往的研究成果，公众对转基因食品的熟悉程度用公众对转基因食品的听说程度、对市场上已流通的转基因食品的知晓程度、获取转基因食品信息的媒体数量来间接衡量。产品专业知识则用与产品知识相关的问题进行提问。具体设计如下所述。

听说程度（K_1）。通过设计问题"在此之前，您听说过转基因食品吗？"，由公众在"听说得非常多""听说得较多""偶然听说""只听说过一两次""从没听说过" 5 个选项中进行选择，听说得越多，即公众对转基因食品的熟悉程度越高。因此，5 个选项分别赋值为 5、4、3、2、1。

知晓程度（K_2）。目前，在国内外市场流通的转基因食品已有 10 种左右，但公众并非一一知道它们的存在。本问卷列出了部分已在市场上流通的转基因食品，让公众勾选出他们听说过的所有转基因食品。模型中，1 种转基因食品都不知晓的赋值为 1，知晓 1 种转基因食品的赋值为 2，知晓 2~3 种的赋值为 3，知晓 4~5 种的赋值为 4，知晓 6 种及以上的赋值为 5。

专业知识（K_3）。为了深入考察公众对转基因技术及转基因食品知识的了解程度，本次调查中特别设计了 4 道与转基因知识相关的判断题，根据被调查者的答对题数进行复制，其中，答对 0 题的赋值为 1，答对 1 题的赋值为 2，答对 2 题的赋值为 3，答对 3 题的赋值为 4，答对 4 题的赋值为 5。

信息数量（K_4）。获取转基因食品的信息源越多，则公众对转基因食品的熟悉程度越高。对此，问卷列举了 11 种信息源，由公众选出他们获取转基因食品信息的所有信息来源。模型中，至今没有转基因食品信息来源的赋值为 1，信息来源于 1～2 种渠道的赋值为 2，信息来源于 3～4 种渠道的赋值为 3，信息来源于 5～6 种渠道的赋值为 4，信息来源于 7 种及以上渠道的赋值为 5。

（2）卷入程度

卷入程度通常表现为公众对产品或某一事件的关心程度及参与程度。借鉴蔡惠如等（2006）的研究，并结合转基因食品的具体特性，问卷特别设计了 5 个观察变量，分别为食品购买参与程度、食品安全关注程度、环境安全关注程度、食品安全担心程度、标识利用程度。赋值从低卷入到高卷入分别赋值为 1、2、3、4、5。

（3）信任度

根据聂晶晶和简迎辉（2015）、Kapferer 和 Laurent（2003）的研究结果，影响公众对食品安全风险认知的信任因素主要包括对政府机构、科学家及媒体和媒体信息的信任度。借鉴以往的研究，问卷设计了"您是否认为经国家食品质量安全认证的食品就是安全的""您觉得这些转基因食品信息可信吗""您信任我国从事转基因研究的科学家吗"三个问题，根据被调查者的回答，"非常可信""比较可信""一般""比较不可信""非常不可信"分别赋值为 5、4、3、2、1。

综上所述，本章研究共选择了 12 个观察变量、3 个潜在变量（表 3-6）。

表 3-6　变量选取与赋值说明

变量类型	具体变量	变量赋值
被解释变量	风险评价	非常不同意=1；比较不同意=2；一般=3；比较同意=4；非常同意=5
解释变量		
产品知识	听说程度（K_1）	从没听说=1；只听说过一两次=2；偶尔听说=3；听说得较多=4；听说得非常多=5
	知晓程度（K_2）	知晓 0 种=1；知晓 1 种=2；知晓 2～3 种=3；知晓 4～5 种=4；知晓 6 种及以上=5
	专业知识（K_3）	答对 0 题=1；答对 1 题=2；答对 2 题=3；答对 3 题=4；答对 4 题=5
	信息数量（K_4）	0 种=1；1～2 种=2；3～4 种=3；5～6 种=4；7 种及以上=5
卷入程度	食品购买参与程度（I_1）	从不=1；不经常，很少=2；一般=3；较经常=4；经常=5
	食品安全关注程度（I_2）	完全不关注=1；比较不关注=2；一般=3；比较关注=4；非常关注=5
	环境安全关注程度（I_3）	完全不关注=1；比较不关注=2；一般=3；比较关注=4；非常关注=5
	食品安全担心程度（I_4）	非常小=1；比较小=2；一般=3；比较大=4；非常大=5
	标识利用程度（I_5）	完全不看=1；看得较少=2；有时会看=3；经常看=4；每次都看=5

续表

变量类型	具体变量	变量赋值
解释变量 信任度	对政府机构的信任度（T_1）	完全不相信=1；比较不相信=2；一般=3；比较相信=4；非常相信=5
	对科学家的信任度（T_2）	完全不信赖=1；比较不信赖=2；一般=3；比较信赖=4；非常信赖=5
	对媒体和媒体信息的信任度（T_3）	非常不可信=1；比较不可信=2；一般=3；比较可信=4；非常可信=5

3.2.2　数据来源与样本特征

3.2.2.1　数据来源

本章数据来源于课题组 2012 年 6～7 月在武汉市进行的实地调查。本次调查的总体是武汉市公众，其分布较为广泛。本章研究首先根据调查总体的基本特征，利用 SPSS17.0 软件对武汉市 13 个区按照人口密度、人均可支配收入、街道办事处数量、社区居委会数量等数据进行分层聚类分析，将武汉市 13 个区分划为 4 个样本区域层，分别为高人口密度、高人均可支配收入、高信息覆盖面的样本区域 1，其包括江岸区、江汉区、硚口区和武昌区；中人口密度、高人均可支配收入、中信息覆盖面的样本区域 2，包括汉阳区和青山区；低人口密度、中人均可支配收入、中信息覆盖面的样本区域 3，包括洪山区、东西湖区；以及低人口密度、低人均可支配收入、低信息覆盖面的样本区域 4，包括汉南区、蔡甸区、江夏区、黄陂区和新洲区（样本分层聚类结果和聚类树状关系见表 3-7、图 3-2）。然后在每个样本区域选择一个区进行任意抽样调查，最终调查选择了江汉区、汉阳区、洪山区和江夏区，涵盖了武汉市的商业区、工业区、高校区和郊区。结合以往调研经验，考虑到问卷的回收率和有效率，最终确定正式调查发放 440 份问卷。

表 3-7　样本分层聚类结果

武汉市城区	聚类结果
江岸区	1
江汉区	1
硚口区	1
汉阳区	2
武昌区	1
青山区	2
洪山区	3

续表

武汉市城区	聚类结果
东西湖区	3
汉南区	4
蔡甸区	4
江夏区	4
黄陂区	4
新洲区	4

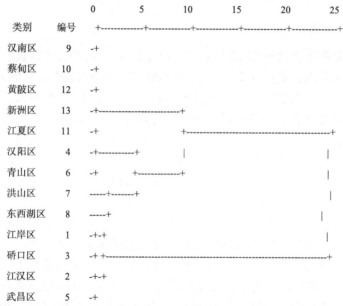

图 3-2　聚类树状关系

3.2.2.2　样本特征

利用预调查修正后的调查问卷，本次调查共发放了 440 份调查问卷，最终回收 395 份，回收率为 89.77%，其中有效问卷 372 份，有效问卷率为 94.18%。

在被调查的有效样本中，男女比例适当，男性被调查者占 53.2%，女性被调查者占 46.8%；在年龄结构上，按照一般的生理发展及社会角色的发展变化划分为生理和智力发育的中高期的青少年（18 岁以下）、大中专学生时期的青年（18～25 岁）、初入社会工作的青年（26～35 岁）、中青年（36～50 岁）、中老年（51～65 岁）、已离职退休的老年（65 岁以上）6 个年龄段，调查结果显示 18～25 岁被调查者稍多，占 35.5%，18 岁以下及 65 岁以上稍少，分别占 7.5% 和 5.1%，这主要是由于小孩和老人外出较少，街头调查偶遇的概率较小。

从受教育程度上看，中间学历层分布较均匀，具有初中、高中及中专（职高）、大专及本科学历的被调查者分别占 15.6%、25.8%、47.0%，小学及以下和研究生及以上学历的被调查者较少，分别仅占 3.8% 和 7.8%；关于专业背景，由被调查者自行填写，数据统计分析时按照《学科分类与代码》（GB/T 13745—1992）进行归类，但是为了简化分析，本章研究将总体分为 6 类，即农学、医学、生物学、工科（包括理学和工学）、文科 1（包括法学、哲学、教育、文学等）和文科 2（主要包括经济与管理类专业），结果显示，文科 2 背景的被调查者最多，占 20.4%，其次是工科背景，占 18.3%，随后是文科 1，占 8.9%，农学、医学、生物学背景的被调查者较少，分别为 0.5%、2.7%、3.0%，这基本符合目前的教育现状，文科 2、工科类市场需求大、就业较好，学校招生比例相应较大。

对职业分布，按照人力资源和社会保障部一般职业类别标准进行划分，结果表明学生和企业人员居多，分别占 25.3% 和 25.8%，其次是公务员或事业单位职工，占 16.7%，再次是工人，占 11.6%，干部、农民、军人较少，分别仅占 1.9%、2.4%、0.3%，还有 16.0% 的人待业在家或退休在家等，这主要是由于样本选取在武汉市城区，农业人口比例远低于非农业人口比例。学生比例最大，这主要是由于武汉市是教育大市，高等学府和各类教育结构都比较多；其中，工作涉及农业或食品生产、销售、管理的比例为 19.1%，涉及生物工作的比例为 7.0%。

收入方面，收入水平在 1001～2500 元的人数最多，达 33.1%，其次是 2501～4000 元，占 25.0%，再次是 1000 元及以下，占 22.6%，这一部分人主要是在校学生，4001～6000 元及 6000 元以上的人数相对较少，分布在这两区间的比例分别为 13.4% 及 5.9%。总体来说，样本分布基本符合武汉市的人口分布结构，样本具有较强的代表性和广泛性。受访者基本资料分析见表 3-8。

表 3-8　受访者基本资料分析

项目	个体特征	人数（人）	有效比例（%）
性别	男	198	53.2
	女	174	46.8
年龄	18 岁以下	28	7.5
	18～25 岁	132	35.5
	26～35 岁	70	18.8
	36～50 岁	73	19.6
	51～65 岁	50	13.5
	65 岁以上	19	5.1

续表

项目	个体特征	人数（人）	有效比例（%）
受教育程度	小学及以下	14	3.8
	初中	58	15.6
	高中	48	12.9
	中专（职高）	48	12.9
	大专	64	17.2
	本科	111	29.8
	研究生及以上	29	7.8
专业	工科	68	18.3
	农学	2	0.5
	生物学	11	3.0
	文科1	33	8.9
	文科2	76	20.4
	医学	10	2.7
	无	172	46.2
职业	学生	94	25.3
	工人	43	11.6
	企业人员	96	25.8
	公务员或事业单位职工	62	16.7
	干部	7	1.9
	农民	9	2.4
	军人	1	0.3
	其他	60	16.1
	其中：涉及农业或食品生产、销售、管理	71	19.1
	其中：涉及生物工作	26	7.0
月收入水平	1000元及以下	84	22.6
	1001~2500元	123	33.1
	2501~4000元	93	25.0
	4001~6000元	50	13.4
	6000元以上	22	5.9

3.2.3 数据质量分析

3.2.3.1 信度分析

为了考察问卷测量的可靠性，笔者运用 SPSS17.0 软件，采用 Cronbach's α 系数估计法逐个对风险认知量表和潜在变量进行内部一致性检验（表 3-9）。数据显示，风险认知测量量表的 Cronbach's α 系数为 0.906，卷入程度的 Cronbach's α 系数为 0.802，知识程度的 Cronbach's α 系数为 0.664，信任度的 Cronbach's α 系数为 0.521，说明本调查问卷的信度在可接受的水平（表 3-9）。

表 3-9 风险认知与潜在变量的信度检验

变量	风险认知	卷入程度	知识程度	信任度
Cronbach's α 系数	0.906	0.802	0.664	0.521

3.2.3.2 效度分析

运用 SPSS17.0 软件，本章采用主成分分析法分别对公众风险认知的 14 个条目、潜在变量卷入程度的 5 个条目、产品知识的 4 个条目和与信任度相关的 3 个条目进行旋转分析，结果显示 KMO 值均大于等于 0.6，Bartlett's 球形度检验的显著性也均为 0.000，说明本次调查数据符合效度要求（表 3-10）。

表 3-10 量表 KMO 值与 Bartlett's 球形度检验

变量		公众风险认知	卷入程度	产品知识	信任度
KMO 样本测度		0.898	0.770	0.693	0.600
Bartlett's 球形度检验	χ^2	2749.077	712.988	219.686	80.315
	df	91	10	6	3
	Sig.	0.000	0.000	0.000	0.000

3.2.4 公众对转基因食品风险认知的调查结果

3.2.4.1 公众对我国食品安全的风险认知

食品安全问题关乎每个人的生命健康问题，因此，人们在购买食品时经常会利用各种信息，如食品的生产日期、保质期或成分说明，然后根据自己的知识和经验做出购买决策以确保食品安全。根据统计调查结果发现，公众的食品安全意识还是较强的，分别有 30.4%、29.8% 的被调查者在购买时会经常看或每次看食品的生产日期、保质期或成分说明，另外还有 26.9% 的被调查者有时会看，只有 12.9% 的被调查者对这些信息利用较少，较少看或完全不看食品的生产日期、保质期或成分说明（表 3-11）。同时，公众对食品安全问题的关注度亦较高。由表 3-12 可知，71.7% 的被调查者比较关注和非常关注食品安全问题，只有 5.4% 的被调查者完全不关注和 6.5% 的被调查者比较不关注，另外还有 16.4% 的被调查者关注度一般。总体来说，公众的食品安全意识还是较强的，在购买食品时较为谨慎。

表 3-11　公众的食品安全意识

对生产日期、保质期、成分说明等的参看情况	人数（人）	有效比例（%）
完全不看	10	2.7
较少看	38	10.2
有时会看	100	26.9
经常看	113	30.4
每次看	111	29.8

表 3-12　公众对食品安全问题的关注度

食品安全问题的关注度	人数（人）	有效比例（%）
完全不关注	20	5.4
比较不关注	24	6.5
一般	61	16.4
比较关注	174	46.7
非常关注	93	25.0

当今社会，食品安全问题时有曝光，加剧了公众对食品安全问题的恐慌。由表 3-13 可知，本次调查公众对我国食品安全问题的评价时发现，只有 10.2% 的公众认为我国食品安全问题非常不突出和比较不突出，65.1% 的被调查者认为目前我国的食品安全问题比较突出和非常突出。若从非常不突出到非常突出依次赋值为 1、2、3、4、5，公众对我国食品安全问题的评价均值为 3.77，靠近 4 比较突出。说明目前我国食品安全问题已非常突出，公众对我国食品安全问题表现出很大程度的担忧。

表 3-13　公众对我国食品安全问题的评价

食品安全问题评价	人数（人）	有效比例（%）
非常不突出	12	3.2
比较不突出	26	7.0
一般	92	24.7
比较突出	146	39.3
非常突出	96	25.8

3.2.4.2　公众对转基因食品的风险评价

转基因食品作为一种新生的事物，其研究不过于几十年，但在以绿色和平组织为代表的转基因反对者大肆渲染、炒作以后，人们日益关注转基因食品的安全问题，且围绕转基因食品安全问题的争论也不断激烈、升华。统计分析表明，对一种存在较多不确定性且广受争议的食品，公众普遍比较担心其安全问题，分别有 41.1%和 13.7%的被调查者比较担心和非常担心其问题，而只有 11.3%的人对转基因食品较有信心，9.7%和 1.6%的人比较不担心和完全不担心其安全问题（表 3-14）。

表 3-14　公众对转基因食品的担心程度

是否担心转基因安全问题	人数（人）	有效比例（%）
完全不担心	6	1.6
比较不担心	36	9.7
一般	126	33.9
比较担心	153	41.1
非常担心	51	13.7

进一步地，通过采用心理测量表获取有关公众转基因食品风险认知的数据，进行单样本 t 检验，结果见表 3-15。可看出公众认知的转基因食品风险主要集中在以下几方面：①首先是对人体健康的潜在危害的担忧，其中首要的是担心转基因食品是否会影响家里小孩的成长，均值为 3.61，方差为 1.016，风险认知较为集中；担心转基因对人类后代的身体健康影响，均值为 3.59；担心转基因食品影响家人身体健康，均值为 3.49。②其次是担心转基因作物在生态环境安全上的风险，分别是担心转基因技术会破坏自然选择（3.37）和转基因技术过分干预生物进化过程（3.29）；有 11%～13%的调查者非常担心转基因食品的推广会导致超级杂草或病虫产生，以及推广转基因食品会破坏生物多样性、破坏生态环境平衡和造

成基因污染或环境污染，这些测量条目上的风险认知程度分别为 3.22、3.28、3.31、
3.28。③对我国社会经济安全的影响方面，公众担心程度稍低，担心跨国公司控
制转基因专利权会影响我国主粮安全的均值为 3.22，担心推广转基因食品会使外
国控制我国种子的风险认知均值为 3.03。④在转基因食品性能风险方面，公众普
遍担心程度较低，分别有 12.7%、11.8%的被调查者非常不担心转基因食品的营养
会不好、口感会变差，但是对是否会出现过敏反应，担心程度要稍高些，仅有 7.9%
的被调查者表示非常不担心，被调查者对营养和口感等性能风险的感知均值为
2.75，小于中间值 3，说明公众对转基因食品的产品性能还是比较认可的。总的来
说，公众的转基因食品风险认知主要集中在人体健康、生态环境安全、社会经济
影响等方面，但认知的风险普遍不是很高，介于一般担心与比较担心之间，总体
风险认知的均值为 3.35，较目前我国食品安全问题的风险评价（3.77）低，说明
日益升级的转基因食品安全争议主要是媒体炒作的结果，实际上公众认知的转基
因食品风险未及传统食品的风险认知。

表 3-15　公众对转基因食品风险认知的 t 检验值

转基因食品风险认知	非常不同意	比较不同意	一般	比较同意	非常同意	均值	方差
R_1: 担心营养不好	12.7	28.9	34.8	18.9	4.7	2.74	1.110
R_2: 担心口感变差	11.8	27.4	37.4	20.0	3.4	2.76	1.028
R_3: 担心出现过敏反应	7.9	20.1	36.5	27.8	7.7	3.07	1.101
R_4: 担心影响家人身体健康	2.6	16.6	27.2	35.9	17.7	3.49	1.097
R_5: 担心影响家里小孩的成长	2.1	12.4	28.0	37.5	20.0	3.61	1.016
R_6: 担心人类后代的身体健康	2.9	11.4	28.3	38.8	18.6	3.59	1.016
R_7: 担心产生超级杂草或超级病虫	3.1	21.1	37.6	27.1	11.1	3.22	1.005
R_8: 担心破坏生物多样性	2.6	19.8	36.6	28.9	12.1	3.28	1.000
R_9: 担心破坏生态环境平衡	2.6	18.5	35.6	31.7	11.6	3.31	0.977
R_{10}: 担心造成基因污染或环境污染	2.1	21.2	36.0	28.3	12.4	3.28	1.002
R_{11}: 担心影响我国主粮安全	5.1	17.7	38.1	28.0	11.1	3.22	1.055
R_{12}: 担心外国控制我国的种子	5.3	26.0	37.9	21.6	9.2	3.03	1.057
R_{13}: 担心过分干预生物进化过程	3.7	16.3	37.3	33.3	9.4	3.29	0.942
R_{14}: 担心破坏自然选择	3.7	18.7	30.0	32.3	15.3	3.37	1.136
总风险认知	1.7	12.2	41.0	39.6	5.5	3.35	0.684

3.3　公众对转基因食品风险认知的实证分析

3.3.1　公众认知的转基因食品风险维度

3.2.4.2 节描述性统计结果显示，公众认知的转基因食品风险并不是很高，介于一般担心与比较担心之间。前文探索性因子分析结果（表 3-3、表 3-4）显示，公众认知的转基因食品风险主要集中在四个方面。公因子 1 涵盖的主要是环境安全方面的，可称为环境风险，特征根为 6.377，可解释 45.551% 的总体方差，说明公众认知的转基因食品风险中作物环境风险最大。公因子 2 包括了"担心出现过敏反应""担心影响家人身体健康""担心影响家里小孩的成长""担心人类后代的身体健康"4 个项目，可称为健康风险，其特征根为 1.880，可解释 13.428% 的总体方差。公因子 3 涵盖了"担心营养不好"和"口感变差"两个变量，其特征根为 1.495，可解释 10.681% 的总体方差。完整的食品概念包括核心产品、有形产品和附加产品三个层次，其中，核心产品指顾客购买时真正所要求的东西，有形产品包括产品的品牌、式样、特色和包装等，附加产品则指一系列的相关服务。公众购买食品主要就是注重其营养和口感，因此，公因子 3 可称为性能风险。公因子 4 涵盖了担心我国主粮安全和担心外国控制我国种子，可称为社会经济风险，其特征根为 1.228，可解释 8.768% 的总体方差。可以看出，社会经济风险对公众转基因食品风险认知的贡献不是很大，目前，公众认知的转基因食品风险主要来源于环境风险和健康风险，这与周萍入（2012）的研究结论是一致的。

在因子分析的结果基础上，笔者计算了各维度风险认知的均值（表 3-16）。性能风险的均值低于中间值 3，表明大部分公众对转基因食品可能的性能损失持否定态度，不认为转基因食品可能会使食品口感变差和营养变差等。其他三个维度的风险认知虽均超过中间值 3，但介于一般（3）和比较同意（4）之间，说明总体上公众对转基因食品的风险认知处于较低水平。

表 3-16　公众对转基因食品各维度风险的认知

量表	项目数	α 系数	均值
总风险认知	14	0.905	—
性能风险	2	0.899	2.75
健康风险	4	0.922	3.40
环境风险	6	0.871	3.27
社会经济风险	2	0.660	3.16

进一步，为了验证和确认公众认知的转基因食品风险维度，以及探究量表的因素结构模型是否与实际获得的数据契合，本章在探索性因子分析的基础上，利用第二阶段的大规模调查数据，采用 AMOS7.0 软件对公众认知的转基因食品风险的四因子模型进行验证性因子分析，并在此基础上构建转基因食品风险认知验证性因子分析二阶模型进行检验。对照一般参数要求，本章研究的验证性因子分析中的几个指标均符合要求（表 3-17），且全部通过了显著性检验，说明性能风险、健康风险、环境风险、社会经济风险可以很好地解释公众对转基因食品的风险认知。

表 3-17　验证性因子分析模型的适配度检定结果

项目	χ^2	df	χ^2/df	GFI	AGFI	NFI	IFI	CFI	RMSEA
一般要求	—	—	<5	>0.9	>0.8	>0.9	>0.9	>0.9	<0.5
四因子模型	280.380	71	3.949	0.904	0.857	0.900	0.923	0.922	0.089
二阶模型	222.752	66	3.375	0.923	0.878	0.920	0.942	0.942	0.080

因此，公众认知的转基因食品风险可以划分为性能风险、健康风险、环境风险和社会经济风险四个方面。转基因食品风险认知四因子模型如图 3-3 所示。从

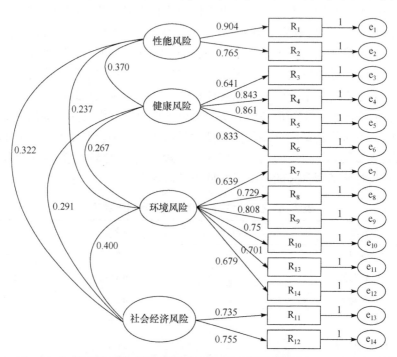

图 3-3　转基因食品风险认知四因子模型

各路径系数标准化值，显著性均为***，即 1%显著性水平

图 3-3 中发现，各个风险维度间的相关系数均小于 0.7，说明构建的 4 个风险维度可以独立代表一个转基因食品的风险认知维度。这有别于以往学者提出的五维度或者六维度模型，主要原因是不同产品属性不同，公众对不同产品产生的风险认知也不同。目前，由于公众对转基因食品的风险争议主要集中在此方面，本章研究在问卷设计时注重其数据的获取。

3.3.2 人口统计变量与公众转基因食品风险认知的关系

3.3.2.1 性别与职业对转基因食品风险认知的影响

本章研究首先使用独立样本 t 检验来判别不同性别、不同职业的公众对转基因食品风险认知是否存在显著性差异（表 3-18、表 3-19）。从表 3-18 中可看出，仅有性能风险在性别上的差异没有通过显著性检验，即性能风险上男女公众的认知水平无显著性差异，而健康风险、环境风险、社会经济风险上男女公众的认知水平都有显著性差异。其中在健康风险和环境风险认知上，女性认知的风险水平均值较男性高，而社会经济风险上，男性认知的风险水平显著高于女性。这可能与男女在家庭分工中所扮演的角色不同有关，通常而言，女性较多地参与家庭食品的购买，肩负着家庭成员健康的重任，因此对食品安全问题更为关注；而男性在政治方面、经济方面的关注度和敏感度较女性高，因此，对转基因食品可能带来的社会经济风险方面，男性的风险认知高于女性。

表 3-18 性别与转基因食品风险认知独立样本检验

变量	性别	人数（人）	平均值	标准差	F 值	显著性
性能风险	女	174	2.89	0.91	2.406	0.122
	男	198	2.66	0.97		
健康风险	女	174	3.52	0.74	12.438	0.000
	男	198	3.34	0.96		
环境风险	女	174	3.27	0.68	6.862	0.009
	男	198	3.26	0.83		
社会经济风险	女	174	3.06	0.76	12.856	0.000
	男	198	3.18	1.01		

在职业方面（表 3-19），由于此次调查对象中学生群体比例较大，笔者特别探究了学生群体与其他群体的风险认知是否存在差异。结果显示，上班族认知的各维度的风险均高于学生，但除了环境风险认知有显著差异外（显著性水平为 10%），其他维度的风险认知差异不明显。这可能是因为学校相对于社会更为封

闭，学生接受的信息更为单纯和正面，且通过交叉表分析发现，学生对政府、科学家及相关信息的信任度较高（未在书中体现），因此，学生认知的转基因食品风险普遍低于上班族。

表 3-19　职业与转基因食品风险认知独立样本检验

变量	职业	人数（人）	平均值	标准差	F 值	显著性
性能风险	上班族	278	2.79	0.94	0.013	0.910
	学生	94	2.68	0.95		
健康风险	上班族	278	3.42	0.86	0.001	0.982
	学生	94	3.41	0.87		
环境风险	上班族	278	3.27	0.74	3.147	0.077
	学生	94	3.25	0.84		
社会经济风险	上班族	278	3.14	0.90	0.830	0.363
	学生	94	3.09	0.96		

此外，由于职业涉及农业或食品生产、销售、管理的工作者相对于其他职业工作者而言，转基因食品的参与程度高、认知水平也较高，对此，本章专门研究了此类工作者与其他职业工作者的风险认知是否存在差异（表 3-20）。通过比较平均值分析发现，职业涉及农业或食品生产、销售、管理的工作者的转基因食品风险认知水平均低于其他职业工作者，特别是在性能风险认知上差异非常显著。这可能是由于涉及农业或食品生产、销售、管理的工作者在转基因食品产业链利润分享中所能分配到的利益较其他人更高，因感知利得的增加而降低了风险认知。

表 3-20　职业涉及农业或食品、销售、管理与转基因食品风险认知独立样本检验

变量	职业	人数（人）	平均值	标准差	F 值	显著性
性能风险	涉及农业或食品生产、销售、管理	71	2.56	1.06	5.697	0.018
	不涉及农业或食品生产、销售、管理	301	2.81	0.90		
健康风险	涉及农业或食品生产、销售、管理	71	3.15	0.91	0.207	0.650
	不涉及农业或食品生产、销售、管理	301	3.49	0.85		

变量	职业	人数（人）	平均值	标准差	F 值	显著性
环境风险	涉及农业或食品生产、销售、管理	71	3.11	0.79	0.005	0.942
	不涉及农业或食品生产、销售、管理	301	3.30	0.76		
社会经济风险	涉及农业或食品生产、销售、管理	71	2.91	0.97	0.754	0.386
	不涉及农业或食品生产、销售、管理	301	3.15	0.90		

　　调查结果显示，虽涉及生物工作的被调查者比例较少，但基本符合该职业在社会的比例情况。此次调查研究发现从事生物相关工作的公众认知的转基因食品健康风险、环境风险、社会经济风险均高于其他职业的公众，但仅有性能风险显著低于其他公众（表 3-21）。这可能是因为生物工作者掌握着大量的实验数据和事实，其已证实转基因作物能够提高产量、改善营养成分等，因此，从事生物相关工作的公众认知的转基因食品性能风险明显低于其他工作者。另外，从事生物相关工作的公众因肩负的责任重大，其对健康风险、环境风险和社会经济风险的担心程度也更高。

表 3-21　职业涉及生物与风险认知独立样本检验

变量	职业	人数（人）	平均值	标准差	F 值	显著性
性能风险	涉及生物工作	26	2.35	1.10	5.771	0.017
	不涉及生物工作	346	2.81	0.90		
健康风险	涉及生物工作	26	3.51	0.95	1.120	0.291
	不涉及生物工作	346	3.43	0.87		
环境风险	涉及生物工作	26	3.51	0.89	2.339	0.127
	不涉及生物工作	346	3.24	0.74		
社会经济风险	涉及生物工作	26	3.33	1.08	2.729	0.100
	不涉及生物工作	346	3.08	0.89		

3.3.2.2　年龄、文化程度和月收入的影响

　　1）本章首先采用单因素方差分析判定年龄、文化程度、月收入对公众转基因食品风险认知是否存在影响。结果显示，在 10% 的显著性水平下，不同年龄的公众认知的转基因食品社会经济风险具有差异性，而在其他维度上无显著性差异（表 3-22）。

表 3-22　年龄与风险认知的方差分析表

变量	偏方差平方和	自由度	F 值	显著性
性能风险	4.776	5	1.084	0.369
健康风险	3.522	5	0.944	0.453
环境风险	3.203	5	1.101	0.359
社会经济风险	7.771	5	1.907*	0.092

　　进一步，为了探讨不同年龄的公众对转基因食品的社会经济风险认知，笔者使用 Tamhane 法对其进行多重比较，结果见表 3-23。结果表明，18 岁以下与 26～35 岁、18～25 岁与 26～35 岁、26～35 岁与 36～50 岁、26～35 岁与 51～65 岁、26～35 岁与 65 岁以上的公众在转基因食品社会经济风险认知上存在显著性差异，其他组间差异不显著。而通过均值分析发现，26～35 岁的公众认知的转基因食品社会经济风险最高，均值为 3.4，而其他年龄的公众对此维度的风险认知均值均在 3.0 左右。这可能是因为 26～35 岁的公众，其家庭大多有年幼的小孩，因此对食品安全关注度更高，进而对目前饱受争议的转基因食品关注度也较高，担心程度也较高。

表 3-23　年龄对社会经济风险的多因变量方差分析结果

变量	年龄	对比年龄	平均值差异	显著性
社会经济风险	18 岁以下	18～25 岁	0.039	0.837
		26～35 岁	0.367*	0.071
		36～50 岁	0.019	0.925
		51～65 岁	0.024	0.912
		65 岁以上	0.080	0.766
	18～25 岁	26～35 岁	−0.328**	0.015
		36～50 岁	0.058	0.664
		51～65 岁	0.062	0.679
		65 岁以上	0.119	0.593
	26～35 岁	36～50 岁	0.386**	0.012
		51～65 岁	0.390**	0.020
		65 岁以上	0.447*	0.057
	36～50 岁	51～65 岁	0.005	0.977
		65 岁以上	0.061	0.793
	51～65 岁	65 岁以上	0.056	0.817

2）文化程度方面。通过比较均值分析发现（表3-24），相对而言，小学及以下文化程度的公众认知的转基因食品风险普遍较低，可能是因"无知"而无畏；研究生及以上学历的公众除了较为认可转基因食品的性能外，其对其他维度的风险认知普遍高于其他学历的公众，这可能是因为性能风险已被大量的实验数据证明了不存在性，而对其他方面的潜在风险，高学历的公众关注度高，看问题全面和深远，因而对其他方面的潜在风险恐惧感强；而初中学历的公众对性能风险关注度较高。为了判定不同学历的公众对转基因食品的风险认知是否存在显著性差异，本章通过单因素方差分析方法加以判定。结果表明在性能风险和环境风险认知上存在显著性差异，而其他方面的风险认知差异不显著（表3-25）。

表 3-24　不同文化程度的公众对转基因食品风险认知的平均值

文化程度	性能风险	健康风险	环境风险	社会经济风险
小学及以下	2.54	3.14	2.93	2.79
初中	2.99	3.50	3.22	3.14
高中（中专）	2.70	3.30	3.13	3.04
大专或本科	2.85	3.46	3.35	3.18
研究生及以上	2.16	3.60	3.49	3.33

表 3-25　文化程度对转基因食品风险认知的方差分析

变量	偏方差平方和	自由度	F 值	显著性
性能风险	16.250	4	4.741***	0.001
健康风险	4.181	4	1.401	0.233
环境风险	6.247	4	2.701**	0.030
社会经济风险	3.991	4	1.202	0.310

3）月收入方面。笔者采用与文化程度分析相同的方法发现（表3-26），对转基因食品性能风险和健康风险认知最高的是月收入在1001~2500元的公众，这可能是因为更低收入的公众，在高物价的大环境下，因转基因食品价格低廉产生的感知利得降低了其对转基因食品的性能风险和健康风险认知，而高收入的公众因具有较高的支付能力而更有可能选择有机食品或绿色食品以规避转基因食品可能带来的潜在风险，因此，他们对转基因食品性能损失和健康损失的关注度也不高。环境风险和社会经济风险方面，分别是4001~6000元、6000元以上的公众认知的风险最高。这可能是因为高收入的公众不再受衣食住行等问题困扰，他们有更多的时间和精力关注社会问题，因此，他们认知的此方面的风险较高。

表 3-26　不同月收入的公众对转基因食品风险认知的平均值

月收入	性能风险	健康风险	环境风险	社会经济风险
1000 元及以下	2.64	3.29	3.16	2.99
1001~2500 元	2.89	3.50	3.18	3.06
2501-4000 元	2.83	3.42	3.34	3.30
4001~6000 元	2.48	3.28	3.41	3.00
6000 元以上	2.38	3.44	3.38	3.33

3.3.2.3　家庭结构和社会经历对转基因食品风险认知的影响

1）家庭结构。对家庭规模与风险认知进行相关分析，结果显示两者之间的相关性不强，且不显著。同样，通过比较平均值发现（表 3-27），家庭有无 14 岁以下未成年人对公众转基因食品风险认知影响不大，虽家庭有 14 岁以下未成年人的公众认知的转基因食品的性能风险和健康风险稍高于那些家庭没有 14 岁以下未成年人的公众，但差异不显著。在环境风险和社会经济风险认知上几乎没有差异。

表 3-27　家庭有无小孩与风险认知的关系

变量	有无 14 岁以下未成年人	人数（人）	平均值	标准差	F 值	显著性
性能风险	无 14 岁以下未成年人	254	2.71	0.95	1.060	0.304
	有 14 岁以下未成年人	118	2.91	0.93		
健康风险	无 14 岁以下未成年人	254	3.41	0.85	0.701	0.403
	有 14 岁以下未成年人	118	3.45	0.90		
环境风险	无 14 岁以下未成年人	254	3.28	0.75	1.049	0.306
	有 14 岁以下未成年人	118	3.25	0.80		
社会经济风险	无 14 岁以下未成年人	254	3.13	0.90	0.077	0.781
	有 14 岁以下未成年人	118	3.13	0.92		

2）社会经历。以往研究表明不同经历对公众的风险认知有影响，本章结合公众对转基因食品是否会含有过敏源这一争议点，对比分析了有过敏经历和无过敏经历的公众之间的风险认知差异（表 3-28）。结果显示，有过敏经历的公众对转基因食品的性能风险和健康风险认知较无过敏经历的公众更低，而对环境风险和社会经济风险认知较高，但差异都不显著。

表 3-28 有无过敏经历与风险认知的关系

变量	有无过敏经历	人数（人）	平均值	标准差	F 值	显著性
性能风险	无过敏经历	283	2.83	0.93	0.361	0.548
	有过敏经历	89	2.55	0.99		
健康风险	无过敏经历	283	3.43	0.84	1.445	0.230
	有过敏经历	89	3.37	0.93		
环境风险	无过敏经历	283	3.25	0.77	0.719	0.397
	有过敏经历	89	3.36	0.74		
社会经济风险	无过敏经历	283	3.08	0.90	0.052	0.820
	有过敏经历	89	3.25	0.89		

3.3.3 公众对转基因食品风险认知的影响因素

3.3.3.1 结构方程模型的构建

本章运用 AMOS7.0 软件构建结构方程模型分析影响公众对转基因食品风险认知的因素及这些因素间的相互关系。3.2.3 节对本次调查的数据进行了信度与效度分析，结果均显示达到了可接受的标准，适合做结构方程模型分析。因此，根据 3.3.1 节构建的结构方程模型框架，选取了 8 个潜在变量和 26 个观察变量，其中转基因食品风险认知采用二阶因子分析结果。将概念模型转为具体的结构方程模型路径图，椭圆表示潜在变量，方框表示观察变量，双向箭头表示两个变量间互为共变或相关的变量，即两个变量间不具有方向性的影响，是互为因果的关联路径，而单向箭头则表示单方向或直接效果的路径关系，圆圈表示测量误差。运用结构方程模型时，每个潜在变量对应的测量指标中均有一个系数为 1，相当于规定潜在变量的度量单位与对应度量指标的单位相同。影响公众对转基因食品风险认知的结构方程模型路径如图 3-4 所示。

3.3.3.2 模型拟合与参数估计

这里采用极大似然法对测量模型的参数进行估计和检验。卡方自由度比值为 1.90，介于 1～3，表示模型适配良好；适配度指数（GFI）为 0.902，大于 0.9，表示模型路径图与实际数据有良好的契合度；调整后的适配度指数（AGFI）为 0.88，大于 0.8，表明模型的适配度较好；规则适配指数（NFI）、增值适配指数（IFI）、比较适配指数（CFI）都在 0.9 左右，比较接近 1，说明本模型契合度较好。总的来看，模型拟合效果较好。结构方程模型拟合指数见表 3-29。

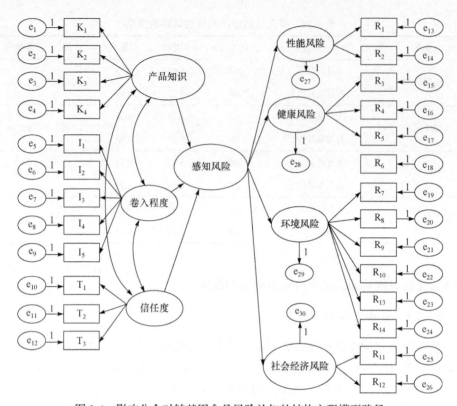

图 3-4　影响公众对转基因食品风险认知的结构方程模型路径

表 3-29　结构方程模型拟合指数

项目	χ^2	df	χ^2/df	GFI	AGFI	NFI	IFI	CFI	RMSEA
一般要求	—	—	<5	>0.9	>0.8	>0.9	>0.9	>0.9	<0.5
模型检验结果	570.95	285	1.90	0.90	0.88	0.87	0.93	0.93	0.05

通过运行 AMOS7.0 软件得到结构方程模型路径系数估计值（表 3-30）。从结构方程模型路径系数的 P 值可看出，模型是可识别的。

表 3-30　结构方程模型路径系数估计值

项目	未标准化估计系数	标准化估计系数	标准误	C.R.	P	参数标记序号
风险认知<---产品知识	0.144	0.17	0.063	2.288	***	Par-3
风险认知<---信任度	−0.220	−0.27	0.080	−2.764	***	Par-6
风险认知<---卷入程度	0.131	0.20	0.050	2.637	***	Par-10
健康风险<---风险认知	1	0.66				

续表

项目	未标准化估计系数	标准化估计系数	标准误	C.R.	P	参数标记序号
性能风险 <--- 风险认知	1	0.44				
环境风险 <--- 风险认知	1.564	0.93	0.182	8.586	***	Par-16
社会经济风险 <--- 风险认知	1.656	0.89	0.195	8.507	***	Par-17
知晓程度 <--- 产品知识	1.725	0.76	0.226	7.648	***	Par-1
专业知识 <--- 产品知识	1.059	0.43	0.183	5.777	***	Par-2
听说程度 <--- 产品知识	1.324	0.56	0.197	6.729	***	Par-12
信息数量 <--- 产品知识	1	0.55				
对科学家的信任度 <--- 信任度	1	0.59				
对媒体和媒体信息的信任度 <--- 信任度	0.797	0.48	0.155	5.142	***	Par-4
对政府机构的信任度 <--- 信任度	0.956	0.51	0.208	4.591	***	Par-5
标识利用程度 <--- 卷入程度	1	0.59				
环境安全关注程度 <--- 卷入程度	1.350	0.85	0.111	12.157	***	Par-7
食品安全关注程度 <--- 卷入程度	1.510	0.91	0.123	12.322	***	Par-8
食品购买参与程度 <--- 卷入程度	0.850	0.44	0.114	7.467	***	Par-9
食品安全担心程度 <--- 卷入程度	0.930	0.58	0.099	9.427	***	Par-11
R_3 <--- 风险认知	1	0.60				
R_4 <--- 风险认知	1.392	0.83	0.107	13.028	***	Par-18
R_5 <--- 风险认知	1.398	0.87	0.108	12.999	***	Par-18
R_6 <--- 风险认知	1.357	0.84	0.107	12.687	***	Par-20
R_1 <--- 风险认知	1	0.89				
R_2 <--- 风险认知	0.841	0.78	0.058	14.433	***	Par-21
R_7 <--- 风险认知	1	0.68				
R_8 <--- 风险认知	1	0.72				
R_9 <--- 风险认知	1.140	0.81	0.067	17.038	***	Par-22
R_{10} <--- 风险认知	1.072	0.76	0.069	15.605	***	Par-23
R_{13} <--- 风险认知	0.931	0.67	0.071	13.061	***	Par-24
R_{14} <--- 风险认知	0.971	0.63	0.080	12.191	***	Par-25
R_{11} <--- 风险认知	1	0.74				
R_{12} <--- 风险认知	1	0.75	0.084	11.899	***	Par-26

将结构方程模型路径图各参数估计值代入模型中，得到公众对转基因食品风险认知的路径系数图（图 3-5）。

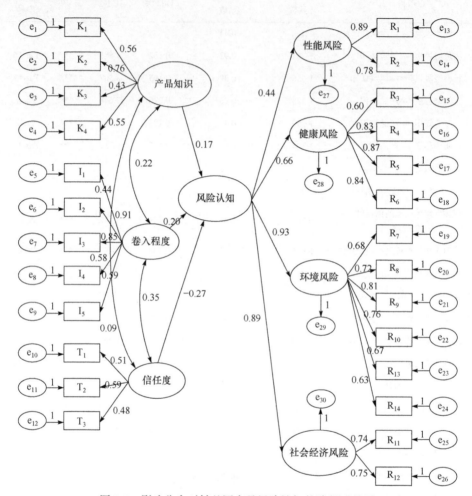

图 3-5　影响公众对转基因食品风险认知的路径系数图
标准化路径系数，显著性均为***，即 1%显著性水平

3.3.3.3　影响公众对转基因食品风险认知的结构方程模型分析

3.3.3.2 节已对不同个体特征的公众感知的转基因食品的风险差异进行了分析，本节将主要根据模型来解释说明假说 2～假说 6 的检验结果（图 3-5）。

（1）产品知识与转基因食品风险认知之间的关系（H2）

研究结果表明，公众所掌握的有关转基因食品的知识水平与其转基因食品的风险认知存在正相关关系，标准化系数为 0.17，在 0.01 的水平下显著相关。即公众对转基因食品的知识水平越高，其认知的转基因食品风险越高。这与以往大多数研究结果背道而驰，也与本章的研究假设相反。深究原因，笔者认为可能与转基因食品的特殊性有关。目前，全球范围内围绕转基因食品的争论较多，存在舆论乱象。公众听说、了解的转基因食品及转基因知识或技术越多，那么他们对转基因食品的负面评价及转基因食品可能带来的潜在风险的争议了解得也越多。而此次在对转基因知识及转基因技术的掌握程度进行调查时发现，公众对转基因知识及转基因技术知之甚少，普遍认知水平不高。在公众对转基因食品认知不全、模糊的阶段，负面信息对公众的影响较正面信息影响更大（Dosma et al.，2010），因此，在"在宁可信其有，不可信其无"的心理影响下，对转基因食品产品知识掌握越多的公众，他们认知的风险越高。

（2）卷入程度与转基因食品风险认知之间的关系（H3）

卷入程度与公众认知的转基因食品风险大小成正相关，标准化系数为0.20，在0.01的水平下显著相关。表明公众卷入程度越高，感知到的风险越大。这与以往的研究结论是一致的。卷入程度越高，公众对搜集产品相关信息越感兴趣，获取正反面信息都较多，在"宁可信其有，不可信其无"的心理影响下，公众对产品可能造成严重后果的恐惧感较强，因而风险认知较高。对食品消费而言，因食品安全关乎人的身心健康，因此，食品消费过程中，公众卷入程度较高。一旦人与某种产品产生攸关后，人们会进一步地对产品进行评估，从而提高了参与程度，而当公众卷入了某种产品消费，其就会对产品可能产生的不确定性及其后果感到不安，即产生了风险认知（Chaudhuri，2015），价值越高、复杂性越大、公众参与程度越高的产品，公众认知的风险越高（Laurent and Kapferer，1985）。

（3）信任度与公众转基因食品风险认知之间的关系（H4）

本章研究结果表明，公众对政府管理食品安全的信任度、对科学家的信赖度、对媒体信息的可信度显著影响公众对转基因食品的风险认知，两者呈负相关关系，即信任度越高，公众认知的风险越小，标准化相关系数为–0.27。这与以往的研究结论是一致的（赵天水，2016）。食品消费中，信息不对称现象普遍存在，加之转基因食品是一种新兴的且广泛存在争议的食品，公众识别和判断转基因食品风险的能力严重不足，通常需要依靠政府及其他一些企业或机构提供的信息来做出判断。当所获信息繁多、复杂，难以对其真实性进行辨别时，公众就会根据信息本身以外的因素来评估风险，如信息渠道的可信赖度等。对政府越信任的人，其对风险的可控性感知越高，对风险后果的严重性感知越低（陈璇等，2017）；而对转基因研究相关的科学家越信任的人，其对风险发生的可能性和后果的严重性感知越低；另外，公众对企业和政府公布的信息及其所采取的措施的信任度也会影响公众的风险认知。因此，公众对政府、科学家及相关信息的信任度能够显著降低公众认知的风险程度。

（4）潜在变量间影响系数分析（H5、H6、H7）

上述讨论了各潜在变量对风险认知的直接影响系数，但是，潜在变量之间除了这种直接影响关系外，还存在间接影响关系。间接影响即变量通过影响第三个调节变量进而对第二个变量产生影响，其路径是按箭头方向从因到果的一个间接路线。当存在多个间接路径时，总的间接影响系数等于各间接路径系数之和。而一个变量对内生变量的总影响系数等于直接影响系数与间接影响系数之和。

研究结果表明，产品知识、卷入程度、信任度之间存在显著的影响关系，均在 0.01 水平下显著相关。其中，产品知识与卷入程度之间的标准化相关系数为 0.22，卷入程度与信任度的相关系数为 0.35，产品知识与信任度的相关系数为 0.09。这可能是因为卷入程度高者对搜集产品相关信息更为感兴趣，自然所获得的产品相关信息和知识更多；而随着产品知识的增多，公众对转基因食品的风险认知会进一步提高，进而，公众会进一步对产品风险进行评估，而为了验证已获信息的真实性并做出准确的风险评价，公众的卷入程度会更高，以搜寻更多信息。另外，当公众信任政府、相关科学家及相关信息时，他们会依靠这些信息及机构的帮助做出决策而减少对此方面的关注，即卷入程度降低。相反，当公众对政府、科学家及所获信息表示质疑时，他们会通过自身的努力搜集信息进而对风险进行评估。同时，当公众掌握足够的知识时，其看问题将会更为深入和全面，更能理解政府的决策和科学家的工作及媒体报道的原因，即信任度上升。

3.4　主要研究结论

本章利用武汉市 372 名公众的问卷调查数据，整体把握了公众对转基因食品的风险认知现况；采用探索性因子分析和验证性因子分析方法划分了公众认知的转基因食品风险维度；并运用结构方程模型对影响公众转基因食品风险认知的诸多因素进行分析，包括个人特征因素、产品知识因素、公众卷入程度因素和信任度因素等，得出以下主要结论。

3.4.1　不同个人特征公众对转基因食品风险认知有所差异

本章利用非参数检验法分别判别不同个人特征公众对转基因食品风险认知是否存在显著差异。结果显示，女性认知的转基因食品健康风险和环境风险显著高于男性，而男性认知的社会经济风险显著高于女性；上班族认知的各维度的风险均高于学生，但除环境风险外，其他维度的风险认知差异并不显著，此外，工作涉及农业或食品生产、销售、管理的公众感知的转基因食品风险均低于其他职业的公众；年龄方面，不同年龄的公众对转基因食品的社会经济风险认知在 10% 的显著性水平下差异显著，而在其他维度上差异不显著；文化程度方面，小学及以下文化程度的公众认知的转基因食品风险普遍较低，研究生及以上学历的公众则除了较为认可转基因食品的性能外，其认知的转基因食品其他维度风险普遍高于其他学历的公众；月收入方面，不同月收入的公众对转基因食品安全问题的担心面有所不同，其中，月收入在 1001~2500 元的公众认知的转基因食品性能风险和健康风险最高，月收入在 4001~6000 元的公众认知的转基因食品环境风险最高，月收入在 6000 元以上的公众认知的转基因食品社会经济风险最高；而家庭结构和生活经历对转基因食品风险认知没有影响。总之，不同个人特征的公众对转基因食品各维度的风险认知有所差异。

3.4.2 转基因食品担忧普遍化，卷入程度影响风险认知

食品安全问题关乎每个人的生命健康问题，因此，公众对食品消费较为谨慎，当然，对转基因食品的消费也不例外。本次调查统计发现，分别有 41% 和 13.7% 的被调查者比较担心和非常担心转基因食品的安全问题，整体风险认知均值为 3.35。进一步的因子分析结果表明，公众认知的转基因食品风险可分为健康风险、环境风险、性能风险和社会经济风险四个维度，其中认知风险最高的是健康风险，其次依次是环境风险和社会经济风险，而性能风险均值小于 3（性能风险均值为 2.75），说明公众对转基因食品可能的性能损失持否态度，大多数公众并不认为转基因食品会使食品口感变差和营养变差等。但由于目前转基因食品的安全性饱受争议，越关注食品安全问题、越关注环境保护问题、越经常购买食品、食品安全意识越强的公众认知的转基因食品风险越高。

3.4.3 转基因信息乱象丛生，信任度影响公众风险认知

食品消费中，信息不对称现象普遍存在，再加上转基因食品作为一种新兴的且备受争议的食品，公众识别和判断转基因食品风险的能力严重不足，通常需要借助外界提供的信息来进行判断。随着科技的不断发展，信息传播途径日益丰富，但公众获取转基因食品信息的渠道仍较为单一，且因各渠道信息传播的动机不一，信息传播时有偏颇，这种缺少客观、科学准确的信息传播，极有可能因信息不一致而影响公众对其的信任度，进而影响公众对转基因食品的风险认知。实证结果表明，公众对政府管理食品安全的信任度、科学家的可信赖度、媒体信息的可信度越低，公众认知的转基因食品风险越高。这是因为对相关机构、信息越信任的公众，他们对风险发生的可控性感知越高，对风险发生的可能性和严重性感知越低。

3.4.4 影响公众对转基因食品风险认知的因素多元化且相互间存在关联

影响公众风险认知的心理因素可归纳为产品知识、卷入程度和信任度，且这

三因素间存在关联性。首先，高卷入者因对产品相关信息感兴趣而收集获得更多的信息和知识，而随着产品知识的增多，公众对转基因食品的风险认知会进一步提高，进而提高对产品风险评估的关注度；而为了验证已获信息的真实性和做出准确的风险评价，公众的卷入程度会更高，以搜寻更多信息。其次，当公众信任政府食品安全管理机构、相关科学家及相关信息时，他们会依靠这些信息及机构的帮助做出决策而减少对此方面的关注，即卷入程度降低；相反，当公众对政府、科学家以及所获信息表示质疑时，他们会通过自身的努力搜集信息进而对风险进行评估。此外，当公众掌握足够的知识时，其看问题有可能更加深入和全面，更能理解政府的决策与科学家的工作以及媒体报道的背后原因，从而表现出对他们较高的信任度。

第 4 章 公众对转基因食品感知价值的调查与研究

作为一种新兴高科技产品，转基因食品的研究与发展已经成为现代转基因技术研究与应用的最重要成果之一，给人类带来了巨大的包括经济、生态和社会等方面的效益，这些客观效益，公众能感知它们的价值吗？与此同时，转基因食品由于其安全性问题也备受关注和争议，即公众对转基因食品存在感知风险。那么，公众对转基因食品的感知价值和感知风险比较起来，有什么新的特征呢？感知价值是影响公众购买行为的重要因素之一，公众对转基因食品的感知价值在一定程度上直接影响着政府对转基因食品的相关决策，进而决定转基因食品的产业化和商业化进程。本章力图从感知价值视角来研究公众对转基因食品的认知和行为，从而更全面客观地来探索公众对转基因食品的认知，本章中的公众调查对象主要指消费者。

4.1 相关理论及文献综述

4.1.1 感知价值理论

4.1.1.1 感知价值内涵

关于感知价值的内涵，目前主要有权衡说、多因素说和综合评价说三大类。

一是权衡说。以 Zeithaml（1988）为代表的权衡说主要有以下共同点：①感知价值的核心是利得与成本之间的权衡，虽然不同的研究中利得与成本的界定并不统一，但是随着研究的深入，两者的内涵也越来越全面、明晰；②都是从消费者的角度出发，强调消费者的主观感受而不是企业对产品或服务的定位。

二是多因素说。以 Sheth 等（1991）为代表的多因素说拥护者认为把感知价值限于价格与质量过于狭隘，他们认为消费者感知到的任何产品、服务的价值均由几种价值组合而成，即多因素说的核心思想。

三是综合评价说。作为综合评价说的代表人物 Woodruff 曾在早期支持权衡说的观点，但在 1997 年 Woodruff 基于"途径-目标"的概念框架采用情景分析法和价值层次法，得出了感知价值的 3 个递进层次结构，即产品属性层、结果层和目的层，并对感知价值进行了重新定义：消费者价值是消费者对产品的属性、属性的表现及从产品使用中引起的有利于或阻碍消费者实现其预期目的或目标的程度偏好和评估结果。同样将使用情景考虑在内的还有我国学者武永红和范秀成（2004）。

4.1.1.2　感知价值维度

权衡说将感知价值定义为利得与成本之间的权衡，使得感知价值得以被测量，但是这并不足以使得人们真正了解感知价值，于是关于感知价值维度的研究开始被重视起来，并且针对不同类型的产品或服务，各国的学者展开了丰富的研究。

多因素说的代表者 Sheth 最早对感知价值维度进行了研究。Sheth 等（1991）在深入分析了营销学、经济学、社会学等学科的相关理论的基础之上，对耐用消费品和服务进行实证研究，提出了消费价值理论，并将感知价值划分为功能、情感、社会、情景和认知五个方面的价值。其中，功能价值是消费者对产品或服务的质量、性能等实体属性的感知；情感价值是消费者在产品的使用或者接受服务的过程中获得的情感上的效用；社会价值则是消费者从与购买选择物相关联的一个或多个特殊社会团体中获得的感知效用；情景价值是在特定的情景之下购买产品或服务所感受到的价值；认知价值则是产品或服务令消费者感知到的惊奇或新鲜感。这五种价值各自形成独立的维度，在不同的层次上影响着顾客的感知价值，并且这五个维度的重要性在不同的消费情境之下是不一样的。

Sweeney 和 Soutar（2001）在前人研究的基础之上，将功能性价值具体分为质量价值和价格价值，此外他们通过实证调研得出"情景价值和认知价值在顾客对耐用品的价值感知中不显著"的结论，并将感知价值划分为质量、价格、情感及社会四个方面的价值，且四个维度之间是相关的。在此研究中，Sweeney 和 Soutar（2001）将设计的耐用品顾客感知价值量表——PERVAL 量表应用于音响和家具的消费者感知价值研究并且为其他类别的商品研究奠定了基础。

Wang（2004）对 Sweeney 和 Soutar（2001）的研究进行了改进，以快速消费品为研究对象，得出"感知付出同样也是感知价值的重要维度之一"的结论。并且，他将感知付出定义为为了得到某一产品或者服务所需要付出的包括货币和非货币在内的代价。

不同类型的服务或产品，消费者对其感知价值的维度有其固有的特点。对一些近年来兴起的产品，如绿色产品，同样有学者对其消费者感知价值维度做了研究。周懿瑾（2006）以绿色化妆品为例，通过问卷调查和实证分析，验证了消费者绿色产品感知价值共有五个维度，包括功能、社会、情感、绿色四个方面的价值及感知牺牲，其中，绿色价值是绿色产品所特有的，并且对消费者的购买意向有显著的正向影响。

本章的研究对象为转基因食品，故以食品为对象的消费者感知价值研究对本章设计量表具有重要的借鉴意义。感知价值维度见表 4-1。

表 4-1　感知价值维度

产品类型	感知价值维度	来源
绿色食品	绿色价值、功能价值、社会价值、情感价值、感知成本	刘威（2009）
大豆食用油	功能价值、安全价值、情景价值、感知成本	赵铮（2010）
绿色食品	功能价值、情感价值、社会价值、感知成本、绿色价值	于佳（2012）
乳制品	功能价值、经济价值、心理价值、社会价值、危机事件因子	李俊（2013）

4.1.1.3　感知价值影响因素

对某一概念的影响因素研究一般情况下会成为这个研究领域内的重点问题，感知价值这一概念兴起之后，不少学者对其影响因素进行了探索，感知价值影响因素的研究是伴随着其内涵的不断丰富而深入的，但是目前在学术界还没有对感知价值的影响因素进行明确的界定。国内外学者对这一问题，普遍认为消费者感知价值的影响因素一方面来自构成感知价值的要素，另一方面来自消费者特性。

首先来看构成要素，构成要素随着研究的深入不断地丰富。早期，大多数学者持权衡说的观点，认为感知价值是利得和成本权衡之后的结果，而 20 世纪 80 年代末的消费者购买行为理论认为影响消费者购买行为的因素是产品和质量，因此当时大量学术研究中将质量等同于利得，将价格等同于成本，故质量和价格这两个因素即为感知价值的影响因素。此后，学者对消费者感知价值影响因素的研究不断深入和扩展，质量又被细分为产品质量和服务质量，这里的服务质量不只存在于无形的服务行业，生产有形产品的企业除了生产高质量的产品之外，在售前售后提供出色的服务，同样可以增加消费者的感知价值。在之后的研究当中，利得与成本的内容不断被细化，Kotler（2002）认为消费者的利得包括产品价值、服务价值、人员价值和形象价值四个方面，而消费者的成本则包括货币成本、体力成本、时间成本和精神成本四个方面。Berry（2000）则基于品牌个性理论，得出品牌权益也是消费者感知价值的影响因素之一。国内学者白长虹等（2002）在服务行业的背景下也同样对品牌要素进行了研究，证实了 Berry（2000）的结论同样适用于服务业。郑立明（2003）对消费者感知价值影响因素进行了进一步的分析与整理，得出了产品相关的价值要素（如产品质量、包装、款式等）、传递相关的价值要素（如产品推广、安装调试、用户培训等）及品牌形象相关的价值要素（如企业经营水平、社会责任、企业文化等）三大类影响因素，并在 2004 年给出了消费者感知价值数学函数：消费者感知价值=f（功能和质量，产品品种，服务水平，包装和款式，快速响应能力，技术创新和支持，品牌和企业信誉，性价比和安全性）。

而消费者特性也是重要影响因素之一。感知价值是基于消费者主观认知的，即使针对同一产品或服务，具有不同认知、需求、经验的消费者，其感知价值也并不一定相同。因此，消费者自身的特性同样是其感知价值的重要影响因素之一，不少学者也对此进行了验证。

严浩仁和贾生华（2004）针对移动通信消费者感知价值影响因素进行了访谈和问卷调查，最终将影响因素概括为四类，即转换因素、信任因素、满意因素及维持因素，并概括出影响移动通信顾客感知价值的 12 个关键因素。王柳巧（2008）通过对具有手机使用经验的高校学生的实证调查获取数据，利用结构方程模型对数据进行进一步的整理和分析，用于探索消费者特性是否对其感知价值产生影响。王柳巧（2008）通过文献研究，将消费者特性归纳为四个方面，即个人背景、经济能力、消费心理和消费知识。其中个人背景包括性别、年龄、受教育程度和职业；经济能力包括储蓄与资产、用于消费的收入、借贷能力、债务及对消费和储蓄所持的态度；消费心理包括消费个性、消费生活方式和消费动机；消费知识则包括产品知识、购买知识、使用知识、形象分析和说服知识。最终的分析结果显示，个人背景、经济能力、消费心理和消费知识均对消费者感知价值产生了显著影响。袁宏福（2008）以五大个性特质模型为基础，分别研究个性的五个维度——神经质（衡量个人情感调节能力和情绪稳定性）、经验开放性（衡量个人对陌生事物的容忍及探索能力及其主动追求和体验经验的取向）、外向性（衡量个人对人际交互作用的量和强度、对刺激的需要及获得愉悦的能力）、严谨性（衡量个人的组织性、坚毅性和目标取向行为的动机强度）及宜人性（衡量个人在思想、情感和行动上从同情到反对的人际取向程度）对消费者感知价值的影响。通过文献研究和实证调查，得出"除神经质这一维度之外，其余四个维度均对消费者感知价值产生显著影响"这一结论，证实了个性是影响消费者感知价值的因素。刘玮（2009）认为消费者属性特征是直接或间接影响其感知价值的重要因素，一方面，属性特征决定消费者的客观消费条件，因此直接作用于消费者感知价值，如收入；另一方面，如年龄、性别、职业等属性，属于同一属性的消费者具有特定的生活习惯或生活态度，并形成了不同的偏好特征，因此这些属性通过影响消费者偏好特征进而影响其感知价值。

4.1.2 转基因食品相关研究综述

4.1.2.1 转基因食品的购买意愿

Fishbein 和 Ajzen（1975）认为购买意愿是消费者购买某种特定产品的可能性

或主观概率。目前已有不少关于消费者对转基因食品购买意愿的调查研究，多数研究结果表明消费者对转基因食品的购买意愿不强烈，且普遍要低于消费者对其接受程度。

范丽艳等（2010）则调查研究消费者愿意购买及不愿意购买转基因食品的具体原因，结果表明消费者愿意购买转基因食品的原因分别为转基因食品与传统食品没区别、喜欢尝试新鲜食物、价格便宜、转基因食品有营养有益健康，所占的比例分别为 40.7%、30.2%、19.1%、10%。而不愿意购买的原因则是认为转基因食品不安全（45.5%）、不愿意尝试新鲜食物（31.3%）和不信任（23.2%）。王彦博和朱晓艳（2018）对上海市居民转基因食品认知与购买意愿进行了研究。结果表明，98.75%的人听说过转基因食品，81.88%的人食用过转基因食品；75.18%的人选择不会购买转基因食品。上海市居民对转基因食品的认知度较高，但是接纳度较低。亢剑天（2017）通过网络问卷调研和深度访谈的方法，分析研究黑龙江省高校大学生对转基因食品的认知度和消费情况。研究发现，黑龙江省认知度较高的大学生群体，由于对转基因食品安全的不确定性，普遍不愿意接受转基因食品。赵牵等（2018）研究了京郊居民转基因食品购买意愿及影响因素。结果表明，京郊居民对转基因食品的认知度较低；价格敏感性与京郊居民对转基因食品的态度关系密切；信息渠道对京郊居民的态度及购买意愿会有影响；受教育程度对购买意愿影响显著；京郊居民在购买转基因产品时，除考虑价格因素外，也考虑其他因素。刘美琪（2017）研究了南昌市消费者对转基因食品认知及购买意愿，得出消费者对转基因食品认知水平有限，个体差异较为明显；感知收益与感知风险是影响消费者购买意愿的重要因素；消费者对信息来源主体不信任，且存在信息不对称；消费者对转基因食品发展前景较为看好，但需加强监管。项高悦等（2016）研究了消费者对转基因食品的风险认知及购买意愿。研究发现：消费者对转基因食品的风险认知可以分为健康、时间、功能、经济及社会心理维度；消费者对转基因食品的风险认知受月收入、受教育程度和了解程度等因素的影响；消费者对转基因食品的风险认知，降低了购买意愿，其中健康维度与购买意愿的关系最为显著。武立鑫等（2016）得出影响购买转基因食品的因素中，经济因素占主要位置。

关于消费者转基因食品购买意愿影响因素的研究也较为丰富。白军飞（2003）认为消费者对转基因食品的购买意愿受以下几个因素的影响，包括消费者个体特征、人均收入水平、职业、居住城市规模、消费者风险意识、听说过转基因食品的时间和其他因素，且各个因素的影响程度也不尽相同。夏欣欣（2011）则通过对广州地区的调查，将影响消费者转基因食品购买意愿的路径表达为：个体特征不同的消费者对转基因食品利益相关者（如生产商、销售商、媒体、政府、研发人员等）的信任程度不一样，那么他们产生的感知风险和感知收益不同，进而将导致消费者的购买意愿不同。此外，也有学者从转基因食品自身的角度进行分析。例如，冯良宣等（2012）通过实证分析，证明了在选择食品消费时，消费者首先关注的是安全性和营养价值，其次比较关注价格和品牌知名度，而食品的外观和新潮度不是消费者关注的重点。

4.1.2.2　转基因食品的感知风险

Bauer（1960）认为消费者在购买行为中，存在不能确定其预期结果是否正确的可能性，而在其预期之外的某些结果可能会给消费者带来不愉快，这就是购买行为中的风险。Cunningham（1967）在此基础之上进一步研究，将感知风险概括为损失的不确定性与结果的危害性，此后，越来越多的学者提出并证实了感知风险具有多重维度。

不同学者针对不同研究对象对感知风险划分出了不同维度，常见的有五维度划分法和六维度划分法，五维度划分法认为感知风险包括财务风险、绩效风险、身体风险、心理风险和社会风险，六维度划分法则在五维度的基础上增加了时间风险。由于食品安全关乎每个人的身体健康，再加上近年来我国食品安全事件频发，消费者对食品方面的感知风险水平通常远高于其他一般物品。一般认为，食品感知风险可分为六个维度，包括身体风险、性能风险、时间风险、金钱风险、心理风险和社会风险。对新生的转基因食品而言，西方公众的感知风险主要集中在心理风险、产品性能风险和健康风险上。而中国学者认为消费者对转基因食品的感知风险表现为后代风险、健康风险、环境风险、财务风险、时间风险和政治风险。冯良宣（2013）先后通过探索性因子分析和验证性因子分析将转基因食品感知风险划分为性能风险、健康风险、环境风险和经济风险四个维度。董园园（2014）认为消费者对转基因食品的感知风险主要由人体健康风险、生态环境风险、社会经济风险和食品功能风险四个方面组成。

已有的实证研究基于不同的风险或风险事件证明了个体特征、社会因素、经济因素、文化因素和心理因素相互作用共同决定了个体对风险的感知和反应。其中，社会和心理因素是决定食品安全感知风险的主要因素，而技术角度的食品危害对感知风险影响较少，甚至没有关系。齐振宏等（2013）通过 Logistic 回归，证实了个体特征、信息因素、风险因素和社会心理因素会对消费者转基因食品感知风险产生影响。冯良宣（2013）将影响消费者转基因食品感知风险的因素归纳为个体特征、产品知识、卷入程度和信任度，并且运用结构方程模型验证了产品知识、卷入程度和信任度三者之间存在关联。

4.1.2.3　转基因食品的感知价值

目前国内外在转基因食品感知价值方面的研究还处于起步阶段，从中国知网文库中搜索"转基因食品"并含"感知价值"作为关键词（截至 2019 年 1 月 25 日），有 3 篇文献对消费者转基因食品感知价值进行过研究。以董园园的"转基因食品感知价值对消费者购买意愿的影响研究"为例，董园园（2014）将转基因食品感知价值定义为消费者感知到的利得价值（感知利得）和失去的真实成本（感知风险）之间的相对关系，并引入风险态度这一变量，推导出消费者感知价值计算公式：

$$PV = W_{PB}PB - W_{PR}PR$$

式中，PV 是消费者感知价值；PB 是消费者感知利得；W_{PB} 是基于风险态度的感知利得权重；PR 是消费者感知风险；W_{PR} 是基于风险态度的感知风险权重。

这一研究将消费者感知价值进行了量化，该研究的实证调查数据显示，87.1% 的消费者对转基因食品感知价值为负，即消费者对转基因食品感知风险大于感知利得，由此可以说明目前消费者对转基因食品感知价值普遍较低。此外，不同个体特征的消费者对转基因食品的感知价值有所差异。在性别方面，女性对转基因食品的感知价值低于男性；在年龄方面，中青年对转基因食品的感知价值较高；月收入和受教育程度均与消费者对转基因食品的感知价值呈现出一种负相关关系（董园园，2014）。

4.1.3　文献述评

通过上述总结可以发现，目前已有的对感知价值理论的内涵、维度及其影响因素的研究已较为广泛和深入，但是仍然存在一些不足：一是感知价值的研究还没有形成成熟的、统一的、普遍适用的理论模型，因此不能将研究结论推广到其他领域；二是关于感知价值影响因素的研究范围虽然不断被扩展和深入，然而影响因素的划分缺乏明确的标准，故相关研究的深度还有待于挖掘。

目前，关于转基因食品的研究已较为丰富，人文社科类的研究多从消费者的认知、态度等角度出发，研究其对转基因食品的购买意愿、感知风险等。而关于消费者转基因食品感知价值的研究还很少，且已有的研究对消费者感知价值进行了定量的测量，然而感知价值具有很强的主观性，定量的测量在很大程度上并不能充分反映消费者的真实感受。

因此，本章拟从以下几个方面对转基因食品感知价值的相关研究进行补充。一是采用区间尺度的方法对消费者转基因食品感知价值进行测量，尽可能地真正且充分地表达出消费者的感受；二是对消费者转基因食品感知价值维度进行探索，以便对消费者转基因食品感知价值能够产生更深入和具体的了解；三是研究消费者转基因食品感知价值的影响因素，为如何提高消费者感知价值提供理论依据。

4.2 模型构建与研究设计

4.2.1 研究框架与研究假设

首先，结合 4.1 节的文献研究，本章研究认为消费者对转基因食品的感知价值是多维度的，但是由于感知价值具有主观性，本章并未对消费者转基因食品感知价值进行初步的设定，而是从消费者的角度出发，通过对其进行访谈与调查，对其转基因食品感知价值维度进行探索。

其次，产品知识是消费者所具备的相关知识及对搜寻到相关信息的理解程度，而本章中的产品知识特指消费者所具备的转基因食品的相关知识。产品知识可以帮助消费者更好地评估产品的性能、属性，对产品的理解越全面，就越容易做出清晰和正确的判断及决策，也就越容易明确产品的感知价值，王柳巧（2008）认为产品知识会在一定程度上影响消费者感知价值，而其产品知识越全面，所感受到的产品价值也越高。故本章认为产品知识能够影响消费者感知价值，尤其面对转基因食品这一充满争议性的产品，丰富而客观的产品知识更有利于消费者形成感知价值，据此本章提出假设 1。

H1：产品知识影响消费者转基因食品感知价值。

再次，Huber（2003）对消费者感知风险与感知价值之间的关系进行了实证研究，验证了消费者感知风险显著影响其感知价值。Dubinsky（2003）、Jarvenpa 和 Todd（2005）、钟小娜（2005），以网络消费者作为被调查对象，同样证实了感知风险对感知价值存在一定程度的影响。本章认为这一结果同样适用于食品研究领域。转基因食品作为一种新兴的高科技产品，一方面能够给人类带来巨大的经济、社会及生态效益，但另一方面，面对其不确定性，消费者对其的安全风险认知较强，而这种风险认知会在一定程度上影响消费者对转基因食品的感知价值。故本章提出假设 2。

H2：安全风险认知影响消费者转基因食品感知价值。

最后，卷入程度指消费者根据自己的价值、信念，对产品重要性的认识程度。李东进（2001）、薛强等（2003）通过实证研究，验证了自我卷入程度与信息搜寻努力程度直接存在正相关关系，即在某一事件中卷入程度较高的消费者会搜寻更多的信息，以便能够进行更谨慎的决策。而在转基因食品的消费过程当中，消费者的信息搜寻行为可以有效地减少转基因食品市场的信息不对称，帮助其形成对转基因食品的客观认识。因此，面对较为复杂且与人类健康息息相关的转基因食品，较高的卷入程度可能会促使消费者感知到更高的价值。据此，本章提出假设 3。

H3：卷入程度影响消费者转基因食品感知价值。

在此基础之上，本章提出了公众对转基因食品感知价值的研究框架（图 4-1）。

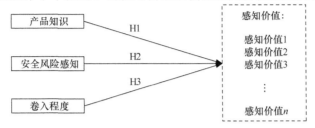

图 4-1　公众对转基因食品感知价值的研究框架

4.2.2　问卷设计

在大量文献研究的基础之上，课题组对购买过转基因食品的消费者进行了深入访谈，并收集了消费者对转基因食品感知价值的观点，之后与转基因食品相关方面的专家进行交流，在此基础之上设计出了初步的调查问卷。为了保证问卷的有效性和合理性，课题组进行了试调查，对回收的问卷进行了信度、效度检验，然后根据检验结果对测量题目进行了进一步的甄别、删除和修正，最终得到了本次研究的调查问卷。

最终的问卷包括三部分，第一部分是包括性别、年龄、文化程度、专业、职业、收入水平、家庭结构等在内的被调查者个人基本情况；第二部分测量的是消费者对转基因食品的感知价值；第三部分是测量消费者所具备的转基因产品知识、食品安全风险认知及其对转基因食品的卷入程度。

4.2.2.1　感知价值量表设计

由于本章测量的是消费者的主观感知，采用区间尺度的方式，将感知价值测量量表设计成李克特五点量表。在文献研究和深入访谈的基础之上，量表中罗列了 10 项转基因食品可能给消费者带来的价值，详见表 4-2。由被调查者根据自己的主观认知在"非常同意""比较同意""一般""比较不同意""非常不同意"间进行选择，并分别赋值为 5、4、3、2、1，分值的高低表示消费者对转基因食品所具备的该项价值的认同度的高低。

表 4-2　感知价值测量量表

题项	赋值方式
转基因食品的营养更好	非常不同意=1；比较不同意=2；一般=3；比较同意=4；非常同意=5
转基因食品的口感更好	
转基因食品的外观更加美观	

续表

题项	赋值方式
转基因食品耐储性更好，保鲜期更长	
转基因食品价格更低	
转基因食品购买更为便利	
转基因食品更有利于健康	非常不同意=1；比较不同意=2；一般=3；比较同意=4；非常同意=5
转基因作物具有抗虫、抗逆、抗病毒特征	
转基因食品能够减少农药使用	
转基因食品有利于提高作物产量	

4.2.2.2　影响因素量表设计

（1）产品知识

产品知识是消费者所具备的转基因知识及对搜寻到转基因信息的理解程度。一般来说，消费者的产品知识由主观产品知识和客观产品知识构成。由于客观知识的测量在实际操作中存在较大的困难，而主观知识和客观知识是密切相关的，在相关研究当中一般用主观知识来衡量消费者的产品知识。根据郭际等（2013）研究成果，消费者的产品知识用消费者对转基因食品的听说程度、对转基因技术的了解程度、对转基因食品的知晓程度及对国内外关于转基因食品争论的了解程度来衡量。

（2）安全风险认知

在风险认知理论的框架下，食品安全风险认知指消费者在特定情形下对食品安全风险水平的感知判断。本章采用区间尺度法，运用李克特五点量表法，由消费者根据自己的主观感知在对转基因食品安全问题的担忧程度、对食品安全问题的态度及对转基因食品的风险认知程度三个问题上进行回答来测量其对转基因食品的安全风险认知。

（3）卷入程度

本章中的卷入程度指消费者根据自己的价值、信念，对转基因食品重要性的认识程度。在以往研究的基础之上并结合转基因食品的特性，本章通过询问消费者对转基因成分的介意程度、对转基因食品的接受程度、对转基因食品价值的认可程度及向他人推荐转基因食品的意愿四个逐层递进的问题来测量其卷入程度（表4-3）。

表 4-3　变量选取与赋值说明

变量类型	变量名称	变量赋值
产品知识	对转基因食品的听说程度	从没听说=1；只听说一两次=2；偶尔听说=3；听说较多=4；听说非常多=5
	对转基因技术的了解程度	完全不了解=1；了解较少=2；一般=3；比较了解=4；非常了解=5
	对转基因食品的知晓程度	知晓 0 种=1；知晓 1~2 种=2；知晓 3~4 种=3；知晓 5~6 种=4；知晓 7 种及以上=5
	对国内外关于转基因食品争论的了解程度	完全不了解=1；了解较少=2；一般=3；比较了解=4；非常了解=5
安全风险认知	对转基因食品安全问题的担忧程度	完全不担心=1；不太担心=2；一般=3；比较担心=4；非常担心=5
	对食品安全问题的态度	非常安全=1；比较安全=2；一般=3；比较不安全=4；非常不安全=5
	对转基因食品的风险认知程度	非常小=1；比较小=2；一般=3；比较大=4；非常大=5
卷入程度	对转基因成分的介意程度	马上停止购买=1；先尝试下再购买=2；继续购买，数量减少=3；继续购买，数量不变=4；购买更多=5
	对转基因食品的接受程度	完全不能接受=1；不太能接受=2；一般=3；比较能接受=4；完全可以接受=5
	对转基因食品价值的认可程度	非常不值得=1；不太值得=2；一般=3；比较值得=4；非常值得=5
	向他人推荐转基因食品的意愿	完全不愿意=1；不太愿意=2；一般=3；比较愿意=4；非常愿意=5

4.2.3　预调查

为了检验量表的信度和效度，笔者于 2013 年 5 月正式调查之前进行了一次小规模的预调查。考虑到调查的成本和可行性，预调查采取了发放电子邮件和面谈的方式。最终共发放调查问卷 42 份，获得有效问卷 40 份，有效回收率为 95.2%。

4.2.3.1　样本描述

就预调查的样本分布来看，性别方面，被调查者的男女比例分别为 27.5%和72.5%；从年龄结构来看，样本所涵盖的年龄范围比较广泛，但 18 岁以下与 65岁以上的被调查者较少，仅占 10.0%与 7.5%；从受教育程度的分布来看，学历为本科的被调查者稍多，占 35.0%；从职业分布来看，企业员工和学生所占比例较高，分别占 30.0%和 12.5%；从月收入来看，被调查者中月收入在 1000 元及以下的消费者占 15.0%，1001~2500 元的占 37.5%，2501~4000 元的占 40.0%，4001~

6000 元的占 5.0%，而月收入达到 6000 元以上的占 2.5%。预调查受访人员分布情况见表 4-4。

表 4-4　预调查受访人员分布情况

项目	个体特征	人数（人）	有效比例（%）
性别	男	11	27.5
	女	29	72.5
年龄	18 岁以下	4	10.0
	18～25 岁	14	35.0
	26～35 岁	5	12.5
	36～50 岁	9	22.5
	51～65 岁	5	12.5
	65 岁以上	3	7.5
受教育程度	小学及以下	3	7.5
	初中	10	25.0
	高中	5	12.5
	中专（职高）	2	5.0
	大专	5	12.5
	本科	14	35.0
	研究生及以上	1	2.5
职业	学生	5	12.5
	工人	4	10.0
	企业员工	12	30.0
	公务员或事业单位人员	4	10.0
	农民	0	0.0
	军人	0	0.0
	其他	15	37.5
月收入	1000 元及以下	6	15.0
	1001～2500 元	15	37.5
	2501～4000 元	16	40.0
	4001～6000 元	2	5.0
	6000 元以上	1	2.5

4.2.3.2　预调查信度分析

信度指测量的一致性程度，一般多以 Cronbach's α 系数进行测定，取值在 0～1。Cronbach's α 系数越大，表示量表的信度越好。在社会科学研究中，Cronbach's α 系数达到 0.5 以后就代表量表可信，可进行分析。预调查结果显示，感知价值、产品知识、安全风险认知和卷入程度的 Cronbach's α 系数分别为 0.804、0.769、0.610 和 0.508，均大于 0.5，因此可以说明量表具有较好的内部一致性（表 4-5）。

表 4-5　预调查信度分析

变量	感知价值	产品知识	安全风险认知	卷入程度
项数	10	4	3	4
Cronbach's α 系数	0.804	0.769	0.610	0.508

4.2.3.3　预调查效度分析

效度是考察测量工具或手段能够准确测出所需测量事物的程度，可用因子分析进行检验。Bartlett's 球形度检验和 KMO 值用于因子分析的适用性检验。Bartlett's 球形度检验用来判断相关阵是否为单位阵。运用 SPSS17.0 软件对量表的四个部分分别进行因子分析，感知价值、产品知识和卷入程度的 Bartlett's 球形度检验的相伴概率为 0.000，安全风险认知的 Bartlett's 球形度检验的相伴概率为 0.004（即 Sig.=0.004），全部拒绝球形假设，表明四个部分内部变量之间具有较强的相关性。KMO 值用来检验变量间的偏相关性是否较小。一般情况下，KMO 值越大，表明变量之间的共同因素越多，越适合做因子分析。在实际分析中 KMO 值在 0.7 以上时效果较好，而 KMO 值若小于 0.5，则不适合做因子分析。在预调查中，四个部分的 KMO 值均大于 0.6，因此问卷的测量条目是有效的（表 4-6）。

表 4-6　预调查效度分析

变量		感知价值	产品知识	安全风险认知	卷入程度
KMO 值		0.649	0.675	0.606	0.770
Bartlett's 球形度检验	χ^2	211.489	41.471	13.449	66.670
	df	45	6	3	6
	Sig.	0.000	0.000	0.004	0.000

4.2.4　抽样设计

预调查的数据显示，本章设计的量表通过了信度与效度检验，因此下一步可以进行抽样方案的设计，并进一步开展大样本的调查研究。

4.2.4.1　抽样方法设计

2009 年湖北省获得我国首个转基因水稻品系安全生产证书，而作为省会的武汉市一直处于转基因食品舆论争议的中心，选择这一区域进行研究具有较强的典型代表性。

为了保证样本的代表性和广泛性，首先运用 SPSS17.0 软件对武汉市各个区按照人口密度、人均 GDP、女性人口数、男性人口数等数据进行分层聚类分析，将武汉市 13 个区划分为"高人口密度、高人均可支配收入、高信息覆盖面""中人口密度、高人均可支配收入、中信息覆盖面""低人口密度、中人均可支配收入、中信息覆盖面"及"低人口密度、低人均可支配收入、低信息覆盖面"4 个区域层，然后在各区域层选择大型购物广场、超市及住宅小区作为调查地点，采用偶遇抽样的方式对武汉市消费者进行调查。

4.2.4.2　样本容量选择

本章根据统计学中的抽样公式确定调研的有效样本量。具体公式为

$$n = \frac{Z^2 \times p(1-p)}{e^2}$$

式中，n 为样本容量；e 为容许的抽样误差（本次调查取 5%）；p 为总体成数（本次调查取 0.5）；Z 为标准化正态变量。为保证调查的准确度，本次调查置信度选用 95%，对应 Z 值为 1.96，由估算公式计算得到样本容量约为 385 份。但考虑到调查的回收率和有效率，本次调查扩充了一定的样本量，最终共发放问卷 440 份。由于面谈式调查质量比较高、回收情况较好，剔除无效样本后，最终获得有效问卷 432 份，有效回收率达 98.2%。

4.2.4.3　数据分析方法

本章主要运用 SPSS17.0 软件对收集到的数据进行分析，运用的统计方法如下。

描述性统计分析：是通过分析一组数据的某些特征，进而达到描述测量样本及该样本所代表的总体特征的目的。一般来说，描述性统计分析是其他分析的基础，常用的有均值、方差、标准差、众数、中位数等。

信度分析：信度指测量的一致性程度，是反映被测结果真实性的指标，通常用信度系数来表示。在 SPSS 当中，信度分析的方法主要有 Cronbach's α 信度系数法、重测信度法、折半信度法和复本信度法。目前来看，社会学研究中一般多以 Cronbach's α 系数进行信度测定，取值在 0~1。Cronbach's α 系数越高，表示量表的信度越好。效度分析：效度是考察测量工具或手段能够准确测出所需测量事物的程度，通常分为内容效度（所设计的题项能否代表所要测量的内容）、准则效

度（所设计的题项与已经得到确定的某种理论的相关程度）及结构效度（实际测量出来的结果能够体现所要测量理论的程度）。常用的效度分析方法有单项与总和相关效度分析、结构效度分析和准则效度分析。

因子分析：因子分析是找出能综合多个具有一定相关性且能被直接测量指标的少数几个内在独立因子，是多元分析中处理降维的一种统计方法。进行因子分析，首先要检验原有若干变量是否适合做因子分析，Bartlett's 球形度检验和 KMO 值常用于因子分析的适用性检验；其次是构建因子，即确定提取的公共因子及其个数，最常用的方法是主成分分析法；最后是因子变量的命名解释，因子分析得到的每个公共因子都对原有变量中的每一变量做出一定的解释，解释程度的大小体现在因子载荷的大小上。由于有时因子载荷的大小差异并不明显，通常使用因子矩阵旋转对因子矩阵作变换以增加因子载荷的差异性，最常用的方法是方差极大法。

相关分析：通常用来解释现象之间是否存在某种依存关系，主要通过变量之间的相关方向及相关程度来表示。两个变量之间的相关程度，通常用相关系数 r 来表示（取值在 $-1\sim1$）。若 $-1\leqslant r<0$，说明变量之间是负相关；若 $0<r\leqslant1$，则变量之间是正相关；若 $|r|=1$，说明一个变量的取值完全取决于另外一个变量，两者为函数关系；若 $r=0$，则说明两个变量之间不存在相关关系。

回归分析：回归分析主要用于考察变量之间的线性依存关系，并将这种关系通过回归方程形式描述和反映出来。它包括一元线性回归和多元线性回归。其中，多元线性回归用于考察两个或两个以上变量（自变量）的变化对另一个特定变量（因变量）的影响程度。在分析过程中，解释变量的筛选有向前选择法、向后选择法、逐步筛选法、强行删除法及强制进入法。向前选择法是自变量不断进入回归方程的方法；向后选择法是自变量不断剔出回归方程的方法；逐步筛选法是向前选择法和向后选择法的结合；强行删除法是指定某些自变量不能进入回归方程，此种方法要与其他方法一同使用；强制进入法是一次将自变量全部纳入回归方程。

4.3　资料初步分析与结果

4.3.1　样本描述

本章受访者基本资料分析见表4-7。就样本分布来看，性别方面，被调查者的性别比例分布较为合理，男女比例分别为49.3%、50.7%。从年龄结构上来看，样本所涵盖的年龄范围比较广泛，但18岁以下与65岁以上的被调查者较少，仅为8.1%与7.4%，这主要是小孩与老年人较少外出购物，从而导致了样本年龄结构分布不均。从受教育程度的分布来看，样本分布较为均匀，学历为本科的被调查者稍多，这与武汉市各种大专院校广泛分布、居民受教育程度普遍较高有关。从职业分布来看，企业员工和学生所占比例较高，分别占 26.4%和 23.4%，工作涉及农业或食品的被调查者占 15.7%，工作涉及生物的被调查者仅占 3.9%。从月收入来看，被调查者中月收入在 1000 元及以下的消费者占 31.3%，1001～2500 元的占 25.0%，2501～4000 元的占 29.4%，4001～6000 元的占 10.2%，而 6000 元以上的仅占 4.2%。总体来说，样本分布基本符合武汉市的实际情况，样本具有一定的代表性和广泛性。

表 4-7 受访者基本资料分析

项目	个体特征	人数（人）	有效比例（%）
性别	男	213	49.3
	女	219	50.7
年龄	18 岁以下	35	8.1
	18～25 岁	153	35.4
	26～35 岁	91	21.1
	36～50 岁	69	16.0
	51～65 岁	52	12.0
	65 岁以上	32	7.4
受教育程度	小学及以下	31	7.2
	初中	68	15.7
	高中	67	15.5
	中专（职高）	43	10.0
	大专	68	15.7
	本科	114	26.4
	研究生及以上	41	9.5
职业	学生	101	23.4
	工人	34	7.9
	企业员工	114	26.4
	公务员或事业单位人员	36	8.3
	农民	9	2.1
	军人	4	0.9
	其他	134	31.0
	其中：涉及农业或食品	68	15.7
	其中：涉及生物	17	3.9

续表

项目	个体特征	人数（人）	有效比例（%）
	1000 元及以下	135	31.3
	1001～2500 元	108	25.0
月收入	2501～4000 元	127	29.4
	4001～6000 元	44	10.2
	6000 元以上	18	4.2

4.3.2　数据质量分析

4.3.2.1　信度分析

感知价值、产品知识、安全风险认知和卷入程度的 Cronbach's α 系数分别为 0.800、0.801、0.640、0.851，均大于 0.5，且总体量表的 Cronbach's α 系数为 0.752，因此说明量表的内部一致性较好（表 4-8）。

表 4-8　测量量表的信度检验

变量	感知价值	产品知识	安全风险认知	卷入程度	总量表
项数	10	4	3	4	21
Cronbach's α 系数	0.800	0.801	0.640	0.851	0.752

4.3.2.2　效度分析

本章运用 SPSS17.0 软件分别对感知价值的 10 个项目、产品知识的 4 个项目、安全风险认知的 3 个项目及卷入程度的 4 个项目进行主成分分析，结果显示感知价值、产品知识和卷入程度的 KMO 值均大于 0.7，因子分析的效果较好。安全风险认知的 KMO 值为 0.632，虽然做因子分析效果不是较好，但还是值得尝试。由此可见，调查数据的内部效度较高，测量结果可用于进一步分析（表 4-9）。

表 4-9　量表 KMO 值与 Bartlett's 球形度检验

变量		感知价值	产品知识	安全风险认知	卷入程度
KMO 值		0.723	0.772	0.632	0.805
Bartlett's 球形度检验	χ^2	2089.656	535.234	180.464	798.144
	df	45	6	3	6
	Sig.	0.000	0.000	0.000	0.000

4.3.3 调查结果的描述性统计分析

消费者对转基因食品总体感知价值均值为 2.891，介于不太同意和一般之间，其中，表示比较同意或者非常同意转基因食品价值的被调查者占总样本的 20.7%，6.0% 的被调查者表示非常不同意转基因食品的价值，20.8% 的表示比较不同意。由此可见消费者对转基因食品价值的感知整体不高，但也并不如想象中的低。具体来看，消费者对转基因食品"三抗"（抗虫、抗逆、抗病毒）、减少农药使用、提高产量、美观和耐储藏 5 个方面的感知价值较高，介于一般与比较同意之间，而对营养好、口感好、利于健康、价格低和购买便利 5 个方面的感知价值则较低，均值介于 2～3，即介于不太同意和一般之间。其中，消费者对转基因食品提高产量方面的感知价值最高，均值为 3.565，37.0% 的被调查者比较同意这一观点，非常同意的比例达到 15.6%。消费者感知到的转基因食品在美观方面的价值次之，均值为 3.449，紧随其后的则是对转基因食品"三抗"、减少农药使用、耐储藏的认可度，均值分别为 3.271、3.225、3.308。被调查者对转基因食品对利于健康的感知价值最低，均值仅为 2.595，其中高达 45.6% 的人表示非常不同意和不太同意，由此可见消费者对转基因食品在人体健康方面的影响还是较为担心的，这也是造成消费者对转基因食品总体感知价值不高的主要原因之一。消费者关于转基因食品在营养好、口感好、价格低和购买便利四个方面的感知价值相差不大，均值分别为 2.896、2.940、2.877 和 2.859（表 4-10）。

表 4-10 消费者对转基因食品的感知价值

感知价值	非常不同意	不太同意	一般	比较同意	非常同意	均值	标准差
总体	6.0	20.8	52.5	19.2	1.5	2.891	0.829
抗虫、抗逆、抗病毒	1.6	19.0	39.6	30.3	9.5	3.271	0.931
减少农药使用	2.5	16.7	43.8	29.9	7.1	3.225	0.898
提高产量	0.9	9.7	36.8	37.0	15.6	3.565	0.899
营养好	4.2	28.9	43.3	20.4	3.2	2.896	0.883
口感好	3.5	25.5	48.1	19.4	3.5	2.940	0.851
利于健康	11.1	34.5	41.0	10.6	2.8	2.595	0.919
价格低	3.7	28.2	47.0	18.8	2.3	2.877	0.835
购买便利	3.0	29.2	48.6	17.4	1.8	2.859	0.801
美观	1.2	13.2	36.6	37.7	11.3	3.449	0.900
耐储藏	1.4	13.7	45.8	31.0	8.1	3.308	0.856

4.4　消费者对转基因食品的感知价值及其影响因素研究

4.4.1　消费者对转基因食品感知价值的维度

因子分析可以找出能综合多个具有一定相关性且能被直接测量指标的少数几个内在独立因子。因此对探索消费者转基因食品感知价值的维度,因子分析是比较合适的。

由 4.3.2.2 节的效度检验结果可知,感知价值 10 个项目的 KMO 值为 0.723, Bartlett's 球形度检验的相伴概率为 0.000,表明适合做探索性因子分析。故本章运用主成分分析法和正交旋转法对 10 个感知价值指标进行探索性因子分析,得到感知价值因子分析总方差解释矩阵(表 4-11)。

表 4-11　感知价值因子分析总方差解释矩阵

因子	初始特征值			提取平方和载入			旋转平方和载入		
	合计	方差贡献率(%)	累积方差贡献率(%)	合计	方差贡献率(%)	累积方差贡献率(%)	合计	方差贡献率(%)	累积方差贡献率(%)
1	3.635	36.352	36.352	3.635	36.352	36.352	2.174	21.739	21.739
2	1.861	18.611	54.963	1.861	18.611	54.963	2.122	21.219	42.958
3	1.456	14.560	69.523	1.456	14.560	69.523	1.947	19.472	62.429
4	0.929	9.291	78.814	0.929	9.291	78.814	1.638	16.385	78.814
5	0.534	5.339	84.153						
6	0.467	4.666	88.820						
7	0.393	3.934	92.754						
8	0.356	3.561	96.315						
9	0.287	2.869	99.184						
10	0.082	0.816	100.000						

注:表中数据为软件直接计算结果

由表 4-11 可知,对感知价值的探索性因子分析共抽取出四个因子,对总方差的解释能力为 78.814%,说明四因子的模型能够较为充分地表达指标变量的信息。此外,从感知价值指标旋转成分矩阵可看出(表 4-12),10 个指标中的每一个指标都可以并且只能划入一个维度中。其中,因子 1 包含抗虫、抗逆、抗病毒,减少农药使用及提高产量三个方面,内容主要涉及转基因食品为社会带来的价值,故将其命名为社会价值,对感知价值的影响最大,可以解释总方差的 21.739%;因子 2 包含营养好、口感好、利于健康三个方面,故将其命名为安全价值,对感知价值的影响次之，可以解释总方差的 21.219%，社会价值和安全价值是对整体感知价值影响较大的两个因子；因子 3 包含价格低、购买便利两个方面，主要涉及购买转基因食品所花费的物质成本与非物质成本，故将其命名为成本优势，可以解释总方差的 19.472%；相对来说，因子 4 对感知价值的影响最小，可以解释总方差的 16.385%，包含美观和耐储藏两个方面，故将其命名为功能价值。

表 4-12　感知价值指标旋转成分矩阵

感知价值指标	成分				命名
	1	2	3	4	
抗虫、抗逆、抗病毒	**0.812**	0.135	0.141	0.173	
减少农药使用	**0.836**	0.220	0.045	0.105	社会价值
提高产量	**0.747**	−0.075	0.062	0.408	
营养好	0.012	**0.852**	−0.012	0.243	
口感好	0.052	**0.816**	0.008	0.328	安全价值
利于健康	0.296	**0.761**	0.064	−0.199	
价格低	0.104	0.010	**0.968**	0.089	
购买便利	0.088	0.029	**0.969**	0.060	成本优势
美观	0.231	0.116	0.013	**0.849**	
耐储藏	0.308	0.251	0.201	**0.702**	功能价值

在因子分析的基础之上进一步对各个因子内部的信度进行了检验（表 4-13），结果显示社会价值、安全价值、成本优势与功能价值的 Cronbach's α 系数分别为 0.802、0.774、0.955 与 0.711，由此说明各因子内部具有较高的一致性和可靠性，对消费者转基因食品感知价值维度的归纳较为合理。

表 4-13　感知价值的信度检验

量表	社会价值	安全价值	成本优势	功能价值
项目数	3	3	2	2
Cronbach's α 系数	0.802	0.744	0.955	0.711

4.4.2　人口统计变量与转基因食品感知价值之间的关系

4.4.2.1　性别、职业对转基因食品感知价值的影响

本章通过独立样本 t 检验来判别性别对消费者转基因食品感知价值是否产生影响。结果显示（表 4-14），在安全价值、成本优势与功能价值三方面，男性消

费者与女性消费者的感知并无显著性差异，而在转基因食品的社会价值方面，男性消费者的感知价值显著高于女性消费者（显著水平为 5%），均值分别为 3.438 与 3.271，这可能是因为男性较为关注政治、经济，从而接触到的转基因食品对社会影响方面的信息较多，最终导致其感知到的社会价值高于女性。

表 4-14　性别与感知价值独立样本检验

变量	性别	人数（人）	平均值	标准差	F 值	显著性
社会价值	男	213	3.438	0.804	5.906**	0.015
	女	219	3.271	0.726		
安全价值	男	213	2.814	0.733	0.216	0.642
	女	219	2.807	0.738		
成本优势	男	213	2.899	0.803	0.034	0.853
	女	219	2.838	0.798		
功能价值	男	213	3.359	0.796	0.255	0.614
	女	219	3.397	0.752		

本章采用同样的方法探究了被调查者的职业是否会影响其感知价值。由于从事农业或食品相关工作的被调查者相对于其他被调查者可能对转基因食品的认知度较高，本章重点探究了这类被调查者与其他职业群体的感知价值是否存在差异（表 4-15）。检验结果显示：职业涉及农业或食品的消费者感知到的转基因食品社会价值显著高于其他职业的消费者（显著水平为 1%），这可能是因为相对来说，工作涉及农业或食品的消费者在转基因食品产业链中所能享受到的利益更大（白军飞，2003），而利益主要来源于转基因食品在抗虫、抗逆、抗病毒，减少农药使用，以及提高产量等方面的优势，即其所具有的社会价值。但两个群体对转基因食品安全价值、成本优势与功能价值的感知差异并不显著。

表 4-15　工作涉及农业或食品与感知价值独立样本检验

变量	职业	人数（人）	平均值	标准差	F 值	显著性
社会价值	涉及农业或食品	68	2.946	0.734	7.201***	0.008
	不涉及农业或食品	364	2.786	0.734		
安全价值	涉及农业或食品	68	2.824	0.786	0.714	0.398
	不涉及农业或食品	364	2.873	0.804		
成本优势	涉及农业或食品	68	3.390	0.712	0.130	0.719
	不涉及农业或食品	364	3.373	0.783		
功能价值	涉及农业或食品	68	3.471	0.924	0.553	0.458
	不涉及农业或食品	364	3.331	0.737		

4.4.2.2 年龄及文化程度对感知价值的影响

本章采用单因素方差分析来检验不同年龄及不同文化程度的消费者的转基因食品感知价值是否存在差异。表 4-16 显示，不同年龄的消费者对转基因食品社会价值和功能价值的感知存在显著性差异（显著性水平为 1%），而在安全价值及成本优势两方面的感知不存在显著性差异。

表 4-16　年龄与感知价值的方差分析

变量	偏方差平方和	自由度	F 值	显著性
社会价值	9.797	5	3.402***	0.005
安全价值	3.049	5	1.131	0.343
成本优势	2.609	5	0.813	0.541
功能价值	12.871	5	4.476***	0.001

进一步，本章采用最小显著性差异（least significant difference, LSD）方法进行了多重比较，分别探究了不同年龄的消费者对转基因食品社会价值和功能价值的感知，具体结果见表 4-17。在社会价值方面，18～25 岁的消费者除了与 18 岁以下的消费者感知不存在显著性差异之外，与其他组消费者的感知均存在显著性差异。并且该年龄段感知到的社会价值最高，均值为 3.547，这可能是因为这个年龄段的消费者比较关心粮食、环境等问题且对新鲜事物的接受度较高，比较容易认可转基因食品对社会所能带来的好处。在转基因食品功能价值方面，65 岁以上的消费者除了与 35～50 岁的消费者感知不存在显著性差异之外，与其他组消费者的感知均存在显著性差异。并且该年龄段感知到的功能价值最低，均值仅为 3.063，这是因为该年龄段的消费者比较保守，难以接受新鲜事物。

表 4-17　年龄对社会价值和功能价值的多因变量方差分析结果

年龄	对比年龄	社会价值		功能价值	
		均值差异	显著性	均值差异	显著性
18 岁以下	18～25 岁	−0.166	0.244	0.004	0.980
	26～35 岁	0.136	0.370	0.213	0.158
	36～50 岁	0.178	0.259	0.420***	0.008
	51～65 岁	0.118	0.477	0.129	0.436
	65 岁以上	0.204	0.273	0.480***	0.010

续表

年龄	对比年龄	社会价值		功能价值	
		均值差异	显著性	均值差异	显著性
18～25 岁	26～35 岁	0.301***	0.003	0.210**	0.037
	36～50 岁	0.344***	0.002	0.416***	0.000
	51～65 岁	0.284**	0.020	0.126	0.302
	65 岁以上	0.370**	0.013	0.477***	0.001
26～35 岁	36～50 岁	0.043	0.726	0.206*	0.089
	51～65 岁	−0.017	0.895	−0.084	0.525
	65 岁以上	0.068	0.662	0.267*	0.087
36～50 岁	51～65 岁	−0.060	0.667	−0.290**	0.038
	65 岁以上	0.026	0.874	0.061	0.708
51～65 岁	65 岁以上	0.086	0.615	0.351**	0.040

文化程度方面，不同文化程度的消费者对转基因食品社会价值、安全价值和功能价值的感知存在显著性差异。其中，社会价值和功能价值在 1% 的水平下显著，安全价值在 10% 的水平下显著，而不同文化程度的消费者在成本优势这个方面的感知不存在显著性差异（表 4-18）。具体来看，在社会价值方面，本科、研究生及以上学历的消费者对转基因食品的认可度较高，小学及以下文化程度的消费者认可度最低；在安全价值方面，中专（职高）学历的消费者对其认可度最高，研究生及以上学历认可度最低；小学及以下学历的消费者对转基因食品功能价值的感知明显低于其他群体的消费者（表 4-19）。

表 4-18　文化程度与感知价值的方差分析

变量	偏方差平方和	自由度	F 值	显著性
社会价值	17.841	6	5.325***	0.000
安全价值	6.367	6	1.993*	0.065
成本优势	1.257	6	0.324	0.924
功能价值	13.854	6	4.022***	0.001

表 4-19　不同文化程度的消费者对转基因食品感知价值均值

文化程度	社会价值	安全价值	成本优势	功能价值
小学及以下	2.957	2.882	2.871	2.984
初中	3.069	2.779	2.787	3.125
高中	3.373	2.861	2.963	3.403
中专（职高）	3.318	3.016	2.849	3.430
大专	3.333	2.897	2.824	3.397
本科	3.591	2.752	2.886	3.575
研究生及以上	3.504	2.529	2.890	3.427

4.4.3　影响因素分析

4.4.3.1　相关分析

在统计学上，两个变量之间的相关关系通常体现在其中一个变量的取值变化能够导致另外一个变量的取值也发生相应的变化。因此，相关分析是用来研究变量之间密切程度的一种方法，通常体现在相关系数的大小方面，常用的相关系数有 Pearson 系数、Kendall 系数、Spearman 系数等。结合变量的类型，本章选择 Pearson 系数，运用 SPSS17.0 软件对样本数据进行分析以探究产品知识、安全风险认知和卷入程度与感知价值之间的相关性。相关分析结果见表 4-20。

表 4-20　相关分析结果

项目	产品知识	安全风险认知	卷入程度
与感知价值相关性	0.113**	−0.349***	0.510***
显著性（双侧）	0.019	0.000	0.000
N	432	432	432

表 4-20 结果显示，消费者所具备的转基因产品知识与其感知价值在 5%的显著性水平上呈现正相关关系，即消费者所具备的转基因产品知识越多，其对转基因食品感知价值越高，相关系数为 0.113；而安全风险认知则与感知价值在 1%的显著性水平上呈现出负相关关系，消费者安全风险认知越高，其对转基因食品感知价值越低，相关系数为–0.349；对消费者感知价值影响最大的是卷入程度，两者在 1%的显著水平上呈正相关关系，即卷入程度越高，消费者感知到的转基因食品价值越高，相关系数高达 0.510。

4.4.3.2　回归分析

回归分析用于考察变量之间的线性依存关系，并将这种关系通过回归方程的形式描述和反映出来。虽然相关分析和回归分析都是用来分析变量间关系的统计方法，但是相较于相关分析，回归分析更侧重于考察一个或几个变量（自变量）的变化对另一个特定变量（因变量）的影响程度。上面的相关分析初步验证了本章研究的三个假设，即产品知识、安全风险认知和卷入程度均与消费者转基因食品感知价值存在显著的相关关系。本章进一步以消费者转基因食品感知价值为因变量，以产品知识、安全风险认知和卷入程度三个维度的因子得分为自变量进行回归分析（表 4-21）。

表 4-21　回归分析结果

模型	非标准回归系数		标准回归系数	t 值	显著性
	β 值	标准误			
常量	2.888	0.034		85.351	0.000
产品知识	0.111***	0.034	0.134	3.252	0.001
安全风险认知	−0.106***	0.040	−0.129	−2.643	0.009
卷入程度	0.367***	0.040	0.443	9.172	0.000

为了更进一步探究产品知识、安全风险认知和卷入程度如何影响消费者转基因食品感知价值，本章又分别以感知价值四个维度为因变量，同样以产品知识、安全风险认知和卷入程度三个维度的因子得分为自变量分别进行回归分析，结果见表 4-22。

表 4-22　感知价值各维度回归分析结果

变量	社会价值		安全价值		成本优势		功能价值	
	常数项	系数	常数项	系数	常数项	系数	常数项	系数
产品知识		0.284***		−0.138***		−0.021		0.168***
安全风险认知	−0.008	−0.008	0.004	−0.109***	−0.003	0.119***	0.000	0.153***
卷入程度		0.207***		0.463***		0.030		0.217***

上述分析结果基本与相关分析结果一致，具体来说，主要得出以下结论。

（1）产品知识与消费者转基因食品感知价值的关系（H1）

研究结果表明，消费者所具备的转基因产品知识与其感知价值在 1% 的显著水平上存在正相关关系，标准回归系数为 0.134（表 4-21）。即消费者所具备的转基因产品知识越多，其感知价值越高。具体来看，产品知识主要通过影响社会价值、安全价值和功能价值进而影响感知价值。其中，产品知识对社会价值和功能价值是正向影响，而对安全价值是负向影响（表4-22）。产品知识可以帮助消费者更好地评估产品的性能、属性，因此拥有较为丰富的转基因相关知识的消费者在面对纷繁复杂的转基因争论和信息的时候，能够更为客观地承认转基因食品的优势。然而，这种客观更多地体现在与消费者自身日常生活关系较为不密切的社会价值和功能价值方面，而在面对与自身息息相关的包括营养、口感、健康的安全价值时，即使产品知识较为丰富的消费者仍不能逃脱"宁可信其有，不可信其无"这一趋避认知。这一结论也曾在冯良宣（2013）的研究中得到过验证——产品知识越丰富的公众，其对转基因食品风险认知越高，相对的安全价值的感知也就越低。

（2）安全风险认知与消费者转基因食品感知价值的关系（H2）

消费者安全风险认知同样与感知价值在1%的显著水平上呈现相关关系，但两者是负相关，标准回归系数为–0.129（表4-21）。即消费者的安全风险认知越高，其对转基因食品的感知价值越低。其中，消费者安全风险认知负向影响转基因食品安全价值，但是却对其成本优势和功能价值呈现出正向的影响，且均在1%的水平上显著（表4-22）。在以往的研究中，不管感知风险是作为感知价值的维度还是作为其影响因素，都与感知价值呈现出一种"相反"的关系，这一结论也在本章中得到了验证，即消费者对转基因食品的安全风险认知负向影响其对转基因食品安全价值的感知。而对成本优势和功能价值的正向影响，可能是因为这两个维度包含的内容更为客观和更易衡量，更重要的是对消费者的身体健康没有产生太大的影响。通过访谈发现，安全风险认知较高的消费者倾向于把成本优势、功能价值这两个更易衡量且对自身健康无影响的方面作为自身认为转基因食品安全风险极高但其仍然在产业化的理由。因此，安全风险认知越高的消费者，对转基因食品的成本优势和功能价值更加认同。

（3）卷入程度与消费者转基因食品感知价值的关系（H3）

消费者的卷入程度在1%的水平上显著正向影响其转基因食品感知价值，即消费者的卷入程度越高，其感知价值越高，标准回归系数为0.443（表4-21）。冯良宣（2013）通过实证研究证实了卷入程度的提高会引起转基因食品风险认知的提升，然而本章研究的结论却是卷入程度的提高会提高消费者对转基因食品的感知价值，两者的研究结论截然相反。究其原因，这是因为与冯良宣（2013）的调查样本相比，经过近两年的时间，转基因食品越来越多地出现在消费者的生活中，消费者对其认知进一步提高，更利于消费者对转基因食品形成客观的认识，而不是一味地认为其风险很大。此外，根据4.2.2.2节定义可知，卷入程度指消费者根据自己的价值、信念，对转基因食品重要性的认识程度，认知的提高可能进一步提高消费者的卷入程度，为了确保购买的转基因食品的安全性，消费者会更加积极主动地进行信息搜寻，以减少信息不对称。在双重作用之下，卷入程度越高的消费者，其转基因食品感知价值反而越高。具体来看，消费者的卷入程度通过正向影响其对转基因食品社会价值、安全价值和功能价值的感知进而影响其整体的价值感知（表 4-22）。

4.5　主要研究结论

4.5.1　消费者对转基因食品价值的感知不高

消费者对转基因食品总体感知价值均值为 2.891，介于不太同意和比较同意之间，由此可见消费者对转基因食品价值的感知整体不高，但也并不如想象中的低，经过适当的引导，有很大提升的空间。具体来看，消费者对转基因食品提高产量方面的感知价值最高（均值为 3.565），消费者感知到的是转基因食品在美观方面的价值次之（均值为 3.449），紧随其后的则是对转基因食品耐储藏（均值为 3.308）、"三抗"（均值为 3.271）和减少农药使用的认可度（均值为 3.225），被调查者对转基因食品利于健康的感知价值最低，均值仅为 2.595，这是因为转基因技术的安全性一直是国内外争论的焦点，而食品安全又与消费者的身体健康息息相关，面对这种不确定，消费者更多地持一种怀疑甚至否认的态度。消费者对转基因食品在人体健康方面价值的不认同是消费者对转基因食品总体感知价值不高的主要原因之一。

4.5.2　消费者转基因食品感知价值包含多个维度

本章利用探索性因子分析对消费者转基因食品感知价值的维度进行划分。分析结果显示，最终共抽取出社会价值、安全价值、成本优势和功能价值四个因子，四个因子对总方差的解释能力达到 78.814%，并且每一个指标都可以并且只能划入一个维度中。其中，社会价值包含抗逆、抗虫、抗病毒，提高产量和减少农药使用三个方面，可以解释总方差的 21.739%；安全价值包含营养好、口感好、利于健康三个方面，可以解释总方差的 21.219%；成本优势包含价格低和购买便利两个方面，可以解释总方差的 19.472%；功能价值包含美观和耐储藏两个方面，可以解释总方差的 16.385%。

4.5.3　不同个体特征的消费者对转基因食品价值感知有所差异

本章利用非参数检验法判别不同个体特征的消费者与其转基因食品感知价值之间的关系。在性别方面，男性消费者与女性消费者对转基因食品安全价值、成本优势与功能价值的感知并无差异，而在转基因食品的社会价值方面，男性消费者的感知价值显著高于女性消费者；在职业方面，本章重点探究了从事农业或食品相关工作的调查者与其他职业群体的转基因食品感知价值是否存在差异，实证分析结果显示，工作涉及农业或食品的消费者感知到的转基因食品社会价值显著高于其他职业的消费者，而两个群体对安全价值、成本优势与功能价值的感知差异并不显著；年龄方面，不同年龄的消费者对转基因食品社会价值和功能价值的感知存在显著性差异，而在安全价值及成本优势两方面的感知不存在显著性差异；文化程度方面，不同文化程度的消费者对转基因食品社会价值、安全价值和功能价值的感知存在显著性差异。其中，社会价值和功能价值在1%的水平下显著，安全价值在10%的水平下显著，而不同文化程度的消费者在成本优势这个方面的感知不存在显著性差异。综上所述，不同个体特征的消费者的转基因食品感知价值存在差异。

4.5.4　消费者转基因食品感知价值的影响因素多元化

　　本章将影响消费者转基因食品感知价值的因素概括为产品知识、安全风险认知与卷入程度。首先，消费者所具备的转基因产品知识与其感知价值在1%的显著水平上存在正相关关系，其主要通过影响社会价值、安全价值和功能价值进而影响整体感知价值。其中，产品知识对社会价值和功能价值是正向影响，而对安全价值是负向影响。其次，消费者的安全风险认知负向影响其转基因食品感知价值。消费者安全风险认知对安全价值、成本优势和功能价值产生显著影响，其中，对转基因食品安全价值呈现出负向影响，但是对成本优势和功能价值却呈现出正向影响，因此，安全风险认知主要影响消费者对转基因食品安全价值的认知从而对整体感知价值产生影响。最后，消费者的卷入程度越高，其对转基因食品感知价值就越高。消费者的卷入程度通过正向影响其对转基因食品社会价值、安全价值和功能价值的感知进而影响其整体感知价值。

第5章 公众转基因食品感知价值对购买意愿的影响研究

随着转基因技术及其产业化的快速发展，转基因食品也越来越多地进入公众的食物链。然而，转基因食品的风险问题一直备受社会广泛关注，并影响着公众对转基因食品的认知和消费行为。公众的态度和行为对转基因食品的发展起着举足轻重的作用。因此，从感知风险与感知价值角度研究公众对转基因食品的购买意愿，探究影响公众购买意愿的深层原因，对帮助政府和企业做出科学决策，引导公众对转基因食品科学认知和合理消费，促进转基因食品可持续发展具有重要研究价值。本章中的公众特指消费者。

5.1 感知价值和购买意愿的相关理论与文献综述

5.1.1 感知价值理论

5.1.1.1 感知价值的内涵

1988 年，Zeithaml 从消费者心理的角度，阐述了消费者感知价值理论。他认为，感知价值是由消费者决定的，而不是企业，因此企业为消费者设计、创造、提供价值时应该从消费者导向出发，把消费者对价值的感知作为决定因素。他认为消费者的感知价值主要包括四个方面的含义：一是低价的重要性，强调顾客价值感知过程中货币的重要性；二是利益在过程中的重要性，强调价值感知过程中的利益要素；三是所获收益和价格之间的大小关系，强调支付价格和所获收益的权衡；四是支付后获得的全部收益。在这四种含义的基础之上又将消费者感知价值定义为消费者对所能感知到的利得与其在获取产品或服务时所付出的成本进行权衡后对产品或服务效用的总体评价。这一概念包含着两层含义：首先是价值的因人而异性，其次是多因素性，消费者做出的购买决定，是由多种因素共同作用的结果，而不是取决于单一某个因素。

5.1.1.2 感知价值的维度

Sheth 等（1991）从消费行为模式角度评价了顾客感知价值，提出了顾客感知价值维度模型，将感知价值分为五个维度：一是社会价值（即一个品牌与其他社会群体的联系，客户提供的效用）；二是情感价值（指一种具有改变消费者的情绪或情感状态的能力、产品、品牌或效果）；三是功能性价值（产品的实体属性，能满足某种目的，一般的依据是价格和可靠度）；四是情境性价值（在特定情境下提供某种价值）；五是认知性价值（吸引消费者的价值）。这五种价值之间相互独立，并在不同层次上影响着顾客的购买行为，这一研究为后续感知价值维度的相关研究打开了新的思路并奠定了新的基础。Parasuraman 和 Grewal（2000）认为顾客感知价值包含四个维度：一是获取价值，指支付一定货币后所得到的利益；二是交易价值，指顾客从交易过程中得到的喜悦之情；三是使用价值，指在产品或服务的使用中得到的效用；四是赎回价值，指在产品以旧换新或服务终止后所得到的剩余利益。Sweeney 和 Soutar（2001）则以耐用消费品为研究对象，将顾客感知价值划分为四个维度：一是社会价值（源于产品中社会自我概念的强化能力所产生的效用）；二是情感价值（源于产品中的情感因素而带来的效用）；三是功能价值质量（顾客获得的由产品的感知质量和性能所带来的效用）；四是功能价值价格（顾客对产品的短期或长期的成本的减少所感知的效用）。

5.1.1.3 感知价值的研究模型

综合国内外研究发现，对消费者感知价值的研究主要有以下两个模型。

（1）感知价值的层次模型

Anderson 等（1992）把感知价值定义为在诸多方面产生效用的感知。这些方面包括经济、技术、服务和社会效益等。在 1997 年，Woodruff 提出感知价值的层次模型。该模型认为，顾客感知价值存在于产品属性、目的和使用结果三个认知层次中。产品属性指企业提供的服务或有关产品的基本特征；目的指顾客的核心价值、目标与意图，即顾客的期望；使用结果是较为主观的评价，指产品的效果或顾客使用结果（包括正向的和负向的）。顾客会以目的或产品属性为中心形成内心的一种期望，通过体验后对产品的使用形成最后的结果，这个过程中形成的感知价值也取决于这三个认知层次的维度。感知价值的层次模型强调了使用情景在顾客感知价值评价中的关键作用。该模型还提出，顾客对每个层次上产品使用的期望价值及使用后的实际感知价值进行对比，会导致在每一个层面上都会产生满意与否的感觉。所以，顾客对产品属性、目的和使用结果的达成度都会产生满意或者不满意的情绪，将三个层次的感觉综合起来就是顾客感知到的价值（酒聪敏，2011）。

（2）感知价值的权衡模型

Grewal 等（1998）提出，消费者是否购买商品，取决于其感知到的利益与代价的相互关系，也就是消费者对某产品的感知价值是来自该产品所带来的利益与为了得到该产品所需付出的代价。感知利益越大于感知代价，感知价值越大；反之越小。Zeithaml（1988）针对价格、质量与顾客感知价值的关系的研究认为，消费者权衡的方面绝不局限于价格和质量两方面，而是从多个角度考量利得和代价。Carothers 和 Adams（1991）对这一观点进行了补充和改进，提出即使是质量，也包括两种，一种是有形的产品质量，另一种是无形的服务质量。Wood 和 Scheer（1996）认为消费者对获得的利益（主要指品质）和所付出的成本（除价格外，还包括精神成本）权衡，就是感知价值。其中，利益包括产品的品质，而成本除了感知的货币付出外，还包括了无形的、精神成本，即感知风险。他们将感知风险视为为获得某产品所必须付出的成本之一，并认为有形和无形的成本一并通过交易的整体评估来影响购买意向。价格是消费者为获得某些产品或服务所必须放弃的货币数量，感知风险则是消费者对购买决策的结果和后果的不确定感，所以相对于价格这种确定的支出，风险则代表一种未来且不确定的可能花费或遭遇，风险成本应该对消费者行为的影响更显著。此外，有学者指出风险态度会影响消费者的感知风险和感知利得，因此，在感知价值的权衡模型中，也要将风险态度一并考虑在内（高海霞，2010）。

在感知价值的研究模型中，应用最多的是二维权衡模型，这一点在国外学者对感知价值的定义中有充分的体现，除此之外，感知价值的权衡模型也得到了国内许多学者的认可（董大海和金玉芳，1999；白长虹和廖伟，2001；杨龙和王永贵，2002）。二维权衡模型具有框架清晰、操作方便、解释能力强等优点，适用于新型产品的研究，因此本章也将采用这一模型，此外本章将风险态度考虑在内，以提高研究的准确度和可信度。下面详细介绍消费者感知风险、感知利得和风险态度的相关研究。

5.1.2　消费者感知风险、感知利得和风险态度的相关研究

5.1.2.1　感知风险的相关研究

（1）感知风险的含义

感知风险最初是心理学领域的概念，1960 年哈佛学者 Bauer 将其引入消费者行为的研究中。他认为，消费者购买行为的实质是一种风险承担行为，因为消费者在购买某一产品或品牌之后，需要承担这种产品或品牌可能带来的负面结果，而这种负面结果的主观感知便是感知风险。1967 年，Cox 以 Bauer 的概念为基础，以购买目标的观念解释感知风险，将感知风险定义为下列两个因素的函数：可能性（购买前想到的产生风险的可能性）与严重性（如果产生损失，损失有多严重）。此后 Cunningham（1967）提出了感知风险的双因素模型，即风险就是损失的不确定性与结果的危害性。双因素模型此后成为感知风险研究的主流，后来大部分感知风险与消费者行为的研究都将感知风险定义为不确定性及结果严重性的组合。

（2）感知风险的维度

感知风险的维度是感知风险研究的核心问题。Cox（1967）认为感知风险具有自尊上的挫折和损失、时间风险、财务风险等多重维度。Cunningham（1967）认为消费者如果意识到特定的购买可能不能够满足其购买目标，就会感知到风险，这种风险可能包括社会后果、资金损失、物理的损伤、时间的损失（麻烦），或者产品性能等问题。1972年，Jacoby和Kaplan首先针对感知风险多重维度框架进行研究，推论出整体的感知风险框架并明确了定义，指出总感知风险包括财务风险、功能风险、身体风险、心理风险和社会风险五个维度。Peter和Tarpey（1975）在上述的五种风险的基础上加上了时间风险维度，定义了六个感知风险的维度。Stone和Gronhaug（1993）的研究指出，财务风险、功能风险、身体风险、心理风险、社会风险及时间风险这六个感知风险对总的感知风险的解释能力达88.8%。而这一模型也成为后来学者研究感知风险维度的主要理论来源。到目前为止，许多对感知风险的研究采用的都是六个维度（Bettman et al., 1998; Clow et al., 1998; Campbell and Goodstein, 2001）。

根据学者在食品安全领域的研究（Hornibrook et al., 2005; Mahon and Cowan, 2004），食品安全风险认知也采用六个维度来涵盖，即健康风险、性能风险、金钱风险、时间风险、社会风险和心理风险。但与一般产品风险认知不同的是，健康风险是食物风险中感知到的第一大风险，这是和食品性质相吻合的。实证研究还表明，并不是所有食品的安全风险认知都有六个维度。Mahon和Cowan（2004）对牛肉市场进行研究时，只识别出了身体风险、心理风险和性能风险。Hornibrook等（2005）以牛肉为对象的研究则识别出了金钱损失、时间损失、心理损失、身体损失和性能损失五个维度。Mitchell（1999）研究也只发现了性能风险、社会风险、金钱风险和健康风险四个维度。Yeung和Moris（2001a）对鸡肉市场的研究却发现了健康损失、金钱损失、时间损失、生活方式损失、性能损失、社会损失和心理损失七个维度。

（3）感知风险的测量

国内外对感知风险的测量主要分两种：一是直接询问消费者的感知；二是根据感知构成，用相加或相乘的方式计算感知风险。以Dowling和Stealin（1994）为代表的学者提出整体感知风险可以由产品种类风险与产品特定风险相加而得到。而以Cunningham（1967）为代表的学者认为，感知风险是由不确定性及影响性两个相似的元素构成，因此测量出不确定性及影响性，再将两者相乘即可得到感知风险值，在测量上，使用顺序尺度以直接的方式询问受访者关于危险和不确定性的感受。Peter和Tarpey（1975）在对感知风险的研究中也提出了损失的可能性和严重性相乘的测量方法，但在其后的研究中，他们根据市场细分和产品种类变化进一步完善了这一方法。可见，一般产品的感知风险测量中第二种方法运用得比较广泛。

然而，在对食品行业的感知风险进行测量时，不少学者认为不利后果与相应概率乘积的平均值不能用于食品安全风险认知的评估（Yeung and Morris，2001b）。因为对消费者来说，他们更想知道危害的后果的严重性，而食品危害无小，只要发生，就会造成严重的影响，所以消费者基本不关注发生的概率多大，而是更多地关注多严重。所以有学者认为，在评估消费者的食品安全风险认知时，不应该采用传统意义上用严重性和发生的概率相乘的测量方法（杨钰，2009），而是应该直接测量消费者的主观感知。所以本章在设计问卷测量消费者对转基因食品风险认知时，通过直接询问消费者对具体风险的担心程度来测量。

5.1.2.2　感知利得的相关研究

"利得"最初是质量的代名词。质量描述的是产品的技术优越性，它指以预定的理想化标准为基础的可测量的且能检验的优越性。然而学者对衡量客观质量的关键——标准产生了分歧。只要提到设计标准，就会受到个人主观影响，标准的设定是以管理者所感知到的重要的事情为基础的，这样，管理者的感知就渗透到标准的设定上。所以从这一角度看，所有的质量都包含感知成分。随着认识和研究的深入，许多学者发现其他因素对感知利得也有影响，因此对感知利得的构成要素的研究也逐渐深入（高海霞，2009）。对感知利得的研究相对感知风险较少。Woodruff（1997）认为感知利得是消费者感知到的从某一特定的产品或服务中获得的所有利益。在 Peter 和 Tarpey（1975）的研究中，引入了感知报酬（perceived return），他们认为消费者在购买产品时存在两种感知，想要的特性（即正面价值）与不想要的特性（即负面价值），两者的差就是净感知报酬（net perceived return）。这一概念中的感知报酬含义相当于感知利得，而净感知报酬即感知价值（高海霞，2010）。Kotler（2002）在顾客让渡价值模型中具体指出消费者让渡价值是总消费者价值与总消费者成本之差。总消费者价值就是消费者期望从某特定产品或服务中获得的一组利得，相当于感知利得（高海霞，2003）。杨龙和王永贵（2002）在顾客价值及其驱动因素的研究中指出，感知利得是产品购买和使用中产品的物理属性、服务属性、可获得的技术支持等。

目前鲜有文章研究感知利得的维度和测量。高海霞（2003）在其博士论文中提出，只有接触消费者才能获得最真实的研究材料。因此，她结合产品属性，采取专家访谈的方式获取消费者对手机感知利得的各个方面信息，然后进行实地调查获得调查数据。本章将借鉴这一方法，同时结合目前各学者对转基因食品认知方面的研究结果确定感知利得的维度并进行测量。

5.1.2.3　风险态度的相关研究

风险态度（risk attitude）是决策者对某种风险做出的决策倾向。由于价值观、偏好、社会地位等内部因素的差异，面对同一风险事件，不同的人也会做出不同决策，这种现象被称为风险态度。徐铭鸿（2018）认为风险态度是人们在面临风险时所采取的态度。风险态度会随着投资者所处的环境变化而发生变化，所以我们只能在限定条件下研究个体或者家庭的风险态度。康晨（2018）提出风险态度是贫困农户在生产过程中面临不确定性时承担风险的意愿。王燕（2017）认为风险态度指决策者在对不确定性备选方案进行选择时所表现出的接受风险或回避风险的态度，即决策者面临风险所采取的态度。李鹏辉（2017）提出风险态度指一个人在面对风险时所选择的应对的态度，或者说是一个投资者在朝着目标前进的过程中面对好的或者坏的不确定性时，所选择的一种精神状态，或者说是面对重要的不确定性的认知时所选择采取的回应方式。

Hillson 和 Murray（2007）指出，风险态度就是个体对认知到的重大不确定性所选择的回应。Schroeder 等（2007）将"消费者对不同风险水平的一贯选择趋向"或者"消费者接受风险的程度"定义为风险态度。Mazumdar（1993）指出，风险态度显著影响消费者的购买决策。例如，保守者在做购买决策时，倾向于最大化其感知风险而对利得不太重视。由于感知风险、感知利得是消费者基于主观认识的判断，持不同风险态度的消费者在统一购物环境下购买相同商品时，也会对感知风险和感知利得做出不同的判断（王崇和王祥翠，2011）。

5.1.3　消费者购买意愿的相关研究

5.1.3.1　消费者购买意愿的内涵

意愿（intention）最初是心理学概念。购买意愿（purchase intention）在经济学角度就是从事购买行为的主观概率。经济学角度的购买意愿指在消费者货币收入既定的情况下，是否愿意按产品市场均衡价格购买该产品。国内外学者对购买意愿的定义不尽相同。Dodds 等（1991）将顾客购买某种特定产品的可能性和主观概率定义为购买意愿；也有其他学者认为顾客对心仪的商品的购买计划就是购买意愿。冯建英等（2006）认为购买意愿是消费者愿意采取特定购买行为的概率的高低。虽然学者对购买意愿的定义不同，但都一致地认为购买意愿是消费者的心理活动，能够用来预测消费者的购买行为。购买意愿的实质即可能性。本章借鉴国内外学者的研究，将购买意愿定义为消费者购买转基因食品的可能性。

5.1.3.2　消费者购买意愿的研究角度综述

众多国内外学者运用不同的理论对购买意愿进行了研究。本章对消费者购买意愿的理论基础和研究方法进行汇总。

（1）基于消费者态度的购买意愿研究

态度就是对某一事情持有的情感倾向，心理学认为个人对事物的态度影响其行为意愿。Kim 等（1999）采用 Fishbein 模型证实了游客对旅游地文化的态度会影响他们对纪念品的购买意愿。迄今为止，这一模型仍被公认为适合测量态度的模型。周应恒等（2004）从食品安全的角度研究了消费者的购买意向，认为消费者对食品安全的态度影响其对食品的接受程度，进而影响其购买意愿。

（2）基于计划行为理论的购买意愿研究

Ajzen 等于 1992 年提出的消费者计划行为理论，最初用来预测人类的社会行为，后来被应用到市场营销学中，用来分析预测消费者的理性消费行为。这一理论包含四个层次，分别是：①消费者的消费行为；②消费者的购买意愿；③购买意愿的影响因素，包括主观规则、态度和知觉行为控制；④根据不同产品，对态度、规则等因素的分析。计划行为理论在国外的应用特别广泛，而国内研究不是很多。青平和李崇光（2005）概括性地介绍了消费者的计划行为理论及其在市场营销中的应用，冯萍（2005）应用计划行为理论研究了消费者对网络银行的使用意愿。

（3）基于感知风险最小的购买意愿研究

感知风险最小化是投机理论中价值最大化的逆向决策过程。以 Bauer（1960）为代表的学者认为顾客进行购买行为时会选择其评估后感知风险最小的方案；Kotler（2002）认为消费者购买应当与感知风险相关，在购买产品时，总是会想尽办法降低风险。Shimp 和 Bearden（1982）认为感知风险会影响消费者的偏好及购买意愿；如果其他一切相同，风险低的方案更受青睐（Arrow，1963）。Garretson 和 Clow（1999）提出消费者在决策过程中所感知到的风险，直接影响购买意愿。高海霞（2003）在其博士论文中系统地研究了感知风险对顾客购买意愿的影响，得出感知风险与购买意愿呈显著的负向相关的关系，即感知风险越大购买意愿越低，若能采用有效的措施减少消费者的风险认知，其购买意愿则会明显提高。由此可见，只有当消费者的风险认知降低到其可以接受的程度时，消费者才会产生购买意愿。

（4）基于感知价值最大的购买意愿研究

Dodds 和 Monroe（1985）对购买意愿的研究结果显示：消费者是否会产生购买意愿取决于其感知到的利得价值和失去的真实成本之间的相对关系。他们对此进行了相关的实证研究，结果表明购买意愿和感知价值有明显的正向相关关系，此外，感知价值受感知货币牺牲和感知利得双向的影响。Zeithaml 等（1996）研究得出，消费者感知利得高，感知价值就高，随后购买意愿就提高。陈新跃和杨德礼（2003）对基于顾客价值的消费者购买决策模型进行了实证研究，证实消费者的感知价值受自身的心理、生理等个人因素及所处社会、政治、文化等环境因素的影响。吴亮锦和糜仲春（2006）对珠宝的知觉价值与购买意愿的研究表明，顾客的知觉价值直接影响其购买意愿。利得与牺牲之间的差值，也就是净价值，即感知价值，直接影响购买意愿，要想让消费者产生购买意愿，就必须使这种价值变大。

（5）消费者对转基因食品购买意愿的相关研究

转基因食品作为一种新型食品，自问世以来就备受全社会的关注。目前国内外学术界针对转基因食品进行了一系列研究，主要集中在消费者对转基因食品的认知、态度、接受程度及购买意愿等方面。

国内外不少学者对消费者在认知方面进行了较为充分的研究，但由于调查方法、调查人群和范围等的不同，得到的结果不尽相同。刘志强等（2007）、黄俊明等（2008）的调查说明国内消费者对转基因食品的认知水平不高；胡焱等（2008）的研究认为消费者对转基因食品的认知虽然不够深入，但水平并不低。在态度和接受程度方面，国内外学者从不同角度进行了相应的研究。大多数学者研究认为我国消费者能够接受转基因食品，但对不同的转基因食品的接受程度不同（白军飞，2003）；此外，国内外学者研究发现，不同国家和地区的消费者对转基因食品的态度和接受程度不同（Bredahl，2001），并且，消费者的态度受个体特征、信息媒体、转基因食品了解度、消费偏好、政府信任等因素的影响（齐振宏和王瑞懂，2010）。

关于消费者对转基因食品的购买意愿的研究目前还并不成熟。国外学者的研究较早，Verdurme 和 Viaene（2003）在 Bredahl 态度模型和基础意向模型的基础上，运用描述统计分析和主成分分析，建立了消费者对转基因食品购买意愿的理论模型。国内学者对购买意愿进行了一定的调查，但研究结果差异较大。黄俊明等（2008）的研究得出仅有 8.3% 的消费者愿意购买转基因食品；而葛立群和吕杰（2009）对辽宁省居民的调查表明，85% 以上的居民愿意购买转基因食品；冯良宣等（2012）的调查发现消费者对转基因食品的接受程度较高，但并未形成有效的购买意愿。在影响消费者购买意愿的因素方面，齐振宏和周慧（2010）研究认为，消费者对转基因食品的购买意愿还受信息渠道、政府信任度和消费者风险意识的影响。不同的文化传统、宗教和政治信仰也会影响消费者是否愿意接受转基因食品（齐振宏和王瑞懂，2010）。

5.1.4　研究评述

综上所述，目前国内外学者对消费者购买意愿和消费者感知进行了较为广泛和深入的研究，这些研究主要包括消费者购买意愿的内涵、研究角度；消费者感知价值的内涵、维度及研究模型；消费者感知风险、感知利得和风险态度，以及消费者感知价值与感知风险和感知利得的关系等。但是目前的研究仍存在一些不足：一是在购买意愿方面，尽管一些学者从感知价值的驱动因素之一——感知风险方面进行了一定的探索，但并不深入，这些研究大都将感知风险作为一个整体，并未研究不同维度的感知风险对购买意愿的影响如何；二是在感知价值方面，已有对感知价值的研究，普遍忽视了风险态度的作用，只用感知风险和感知利得的差值作为感知价值，使得对感知价值的测量不够准确。

针对转基因食品的现有研究已较为丰富，但消费者对转基因食品感知的研究还十分缺乏，国外学者仅从感知风险方面进行了有限的探索，得出西方消费者的感知风险主要集中在心理风险、产品性能风险和健康风险上，其中，部分研究认为具体可分为不可预期的健康风险、环境安全风险、农业产业结构、长期环境影响、下一代健康及长期的食物安全问题等；国内也仅有个别学者，如青平和吴乐（2010）从感知风险的角度进行了相关研究，发现消费者对转基因食品的感知风险可分为后代风险、环境风险、健康风险、政治风险、财务风险和时间风险。而消费者对转基因食品感知价值的研究基本空白，更未见现有研究讨论消费者的感知对转基因食品购买意愿的影响，因此仍然需要切实的实证研究进行补充和验证。

结合已有成果和当前研究现状，本章将从三个方面进行拓展和创新：首先，探索消费者对转基因食品感知风险和感知利得的维度，为感知价值的计算奠定基础；其次，分析不同的感知风险和感知利得对消费者的购买意愿影响如何，填补目前研究的空白；最后，根据风险态度，对感知风险和感知利得进行赋值，测算出消费者对转基因食品的感知价值，并比较感知风险、感知利得和赋权感知价值对消费者购买意愿的影响程度。

5.2 模型构建与研究设计

5.2.1 研究模型及假设

本章从感知价值角度对消费者转基因食品购买意愿进行研究，即消费者是否会产生购买意愿取决于其感知到的利得价值和失去的真实成本之间的相对关系即感知价值的大小。故本章提出假设 1。

H1：感知价值会影响消费者对转基因食品的购买意愿。

根据 Zeithaml 的定义，感知价值即消费者对从想要购买的产品中所获得的利得与为此产品所要付出的成本进行权衡后对产品或服务做出的总体评价。这里的成本除了有形的货币支出外，还包括了无形的成本——精神上的成本，即感知风险。并且，相对于价格这种确定的支出来说，风险则代表一种未来且不确定的可能花费或遭遇，对消费者行为的影响更显著（Wood and Scheer，1996）。因此，消费者感知价值的形成实际上是对感知风险和感知利得的权衡，而两者的判断取决于消费者的风险态度。风险爱好者倾向于最大化其感知利得而对购买风险不太重视，而风险规避者则看重风险而忽视利得，具有不同风险态度的消费者在做购买决策时，其对利得和风险的判断会不同，最终形成不同的感知价值。因此，本章将感知价值定义为基于消费者风险态度赋权的感知利得和感知风险的权衡，故感知利得和感知风险同样影响消费者对转基因食品的购买意愿。据此，本章提出假设 2 和假设 3。

H2：感知风险会影响消费者对转基因食品的购买意愿。

H3：感知利得会影响消费者对转基因食品的购买意愿。

公众转基因食品感知价值对购买意愿影响的研究框架如图 5-1 所示。

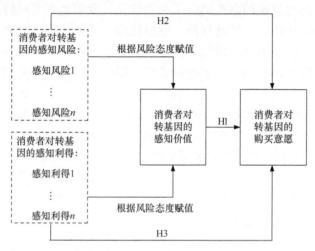

图 5-1　公众转基因食品感知价值对购买意愿影响的研究框架

5.2.2　问卷设计

由于本章的多个变量都未有较为权威的测量指标，为了保证测量变量具有可靠性并满足研究的实际需要，本章在大量文献研究的基础之上，收集了与测量变量相关的一般指标，并组织了小组讨论和专家访谈，对测量题目进行仔细的甄别和修正，最终得到本章的调查问卷。

问卷内容主要包括六部分：一是被调查者对转基因食品的认知和态度，此部分旨在了解消费者对转基因食品的一般认知和态度，便于下文分析。二是消费者对转基因食品的感知利得。三是消费者对转基因食品的感知风险；需要说明的是，问卷中并未提及感知利得和感知风险两个概念，而是直接列出相应的测量指标，以免被调查者不能理解其意。四是消费者对转基因食品的购买意愿。五是消费者对待风险的态度。六是被调查者的基本情况，包括性别、年龄、文化程度、家庭人口状况、专业、职业和收入水平等。陈晓萍等（2008）指出，使用问卷调查时，如果开始就提问被调查者的基本情况不利于调动被调查者的积极性，因此将其置于问卷的最后部分。下面具体介绍各变量指标的选取和测量。

5.2.2.1　消费者对转基因食品购买意愿的量表设计

消费者购买意愿即消费者购买某一产品的可能性。不同的学者对购买意愿的测量有不同的观点和方法。德尔·I. 霍金斯等（2000）认为，可以用直接询问的方法测量。董大海和金玉芳（2003）改进了 Choice-Based 模型，在属性评价的基础上加入了感情成分。张晓勇等（2004）通过探索性购买行为倾向指标来测试消费者对食品的多样化购买意愿，取得了很好的效果。无论哪一种方法，均是学者根据测量依据和研究需要所开发和运用的。随着信息技术的发展，对购买意愿的测量也出现了许多新的手段。有学者开始用数据挖掘、人工神经网络等先进的计算机手段测量消费者购买意愿。王萍（2005）运用数据挖掘技术预测客户的购买倾向，并根据客户的历史数据建立一个分类模型，然后依据此分类模型预测客户的购买倾向。

对食品的购买意愿测量，国内外学者大多数采用一般产品的测量指标；而孙剑等（2010）在对绿色食品进行研究时，提出了购买意愿应该包含购买过程和结果的满意度、购买的频次和购买推荐等。本章借鉴上述学者的成果，并根据研究需要设计了包含对转基因成分的介意程度、对转基因食品的购买倾向、对转基因食品的价值认可程度及向他人推荐转基因食品的意愿 4 个方面的转基因食品购买意愿测量量表。采用李克特五点量表法，分别赋值为 1～5，得分越高，表明其购买意愿越强烈（表 5-1）。

表 5-1　消费者对转基因食品购买意愿的测量量表

测量指标	赋值
对转基因成分的介意程度（P_1）	马上拒绝=1；先尝试再选择=2；购买量减少=3；没变化=4；购买更多=5
对转基因食品的购买倾向（P_2）	非常不愿意=1；不太愿意=2；一般=3；比较愿意=4；非常愿意=5
对转基因食品的价值认可程度（P_3）	非常不值得=1；不太值得=2；一般=3；比较值得=4；非常值得=5
向他人推荐转基因食品的意愿（P_4）	非常不愿意=1；不太愿意=2；一般=3；比较愿意=4；非常愿意=5

5.2.2.2　消费者对转基因食品感知价值的量表设计

感知价值是消费者对转基因食品感知风险和感知利得的权衡，而后两者又受风险态度的影响，因此本章首先测量消费者对转基因食品的感知风险和感知利得，再根据风险态度对两者赋权，计算得出消费者的感知价值。

感知风险是人们对购买决策不良后果的一种（主观）判断和评估（Slovic，1987）。一般包括健康风险、性能风险、金钱风险、时间风险、社会风险和心理风险六个维度。然而国内外针对转基因食品感知风险维度的研究较少，并未形成权威的测量量表，因此本章参考转基因食品风险争论的主要内容，并结合传统食品感知风险的基本维度，设计了包含转基因食品营养、口感、是否引起过敏、是否影响自己和后代身体健康、是否引起超级杂草或超级病虫产生、是否破坏生物多样性、是否造成基因污染、是否破坏生态环境平衡、是否影响我国粮食安全及是否影响我国种子市场在内的 11 个指标的转基因食品感知风险测量量表。采用李克特五点量表法，由"非常不同意"到"非常同意"分别赋值为 1～5，得分越高，表明消费者对转基因食品感知风险越高。

感知利得是消费者感知从某一种特定的产品或者服务中获得的所有利益（Woodruff，1997）。对转基因食品而言，其给消费者带来的好处可能有更美味、更有营养、耐储藏、抵抗病虫害、使用农药少、减少环境污染等（刘玉涛，2013）。由于目前尚没有对转基因食品感知利得的测量指标，本章研究通过小组访谈拟定了 8 个感知利得的测量指标，经过专家访谈最终确定了 6 个感知利得测量项目，包括营养、口感、环保和产量等方面。与感知风险相对应，采用李克特五点量表法，由被调查者在"非常不同意""比较不同意""一般""比较同意"和"非常同意"之间进行选择，得分越高，表明其对转基因食品感知利得越高。

风险态度指个体对认知到的重大不确定性所选择的回应。Wärneryd（1996）曾用 6 个题目测量了风险态度的偏好，并将风险态度分成 3 种：①风险规避型，即不喜欢冒险的消费者，他们在购物时会选择风险较低的方案；②风险爱好型，该类消费者喜欢追求刺激，在购买时愿意选择具有风险但感知价值较大的方案；③风险中立型，该类消费者对风险大小和变化并不敏感。本章借鉴 Wärneryd（1996）的方法，并结合实际确定 6 个风险态度的测量指标，采用李克特五点量表法，设置"非常不同意""比较不同意""一般""比较同意"和"非常同意"5个选项，分别赋值为 1～5，分数越高越倾向于规避风险（表 5-2）。

表 5-2　消费者感知风险、感知利得及风险态度的测量量表

变量	指标	编号	赋值
转基因食品 感知风险	担心营养不好	R_1	
	担心口感变差	R_2	
	担心出现过敏反应	R_3	
	担心会影响家人身体健康	R_4	非常不同意=1； 比较不同意=2； 一般=3； 比较同意=4； 非常同意=5
	担心影响家里小孩的成长	R_5	
	担心产生超级杂草或超级病虫	R_6	
	担心破坏生物多样性	R_7	
	担心造成基因污染或环境污染	R_8	
	担心破坏生态环境平衡	R_9	
	担心影响我国主粮安全	R_{10}	
	担心外国控制我国的种子	R_{11}	

续表

变量	指标	编号	赋值
转基因食品 感知利得	转基因食品营养更好	B_1	非常不同意=1； 比较不同意=2； 一般=3； 比较同意=4； 非常同意=5
	转基因食品口感更好	B_2	
	转基因食品更有利于健康	B_3	
	能够抗虫、抗逆、抗病毒	B_4	
	能够减少农药使用，减少环境污染	B_5	
	能够提高作物产量	B_6	
转基因食品 风险态度	不喜欢尝试新奇的食物	A_1	非常不同意=1； 比较不同意=2； 一般=3； 比较同意=4； 非常同意=5
	即使不知道河豚有毒，也不愿意尝试	A_2	
	购买食物前，会先考虑安全问题	A_3	
	购买食品时，希望能了解食品的相关信息	A_4	
	避免购买有风险的食品	A_5	
	购买食品前宁愿多花时间比较，也不愿事 后后悔	A_6	

5.2.3 抽样设计及样本容量选择

5.2.3.1 抽样方法设计

本章采用随机抽样的方法，于 2013 年 5 月对武汉市消费者进行面谈式问卷调查，同时辅以深入访谈，以期获取更加全面准确和深入的调查信息。武汉市经济处于全国中上等水平，且整体教育水平较高，对新信息新事物的接收较快，并且武汉市拥有众多人口，分布也十分广泛，中心城区和远城区有一定的距离，在经济、教育、文化卫生等方面差别较为明显，因此选取武汉市具有较好的典型性。

为了节约时间，减少调研人员和调研费用，同时保证调查具有代表性和广泛性，课题组首先运用 SPSS17.0 软件对武汉市 13 个区进行分层聚类分析，根据人口密度、人均可支配收入、街道办事处数量、社区居委会数量等数据将武汉市 13 个区分划为 4 个区域层（表 5-3），然后在每个区域层选取一个区进行调查。在高人口密度、高人均可支配收入、高信息覆盖面的样本区域 1 中选取江汉区，在中人口密度、高人均可支配收入、中信息覆盖面的样本区域 2 中选取汉阳区，在低人口密度、中人均可支配收入、中信息覆盖面的样本区域 3 中选取洪山区，在低人口密度、低人均可支配收入、低信息覆盖面的样本区域 4 中选取江夏区，涵盖了商业区、工业区、教育区和郊区。具体调查地点为社区超市、大型购物广场和住宅小区等。

表 5-3　武汉市 13 个区的分层聚类结果

编号	层次特点	所辖城区
1	高人口密度、高人均可支配收入、高信息覆盖面	江岸区、江汉区、硚口区、武昌区
2	中人口密度、高人均可支配收入、中信息覆盖面	汉阳区、青山区
3	低人口密度、中人均可支配收入、中信息覆盖面	洪山区、东西湖区
4	低人口密度、低人均可支配收入、低信息覆盖面	汉南区、蔡甸区、江夏区、黄陂区、新洲区

5.2.3.2　样本容量选择

根据统计学原理，调查的有效样本量根据如下公式进行估算。

$$n = \frac{Z^2 \times p(1-p)}{e^2}$$

式中，n 为样本容量；Z 为置信区间 Z 统计量，为保证准确，本次调查取置信度 95%；p 为总体成数，本章研究取 p=0.5；e 为容许的抽样误差，本章研究采用 5%。通过估算可知样本容量约为 385 份。根据以往的调研经验，实际发放问卷 450 份，调查后回收 442 份，其中有效问卷 432 份，有效回收率为 96.0%。

5.3　调查资料分析

5.3.1　样本描述

从调查样本的性别分布情况看，所获样本男女比例均衡，分别占 49.3%和 50.7%；年龄上以中青年为主，18～25 岁、26～35 岁、36～50 岁、51～65 岁的被调查者分别占 35.4%、21.1%、16.0%、12.0%，18 岁以下和 65 岁以上的仅占 8.1%和 7.4%，这主要是由于老人和小孩儿外出不便，外出频率远小于中青年，偶遇的概率较小；受教育程度方面，初中和高中学历占 31.2%，中专（职高）和大专学历占 25.7%，本科学历占 26.4%，研究生及以上学历占 9.5%，学历总体中等偏高，这可能由于武汉市大专院校广布，样本中大专及本科学历的被调查者较多，一般而言，中青年和知识层次较高的人对新生事物比较关注，这有助于调查研究；月收入方面，1001～2500 元的占 25.0%，2501～4000 的占 29.4%，4001～6000 元的占 10.2%，而 6000 元以上的仅占 4.2%，1000 元及以下的占 31.2%。总体来看，样本分布比较合理，具有较好的代表性（表 5-4）。

表 5-4 受访者基本资料分析

项目	个体特征	人数（人）	有效比例（%）
性别	男	213	49.3
	女	219	50.7
年龄	18 岁以下	35	8.1
	18~25 岁	153	35.4
	26~35 岁	91	21.1
	36~50 岁	69	16.0
	51~65 岁	52	12.0
	65 岁以上	32	7.4
受教育程度	小学及以下	31	7.2
	初中	68	15.7
	高中	67	15.5
	中专（职高）	43	10.0
	大专	68	15.7
	本科	114	26.4
	研究生及以上	41	9.5
月收入	1000 元及以下	135	31.2
	1001~2500 元	108	25.0
	2501~4000 元	127	29.4
	4001~6000 元	44	10.2
	6000 元以上	18	4.2
专业	农学	7	1.6
	医学	9	2.1
	生物	8	1.9
	工科	56	13.0
	理科	63	14.6
	文科	97	22.5
	其他	192	44.3

续表

项目	个体特征	人数（人）	有效比例（%）
	学生	101	23.4
	工人	34	7.9
	企业员工	114	26.4
	公务员或事业单位人员	36	8.3
职业	农民	9	2.1
	军人	4	0.9
	其他	134	31.0
	其中：涉及农业或食品生产、管理	68	15.7
	其中：涉及生物工作	17	3.9

5.3.2 数据质量分析

5.3.2.1 信度分析

为了保证问卷的准确性和合理性，首先对问卷进行信度和效度分析。信度即可靠性，反映问卷的精密性、稳定性和一致性，目前信度分析的方法有重测信度法、复本信度法、折半信度法、α 信度系数法等，Cronbach's α 信度系数是目前最常用的信度系数。用 Cronbach's α 系数进行测定时，一般认为其要大于 0.6 才可以接受，系数越高，信度越好。由表 5-5 可见，本章研究的四个变量中，除风险态度的 Cronbach's α 系数略低外，其余三项均高于 0.7，其中感知风险和购买意愿超过了 0.85，说明样本的信度较好。

表 5-5　测量量表的信度检验

变量	感知风险	感知利得	风险态度	购买意愿	总量表
项数	11	6	6	4	27
Cronbach's α 系数	0.898	0.795	0.656	0.851	0.703

5.3.2.2 效度分析

效度即有效性，考察测量工具或手段能够准确测出所需测量的事物的程度，结构效度一般采用因子分析前的 KMO 值进行测度。如果 KMO 值大于 0.7 说明效度较好。本章运用主成分分析法，对感知风险的 11 个测量指标、感知利得的 6 个指标、风险态度的 6 个指标及购买意愿的 4 个指标进行旋转分析，得到各量表的效度检验结果（表 5-6）。结果表明，本章研究的四个结构变量的 KMO 值均符合要求，且 Bartlett's 球形度检验的相伴概率值均为 0.000，说明问卷的效度很好。

表 5-6　量表 KMO 值与 Bartlett's 球形度检验

变量		感知风险	感知利得	风险态度	购买意愿
KMO 样本测度		0.851	0.718	0.737	0.805
Bartlett's 球形度检验	χ^2	932.534	884.947	738.401	798.144
	df	55	15	15	6
	Sig.	0.000	0.000	0.000	0.000

5.3.3　调查结果的描述性统计分析

5.3.3.1　消费者对转基因食品的基本认知

本章从四个方面调查了武汉市消费者对转基因食品的认知程度。首先是武汉市消费者对转基因食品的了解程度（表 5-7）。结果显示，虽然转基因食品是新型食品，但消费者对其知晓度并不低，仅有 12.3% 的被调查者从没听说过，大多数被调查者会偶尔听说（35.2%）或听说得较多（25.2%），且有 7.4% 的被调查者经常听说。

表 5-7　消费者对转基因食品的了解程度

是否听说过转基因食品	人数（人）	有效比例（%）
从没听说过	53	12.3
只听过一两次	86	19.9
偶尔听说	152	35.2
听说得较多	109	25.2
经常听说	32	7.4

其次是消费者对转基因食品具体品种的了解程度。与知晓度不同，大多数消费者对具体的转基因食品种类并不十分清楚。从图 5-2 可知，18.5% 的被调查者对列出的转基因食品一无所知；而知晓转基因木瓜、转基因油菜和转基因茄子的被调查者比例都比较低，分别为 5.1%、10.0% 和 17.8%；消费者对转基因大豆油和大豆及大豆制品的知晓度较高，为 54.9% 和 47.0%，这可能由于一方面大豆油是消费者接触最早的转基因食品，另一方面商家利用转基因和非转基因的对比做卖点进行宣传，引起了消费者的关注。

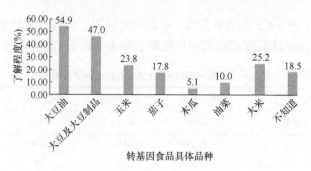

图 5-2　消费者对转基因食品具体品种的了解程度

再次是消费者对转基因技术和转基因相关争论的了解程度。从图 5-3 可知，绝大多数消费者对转基因技术了解较少（45.8%），甚至完全不了解（26.6%），仅有 5.3% 的被调查者表示比较了解。相对来说，消费者对转基因食品引起的国内外争论的了解稍多，27.3% 的被调查者表示一般，13.0% 的被调查者表示比较清楚，但仍有大部分消费者对此表示不太清楚，甚至完全不清楚。

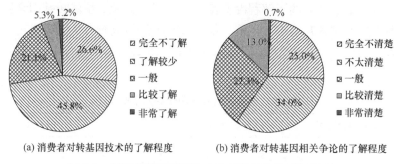

(a) 消费者对转基因技术的了解程度　　(b) 消费者对转基因相关争论的了解程度

图 5-3　消费者对转基因技术和相关争论的了解程度

最后是消费者对转基因食品的总体了解程度（表 5-8）。综合以上四方面的认知情况可知，武汉市消费者对转基因食品的了解程度较高，但是对转基因食品的具体知识和发展状况了解较少，这说明消费者对转基因食品的了解程度有待提高，这与整体认知的调查较为一致。

表 5-8　消费者对转基因食品的总体了解程度

总体了解程度	人数（人）	有效比例（%）
完全不了解	80	18.52
不太了解	159	36.81
一般	169	39.12
比较了解	23	5.32
非常了解	1	0.23

5.3.3.2　消费者对转基因食品的感知风险、感知利得和感知价值

1）感知风险。食品与消费者的生活息息相关，随着近些年食品安全事件的曝光，消费者对食品安全的关注度也逐渐上升，然而对食品安全的信心却不足。调查显示，38.9%的被调查者认为我国食品安全程度较低，25.5%的被调查者认为我国食品安全程度非常低，仅有 7.9%的被调查者认为我国食品比较安全。可见，目前消费者对我国食品的安全评价较低。而转基因食品作为一种新生事物，消费者普遍对其认知较少，因此更为关注其安全问题。调查显示分别有 13.2%和 36.1%的被调查者非常担心和比较担心其安全问题，17.6%的被调查者不太担心，只有 2.5%的被调查者对转基因食品很有信心，完全不担心其安全问题，相当一部分消费者（30.6%）持中立态度。关于具体的感知风险，主要集中在以下几方面：首先是对有关健康的担心较为突出，如认为转基因食品是否会影响后代健康和自身身体健康，均值分别为 3.73 和 3.67，说明非常靠近"比较担心"的状态；其次是较为担心与生态安全风险相关的问题，如担心转基因技术会破坏生物多样性或造成基因污染的测量值均为 3.41；再次是担心跨国公司控制转基因专利会影响我国粮食安全、担心国际种业巨头公司会控制我国的种子市场，消费者担心程度均值分别为 3.36 和 3.33；最后在转基因食品的营养和口感方面，消费者的担心程度较其他几个方面低。总的来说，消费者对转基因食品的感知风险介于一般担心与比较担心之间，总体感知风险的均值为 3.38，较目前我国食品问题的风险评价（3.77）低。

2）感知利得。与感知风险相比，消费者的感知利得得分较低，总体的感知利得均值为 2.89，介于一般和不太认可之间，说明目前转基因食品带来的好处还并未得到消费者的认可。在具体的感知利得中，主要分为两种情况：一是对转基因技术在提高作物产量、"三抗"及减少农药使用方面，测量均值均处于一般和比较认可之间，其中对提高作物产量的测量均值为 3.56，说明消费者比较认同转基因能够带来这些其他传统食品无法带来的好处；二是在营养、口感及健康方面，消费者的打分倾向于不太认可，均值分别为 2.90、2.94 和 2.59，说明和传统食品相比，消费者并不认可转基因食品能够在这些方面带来更多的好处。

3）风险态度。消费者的感知价值是以风险态度为基础的感知风险和感知利得之间的权衡。本次调查发现，在六个风险态度的测量项目中，五个测量项目的均值处于 2.67～4.04，说明消费者的风险态度整体上偏向风险规避型。结合以上感知风险和感知利得的描述，可以预测消费者对转基因食品的感知价值可能并不高，具体的感知水平将在推导出感知价值的计算公式后，结合数据进行详细描述。

消费者对转基因食品的感知风险、感知利得和风险态度见表 5-9。

表 5-9　消费者对转基因食品的感知风险、感知利得和风险态度

变量	编号	项目	均值	标准差
消费者对转基因食品的感知风险	R_1	担心营养不好	3.22	0.868
	R_2	担心口感变差	3.10	0.791
	R_3	担心出现过敏反应	3.33	0.903
	R_4	担心影响家人身体健康	3.67	0.966
	R_5	担心影响家里小孩的成长	3.73	0.982
	R_6	担心产生超级杂草或超级病虫	3.40	0.909
	R_7	担心破坏生物多样性	3.41	0.909
	R_8	担心造成基因污染或环境污染	3.41	0.899
	R_9	担心破坏生态环境平衡	3.39	0.860
	R_{10}	担心影响我国主粮安全	3.36	0.919
	R_{11}	担心外国控制我国种子	3.33	0.910
	R_{12}	总体风险	3.38	0.783
消费者对转基因食品的感知利得	B_1	转基因食品营养更好	2.90	0.883
	B_2	转基因食品口感更好	2.94	0.851
	B_3	转基因食品更有利于健康	2.59	0.919
	B_4	能够抗虫、抗逆、抗病毒	3.27	0.931
	B_5	能够减少农药使用，减少环境污染	3.22	0.898
	B_6	提高作物产量	3.56	0.899
	B_7	总体好处	2.89	0.829
消费者的食品风险态度	A_1	不喜欢尝试新奇的食物	2.67	1.062
	A_2	即使不知道河豚有毒，也不愿意尝试	3.69	1.127
	A_3	购买食物前，会先考虑安全问题	4.04	0.867
	A_4	购买食品时，希望能了解食品的相关信息	4.04	0.828
	A_5	避免购买有风险的食品	3.99	0.834
	A_6	购买食品前宁愿多花时间比较，也不愿事后后悔	3.88	0.879

5.3.3.3　消费者对转基因食品的购买意愿

本次调查结果显示,武汉市消费者对转基因食品的购买意愿并不高(表 5-10)。四个测量指标的均值分别为 2.28、2.61、2.73 和 2.45,说明无论是基础的购买意愿还是对转基因食品的价值评价及对转基因食品的推荐意愿都处于中等偏下水平。当得知购买的食品中含有转基因成分时，16.7%的被调查者会马上停止购买，21.1%会减少购买数量，11.8%不会受到影响，50.4%愿意先尝试再决定；这一方面说明大多数消费者并未盲目排斥转基因食品，另一方面也说明转基因食品并未得到消费者的完全肯定；消费者对转基因食品的评价也不高，认为转基因食品非常值得购买的比例仅为 0.5%，认为比较值得购买的比例为 10.9%，一半左右的被调查者选择中立；这反映出消费者对转基因食品的认知程度普遍不高，对其是否有价值并不确定。这种情况也反映在消费者对转基因食品的推荐意愿上。表示不太愿意向他人推荐转基因食品的比例达 41%，超过选择中立的比例，表示非常不愿意的比例为 11.8%，而表示非常愿意向他人推荐转基因食品的仅为 0.2%，这进一步说明消费者对转基因食品的顾虑较重，自己选择尝试转基因食品是掺杂冒险成分的选择，在不确定完全安全时不会向他人推荐。

表 5-10　消费者对转基因食品的购买意愿

变量	编号	项目	均值	标准差
消费者对转基因食品的购买意愿	P_1	对转基因成分的介意程度	2.28	0.879
	P_2	对转基因食品的购买倾向	2.61	0.807
	P_3	对转基因食品的价值认可程度	2.73	0.751
	P_4	向他人推荐转基因食品的意愿	2.45	0.821

从横向看，消费者个体特征对购买意愿存在一定影响。在选择非常愿意购买转基因食品的人群中，75%是男性，仅有 25%是女性；年龄方面，中青年消费者对转基因食品的购买意愿较强，在比较愿意购买转基因食品的人群中，60.9%的消费者处于 18～35 岁，其他年龄段的购买意愿较低；此外，消费者的文化程度较为明显地影响其对转基因食品的价值评价，本科学历的被调查者中，38.5%认为转基因食品值得购买，而这一比例在小学和初中学历的调查者中仅为 7.7%，50%的小学学历的被调查者认为转基因食品非常不值得购买；另外，月收入影响消费者对转基因食品的价值认可和推荐意愿，但并非月收入越高，其推荐意愿越强，月收入 1000 元及以下的消费者中，71.8%愿意推荐转基因食品，而这一比例在月收入为 4001～6000 元和 6000 元以上的消费者中仅有 30%和 14%，这说明月收入高的人群对转基因食品的推荐意愿并不高，可能是高收入者对食品安全的要求更高，因此对仍有争议的转基因食品尤为谨慎，导致并未形成较强烈的购买意愿。

综上所述，目前武汉市消费者对转基因食品不会盲目排斥，但仍然心存芥蒂，对其价值大小并未完全确定，在未消除自身顾虑前不愿向人推荐。整体上的购买意愿不高。而性别、年龄、受教育程度和月收入对消费者的购买意愿具有一定影响，不同个体特征的消费者表现出的购买意愿不甚相同。然而，感知价值、感知风险和感知利得对目前购买意愿的形成是否存在影响及如何影响，本章将在实证部分进行具体分析。

5.4　转基因食品感知价值对购买意愿影响的实证分析

5.4.1　消费者对转基因食品的感知风险

5.4.1.1　消费者对转基因食品的感知风险的维度

感知风险和感知利得的维度是计算感知价值的基础，同时也是目前转基因食品的研究中较为欠缺的部分。因此本章对感知风险和感知利得的维度进行了详细分析，并且简要分析了各维度对转基因食品的购买意愿产生的影响。

在进行探索性因子分析之前首先检验指标是否适合做因子分析。运用主成分分析法得到 KMO 值为 0.898，Bartlett's 球形度检验的相伴概率值为 0.000，说明这适合做因子分析。运用主成分分析法和正交旋转法对 11 个感知风险的指标进行探索性因子分析。感知风险因子分析总方差解释矩阵见表 5-11。

表 5-11　感知风险因子分析总方差解释矩阵

因子	初始特征值			提取平方和载入			旋转平方和载入		
	合计	方差贡献率（%）	累积方差贡献率（%）	合计	方差贡献率（%）	累积方差贡献率（%）	合计	方差贡献率（%）	累积方差贡献率（%）
1	5.495	49.954	49.954	5.495	49.954	49.954	3.014	27.402	27.402
2	1.561	14.195	64.149	1.561	14.191	64.145	2.283	20.756	48.158
3	0.979	8.896	73.045	0.979	8.896	73.041	1.791	16.283	64.441
4	0.833	7.575	80.620	0.833	7.575	80.616	1.779	16.176	80.617

由表 5-11 可见，探索性因子分析抽取出 4 个因子，对总方差的解释能力为 80.617%，说明四因子的模型能充分地表达指标变量的信息。其中，因子 1 可以解释总方差的 27.402%，是对整体感知风险影响最大的一个因子；因子 2 解释总方差的 20.756%；因子 3 和因子 4 对总方差的解释较小，分别为 16.283% 和 16.176%，因子 4 是对整体感知风险影响最小的一个因子。

采用主成分分析方法得到旋转成分矩阵（表 5-12），发现 11 个指标中的每一个指标都可以并且只能划入一个维度中。因子 1 包含担心产生基因污染、担心破坏生物多样性、担心产生超级杂草或超级病虫、担心破坏生态环境平衡等，内容主要涉及生态环境安全方面，故将其命名为环境风险，对整体感知风险的影响最大。因子 2 包含担心影响身体健康、担心人类后代健康和担心产生过敏等，故将其命名为健康风险，对整体感知风险的影响次之。因子 3 包含担心影响我国粮食安全、担心外国控制我国种子等，主要涉及社会安全和经济安全方面，故将其命名为社会经济风险。因子 4 包含担心营养不好和担心口感变差，这两项是购买食品时考虑的最主要方面，故将其命名为食品功能风险，对整体感知风险的影响最小。

表 5-12 感知风险指标旋转成分矩阵

感知风险指标	成分				命名
	1	2	3	4	
担心产生基因污染	**0.838**	0.169	0.292	0.092	
担心破坏生物多样性	**0.815**	0.219	0.203	0.100	环境风险
担心产生超级杂草或超级病虫	**0.807**	0.189	0.101	0.228	
担心破坏生态环境平衡	**0.773**	0.230	0.382	0.062	
担心影响身体健康	0.224	**0.868**	0.208	0.153	
担心人类后代健康	0.324	**0.834**	0.152	0.108	健康风险
担心产生过敏	0.119	**0.700**	0.084	0.346	
担心外国控制我国种子	0.313	0.142	**0.853**	0.106	社会经济风险
担心影响我国粮食安全	0.302	0.211	**0.824**	0.153	
担心口感变差	0.136	0.137	0.145	**0.902**	食品功能风险
担心营养不好	0.155	0.309	0.084	**0.838**	

为了验证各个因子内部是否具有一致性与可靠性，进一步对每个风险维度的测量指标进行了信度分析，结果见表 5-13。一般认为 Cronbach's α 系数值大于 0.6 时，因子间的内部信度较好，本章 4 个因子的 Cronbach's α 系数值均大于 0.8，说明各因子内部指标的一致性很好，以上对消费者转基因食品感知风险的归纳比较合理。

表 5-13 消费者对转基因食品感知风险的信度检验

变量	总感知风险	环境风险	健康风险	社会经济风险	食品功能风险
项目数	11	4	3	2	2
Cronbach's α 系数	0.898	0.900	0.841	0.830	0.827

5.4.1.2 转基因食品感知风险对消费者购买意愿的影响

消费者对转基因食品的购买意愿研究是本章的重点。除了感知价值对购买意愿的影响外，验证转基因食品的感知风险和感知利得是否对购买意愿存在影响及影响程度如何也是本章的研究内容之一。一方面为感知价值对购买意愿的影响做铺垫，另一方面也为以往研究做补充，为以后的研究提供思路。

本章以感知风险的 4 个因子，即环境风险、健康风险、社会经济风险和食品功能风险作为自变量，因子得分为变量值，对购买意愿进行回归分析。回归模型检验结果表明，调整的 R^2 为 0.237，F 统计的相伴概率值为 0.000，方程显著，Durbin-Watson 检验结果良好，残差项不存在自相关，方差膨胀因子（VIF）为 1.000，表明各自变量之间不存在多重共线性，模型通过检验。回归的结果详见表 5-14。

表 5-14　感知风险各维度对消费者购买意愿的回归分析

模型	非标准化系数		标准系数	t 值	Sig.	VIF
	β	标准误差	β			
常量	2.519	0.029		88.037	0.000	1.000
环境风险	−0.073**	0.029	−0.107	−2.546	0.011	1.000
健康风险	−0.317***	0.029	−0.466	−11.054	0.000	1.000
社会经济风险	−0.085***	0.029	−0.125	−2.972	0.003	1.000
食品功能风险	−0.006	0.029	−0.009	−0.210	0.834	1.000
样本量	432					
调整的 R^2	0.237					
F 值	34.385					
Sig.	0.000					
Durbin-Watson	1.761					

注：VIF 是诊断多重共线性的量度指标，VIF 值介于 1～∞。一般认为，VIF 大于 10，即可认为存在共线性问题。Durbin-Watson 检验值取值介于 0～4，其值越接近 2，越说明残差项无自相关

由回归结果可知，第一，消费者感知的健康风险对购买意愿有显著的负影响。结果在 1%的水平上显著，在 4 个因子中，对购买意愿的影响最大。这一结果与实际情况相符。对食品来说，人们最关心的就是其对身体健康的影响，而食用安全性是目前转基因食品最受争议的部分。在转基因食品是否对人体造成伤害尚无定论的情况下，加之媒体和舆论的消极信息，消费者为了自己和家人的身体健康，会倾向避免购买转基因食品。此外，随着近年来的食品安全事件频发，消费者对社会整体的食品安全信任度下降，这也会在一定程度上影响其对转基因食品的购买意愿。

第二，社会经济风险显著影响消费者的购买意愿，感知的社会经济风险越大，

消费者的购买意愿越低。两者回归分析的 P 值为 0.003，在 1% 的水平上显著，对消费者购买意愿的影响仅次于健康风险。可能的原因是目前外国在转基因食品研发及商业化方面取得了明显的优势，消费者担心推广转基因食品会造成跨国公司控制我国种子市场，对粮食安全构成威胁；另外，转基因是人为地将某些生物的基因转移到其他物种中，改变生物的本来特性，可能会影响正常的生物化进程，这在一定程度上造成了消费者的不安，进而影响其购买意愿。

第三，消费者感知到的转基因食品环境风险在 5% 的显著水平上影响其转基因食品购买意愿，且为负向影响，即消费者感知到的环境风险越大，其转基因食品购买意愿越低。这可能是转基因食品危害环境的争论日趋激烈，使得消费者认为转基因食品会污染环境，这一方面与社会上提倡的环保理念背道而驰，使消费者不愿意购买转基因食品；另一方面使其联想到水污染、土壤污染、大气污染和气候变化等环境问题会危及食品产业链的源头，影响食品安全（毛文娟，2013），危害到切身利益。这两方面造成消费者对环境风险的感知越高，其转基因食品购买意愿越低。

第四，消费者感知到的转基因食品食品功能风险对其购买意愿的影响并不显著。这可能由于消费者认为转基因食品是新型食品，区别于传统食品，对传统食品来说，会看重其口感和营养，而对转基因食品，会更看重其食用安全，如是否会造成过敏或中毒等，因而相对忽略了对食品性能的关注，导致这一感知风险对购买意愿的影响并不显著。

5.4.2　消费者对转基因食品的感知利得

5.4.2.1　消费者对转基因食品的感知利得的维度

同样地，运用主成分分析法和正交旋转法对 6 个感知利得的指标进行探索性因子分析。得到 KMO 值为 0.718，Bartlett's 球形度检验相伴概率值为 0.000，模型通过检验，可以进行因子分析。感知利得因子分析总方差解释矩阵见表 5-15。

表 5-15　感知利得因子分析总方差解释矩阵

因子	初始特征值			提取平方和载入			旋转平方和载入		
	合计	方差贡献率（%）	累积方差贡献率（%）	合计	方差贡献率（%）	累积方差贡献率（%）	合计	方差贡献率（%）	累积方差贡献率（%）
1	2.737	45.608	45.608	2.737	45.608	45.608	2.144	35.727	35.727
2	1.528	25.462	71.070	1.528	25.462	71.070	2.121	35.343	71.070

与感知风险不同，感知利得的因子分析只抽取了两个公因子。由表 5-15 可知，6 个指标的双因子模型对总方差的解释能力为 71.070%。两个公因子的特征值均大

于 1.5，说明两个因子可以独立作为感知利得的一个维度。进一步分析表 5-16 发现，因子 1 包含抗虫、抗逆、抗病毒，减少环境污染及提高产量 3 个方面，内容主要涉及转基因食品与其他传统食品相比所特有的利得，故将其命名为转基因食品特性利得，可以解释总方差的 35.727%；因子 2 包含认为转基因食品营养好、口感好、利于健康 3 个方面，这些方面是传统食品也可能带来的好处，故将其命名为传统食品利得，可以解释总方差的 35.343%。这两个因子对转基因食品整体利得的影响大小相当。

表 5-16　感知利得的指标旋转成分矩阵

感知利得指标	成分		命名
	1	2	
抗虫、抗逆、抗病毒	**0.834**	0.161	
减少环境污染	**0.820**	0.237	转基因食品特性利得
提高产量	**0.854**	−0.007	
营养好	0.059	**0.883**	
口感好	0.127	**0.861**	传统食品利得
利于健康	0.167	**0.720**	

此外，本章也对感知利得的两个公因子内部进行了信度分析，结果见表 5-17。总感知利得的 Cronbach's α 系数值为 0.759，两因子的 Cronbach's α 系数值分别为 0.802 和 0.774，说明感知利得各因子的内部一致性较好，对消费者的感知利得可以归纳为转基因食品特性利得和传统食品利得两方面。

表 5-17　消费者对转基因食品感知利得的信度检验

量表	总感知利得	转基因食品特性利得	传统食品利得
项目数	6	3	3
Cronbach's α 系数	0.759	0.802	0.774

5.4.2.2　转基因食品感知利得对消费者购买意愿的影响

采用回归分析的方法，进一步探究转基因食品感知利得对其购买意愿是否存在影响及影响程度。以感知利得的两个因子，即转基因食品特性利得和传统食品利得作为自变量，因子得分为变量值，对购买意愿进行回归分析。其结果见表 5-18。模型的拟合优度较高（调整的 R^2=0.322），回归方程显著（Sig.=0.000），Durbin-Watson 检验结果非常好，残差项不存在自相关，多重共线性检验结果良好，方差膨胀因子（VIF）为 1.000，即各自变量之间不存在多重共线性，模型通过了检验项目，适宜做回归分析。

表 5-18　感知利得各维度对消费者购买意愿的回归分析

模型	非标准化系数		标准系数	t 值	Sig.	VIF
	β	标准误差	β			
常量	2.517	0.027		93.694	0.000	1.000
转基因食品特性利得	0.143***	0.027	0.211	5.331	0.000	1.000
传统食品利得	0.359***	0.027	0.530	13.352	0.000	1.000
样本量			432			
调整的 R^2			0.322			
F			103.350			
Sig.			0.000			
Durbin-Watson			1.919			

回归结果表明，第一，消费者感知到的转基因食品特性利得在 1% 的显著水平上影响其购买意愿，且两者之间呈正相关关系，即消费者感知的转基因食品特性利得越高，其购买意愿越强烈。转基因食品特性利得指其抗虫、抗逆、抗病毒，减少化肥农药使用从而减少环境污染，以及产量方面的优势。虽然目前还没有对这一方面直接具体的研究，但是有研究中曾提出，消费者的购买意愿会随着产品纯度感知（化学药品使用的减少）的提高而提高（王瑞懂，2010）；此外其他相关研究也曾提出，在产品上增加顾客认为重要的新成分，可以增强消费者的购买意愿（杨龙和王永贵，2002）。

第二，消费者感知到的传统食品利得在 1% 的显著水平上正向影响其购买意愿，且该变量对购买意愿的影响更大。传统食品利得主要包括食品的营养、口感及是否利于健康方面。这些因素实际上是食品的本身特性，也是消费者判断是否购买食品最基本的要素。尹世久（2010）在其对有机市场的研究中曾总结，口味对有机葡萄的购买意愿产生重要影响，而营养和健康是消费者更为关注的方面，是促使消费者购买有机食品的非常重要的原因之一。冯建英等（2006）在购买意愿的研究中也总结出产品内部因素对购买意愿具有显著影响，而对食品而言，内部因素就是口味、营养价值等。此外，与较为陌生且与自身健康关系不密切的转基因食品特性利得相比，传统食品利得更容易被消费者感知，因此，与消费者息息相关的口感、营养等转基因食品特性，对其购买意愿的影响更加明显。

5.4.3 感知价值对转基因食品购买意愿的影响

5.4.3.1 感知价值与感知风险、感知利得的关系

感知价值是对消费者感知风险和感知利得进行权衡后的评价。根据定义，感知风险是各维度因子得分的求和，感知利得同样是各维度因子得分的求和。考虑到两者的因子数量不一致，因此在计算时进行了平均化处理。最终感知风险的计算公式为 $PR = \sum\limits_{i=1}^{4} PR_i \Big/ 4$，感知利得的计算公式为 $PB = \sum\limits_{j=1}^{2} PB_j \Big/ 2$。

风险态度直接影响消费者对转基因食品风险和利得的感知结果，风险爱好者倾向于最大化其感知利得而对购买风险不太重视，而风险规避者则看重风险而忽视感知利得，因此即使对同一商品具有相同感知风险和利得的人也可能由于风险态度不同而对感知价值做出不同的判断。为此基于风险态度给予感知风险和感知利得不同的权重，用来说明消费者是更偏重风险还是利得（高海霞，2010）。根据风险态度六个指标、五点量表的测算，可知最高分 30（5×6）即完全风险规避型，最低分 6（1×6）即完全冒险型。那么感知风险和感知利得的权重可以分别表示为

$$W_{PR} = \left(\sum_{i=1}^{6} A_i - 6 \right) \Big/ (30-6) = 1 - W_{PB}$$

$$W_{PB} = \left(30 - \sum_{i=1}^{6} A_i \right) \Big/ (30-6) = 1 - W_{PR}$$

赋权后感知利得和感知风险的差即赋权的感知价值，表示为

$$PV = W_{PB}PB - W_{PR}PR$$

感知风险、感知利得、风险态度和感知价值的关系见表 5-19。

表 5-19　赋权感知价值的构建

项目	得分计算方法	基于风险态度的权重计算方法
感知风险	$PR = \sum\limits_{i=1}^{4} PR_i \Big/ 4$	$W_{PR} = \left(\sum\limits_{i=1}^{6} A_i - 6 \right) \Big/ (30-6) = 1 - W_{PB}$
感知利得	$PB = \sum\limits_{j=1}^{2} PB_j \Big/ 2$	$W_{PB} = \left(30 - \sum\limits_{i=1}^{6} A_i \right) \Big/ (30-6) = 1 - W_{PR}$
感知价值	$PV = W_{PB}PB - W_{PR}PR$	

注：感知风险值 0 代表完全冒险，1 代表完全规避；感知利得值 0 代表完全规避，1 代表完全冒险

根据表 5-19 推导出的感知价值模型，消费者对转基因食品的感知价值出现三种情况，一是赋权后消费者对转基因食品感知风险大于感知利得，感知价值为负；

二是赋权后感知风险和感知利得相当，感知价值为零；三是赋权后消费者对转基因食品感知风险小于感知利得，感知价值为正。调查结果显示，87.1%的被调查者对转基因食品的赋权感知价值为负，说明大多数消费者仍然感到转基因食品风险较大，总体感知价值不高。分析原因主要有两个方面：一是如上述调查结果所示，消费者感知风险明显高于其感知价值；二是大多数消费者属于风险规避型，他们更看重感知风险，而相对忽视感知利得，因此整体的感知价值较低。

从不同个体特征来看，男性的转基因食品感知价值高于女性，在感知价值为正的被调查者中，男性占 64.9%，女性占 35.1%；年龄方面，中青年的感知价值较高，在感知价值为正的被调查者中，18～25 岁的比例高于其他年龄段 10%左右；在教育水平方面，随着受教育程度的提高，消费者对转基因食品感知价值变低，本科以上的被调查者中感知价值为负的比例高于其他学历；这一结果也表现在月收入不同的消费者中，月收入较高的被调查者对转基因食品感知价值并不高，月收入 4000 元以上的消费者仅有 16.2%的赋权感知价值为正，而 83.8%的赋权感知价值来自月收入低于 4000 元的消费者。这种结果与不同消费者的购买意愿呈现较高的吻合度，说明消费者对转基因食品的感知价值与购买意愿之间存在着较为明显的相关关系，下面将进行详细分析。

5.4.3.2　感知价值对转基因食品购买意愿的影响

为了进一步探究感知价值对消费者转基因食品购买意愿的影响，本章研究将推导得到的赋权感知价值作为自变量与购买意愿进行回归分析（模型Ⅰ），并将这一结果分别与以感知风险（模型Ⅱ）和感知利得（模型Ⅲ）作为自变量对转基因食品购买意愿回归的结果进行对比，判断感知价值对消费者购买意愿的影响，并比较感知价值模型与感知风险和感知利得模型对购买意愿的预测能力。在进行回归分析之前，先根据三个模型进行检验，得到检验结果（表 5-20）。

表 5-20　转基因食品感知风险、感知利得和感知价值三个模型的回归检验

模型	变量	调整的 R^2	F 值	Sig.	Durbin-Watson
Ⅰ	感知风险	0.219	121.246	0.000	1.778
Ⅱ	感知利得	0.274	163.416	0.000	1.847
Ⅲ	赋权感知价值	0.282	168.439	0.000	1.782

结果显示，三个模型的拟合优度都较高，其中感知价值的拟合优度最好；F 统计量的相伴概率值均为 0.000，说明回归方程均很显著（Sig.=0.000）；Durbin-Watson 检验结果良好，Durbin-Watson 值均在 2 附近，即残差项不存在自相关。总之，结果表明，模型均通过了回归模型检验项目，结果可靠可信。最终

的回归结果如表 5-21 所示。

表 5-21 感知价值对消费者转基因食品购买意愿的影响

模型	变量	β	t 值	Sig.
I	感知风险	−0.501***	−11.011	0.000
II	感知利得	0.589***	12.783	0.000
III	赋权的感知价值	0.302***	12.978	0.000

从回归结果看，感知风险对消费者的转基因食品购买意愿具有负向影响，在 1%的水平上显著，表明消费者的感知风险越大，其购买意愿越低。这是由于风险是消费者不愿面对，甚至是引起恐慌的因素，尤其对敏感性的食品而言，风险一旦发生后，其后果的严重性不可预知，与心理压力相关性大而产生趋避效应。而消费者是理性的，在不考虑其他条件时，他们必然更愿意购买没有风险或风险可以控制的食品。感知利得在相同显著水平上对转基因食品购买意愿具有正向影响，这与事实相符。

感知利得是消费者感知到的从产品中获得的利益，消费者购买意愿自然随感知利得的增加而增强。而这一结果也说明，要增强消费者对转基因食品这种新型食品的购买意愿，首先要让消费者切身感受到其给他们带来的实实在在的利得，这也从某种程度上呼唤科学家不仅要关注转基因技术产品开发的问题，更要进一步关注消费者的需求和感知问题。

根据风险态度赋权后的感知价值同样在 1%的显著水平上对购买意愿有正向影响，即消费者的赋权感知价值越大，其购买意愿越强。然而与单一的感知风险和感知利得相比，赋权感知价值模型的调整的 R^2 值最大，这表明赋权感知价值模型对转基因食品购买意愿的解释能力高于单一的感知风险模型和感知利得模型。这一结果与以往相关的结果较为一致（高海霞，2010）。虽然关于转基因食品安全与否的争论愈演愈烈，但是这也在某种程度上进一步激发了消费者更加关注转基因食品，更加去学会认知和判断转基因食品，不断引导消费者对转基因食品的价值判断并增强其购买意愿。转基因食品在营养、口感及粮食增产和减少农药污染等方面的优势得到了消费者的肯定，并对消费者做出购买决策产生了积极影响。

另外，风险态度对这一结果的形成具有一定影响。对转基因食品这种新型食品而言，大多数消费者对其风险会心存芥蒂，比较谨慎，但不能忽视的是仍有一部分消费者愿意进行尝试，他们更看重转基因食品带来的利得和价值。根据研究，消费者的选择并非出于单一的转基因食品感知风险，也非单一的转基因食品感知利得，而是综合权衡的感知价值，这就使得单一的感知风险或感知利得的解释能力存在局限，而根据风险态度对感知风险和利得进行赋权得到的感知价值能够更为全面地解释消费者的感知，这也为更好地预测消费者的购买意愿提供了更加科学的依据。

5.5　主要研究结论

5.5.1　消费者对转基因食品的认知不全，购买意愿不高

转基因食品作为一种新型食品，自问世以来便备受争议。消费者对转基因食品的知晓度虽高，但对转基因技术、具体的转基因食品的品种和关于转基因食品的国内外争论，消费者的了解程度很低。可见，消费者对转基因食品的认知还很不全面，依然处于较低水平。

调查显示，消费者对转基因食品的购买意愿不高。在对购买意愿的指标进行测量时发现，消费者普遍倾向于选择中立，这说明了消费者对转基因食品态度上的摇摆，购买意愿并不坚定。研究发现，仅有 11.8%的消费者不介意食品中的转基因成分；但却有超过一半的消费者不愿意推荐转基因食品。由此可见，消费者对转基因食品的总体购买意愿仍然处于总体偏下水平。

5.5.2　不同维度的感知风险对购买意愿的影响程度不同

对食品来说，安全问题是消费者最为关注的问题。调查显示，消费者对我国食品安全的信心并不足，对整体的食品安全评价较低。而对转基因食品这一新型食品，一半左右的消费者担心其安全问题。整体而言，消费者对转基因食品的感知风险介于一般担心与比较担心之间，低于对我国食品安全的风险评价。

消费者对转基因食品的感知风险主要集中在四个方面，分别是健康风险、社会经济风险、环境风险和食品功能风险。前三者对购买意愿产生显著的负向影响，其中健康风险对消费者购买意愿的影响最为显著，其次是社会经济风险和环境风险，食品功能风险并不影响消费者对转基因食品的购买意愿。

5.5.3　转基因食品的感知利得显著影响消费者的购买意愿

与感知风险相比，消费者对转基因食品的感知利得较低。根据分析结果，感知利得可划分为两方面：一是传统食品也可能带来的利得，如营养、口感和健康等方面，二是由转基因技术带来的利得，如减少污染、提高产量等方面。其中后者的感知水平明显高于前者，说明消费者对转基因食品的优势较为认可。

两者对购买意愿的影响差别不大，均显著地影响消费者的购买意愿，消费者的感知利得越大，其购买意愿越强。值得关注的是，感知利得对购买意愿的影响比感知风险对购买意愿的影响更为显著。

5.5.4　转基因食品的感知价值对消费者的购买意愿影响更为显著

消费者对转基因食品的感知价值是在风险态度的基础上对感知风险和感知利得的权衡。由分析结果可见，目前消费者对转基因食品的感知价值较低。另外，通过对比感知风险和感知利得对购买意愿的影响发现，感知价值的模型能够更好地预测消费者对转基因食品的购买意愿。也就是说，感知风险和感知利得能够影响消费者的购买意愿，但在实际的购买过程中，消费者不是仅考虑一个方面，而是会对感知风险和感知利得两方面进行权衡，最终根据感知价值，决定是否愿意购买转基因食品。

第6章 公众与科学家对转基因食品风险认知的比较研究

一般认为公众与从事转基因研究的科学家对转基因食品的风险和不确定性有不同的判断，而产生差距的原因则是公众缺乏相关的知识和信息，从课题组调查情况来看，"科学家与公众缺乏相互交流和沟通"是存在风险认知偏差和产生争论的根本原因。那么，我国公众与从事转基因研究的相关科学家对转基因食品风险认知是否存在偏差？如果有，症结在哪？本章基于风险认知相关理论的分析，运用多元有序分类 Logistic 模型，对公众和科学家对转基因食品风险认知的影响因素进行比较分析，并根据研究结论，为政府部门制定转基因食品相关决策提供参考，以引导转基因产业健康有序发展。

6.1 理论分析与模型

6.1.1 科学家概念界定

虽然"科学家"这一称呼已经耳熟能详，但如同"科学"一样，要给其一个明确的界定，也是非常困难的。随着时代的更迭、时间的推移和理解视角的转换，科学家的概念也是不断变化的。科学家顾名思义就是从事特定科学研究的专业人士，是科学知识的培育者、传播者和发明者或发现者。任鸿隽（1989）曾简单地将其界定为，讲究事实学问以发明未知之理为目的的人。另外，Hill 认为，从事科学研究，同时具有科学精神的人才能称得上科学家。这个定义虽然相当严格甚至苛刻，但确实有一定的道理，因为并非每个从事科学研究的人天生地和自动地拥有科学精神（李醒民，2007）。而当代的科学家主要是从自然和社会两个学科进行分类的，只要在这两个学术领域内从事科学研究并达到了一定的水平，同时得到相关的资格认可，均可以称为某个领域的科学家。

在以往学者界定的基础上，笔者对科学家的概念界定为：从事生物科技相关职业的学者、管理者和参与者等。

6.1.2 文献回顾与理论模型

6.1.2.1 公众和科学家认知差异研究

大量研究发现，公众和科学家在特定风险问题上的看法通常存在较大差距

（Slovic，1987；Mertz et al.，1998），两者之间的认知差距，被认为是造成风险沟通障碍的重要因素。通常情况下，在面对比较专业性的风险认知问题时，大部分公众由于缺乏专业知识在进行风险评价的时候更多依赖感性认知，而科学家则普遍比较理性。研究表明，科学家对转基因技术应用的风险认知度普遍低于社会公众（Savadori，2004）。对公众和科学家认知差异产生的原因，相关学者也进行了探索和研究，一些学者通过建立"风险知识落差模式"，来挖掘公众与科学家风险认知差异的内涵（Slovic，1999）。公众和科学家的认知差异表现在：一方面，科学家眼中的风险是由风险概率与死亡率等数据所估算出来的"灾害"，即客观风险；而公众眼中的风险，则是与个人生活息息相关的"伤害"，即主观风险（Renn and Rohrmann，2002）。这种客观风险与主观风险认知之间的差距，会因为风险沟通方法的不恰当或者人们对食品丧失信心、对相关机构丧失信任而逐渐被拉大（Yeung and Morris，2001b）。另一方面，科学家倾向于科学数据与概率（Slovic，1997），公众却倾向于更广泛且敏感的因素。一些学者通过理论分析，发现科学家和公众在风险交流知识背景和利益角色方面的显著性差异会直接导致他们的风险认知差异。另外，对风险定义的差异和相互之间缺乏信任也是科学家和公众风险认知差异的主要来源（刘金平等，2006）。此外，有学者认为信息传播体制不健全、信息不对称、科学家的社会角色及自身的偏见等也是导致公众和科学家认知差异的重要因素（陈君石，2010；王娟和胡志强，2014）。

6.1.2.2　风险认知影响因素研究假设

大量的文献研究发现，学者主要从个体的个人因素、信息因素、风险因素和社会心理因素等方面来研究其对风险认知的影响。

在个人因素方面，学者通过研究发现年龄（周洁红，2005；于丹等，2007；Smith and Riethmuller，1999）、性别（Siegrist，1999；Hartog et al.，2002；高海霞，2009）、收入（Spence et al.，1970；卢菲菲等，2010；赵源等，2012）及受教育程度（Slovic，1997；王甫勤，2010；徐立青和徐晓梅，2013）等人口统计学变量都对风险认知有着显著的影响。此外，个人的专业知识水平也对风险认知有一定的影响，有研究表明，公众的专业知识水平越高，其感知到的风险越低（郭雪松等，2014）。即个人因素对风险认知有显著影响，因此，提出假设 H1 如下。

H1：个人因素显著影响公众和科学家的风险认知水平。

在信息因素方面，公众对相关信息的了解程度、获取信息的渠道及掌握产品知识的多少都会对其风险认知产生显著的影响。有研究表明，在风险存在的前提下，那些产品知识丰富的人比相关产品知识缺乏的人感知到的风险要低（杨永清等，2010；郭雪松等，2014；陈从军等，2015）。此外，公众获取信息的渠道，如政府部门、食品企业、大众传媒、朋友家人、个人经历等，对公众的风险认知也会产生影响（赵源等，2012；马亮，2015）。研究发现，来自朋友推荐的信息会抑制公众的风险认知（Ellen and Michal，2004），而媒体发布的消息会提高公众的风险认知（Lobb et al.，2007；吴林海等，2013）。此外，有学者研究发现，宣传对公众的风险认知程度也有很大的影响（钱洁凡等，2009）。即信息因素对风险认知有显著影响，因此，提出假设H2如下。

H2：信息因素显著影响公众和科学家的风险认知水平。

在风险因素方面，风险态度和购买经验都会影响公众的风险认知。部分学者认为，风险爱好者的风险认知较风险厌恶者低（Chen and He，2003；许博等，2010），但是，也有学者研究认为，风险偏好与风险认知之间存在显著的正相关性，即风险偏好越高，风险认知越高（Nicolas et al.，2008；高海霞，2009）。此外，购买经验对公众的风险认知也有影响，丰富的购买经验会降低公众的风险认知（高海霞，2003）。即风险因素会对风险认知产生显著影响，因此，提出假设H3如下。

H3：风险因素显著影响公众和科学家的风险认知水平。

在社会心理因素方面，由于风险认知取决于个人的感受和判断，大部分需要公众通过主观估计来加以引导，容易受到公众心理因素的影响（董雅丽和李晓楠，2010；周应恒和卓佳，2010）。已有研究证实，信任是消费者风险认知的重要决定因素（Frewer et al.，1996；Frewer and Salter，2003；杨青等，2011；陈从军等，2015），信任程度越高，其对转基因食品的风险认知度越小（赵冬梅和纪淑娴，2010）。而公众对相关机构的信任程度也会对风险认知产生显著影响，如对政府机构（卜玉梅，2009）、食品企业（Frewer and Salter，2002）、相关领域的专家（Slovic，1993；Siegrist，2000；陈璇和陈洁，2016）等的信任都是影响其风险认知水平的重要因素。即社会心理因素对风险认知有显著影响，因此，提出假设H4如下。

H4：社会心理因素显著影响公众和科学家的风险认知水平。

6.1.2.3　风险认知的理论模型

对风险认知的维度，学术界主要分为了经济、功能、身体、心理、社会和时间维度（Stone and Cronhaug，1993；Featherman and Pavlou，2003；高锡荣和胡旸，2011），鉴于转基因食品的特殊性及信息的可得性和代表性，笔者选取了转基因食品的健康风险和环境风险为风险认知的两个维度。同时，结合以上理论分析和研究假设，得出了公众与科学家对转基因食品风险认知的理论模型（图6-1）。

图 6-1　公众与科学家对转基因食品风险认知的理论模型

6.2　计量模型与变量选择

6.2.1　计量模型的选择

当解释变量既有定量变量，又有定序变量，且被解释变量是多维序数变量时，则适合采用多元有序分类 Logistic 模型进行回归分析。多元序数回归分析被较多地运用于医学研究方面，如研究病人在服用某一药剂后的反应，将该反应分为没有反应、轻度反应、中度反应和重度反应。各种反应都是基于病人感觉，要准确度量有一定的难度。但是使用多元序数回归可得到不同度量级别的频率和累积频率、对频率和累积频率的 Pearson 残差、观测和期望概率、因变量的观测和期望累计概率、估计参数的相关矩阵和协方差矩阵等统计量。

本章在研究公众和科学家对转基因食品风险认知的影响因素时，将健康风险和环境风险作为被解释变量。公众和科学家对转基因食品健康风险和环境风险的认知是由其自身感觉来决定的，属于非连续有序变量，公众和科学家综合自身的主客观因素后，会在"非常安全""比较安全""不知道""比较危险"和"非常危险"之间做出选择。因此选用多元有序分类 Logistic 模型能够对公众和科学家的风险认知影响因素进行有效的分析，其模型表达式如下：

$$\ln\left[\frac{P(y \leqslant j)}{1 - P(y \leqslant j)}\right] = a_j + \sum_{i=1}^{k} \beta_i X_i, \; j = 1, 2$$

等价于

$$P(y \leqslant j \mid X_i) = \exp\left(a_j + \sum_{i=1}^{k} \beta_i X_i\right) \Big/ [1 + \exp(a_j + \sum_{i=1}^{k} \beta_i X_i)]$$

式中，y 为健康风险认知或环境风险认知，分别为 0、1、2、3、4；X_i 为影响风险认知的各种因素，包括个人因素、信息因素、风险因素及社会心理因素等；a_j 为截距；β_i 为系数。

6.2.2 变量设计与说明

结合前人的研究成果及此次调查的实际情况，从转基因食品健康风险和环境风险两个维度出发，将个体的个人因素、信息因素、风险因素、社会心理因素等引入模型进行分析，各变量的具体定义如下。

6.2.2.1 风险变量量表设计

本章通过设计问题直接询问被访问者对转基因食品的健康风险和环境风险认知，问卷中问题描述为"您认为转基因食品对人类健康的影响是？"和"您认为转基因食品对生态环境的影响是？"。被调查者以自己的主观认知在"非常安全""比较安全""不知道""比较危险"和"非常危险"之间进行选择，"非常安全"表示被调查者的风险认知最低，"非常危险"表示被调查者的风险认知最高，在模型中依次赋值为0、1、2、3、4，分值越高，表示其风险认知水平越高。

6.2.2.2 影响因素变量量表设计

（1）个人因素

以往研究一致表明，性别、年龄、受教育程度、月收入等个体特征是影响风险认知的重要因素，而个人的专业知识对转基因食品风险认知也有一定的影响。因此，本章对个人因素的测量主要包括五个指标，即性别、年龄、受教育程度、月收入、专业知识。在量表的设计中，性别、年龄、受教育程度、月收入采用直接询问的方式，专业知识则通过设计3个相关问题来进行考察，具体问题为"孩子的基因是由父亲的基因决定的""转基因茄子中含有基因，但普通茄子中不含有基因""把动物基因转入植物体中是不可能的"。被调查者对三个问题进行判断，答对0题、1题、2题、3题分别赋值为0、1、2、3。

（2）信息因素

本章研究中信息因素主要包括对转基因食品信息的熟悉程度和信息的获取渠道（从媒体获取转基因食品信息的影响和从科普途径获取转基因食品信息的影响）。

1）熟悉程度。在问卷中设计问题"在此之前，您听说过转基因食品吗？"来考察被调查者对转基因食品的熟悉程度。模型中，从没听说过的赋值为0，只听说过一两次的赋值为1，偶尔听说过的赋值为2，经常听说的赋值为3。

2）媒体传播。在问卷中设计问题"如果您知道转基因食品，您是通过何种途径了解的？A广播电视 B书籍或报刊 C互联网 D亲朋好友 E学校 F科普"来获取媒体传播对转基因食品风险认知的影响。模型中，将从亲朋好友、学校和科普等途径获取信息的赋值为0，从传统媒体（广播电视、书籍或报刊）和互联网获取信息的赋值为1。

3）科普宣传。在问卷中设计问题"如果您知道转基因食品，您是通过何种途径了解的？A 广播电视 B 书籍或报刊 C 互联网 D 亲朋好友 E 学校 F 科普"来获取科普宣传对转基因食品风险认知的影响。模型中，将从媒体（此处特指广播电视、书籍或报刊、互联网）、亲朋好友、学校等途径获取信息的赋值为 0，将从科普这一途径获取信息的赋值为 1。

（3）风险因素

本章研究中风险因素主要包括被调查者的风险态度和购买经验，量表设计和赋值情况如下。

1）风险态度。在问卷中设计问题"您在购买食品时是否会看生产日期、保质期或成分说明"。模型中，根本不看赋值为 0，看得较少赋值为 1，看得较多赋值为 2。

2）购买经验。在问卷中设计如下两个问题考察被调查者对食品的购买经验："您家里通常由谁购买食品？"和"您家通常由谁决定购买食品的种类、数量等问题？"。被调查者在"以自己为主""以配偶为主""自己和配偶差不多""自己长辈"和"其他"中进行选择。若既不由自己购买，也不由自己决定，则赋值为 0；若仅由自己购买或仅由自己决定，则赋值为 1；若既由自己购买也由自己决定，则赋值为 2。

（4）社会心理因素

本章研究选取的社会心理因素变量主要包括外部争论、政府政策、政策支持、专家信任、企业信任、食品安全信任，具体量表设计和赋值如下。

1）外部争论。通过设计问题"您是否知道目前国内外关于转基因食品的争论？"来获取外部争论对转基因食品风险认知的影响。模型中，完全不知道赋值为 0，知道较少赋值为 1，一般赋值为 2，比较清楚赋值为 3，非常清楚赋值为 4。

2）政府政策。通过设计如下问题来考察被调查者对转基因食品政府的态度："经过 11 年的安全评价过程，转基因抗虫水稻'华恢 1 号'和'Bt 籼优 63'于 2009 年被农业部依法批准发放了安全证书，您认为中国政府颁发转基因产品安全证书是"。其中模型中，非常草率赋值为 0，比较草率赋值为 1，不知道赋值为 2，比较慎重赋值为 3，非常慎重赋值为 4。

3）政策支持。设计问题"您对我国政府批准实施的转基因生物新品种培育科技重大专项的态度"。模型中，不知道此事赋值为 0，非常反对赋值为 1，比较反对赋值为 2，中立赋值为 3，比较支持赋值为 4，非常支持赋值为 5。

4）专家信任。设计问题"您认为我国从事转基因研究的科学家是否值得信赖"。模型中，完全不信赖赋值为 0，基本不信赖赋值为 1，不知道赋值为 2，比较信赖赋值为 3，非常信赖赋值为 4。

5）企业信任。设计问题"对目前出售的贴有'绿色食品'标签的食品，您相信它是绿色食品吗？"。模型中，完全不相信赋值为0，基本不相信赋值为1，不知道赋值为2，不完全相信赋值为3，很相信赋值为4。

6）食品安全信任。设计问题"您到市场上购买食品时，对食品安全问题的信心如何？"。模型中，完全没信心赋值为0，比较没信心赋值为1，不知道赋值为2，比较有信心赋值为3，非常有信心赋值为4。

综上所述，本章共选取了两类被解释变量，即转基因食品的健康风险和环境风险，四大类解释变量共16个衡量指标，各变量的选择及赋值说明见表6-1。

表6-1 各变量的选择及赋值说明

变量类型	变量名称		变量定义
被解释变量	健康风险		非常安全=0，比较安全=1，不知道=2，比较危险=3，非常危险=4
	环境风险		非常安全=0，比较安全=1，不知道=2，比较危险=3，非常危险=4
解释变量	个人因素	性别	男性=0，女性=1
		年龄	18岁以下=0，18~29岁=1，30~39岁=2，40~49岁=3，50~59岁=4，60岁及以上=5
		受教育程度	小学及以下=0，初中=1，高中、技校或中专=2，大专或本科=3，研究生及以上=4
		月收入	1000元及以下=0，1001~2000元=1，2001~3000元=2，3001~5000元=3，5001~8000元=4，8001元及以上=5
		专业知识	一题没答对=0，只答对一题=1，答对两题=2，三题全答对=3
	信息因素	熟悉程度	从没听说过=0，只听说过一两次=1，偶尔听说过=2，经常听说=3
		媒体传播	转基因食品信息来源于广播电视、书籍或报刊=1，其他=0
		科普宣传	转基因食品信息来源于科普=1，其他=0
	风险因素	风险态度	根本不看=0，看得较少=1，看得较多=2
		购买经验	既不由自己购买也不由自己决定=0，仅由自己购买或仅由自己决定=1，既由自己购买又由自己决定=2
	社会心理因素	外部争论	完全不知道=0，知道较少=1，一般=2，比较清楚=3，非常清楚=4

变量类型	变量名称	变量定义
解释变量	社会心理因素	政府政策	非常草率=0，比较草率=1，不知道=2，比较慎重=3，非常慎重=4
		政策支持	不知道=0，非常反对=1，比较反对=2，中立=3，比较支持=4，非常支持=5
		专家信任	完全不信赖=0，基本不信赖=1，不知道=2，比较信赖=3，非常信赖=4
		企业信任	完全不相信=0，基本不相信=1，不知道=2，不完全相信=3，很相信=4
		食品安全信任	完全没信心=0，比较没信心=1，不知道=2，比较有信心=3，非常有信心=4

6.3　数据来源与样本构成

6.3.1　数据来源

本章中的数据来源包括 2010 年 7～8 月的实地面谈式调查和 2010 年 9～10 月的网络调查两部分。面谈式调查的地点选取和问卷设计与第 2 章一致，选取了我国各地区较具代表性的 6 个城市作为面谈式问卷调查的地点，主要包括东中西部经济发达的城市——北京、上海、深圳、苏州、武汉和重庆。但是由于研究内容存在差异，对有效样本的选取和剔除也略有不同，最终所获取的有效样本数和有效样本分布情况也略有差异。最终 6 个城市的总样本为 1200 份，剔除无效问卷后，最终回收的有效样本为 1164 份，回收率为 97%，其中涉及生物科技的专业人士有 85 人。本章中面谈式调查的有效样本分布见表 6-2。

表 6-2　有效样本分布

城市	调查的城区	有效样本（份）
上海	黄浦区、闵行区、静安区等	199
北京	西城区、东城区、朝阳区、通州区、丰台区等	190
深圳	福田区、罗湖区、南山区、宝安区、盐田区等	198
苏州	工业园区、金闾区、平江区等	197
武汉	洪山区、武昌区、东西湖区、江夏区等	190
重庆	渝中区、南岸区、九龙坡区、沙坪坝区等	190

在实地调查之后，课题组随后进行了网络调查。调查时间为 2010 年 9～10 月，为了保证公众与科学家数据的可比性，课题组进行网络调查的地点也锁定为这 6 个城市高等学府的从事相关科研工作的学者和专家。通过学校官方网站披露的相关科学家的信息，以投递邮件的形式对科学家进行调查，并对武汉市本地及便于直接访谈的科学家进行了深入的访谈。由于网络调查样本与面对面的访谈调查质量的差异性，笔者将网络调查部分的置信度调整为 90%，对应 Z 值为 1.65，抽样误差放宽到 10%，因此由上面公式得到的有效样本约为 68 份。扩展 3% 的样本量：$N=68×1.03≈70$（取 70）。因此，最终 6 个城市的总样本为 420 份，剔除无效问卷后，最终回收的有效样本为 394 份，回收率为 93.81%，其中涉及生物科技的科学家有 143 人。

6.3.2　样本基本情况

在对 1164 位公众的面谈式调查中，由于有 85 位从事生物科技相关的科学家，对公众样本的基本情况分析只涉及 1079 位公众；在对 394 位专家和学者的网络调查中，由于从事生物科技相关的科学家有 143 位，综合面谈式调查，本章对科学家样本的基本情况分析共涉及 228 位科学家。公众和科学家的样本基本情况见表 6-3。

从公众的调查样本分布情况可以看到，在各个地区所获的公众样本男女比例均匀，分别占总体的 48.2% 和 51.8%。在年龄结构上，以 18～39 岁的中青年人为主，所占比例为 77.9%，40 岁以上所占比例仅为 18.6%。年龄分布基本符合我国的人口分布结构。其中，调查对象中年轻人比较多，而老年人较少，主要是与年轻人的活泼好动、老年人外出不便有关。在职业分布上，样本涉及各行各业，基本符合当前社会职业结构的分布，由于样本选取的均是经济比较发达的城市，农业人口的比例远低于非农业人口的比例，所占比例仅为 1.7%。其中，学生群体所占比例相对来说最高，为总体的 16.6%，这与被调查的几个城市的高等学府和各级各类教育机构比较发达有关。另外，企业单位管理人员、事业单位人员和专业技术人员各自所占的比例也比较大，分别为 13.6%、12.4% 和 13.7%。在受教育程度上，普遍在大专或本科（64.0%），其中，初中及以下和硕士及以上的都占少数，分别占总体的 7.2% 和 7.5%。在月收入上，以中等偏上为主，月收入在 2001～5000 元的占总体的 50.1%，低收入群体（1001～2000 元）所占比例高于高收入群体（5001元及以上）。整体上看，样本具有代表性和广泛性。

由于科学家职业的特殊性，科学家样本在各个地区所获的样本男女比例差别比较显著，分别占总体的 66.2% 和 33.8%，这也基本符合现实情况，在高校中从事专业研究的且具有高级职称的男性普遍多于女性，女性可能更多地专注于家庭。在年龄结构上，以 30～49 岁的中年人为主，所占比例高达 56.1%，年龄分布基本符合我国的基本国情，要达到一定的专业研究水平，是一个长期积累的过程，需要多年的学习和丰富的阅历。在职业分布上，以专业技术人员为主，所占比例为45.3%。其次是事业单位人员，占总体的37.1%。在受教育程度上，普遍在硕士及以上（67.1%）。在月收入上，以高收入群体为主，其中，月收入在3001～8000元的占总体的57.4%，月收入在8001元及以上的所占比例为13.6%。从整体上看，样本具有代表性。

表 6-3　公众和科学家的样本基本情况

项目	个体特征	公众		科学家	
		人数（人）	比例（%）	人数（人）	比例（%）
性别	男	520	48.2	151	66.2
	女	559	51.8	77	33.8
年龄	18 岁以下	38	3.5	0	0.0
	18～29 岁	615	57.0	74	32.5
	30～39 岁	226	20.9	66	28.9
	40～49 岁	106	9.8	62	27.2
	50～59 岁	53	5.0	20	8.8
	60 岁及以上	41	3.8	6	2.6
职业	党政机关干部	23	2.1	1	0.5
	企业单位管理人员	147	13.6	3	1.0
	事业单位人员	134	12.4	84	37.1
	专业技术人员	148	13.7	103	45.3
	个体工商户	60	5.6	0	0.0
	工人	38	3.5	0	0.0
	农民	18	1.7	0	0.0
	服务业人员	148	13.7	0	0.0
	退休人员	83	7.7	2	0.6
	学生	179	16.6	1	0.5
	下岗或待业人员	36	3.3	0	0.0
	其他	65	6.1	34	15.0
受教育程度	小学及以下	16	1.5	0	0.0
	初中	61	5.7	0	0.0
	高中、技校或中专	230	21.3	5	2.2
	大专或本科	691	64.0	70	30.7
	硕士及以上	81	7.5	153	67.1

项目	个体特征	公众		科学家	
		人数（人）	比例（%）	人数（人）	比例（%）
月收入	1000 元及以下	162	15.0	0	0.0
	1001～2000 元	201	18.6	20	8.8
	2001～3000 元	314	29.1	46	20.2
	3001～5000 元	226	21.0	72	31.5
	5001～8000 元	104	9.6	59	25.9
	8001 元及以上	72	6.7	31	13.6

6.4　公众和科学家对转基因食品风险认知的比较研究

6.4.1　公众和科学家对转基因食品的基本认知

6.4.1.1　公众和科学家对转基因食品的熟悉程度

根据调研结果，整体上来说，公众和科学家对转基因食品都不陌生，但科学家对转基因食品的了解程度却远高于公众（表 6-4）。其中，86.0%的科学家表示"经常听说"，这与他们长期从事生物科技研究，获取转基因方面信息比较多且获取信息比较方便有关。相对来说，仅有 27.4%的公众表示"经常听说"，并且当问及转基因食品较传统食品存在哪些优势和哪些风险、具体的市场发展情况等比较具体的问题时，公众普遍比较模糊。而科学家掌握的信息却比较丰富，涉及转基因食品的方方面面，而且科学家的转基因方面的专业知识较公众而言也比较扎实。

表 6-4　公众和科学家对转基因食品的熟悉程度

是否听说过转基因食品	公众		科学家	
	人数（人）	比例（%）	人数（人）	比例（%）
从未听说过	153	14.2	0	0.0
只听说过一两次	129	12.0	5	2.2
偶尔听说	501	46.4	27	11.8
经常听说	296	27.4	196	86.0
总计	1079	100	228	100

调研结果显示,在对被访者进行专业知识测评过程中,通过对"孩子的基因是由父亲的基因决定的""转基因茄子中含有基因,但普通茄子中不含有基因"和"把动物基因转入植物体中是不可能的"三个问题的统计发现,只有 22.8%的公众全部答对三道题,而科学家对应的比例高达 81.1%(表 6-5)。可见,公众对转基因等生物技术方面的专业知识的了解程度普遍较低,这与前人的研究结论基本保持一致(曲瑛德等,2011a)。专业知识的匮乏和信息的不对称,导致公众和科学家之间对转基因食品认知的巨大鸿沟,引发争议在所难免。因此,为了尽量争取公众和科学家关于转基因食品的理解和共识,应当适当地将转基因食品信息向公众一方倾斜,加强转基因生物科普知识的宣传与交流,提高公众的专业素养,使公众能够充分认识转基因技术可能存在的潜在风险,并在理性的基础上去评判转基因食品的是与非。

表 6-5 公众和科学家对转基因相关专业知识的判断

三道题答对的题目数	公众		科学家	
	人数(人)	比例(%)	人数(人)	比例(%)
一道题没答对	129	12.0	0	0.0
只答对一道题	301	27.9	13	5.7
答对两道题	402	37.3	30	13.2
答对三道题	247	22.8	185	81.1
总计	1079	100	228	100

6.4.1.2 公众和科学家获取转基因食品的信息渠道

调研结果显示,媒体包括传统媒体(广播电视、书籍或报刊)和互联网是转基因食品最重要的信息传播渠道。公众获取的转基因食品信息有 79.068%来源于媒体传播,其中,来源于广播电视的占 23.627%,来源于书籍或报刊的占 20.881%,来源于互联网的占 34.560%。总体上看,传统媒体在公众信息传播方面还是扮演着主要角色,而且也是公众较为信任的食品信息渠道(表 6-6)。随着互联网的普及,其作用也不容小觑,此次调研结果显示互联网传播是公众获取转基因食品信息最多的渠道,所占比例为 34.560%,但是,互联网却是公众最不信任的食品信息渠道,认为互联网渠道信息比较可信的公众所占比例仅为 12.58%(表 6-7)。可见,网络媒体的公信力亟待加强。另外,科普以仅占 5.440%的比例位列公众转基因食品信息渠道的榜尾,这与公众平时科普活动参与少、所参加的科普活动成效差有关,经过此次调查统计,52.1%的公众表示完全没有参加过科普活动,27.6%的公众表示偶尔参加,18.8%的公众表示较少参加,只有 1.5%的公众表示经常参加。并且通过对参加过科普活动的公众进行进一步调查发现，65.2%的公众对科普活动的评价一般，30.1%的公众表示比较满意。在深入访谈中发现，公众普遍反映，首先，由于平时工作生活节奏较快，没有太多的闲暇时间可以用来参加科普活动；其次，相关部门举办的科普活动次数也比较少，且大多内容枯燥乏味，不符合大众的口味；最后，关于科普活动的信息公布渠道相对单一，很多公众都不能及时收到，因此即使有科普活动，公众也经常与之擦肩而过。

科学家作为掌握转基因食品信息较为充足的一方，其信息来源的主渠道依然是媒体，其中，传统媒体（广播电视、书籍或报刊）占46.629%，互联网占26.966%。这与媒体的传播工具比较贴近人们日常生活有关。与公众有所不同的是，学校和科普是科学家获取转基因食品信息的另一重要渠道，分别占11.611%和10.112%，并且，科普是科学家最信任的食品信息渠道，其次是学校，而书籍或报刊位列第三（表6-7）。这与科学家特殊的身份、特殊的职业环境有关，而公众靠学校和科普等渠道获取的信息很少，这在某种程度上也反映出，当前学校和科普活动组织机构在转基因食品教育宣传方面的缺失。

表 6-6　公众和科学家获取转基因食品的信息渠道

如果听说过转基因食品，是通过何种途径了解的	公众		科学家	
	人数（人）	比例（%）	人数（人）	比例（%）
广播电视	456	23.627	97	18.165
书籍或报刊	403	20.881	152	28.464
互联网	667	34.560	144	26.966
亲朋好友	176	9.119	25	4.682
学校	123	6.373	62	11.611
科普	105	5.440	54	10.112
总计	1930	100	534	100

表 6-7　公众和科学家信任的食品信息渠道

您认为哪些渠道提供的有关食品信息比较可信	公众		科学家	
	人数（人）	比例（%）	人数（人）	比例（%）
广播电视	361	17.33	133	16.96
书籍或报刊	448	21.51	134	17.09
互联网	262	12.58	122	15.56
亲朋好友	290	13.92	111	14.16

续表

您认为哪些渠道提供的有关食品信息比较可信	公众		科学家	
	人数（人）	比例（%）	人数（人）	比例（%）
学校	279	13.39	139	17.73
科普	443	21.27	145	18.50
总计	2083	100	784	100

6.4.1.3 公众和科学家对转基因食品相关争议的了解程度

有关转基因食品的争论在国际和国内都非常激烈，那么公众和科学家对此了解情况如何。经过调查统计发现，大部分公众对转基因食品相关争议了解甚少，有 20.8%的公众表示完全不知道，36.2%的公众表示知道较少（表 6-8），这在某种程度上说明普通公众对转基因的巨大争议是缺乏了解的。只有 2.1%和 11.4%的公众认为自己非常清楚或比较清楚有关的转基因食品争议，29.5%的公众表示一般了解，而他们所了解的大多限于网络曝光的一些恶意攻击转基因食品的炒作行为。科学家则有 87.7%的表示知道转基因食品的争议，其中，表示非常清楚的占 15.4%，表示比较清楚的占 43.4%，表示一般了解的占 28.9%（表 6-8），可见大多数科学家还是比较关注转基因食品的发展状况，会主动地了解一些有关转基因食品争议的内容。

表 6-8　公众和科学家对国内外转基因食品争议的了解程度

是否知道目前国内外有关转基因食品的争论	公众		科学家	
	人数（人）	比例（%）	人数（人）	比例（%）
完全不知道	224	20.8	0	0.0
知道较少	391	36.2	28	12.3
一般	318	29.5	66	28.9
比较清楚	123	11.4	99	43.4
非常清楚	23	2.1	35	15.4
总计	1079	100	228	100

在进一步的调查中发现，公众和科学家一致认为转基因食品争论的根源问题主要体现在六个方面（表 6-9），其中，公众认为问题的根源在于科学家与公众缺乏相互交流和沟通（17.1%），科学家则认为食品问题与每个人息息相关，本身具有高度敏感性才是最重要的根源（18.7%），科学家与公众缺乏相互交流和沟通（17.6%）次之。曲瑛德等（2011b）通过对东北、华北、西北、华中、华南沿海和

西南等区域 30 个[①]省（自治区、直辖市）4239 名公众风险认知的调查发现，59.96%的公众表示加强转基因风险交流十分必要，这也从侧面反映了当前我国风险交流机制的缺乏，公众渴望了解转基因食品风险方面的知识并希望能够与科学家进行有针对性的交流。由此可见，建立公众和科学家的风险沟通机制是众望所归，只有在相互理解的基础上，才能更好地发现问题和妥善地解决问题。公众缺乏对转基因食品知识的了解也是主要的争论根源，这也符合前面对公众专业知识测评的结果。另外，公众的科学素养总体不高，且容易受媒体和舆论的影响（高宏斌，2011），因此，媒体对转基因问题缺乏科学、客观、准确的报道，误导公众，以及转基因食品决策、监管机制缺乏透明性也都是公众和科学家比较认同的观点，由此可见，要缓解这场愈演愈烈的争论，不仅仅要从公众和科学家两个方面着手，相关部门也应该肩负起应有的责任，作为媒体应该保持客观独立性，如实报道转基因食品相关信息，这样才能更有效地发挥社会舆论的监督作用。而政府机构也要逐渐转变行政职能，使其更加科学化、透明化、民主化。

表 6-9　公众和科学家对转基因食品争论根源的看法

您认为转基因食品争论的根源在哪里	公众		科学家	
	人数（人）	比例（%）	人数（人）	比例（%）
公众缺乏对转基因知识的了解	1035	17.0	200	17.2
科学家与公众缺乏相互交流和沟通	1037	17.1	204	17.6
转基因是作为新生事物具有不确定性	1027	16.8	178	15.3
媒体对转基因问题缺乏科学、客观、准确报道，误导公众	952	15.6	189	16.3
转基因食品决策、监管机制缺乏透明性	1014	16.6	173	14.9
食品问题与每个人息息相关，本身具有高度敏感性	1030	16.9	217	18.7
总计	6095	100	1161	100

6.4.2　公众和科学家对转基因食品的风险认知分析

6.4.2.1　公众和科学家的风险意识

（1）公众和科学家的食品安全意识

食品安全问题关系人的生命健康，会很容易触碰到购买者的敏感神经，因此

---

① 这里不包括陕西、西藏、台湾、香港。

在日常购买食品时会有意识地关注一些食品安全方面的信息,对一些特殊的信息会保持高度的警惕,如产品的生产日期、保质期或成分说明等。课题组通过统计发现,80.8%的公众表示在购买食品时对生产日期、保质期或成分说明等信息看得较多,科学家的比例则更高,占91.3%(表6-10)。可见,对关于切身利益的食品安全问题,还是不容马虎的,尤其是近些年网上频频爆出的食品安全事件,使得人们对市面上的食品安全问题采取了更加保守和谨慎的态度。

农产品在人们日常生活中占有相当大的比重,也是人体各种营养物质的来源。然而,一方面,一些不法商贩为了谋求更多的利润,通过各种手段改变农产品的自然生长规律,以改善农产品的外观,如涂蜡苹果。另一方面,现在很多农村由于缺乏相关的技术指导,一些农民习惯多施化肥和农药以期达到提高产量的目的。这样就导致了农药残留的问题,如果长期使用这种农产品会对人体的健康产生危害。因此,食品中农药残留问题也是一个不容忽视的问题,这也是老百姓比较关心的问题。在调查中了解到,69.6%的公众表示会关注食品中农药残留问题,其中,表示"非常关注"的占26.6%,表示"比较关注"的占43.0%。而科学家表示"非常关注"的占43.0%,表示"比较关注"的占39.9%,仅有1.7%的科学家表示比较不关注(表6-11)。

表6-10　公众和科学家对食品生产日期、保质期或成分说明的关注程度

在购买食品时是否会看生产日期、保质期或成分说明	公众		科学家	
	人数(人)	比例(%)	人数(人)	比例(%)
根本不看	39	3.6	1	0.4
看得较少	168	15.6	19	8.3
看得较多	872	80.8	208	91.3
总计	1079	100	228	100

表6-11　公众和科学家对食品中农药残留问题的关注程度

平时是否关注食品中的农药残留问题	公众		科学家	
	人数(人)	比例(%)	人数(人)	比例(%)
完全不关注	5	0.5	0	0.0
比较不关注	60	5.5	4	1.7
一般	263	24.4	35	15.4
比较关注	464	43.0	91	39.9
非常关注	287	26.6	98	43.0
总计	1079	100	228	100

（2）公众和科学家的环保意识

随着经济水平的不断提高，人们在追求物质生活水平提高的同时，对精神生活质量也提高了要求，舒适清新更贴近自然的生活环境已是很多人追求的目标。但是，经济的飞快发展，也带来了很多环境污染问题，使得人们的生活环境质量逐渐降低，为此，社会各界对环境保护的呼声也越来越高，大众的环保意识也在逐渐加强。调研结果显示，有 58.29% 的公众表示平时比较关注环保问题，14.27% 的公众表示非常关注环保问题。相对来说，科学家的环保意识更加强烈，有 49.56% 的科学家表示比较关注环保问题，38.60% 的表示非常关注环保问题（表 6-12）。

表 6-12　公众和科学家对环保问题的关注程度

平时是否关注环保问题	公众		科学家	
	人数（人）	比例（%）	人数（人）	比例（%）
完全不关注	4	0.37	0	0.00
比较不关注	25	2.32	2	0.88
一般	267	24.75	25	10.96
比较关注	629	58.29	113	49.56
非常关注	154	14.27	88	38.60
总计	1079	100	228	100

6.4.2.2　公众和科学家对转基因食品风险的态度

虽然转基因食品走进公众视野已有十几年，但是其安全问题始终是社会各界争论的焦点，一方面，转基因食品技术性较强，大众的未知程度加剧了其对转基因食品的恐惧程度；另一方面，转基因本身存在科学上的不确定性，假设和推导的成分较多、专家之间的意见不统一，加剧了对转基因食品内在的恐惧感。因此，转基因食品的潜在风险问题还是很令人担忧的。调查数据显示，公众和科学家大部分对转基因食品安全问题有过担心，公众对我国转基因食品安全问题的信息不足。其中 65.15% 的公众表示有担心过转基因食品安全问题（表 6-13），但是，仍然有 43.8% 的公众表示对转基因食品有信心，表示没信心的占 23.1%（表 6-14）。这说明公众整体上来讲，对转基因食品还不是特别的消极。另外有 33.1% 的公众表示对转基因食品的信心评价无所适从，无法给出确定的评价。在深入访谈中了解到，这部分公众表示，受到媒体上不断曝出的食品安全事件和转基因食品争议事件的影响，他们对转基因食品安全问题摇摆不定，心存芥蒂；而科学家的态度相对来说要积极得多，有 46.05% 的科学家表示没有担心过（表 6-13），大大高于公众的比例（12.70%），并且有 69.3% 的科学家表示对转基因食品有信心（表 6-14），足以可见，科学家对发展转基因产业还是比较认同的。当然，也有49.56%的科学家表示对转基因食品有过担心，这也无可厚非，毕竟对这样一种高科技产品，其是否存在相关风险，是一个长期问题，需要更多的实践去证明。

表 6-13　公众和科学家对转基因食品潜在安全问题的担忧

是否担心过转基因食品安全问题	公众		科学家	
	人数（人）	比例（%）	人数（人）	比例（%）
没有	137	12.70	105	46.05
不知道	239	22.15	10	4.39
有	703	65.15	113	49.56
总计	1079	100	228	100

表 6-14　公众和科学家对转基因食品的信心评价

对转基因食品的信心	公众		科学家	
	人数（人）	比例（%）	人数（人）	比例（%）
很有信心	68	6.3	31	13.6
比较有信心	405	37.5	127	55.7
不知道	357	33.1	31	13.6
比较没信心	216	20.0	33	14.5
完全没信心	33	3.1	6	2.6
总计	1079	100	228	100

6.4.2.3　公众和科学家对转基因食品风险的评价

转基因食品作为非传统食品，目前还存在很多不确定性，究竟安全与否至今尚无定论。调研结果显示，公众对健康风险和环境风险绝大多数不能给出自己的明确立场，表示中立态度，所占比例分别为 39.944%和 40.964%。而科学家绝大多数表示积极乐观的态度，所占比例分别为 58.334%和 46.930%。

公众对转基因食品的健康风险整体上持中立偏乐观态度（表 6-15）。其中，有 39.944%的公众不能做出判断，相对来说只有 26.754%的科学家表示目前还不确定转基因食品是否存在潜在风险。这也证实公众较科学家而言，对转基因食品的认知有限，无法根据目前所掌握的转基因食品信息和专业知识做出判断。但是，有 31.881%的公众表示，转基因食品对人体健康是有益的，略高于表示消极态度的公众(28.175%)。虽然大多数公众对转基因食品的安全风险有一定程度的担忧，但是，有些转基因食品，如具有医学药用价值的转基因食品，因为能够满足大众的特殊消费效用，所以通常还比较受欢迎。从总的趋势来看，公众对转基因食品的态度还是偏向于积极的。较公众而言，科学家对转基因食品保持乐观态度，58.334%的科学家表示转基因食品对人类健康是安全的，其中12.281%表示"非常安全"，46.053%表示"比较安全"，仅有14.912%的科学家表示转基因食品对人体健康有害。可见，大部分科学家还是充分肯定转基因食品的技术优势，如在增加食品产量、改善食品风味、增加食品营养、减少农业用水和农药使用等方面确实存在传统食品可望而不可即的地方。

表 6-15 公众和科学家对转基因食品健康风险认知的总体状况

对人类健康的影响	公众		科学家	
	人数（人）	比例（%）	人数（人）	比例（%）
非常安全	0	0.000	28	12.281
比较安全	344	31.881	105	46.053
不知道	431	39.944	61	26.754
比较危险	250	23.170	24	10.526
非常危险	54	5.005	10	4.386
总计	1079	100	228	100

由表 6-16 可知，相对于健康风险而言，公众和科学家对转基因食品的环境风险要稍微消极一点。但是，整体上来说公众的态度依然是中立略偏积极，科学家的态度则为积极乐观。其中，有 40.964%的公众表示中立态度，32.252%的公众表示转基因食品对环境有害，高于对健康风险持相同态度的比例（28.175%），只有26.784%的公众表示转基因食品不会破坏生态环境，比较安全。科学家的态度则依然比较鲜明和乐观，有 46.930%的科学家评价转基因食品对生态环境是安全的，26.754%的科学家表示出消极的态度，高于对健康风险持相同态度的比例（14.912%）。由此可见，对转基因食品给生态环境带来的影响，还是有争议存在的，如在访谈中发现，很多被访问者表示，转基因技术会破坏生物多样性、污染其他非基因改造生物等。

表 6-16 公众和科学家对转基因食品环境风险认知的总体状况

对生态环境的影响	公众		科学家	
	人数（人）	比例（%）	人数（人）	比例（%）
非常安全	0	0.000	21	9.211
比较安全	289	26.784	86	37.719
不知道	442	40.964	60	26.316

续表

对生态环境的影响	公众		科学家	
	人数（人）	比例（%）	人数（人）	比例（%）
比较危险	257	23.818	47	20.614
非常危险	91	8.434	14	6.140
总计	1079	100	228	100

6.4.3　公众和科学家对转基因食品风险认知比较的实证分析

本章研究中的风险认知主要指被访问者对转基因食品对人类身体健康和生态环境等方面的影响给予的主观评价。由此定义出发，转基因食品的风险认知可以从两个维度进行分析，即健康风险和环境风险。

在本章中笔者定义科学家为从事生物科技研究相关的人士，包括大学教授、企事业单位的专业人员等。基于描述性分析部分反映出的公众和科学家在转基因食品风险认知方面的一些差异，本章重点研究影响其风险认知的关键因素。实证部分主要从个人因素、信息因素、风险因素、社会心理因素方面来分析与公众和科学家风险认知的影响关系。

本章采用多元有序分类 Logistic 模型对公众和科学家的风险认知进行实证分析。根据 SPSS16.0 软件的回归结果，四个假设均得到了不同程度的验证，最终得出个人因素、信息因素、风险因素、社会心理因素都是影响公众和科学家转基因食品健康风险与环境风险认知的重要因素，回归结果部分见表 6-17，其中模型 I 和模型 II 分别代表对健康风险认知和环境风险认知的回归结果。

表 6-17　公众和科学家对转基因食品风险认知的比较分析

模型变量		公众		科学家	
变量代号		模型 I	模型 II	模型 I	模型 II
个人因素	性别	0.183	0.027	0.033	0.083
	年龄	0.414***	0.343***	0.093	−0.034
	受教育程度	0.034	0.093	−0.199	−0.757***
	月收入	−0.095**	−0.094**	−0.064	0.006
	专业知识	0.001	0.117*	−0.773***	−0.106
信息因素	熟悉程度	−0.001	0.058	−0.229	−0.048
	媒体传播	0.838***	0.924***	0.211	0.010
	科普宣传	−0.220	−0.312	−0.120	−0.352

续表

模型变量		公众		科学家	
变量代号		模型 I	模型 II	模型 I	模型 II
风险因素	风险态度	0.099	0.072	−0.203	−0.028
	购买经验	−0.082	0.004	−0.174	−0.057
社会心理因素	政府政策	−0.375***	−0.222***	−0.421***	−0.392***
	外部争议	0.114*	0.208***	−0.224	−0.120
	政策支持	0.026	−0.046	−0.355**	−0.378***
	专家信任	−0.347***	−0.270***	−0.386**	−0.299*
	企业信任	−0.053	−0.132**	0.231*	0.113
	食品安全信任	−0.263***	−0.219***	−0.300**	−0.303**

6.4.3.1　个人因素对公众和科学家的风险认知的影响

1）性别对公众和科学家的健康风险和环境风险认知的影响都不显著。对公众而言，女性比男性更倾向于规避风险，一般来说，女性属于情感型决策者，其决策容易受情感因素和环境气氛的影响，同时女性比较重视产品的细节，较男性的"粗枝大叶"而言更显得"斤斤计较"，因此，女性的风险认知更为敏感。但在本章研究中却没有表现出这种显著的差异，可能是当前市面上层出不穷的食品安全事件，动摇了公众对食品安全的信心，对高度不确定性的转基因食品更是充满担忧，因此普遍采取了较为保守的消费心理。而对科学家来说，一方面，可能是由于转基因食品安全问题是一个前所未有的高科技问题，即使作为掌握信息资源比较多的一方，也不能完全肯定转基因食品不存在任何风险。另一方面，可能与样本有关，由于此次调查方法的限制，无法控制回收样本性别的比例平衡，而这次调查科学家样本男女比例差异比较悬殊，会对实证结果造成一定的影响，因此，关于这个问题还需要后续完善科学家样本后再做进一步研究。

2）年龄对公众的健康风险和环境风险认知都有极为显著的影响，且都存在正相关关系，而对科学家的健康风险认知和环境风险认知没有表现出显著的差异。对公众而言，在其他情况不变的前提下，公众的年龄越大，其风险认知越高，这与已有的研究结论相符（高海霞，2009）；不同年龄的个体，其生理机能和社会经历存在很大的差异，同时，年龄不同的人在家庭和社会中所扮演的角色也不尽相同，所以其消费的心理及追求的价值目标也具有很大差异。年龄越小，对新鲜事物的好奇心越强烈，越愿意冒险尝试，而对产品等相关的信息忽视较多，随着年龄的逐渐增大，公众的心理稳定性不断增强而冒险精神逐渐降低，在购物选择中就往往会趋于保守和求稳，因此，面对打破传统的转基因食品，老年人感知到的风险就会更高。而科学家作为特殊的人群，其认识和辨别事物的能力已经达到了某种境界，且认知水平也差不多在一个起点，故对一般的问题大多态度还是比较倾向于一致的，差异性不会很明显。

3）受教育程度对公众健康风险和环境风险认知的影响不显著，但是对科学家的环境风险认知有显著负向影响。对公众而言，这可能与转基因食品自身的特殊性和敏感性有关。一方面，受教育程度较高者，其信息获取能力和辨识能力比较强，能够掌握更多的食品信息，并且在此基础上利用自己的知识体系预测一些风险的发生，故受教育程度越高者，其风险认知度越低。另一方面，不同教育背景的人有着不同的人生价值观，受教育程度较高者，往往更注重生活品质，更倾向于选择安全可靠的产品，但是面对网络上关于转基因食品层出不穷的负面消息，又不得不保持警惕，这又会使受教育程度高者对转基因食品表现出较高的风险认知度。而对科学家而言，一方面，受教育程度越高，其信息获取能力和预测能力越强，越能够掌握更多的转基因食品相关的信息，并且在此基础上预测一些风险的发生，故学历越高者，其风险认知越低。另一方面，科学家较公众而言，其信息辨别能力更强，专业性也比较强，会更加理性地对待各种转基因食品信息，加以处理形成自己科学理性的认识，而这些能力需要具备一定的教育背景和研究经历。

4）月收入对公众的健康风险和环境风险认知影响非常显著，且收入与风险认知负相关，即收入越低，感知到的风险越大，这也与前人的研究观点一致（Spence et al., 1970）。低收入者，由于其经济能力的限制，更倾向于物美价廉、讲究实用，对产品的可靠性要求较高，而对充满不确定性的转基因食品，其可靠性显然低于传统食品，因此，收入较低者对其风险认知就会更高。但是月收入对科学家的健康风险和环境风险认知都没有产生显著影响，可能是因为科学家属于比较理性决策的群体，其判断和选择是基于自身的理论判断，而对其他因素（如月收入）的考虑较少。

5）转基因相关专业知识与公众环境风险存在显著正相关，与科学家的健康风险认知存在显著负相关。也就是说，公众掌握的转基因相关的知识越多，其认为转基因食品对环境的危害越大。一般来说，如果公众对转基因技术比较了解，就会考虑很多专业问题，如生产转基因食品会不会破坏生物多样性、会不会污染其他非转基因食品、会不会使昆虫产生抗体等，这样在对转基因食品的环境效益进行评价时就会更倾向于高估风险。而一般对转基因技术知识掌握较少的公众，在对环境问题进行评价的时候，可能就没有想到或忽视这些问题，故对转基因食品的环境风险认知较低。而科学家较公众而言，其对专业知识的运用能力更强，会根据事物的具体特征加以分析和运用，公众可能倾向于概念化的理解。正如前面分析的结果，公众专业知识越多，对环境风险认知越高，正是由于公众侧重于对概念的解剖和表面的理解，就认为转基因食品是在改变生物遗传基因的基础上产生的，那这样势必会产生一些基因污染等破坏生态系统平衡的问题，而科学家则是在理论和实验的基础上来看待问题，没有经过调查研究，没有相关的数据支持，一般不会轻易定论。

6.4.3.2　信息因素对公众和科学家的风险认知的影响

1）熟悉程度这一变量对公众和科学家的健康风险认知和环境风险认知的影响都不显著。但是，熟悉程度与公众的健康风险认知呈负相关关系，即公众对转基因食品信息了解得越多，其风险认知度越小，这与已有的研究保持一致（周萍入和齐振宏，2012）。也就是说公众掌握的转基因食品信息越充分，了解程度越深，其风险预测性越准确，对转基因食品的不确定性也会降低，故其健康风险认知越小。但是，熟悉程度与公众的环境风险认知呈正相关关系，即获取的信息越多，越觉得转基因食品对环境破坏性越大。这可能有两个方面的原因：一是，获取的相关信息多偏向于消极，对公众的认知有一定的错误导向作用。二是，获取的信息越多，考虑问题的角度就会越全面，从而对转基因食品产生的不确定性就越大。熟悉程度与科学家的风险认知呈负相关关系，即科学家对转基因食品信息接收得越多，其风险认知越小。但是，熟悉程度并不是影响公众和科学家风险认知水平的显著原因。

2）媒体传播与公众的转基因食品风险认知呈显著正相关，即通过媒体获取转基因食品信息者，较从其他途径得知的公众风险认知度高，而媒体也是公众获取转基因食品信息最多的渠道，这也从侧面反映了当前媒体在向公众传播转基因食品信息时以消极方面为主，对公众的风险认知有一定的误导作用。媒体传播与科学家转基因食品风险认知呈正相关，但是影响不显著。这一点与公众的差异比较显著。虽然科学家通过媒体传播获取转基因食品信息对其风险认知有一定的消极引导，但是，科学家较公众而言，更为理性，其受媒体传播的影响不大。

3）科普宣传与公众的风险认知也有一定负相关，即通过科普途径获取转基因食品信息者，较从其他途径得知的公众风险认知度低，但影响作用并不显著。可能的原因为：一是公众对科普宣传提供的信息还是比较信任的，通过调查发现科普宣传是公众仅次于书籍或报刊最为信任的食品信息渠道。二是公众的科普参与性不强，参与效果不佳。调研显示，科普宣传是公众获取转基因食品信息最少的渠道，可见，加大科普宣传力度和提高公众的科普参与度势在必行，只有通过专业和权威的渠道给公众传输更多的转基因食品信息，才能更好地引导公众科学认识和理性评价转基因食品。科普宣传与科学家的环境风险认知有一定的负相关，即通过科普途径获取转基因食品信息者，较从其他途径得知的科学家群体风险认知度低，但作用不显著。调研结果显示，科普宣传是科学家最为信任的食品信息渠道，并且通过科普宣传途径传播的转基因食品往往是比较客观和公正的，而科学家较公众而言，科普宣传活动参与率也较高，故对转基因食品风险认知有一定的积极作用。但是科普宣传还不是科学家信息来源比较多的渠道，科学家获取的大部分转基因食品信息是通过媒体传播的，故科普宣传对其风险认知的影响也不明显。

6.4.3.3 风险因素对公众和科学家的风险认知的影响

1）风险态度与公众健康风险和环境风险有一定的正相关关系，但是影响并不显著。也就是说公众的风险意识越强烈，其对转基因食品的风险认知越大。一般来说，风险意识越强的人，其越倾向于规避风险，越倾向于选择不确定性较小的产品。而当前，关于转基因食品的风险还没有形成定论，各方争论都比较激烈，公众的态度普遍还比较谨慎和保守。风险态度对科学家健康风险和环境风险影响并不显著。对转基因食品这种潜在风险仍然无法定论的特殊事物，社会普遍的反应都是小心谨慎，不管是风险爱好者、风险中立者，还是风险厌恶者，都会觉得无所适从，都会选择相对保守和稳定的态度，因此，风险意识的强弱对其转基因食品的风险认知没有显著的影响。

2）购买经验对公众和科学家的风险认知影响均不显著。以往的研究显示，购买经验对公众的总体风险认知没有影响，但是对误购风险有显著的影响，即购买经验越多，其感知到的误购风险越大（高海霞，2009），本章研究的结果显示，购买经验对公众和科学家的风险认知的影响都不显著，可能与变量的选取有一定的关系，此处的购买经验仅仅指公众或科学家购买食品的经验，对转基因食品这一类特殊事物可能适用性不强，因此，购买经验的影响还需要在后期研究中经过完善问卷内容后继续展开进一步探索。

6.4.3.4 社会心理因素对公众和科学家的风险认知的影响

1）政府政策对公众和科学家的转基因食品风险认知有着极为显著的负相关影响。也就是说，公众和科学家认为政府颁布转基因食品安全证书的态度越慎重，其对转基因食品健康风险和环境风险认知越小。可见，政府作为转基因食品的主要监管者，其对转基因食品的决策、监督和处理态度都直接影响着公众和科学家对转基因食品的心理预期。

2）外部争议对公众转基因食品的健康风险和环境风险认知影响显著，表现出高度的正相关，即公众对外部争议了解得越多，其对转基因食品风险认知越大。当前，关于转基因食品的争议已经愈演愈烈，争议的内容也逐渐由转基因食品安全问题演变到科学家的责任道德问题，已经严重脱离了正常的轨道，而就是这种舆论现象已经严重误导了公众对转基因食品的科学认知。然而，外部争议对科学家转基因食品的健康风险和环境风险认知影响不显著，且呈现出一定的负相关，与对公众的影响方向正好相反。也就是说科学家对外部争议了解得越多，其对转基因食品风险认知度就越小。一方面，科学家对转基因食品的外部争议了解得比公众要多，掌握的信息比较充足，对转基因食品的不确定性也较公众要小，故其风险认知较小。另一方面，科学家的态度比较客观公正，有自己的想法和理性判断，不会因为外部争议而扰乱自己的决策。

3）政策支持对公众的健康风险和环境风险没有显著的影响。从结果的方向性来看，公众对国家转基因重大专项越支持，其健康风险认知越大，环境风险认知越小，可见，虽然从某种程度上来看，公众还是比较支持国家发展转基因重要专项，毕竟其对提高产品的产量和品质，对解决我国的粮食安全问题有重要意义，但是，支持是一回事，选择是另一回事，对自身的安全问题公众还是慎之又慎，抱着"宁可信其有，不可信其无"的态度，因此，即使有较高的支持态度，公众对转基因食品的健康风险认知度依然较高。而对环境风险的认知则没有健康风险那么敏感，表现出了心理和行为一致，即越支持国家转基因重大专项，对环境风险认知越小。政策支持与科学家的健康风险和环境风险有着极显著的负相关关系。也就是说，科学家对国家转基因重大专项越支持，其健康风险和环境风险认知度越小。一方面，科学家相信大力发展转基因产业能够解决我国的粮食安全问题，还能刺激经济发展，带动农民增收脱贫，具有一定的经济效益和社会效益。另一方面，既然政府能够批准发展，也是经过层层考虑的，对党和政府的决策还是比较信任的。

4）专家信任、企业信任和食品安全信任与公众的风险认知有着极显著的负相关关系，也就是说信任对公众的风险认知有着显著的抑制作用，公众对从事转基因食品研究的专家越信任、对市面上食品安全越信任，其对转基因食品健康风险认知越小；对从事转基因食品研究的专家越信任、对生产绿色食品企业的绿色标签越信任、对市面上食品安全越信任，其对转基因食品环境风险认知越小。可见，作为研发者、生产者、销售者，其公信力直接影响着所研发、生产和销售的产品，只有各自做好自己的本职工作，树立起诚信的大旗，才能争取到公众的理解和支持。且专家信任、企业信任、食品安全信任对科学家的风险认知也有显著影响，其中，专家信任和食品安全信任对科学家的风险认知有着显著的抑制作用，即科学家对从事转基因食品研究的专家越信任、对市面上食品安全越信任，其对转基因食品健康风险认知度越小；而对生产绿色食品企业的绿色标签越信任，其对转基因食品风险认知度越大。可见，科学家对企业的公信力还是表示怀疑的，即使相信绿色标签的真实性，仍然不会表示认同。

6.5　主要研究结论及对策建议

6.5.1　主要研究结论

本章通过问卷调查,从被访者的基本情况、对转基因食品认知的现状和对多方相关的态度等方面,系统描述了公众和科学家风险认知的差异特征,并运用多元有序分类 Logistic 模型对影响风险认知的因素进行了定量研究,并得出了以下主要研究结果。

6.5.1.1　媒体缺乏客观公正的信息传播,对公众有一定的误导作用

公众的转基因相关知识和信息较科学家而言存在很大差距,显然科学家掌握的信息比较充分和完备,双方之间存在严重的信息不对称现象,公众很难对转基因食品的风险做出客观和确定的判断。调查结果显示,有 79.1%的公众是通过媒体来获取转基因食品信息的,其中来源于互联网的占 34.6%,可见,媒体尤其是网络媒体已经是公众接收转基因食品信息的主要渠道,如果媒体在传递信息时缺乏科学、客观和准确的报道精神,就极易导致公众走进认知的误区。实证结果也显示,媒体传播对公众的风险认知有显著的影响,而科学家受媒体传播的影响较小。当前,由于互联网的快速发展,忽视了监管和规范环节的有效控制,大量的消极信息充斥网络,一些反对者借助大众传媒肆意"妖魔化"转基因食品,并号召公众公开抵制和拒绝转基因食品,舆论乱象已经严重干扰了公众对转基因食品的科学认知和判断,导致大部分公众无所适从,不知道转基因食品究竟是安全的还是危险的,如调查结果显示,39.9%的公众表示不知道转基因食品对健康风险的影响如何,40.1%的公众表示不知道转基因食品对环境风险影响如何,可见,大众缺乏权威和正确的转基因食品信息获取平台。

6.5.1.2　科普宣传力度不够,公众科普活动参与度低,科学素养欠缺

公众对转基因食品认知程度普遍较低,与公众科普活动参与度低、科学素养欠缺有一定的相关性。调查显示,相较于科学家而言,公众的科普参与性较低,有 52.1%的公众表示完全没有参加过科普活动,27.6%的公众表示偶尔参加,18.8%的公众表示较少参加,只有 1.5%的公众表示经常参加。很多公众表示,由于生活节奏较快,不愿意花时间参加科普活动,科普活动少,科普内容单调枯燥不符合公众需求也是公众参与度低的主要原因。公众关心的根本问题是转基因食品安全与否,但是往往科普报道所提供的索然乏味的科学事实并不能给出直接答案。另外,科普活动内容的专业性太强,大多数公众表示难以理解,因此,公众对参与

科普活动的实际效果评价不高，调查显示，65.2%的公众对科普活动的评价一般。但是科普却是公众和科学家最为信赖的食品信息渠道。可见，科普还是有其存在的价值，只是还没有完全发挥应有的积极效益。因此，加强科普宣传对降低风险认知还是有一定积极作用的。

6.5.1.3 相关决策和监管机制不够透明，导致公信力不高

当前，我国在转基因食品信息披露方面还普遍存在着公开范围小和披露内容简单的问题，只有在少数法规制度、评价指南、技术标准及安全证书审批情况等内容中会有所体现。但涉及大众最为关心的转基因食品安全评价资料、转基因食品监管情况等内容公开较少。虽然我国对信息公开做出了相关规定，但各管理部门对信息的公开范围和程序还没有制定具体的实施细则，并且转基因生物安全评价和产业化涉及国家秘密和申请人的技术秘密，而对这类信息的辨别工作十分复杂，这就导致了信息公开不能及时主动，相关决策和监管机构只能"暗箱操作"。再加上政府对公众在转基因食品认识上的误区，没有及时给予解释和说明，导致相关部门的公信力大打折扣。而信任是一切工作顺利开展的前提，缺乏信任，只会引起误解和争论。实证结果表明，对从事生物科技研究专家的信任、对生产绿色食品企业的绿色标签的信任和对市面上食品安全的信任都是显著影响公众和科学家转基因食品风险认知的因素。因此，转基因食品的研发、生产和销售等环节对外公开程度较小，决策和监管机制不够透明，导致社会公信力逐渐下降，从而也影响了公众和科学家对转基因食品安全问题的态度。

6.5.1.4 公众与科学家没有建立起良好的转基因食品风险沟通机制

随着经济水平的不断提高，公众对转基因食品安全性及其知情权的要求也日益高涨。因此，公众希望与科学家进行信息沟通与交流的呼声也越来越大。

从公众和科学家风险交流的外部政策来看，当前，在许多发达国家，如德国、日本、美国等，均设置了相关的转基因食品风险沟通机构或职能部门，专门开展科学家与公众之间的沟通、宣传和交流方面的工作，但是目前，我国还没有建立转基因食品风险交流的协调机制，各职能政府部门只是把风险沟通作为应急性或临时性工作，使转基因食品风险交流长期处于边缘化状态。另外，风险交流无长效的经费支持，交流的范围和力度都十分有限，这也导致了公众和科学家风险交流的无据可依、无规可守。

从公众和科学家风险交流的内部因素来看，一方面，长期以来，从事生物研究的科学家只是专注于科研，在了解和获取公众信息需求的方面投入不足，信息传播方面所做的努力较少。他们总是在试图用数据和调查报告来说服公众理解和接受科学，认为已经有大量事实和证据证明转基因生物是无害的，就不需要专门

为此与公众进行沟通，而没有站在公众的角度来考虑他们的理解能力和认知水平。传播技巧的缺乏，使得支持转基因的科学家和科研机构无法及时地将转基因安全知识以公众愿意接受的方式进行交流，导致公众的错误认知和无端猜疑。另一方面，一些负面消息的传播，导致了公众对一些科学家的不信任，而科学家也缺乏驾驭新闻传播规律的能力，在面对转基因食品的负面消息时，缺乏迅速反应的意愿和能力，加之双方又缺乏及时沟通交流的平台，导致公众的误解越积越深。从调查情况看，"科学家与公众缺乏相互交流和沟通"是公众和科学家一致认为导致转基因食品争论的最主要的根源。在访问中也发现，大多数公众都表示希望能够从科学家身上获取更多关于转基因食品的直接信息，从而指导自己做出更为科学和理性的判断。

6.5.2　对策建议

6.5.2.1　媒体要肩负社会责任，保证客观、公正地向大众传播信息

舆论乱象对公众转基因食品风险认知的负面影响力特别大，也不利于转基因食品的健康有序发展，而食品安全信息与大众的自身利益有着直接的相关性，和人类的生理需求、安全需求这两个最基本的心理需求密切相关，因此，要加强转基因食品信息传播渠道的管理，首先就要从媒体抓起。一方面，媒体从业人员要遵守职业操守，加强对转基因相关科学知识的学习，在转基因食品信息传播方面要保持严谨客观的科学态度，尽可能地将科学权威的信息和知识输送给公众。这样就可以避免媒体人为炒作新闻，为从中牟取利益而制造轰动效应，造成社会恐慌和舆论乱象。另一方面，相关部门要加强信息监管力度，避免不良、虚假、错误信息通过媒体传播而误导公众，造成公众思想混乱和心理恐慌。特别是网络媒体的异军突起，规范和管理都还没有跟上，更需要在管理网络舆情上加大投入力度，对可能误导公众的错误舆论信息必须及时辟谣，对食品安全事件产生的危害要及时加以解释和说明，避免引起公众恐慌，对公众的风险认知加以正确引导。

6.5.2.2　加大科普宣传力度，转变科普活动形式，丰富科普活动内容

科普是公众和科学家最为信任的食品信息来源渠道，而且，科普对转基因食品的风险认知也有一定的积极作用。面对公众科普参与度低下、参与积极性不高、科普效果不理想等现状，相关部门应该从以下方面着手完善：一是，鼓励一些公益性机构加大科技成果的科普化，定期定点地举办科普活动，并落实相关信息的传达，保证想参加、能参加的大众能够积极参与其中。二是，针对不同年龄、不同职业的人采取不同形式的科普活动，并将转基因相关的科研成果转化为公众易于理解的、通俗易懂的语言，尽量能够增加活动的趣味性和互动性，在调动大家积极性的同时，也能达到传输知识的目的。

6.5.2.3 提高转基因食品风险评估和检测手段，建立信息透明机制

转基因食品从农田走上餐桌，要经过生产、加工、储藏、运输和销售等诸多环节，而我国的食品安全监督管理体制主要采取的是以分段管理为主、品种监管为辅的"多机构模式"。食品安全各监管部门之间信息编码和管理技术标准、规范的不统一，也严重影响了信息的科学性、权威性和指导性，再加上各职能部门对食品安全信息披露的普遍落后，大众无法获取全面、完整的食品安全信息（门玉峰，2010），信息的不通畅，导致公众的知情权受到限制，进而影响其对转基因食品的风险认知。因此，加强转基因食品风险评估和检测能力，建立信息透明机制，对促进与社会大众的良好互动、恢复食品安全的信心和降低对转基因食品的风险认知至关重要。

一方面，政府应该加大对转基因食品安全的基础性研究与检测工作等方面的科研投入，提高对转基因食品的风险评估能力，完善转基因安全检测技术，加快建立转基因食品风险评估机制，将食品安全监管的执行细节贯穿到转基因食品研发、生产、加工、存储、运输和销售的全过程，以控制整个链条的安全性，并坚持定期检测，建立转基因食品质量监控数据库，以提高公众和科学家对转基因食品的安全感；另一方面，要建立食品安全信息透明机制，搭建农业、粮食、工商、卫生、质检、环保等部门食品信息的联合公告平台，定期公开安全评价审批结果、安全性实验研究结果、执法检查结果及转基因食品产业化状况等内容，以便大众可以随时从正规渠道查询到准确、及时、全面、透明的食品安全信息并获取充分的知情权，同时在具体大政决策上专家、政府和企业应更多地考虑公众利益，让公众拥有更多的参与权，及时了解公众和利益相关方对转基因的理解、认识、关注点及希望获得的信息类型，形成良好的交流反馈信息链，从而消除公众对转基因食品风险的疑虑甚至恐惧心理，也有利于促进转基因食品产业的健康有序发展。

6.5.2.4 加强公众与科学家信息互动，建立风险沟通机制

生物技术的飞速发展，使人类沉醉在高增长高消费的黄金时代，但同时也日益受到食品安全、环境污染、生态破坏、技术隐患等现代性风险的威胁。为此，国家也投入了大量技术、资金和人力资源用于风险评估和管理。虽然这些努力在一定程度上提高了现实的健康水平和安全水平，却使公众的安全感和满意度不断下降。公众不再像以前一样甘愿把保护人类健康和生态环境的希望寄托在政府和科学家的手中。人们要求获得知情权和参与风险决策的权利，鉴于公众和科学家专业知识的巨大落差，建立两者之间的风险"对话"便可以很好地解决风险认知对知识的依赖性，实现公众参与风险管理和决策的愿望。因此，建立一个良好的公众与科学家风险沟通和交流的平台意义重大。

一方面，必须要转变传统的风险沟通模式，逐渐从风险评估（科学家）—风

险管理（政策制定者）—风险沟通（面向公众）的"单向风险沟通模式"向公众和科学家互动交流的"双向风险沟通模式"过渡，赋予公众主动思考、提出问题和建议甚至做出决策的权利。因此，笔者认为，可以采取以下措施来建立公众和科学家互动交流平台：一是鼓励科学家更多地参与科普活动，创造公众和科学家面对面座谈交流机会。二是建立转基因科普基地，让更多转基因科普人才走进大众视野，使科学家与公众建立更加紧密的联系。三是设立一个职能部门专门负责公众与科学家的信息对接和传递，保证公众和科学家交流的充分性、及时性。四是科学家和公众可以通过开通个人微博等网络媒介来搭建双方交流的平台，网络的便捷和低成本能够大大提高信息传递和反馈的效率，增强公众和科学家信息沟通的效果。另一方面，要丰富风险沟通的内容，从传统的事后沟通向全程沟通过渡，如在事件发生前，可以告知公众一些风险和生物科技相关的专业知识，提高公众的科学素养，降低公众的风险认知度；在事件发生时，可以告知公众一些关于风险的本质、影响和控制等方面的情况，避免公众胡乱猜疑产生恐慌心理；在事件发生后，要积极了解公众对风险的心理认知状态，积极引导。

第7章 我国转基因水稻知识产权发展战略研究

我国转基因水稻技术已经达到世界领先水平，然而转基因水稻的产业化应用却迟迟没有实现，其中一个很重要的原因，是与之相关的知识产权保护仍存在不足，转基因水稻知识产权的运用和管理能力落后。转基因水稻知识产权战略，就是通过一系列政策安排和制度运行，提高转基因水稻知识产权的创造、运用、管理和保护能力。为促进转基因水稻技术的创新和发展，保持我国在世界范围内的转基因水稻技术优势，本章在对我国转基因水稻研究成果及产业化现状进行阐述、明确我国转基因水稻知识产权战略中技术储备现状的情况下，对我国转基因水稻知识产权发展战略现状进行了说明和评析，并从域外转基因生物技术知识产权战略现状中获得启示，从而有针对性地提出了我国转基因水稻知识产权发展战略的实施策略。

7.1 我国转基因水稻发展现状及知识产权战略理论基础

7.1.1 我国转基因水稻研究成果及产业化现状

作为世界上最早种植水稻的国家，我国将水稻长期作为主粮作物之一，种植面积占国内粮食种植总面积的 26.9%，其重要性不言而喻。转基因生物技术的出现，为水稻带来了新的培育方式。863 计划将生物技术纳入重点研究范围，标志着我国转基因技术研究的开端。自 20 世纪 90 年代起，我国投入了大量的资金和人力物力，高度重视转基因水稻的研发。经过近 30 年的努力，我国转基因水稻的研发取得了显著的成果。相关统计显示，2013～2015 年，在以水稻为材料的生物技术领域中，发表在《自然》和《科学》杂志上的论文，高达 67%是由我国研究人员在国内自主完成的；其中，我国在水稻和棉花领域发表论文数位居首位，在其他三大作物小麦、玉米、大豆领域发表论文数均位列第二位[①]。我国已研发取得了大批可稳定遗传并具有重要应用价值的转基因水稻功能基因，培育出一批分别具有抗虫、抗除草剂、耐盐和耐旱、抗病、养分高效、高产等特性且拥有自主知识产权的转基因水稻新品种，其中抗虫转基因水稻品种居于世界领先地位。

与研发取得的累累硕果相比，我国转基因水稻的产业化应用迟迟没有实现。

---

① 数据来源：网易财经. 2016-04-29. 中国转基因重大专项：四分之一经费用于研究生物安全. http://money.163.com/16/0429/17/BLRB1BPI00253B0H.html[2016-11-04]。

2009 年 8 月，由华中农业大学研发的两种转基因抗虫水稻'华恢 1 号'和'Bt 汕优 63'获得了由农业部颁发的农业转基因生物安全证书（生产应用），有效期 5 年。这一事件曾被认为可开启我国转基因水稻的产业化进程。根据《农业转基因生物安全管理条例》和《中华人民共和国种子法》等相关法律法规，这两种已获得安全证书的转基因水稻，在获得农业转基因生物安全证书后，还需通过品种审定，获得种子生产许可证和种子经营许可证后，才能进入产业化生产。但是直至 2014 年 8 月，安全证书五年有效期到期时，'华恢 1 号'和'Bt 汕优 63'这两种转基因水稻仍处于品种审定阶段，转基因水稻产业化并未有进展。2014 年 12 月，'华恢 1 号'和'Bt 汕优 63'转基因水稻再次获得农业转基因生物安全证书，有效期为 2014 年 12 月 11 日至 2019 年 12 月 11 日，但农业部同时也表示，安全证书的续期并不意味着我国将加快转基因主粮的推广进程。张启发院士认为，如果这两种转基因水稻在新的农业转基因生物安全证书有效期内仍无法取得品种审定证书、种子生产许可证和种子经营许可证，转基因水稻产业化相较第一次获得农业转基因生物安全证书时没有任何新的进展，此次农业转基因生物安全证书的续期将丧失其实际意义。

我国目前针对农业转基因技术采取"大胆研发，谨慎推广"的政策态度，仍将技术研发作为重点。并且国内"反转"舆论盛行，产业化推广舆论环境较差。2013 年我国国内几大主要网站曾进行过一个关于转基因食品的网络调查，调查结果显示，参与腾讯网调查的网友中高达 94.11%明确反对转基因粮食在我国的产业化种植，参与搜狐网调查的网友中高达 94.85%认为不应该推广转基因水稻（吴林海等，2015）。针对现状，我国现存相关法律制度仍需要完善，如建立公众参与制度、田间管理及共存制度。无论是政策、法律还是舆论环境，都使得转基因水稻在我国实现产业化仍需要一段时间。

7.1.2　知识产权战略与转基因水稻知识产权战略理论

知识产权战略，指一个国家或地区，为实现经济利益最大化，通过知识产权制度，对知识产权的创造、运用、管理和保护进行指导和规范的一系列政策安排和措施。在全球知识经济的时代背景下，知识产权通过激励创新，鼓励科技发展，提高国际竞争力，促进经济发展，已经成为世界各国高度重视的战略资源。将知识产权上升至国家战略层面有助于早日实现我国建设创新型国家和知识产权强国的目标。国家知识产权战略，指通过激励知识产权创造，促进有效运用，依法进行保护和科学管理，以完善现代知识产权制度、建设高素质的知识产权人才队伍为目标，促进经济社会发展目标的实现的总的规划。我国推进国家知识产权战略已有一定的时间，也达到了一定的预期效果。2007 年党的十七大报告中明确提出"实施知识产权战略"。2008 年，国务院颁布了《国家知识产权战略纲要》，涵盖了知识产权全部领域，形成了一套较为完整的提高知识产权创造、运用、管理和保护能力的体系。2012 年，党的十八大报告继续强调要实施知识产权战略。在国家知识产权战略的指导下，我国知识产权制度建设有了突破性的成果。知识产权创造数量明显上升，且具有较高质量；持续探索知识产权运用模式，创新知识产权投资、融资等多种方式，并得到国家的支持，发展迅速；政府及企业、科研机构对知识产权的管理能力大幅提升；就知识产权的保护而言，经过多次立法修改，我国知识产权立法保护水平达世界领先水平，并在北京、上海、广州三地设立知识产权法院，负责专门审理相关地区的知识产权案件，快捷高效地解决知识产权纠纷。知识产权战略促使我国进一步向科技强国和创新型国家迈进。

转基因生物技术知识产权战略，作为国家知识产权战略的下位概念，是国家知识产权战略在转基因生物技术产业领域内的具体化表现，目的是在国家知识产权战略的指导下，提高转基因生物技术知识产权的创造、运用、管理和保护能力。转基因生物技术由于其环境友好性与巨大的市场经济价值，已经成为国际技术竞争的核心之一。转基因生物技术知识产权战略，对激励转基因生物技术的创新和发展，实现转基因生物技术价值具有重要意义。转基因水稻知识产权战略，顾名思义，就是通过一系列政策安排和制度运行，提高转基因水稻知识产权的创造、运用、管理和保护能力。我国转基因水稻技术已经达到世界领先水平，成为解决我国粮食短缺及粮食安全问题的不二之选。然而与之相关的知识产权保护仍存在不足，转基因水稻知识产权的运用和管理能力落后。为促进转基因水稻技术的创新和发展，保持我国在世界范围内的转基因水稻技术优势，增强技术竞争力，有必要对我国现行有关转基因水稻的知识产权制度现状进行梳理，在国家知识产权战略的框架下，有针对性地设计我国转基因水稻知识产权战略。

7.2　我国转基因水稻知识产权战略中技术储备现状

转基因水稻知识产权的技术储备现状，主要指通过转基因水稻的专利现状，对我国转基因水稻技术状况有清晰的认识。分析我国转基因水稻专利情况，不仅可以预防我国在转基因水稻产业化推进过程中面临专利纠纷，而且有利于转基因水稻知识产权战略的具体设计。

根据对 2008 年前（包括 2008 年）世界转基因水稻专利申请量的总结，我国专利申请量达 785 件，位居世界第二位，仅次于日本。而转基因技术研发较早的美国，专利申请量仅为 199 件，远低于日本和中国，位居世界第三位。根据专利申请中的技术信息分析可得，美国和日本转基因水稻技术重点集中于抗病基因、抗虫基因、抗除草剂基因和品质性状改良基因。而我国则将技术重点集中于抗病基因、抗逆基因和丰产性状改良基因。且日本、美国两国的专利申请人构成中，形成了企业、科研机构及个人的研究主体模式，其中企业和个人为主要研究力量，产学研之间衔接流畅。而就我国的专利申请人的组成结构而言，主要的科研力量由大学和研究所等科研机构承担，个人和企业的研发力量未充分发挥。就转基因水稻技术的世界竞争来说，虽然我国专利申请量的领先地位不可动摇，但专利覆盖范围仍有局限，且研发主体结构需要转变。

我国关于转基因水稻的专利申请于 1986 年开始，当年仅有两件专利申请。在1999 年之前虽然专利申请量稍有增加，但仍保持在 10 件左右。2000~2008 年，我国关于转基因水稻专利的申请量突飞猛进，2005 年达到峰值 112 件。在此期间我国转基因水稻技术飞速发展。至 2008 年终，我国专利授权达 188 件，处于实质审查的专利申请 65 件，公开阶段 248 件（刘旭霞和李洁瑜，2010），这些体现了我国转基因水稻丰富的技术储备量（表 7-1）。其中我国于 2009 年获得农业转基因生物安全证书的两个转基因水稻品种，均由我国自主研发，产业化应用并不会涉及国外专利纠纷。可见在知识产权战略下，我国目前转基因水稻技术储备丰富，就转基因水稻产业化而言拥有完全自主的知识产权。

表 7-1　2008 年国内申请人在我国的转基因水稻专利申请情况（单位：件）

申请人	已获专利授权	实质审查	公开	专利权权利不存在			合计
				未缴纳年费	被撤回	被驳回	
大学	78	31	116	27	53	43	348
研究所	69	21	89	32	48	6	265
个人	18	7	20	21	30	7	103
企业	12	3	17	1	4	1	38
大学与研究所合作	5	2	3	3	0	0	13
个人与研究所合作	3	1	0	0	1	1	6
企业与研究所合作	1	0	1	3	0	0	5
大学与企业合作	2	0	2	0	2	0	6
个人与企业合作	0	0	0	1	0	0	1
合计	188	65	248	88	138	58	785

资料来源：刘旭霞和李洁瑜，2010

7.3　我国转基因水稻知识产权发展战略现状及评析

7.3.1　创造

对转基因水稻的知识产权创造，我国将转基因水稻中分离提纯的基因、DNA片段与转基因水稻品种区分，分别以不同的法律进行保护。

7.3.1.1　专利制度

专利制度作为基础性制度，为生物技术的发展提供了有效的保护，在转基因水稻知识产权制度中同样具有重要作用。经过三次修改与完善，我国已形成《中华人民共和国专利法》《中华人民共和国专利法实施细则》《专利审查指南》及以专利法相关司法解释为主要内容的专利制度。我国专利制度对生物技术的保护经历了从早期的将生物技术纳入化学领域范畴而不予保护，到授予微生物及遗传物质发明和生物制品发明专利权的转变，并且《专利审查指南（2010）》专设一章，规定关于"生物技术领域发明专利申请的审查"，给出判断构成生物技术基础的"基因或 DNA 片段"是否属于专利制度保护范围的标准。并且经过 2008 年的修改，专利制度将遗传资源也纳入了保护范围，保护在生物技术创新中遗传资源权利人的利益。根据我国《专利审查指南（2010）》9.1.2.2 条款规定，专利制度保护首次从自然界分离或提取出来，能够确切地表征具有产业利用价值的基因或 DNA 片段及其得到方法。而《中华人民共和国专利法》第二十五条，明确将动物、植物品种排除在专利制度保护范围外，但对动物、植物品种的生产方法可予以专利保护。因此，就转基因水稻而言，我国专利制度保护转基因水稻中的基因或 DNA 片段、将基因或 DNA 片段分离提纯的方法及生产转基因水稻新品种的方法，但是转基因水稻品种本身被排除在专利制度保护范围外，不能够被授予专利权。

7.3.1.2　植物新品种保护制度

植物新品种保护制度，是知识产权制度中的特殊保护制度之一，主要保护被排除在专利制度保护范围外的植物品种，就转基因水稻而言，植物新品种保护制度主要保护被排除在专利制度保护范围外的转基因水稻品种。植物新品种保护制度最早由《国际植物新品种保护公约》（简称《UPOV 公约》）建立，旨在鼓励植物新品种的开发，建立发展一个有效的植物品种保护体系。我国 1999 年加入《UPOV 公约》（1978 年文本），在加入之前，为了达到公约要求的标准，我国于 1997 年颁布《中华人民共和国植物新品种保护条例》。这一条例的颁布标志着我国植物新品种保护制度的初步建立。此后，《中华人民共和国植物新品种保护条例》于 2013 年进行了修改，其内容仍与《UPOV 公约》（1978 年文本）基本保持一致。为完善植物新品种保护制度，落实《中华人民共和国植物新品种保护条例》中的一些细则，并为达到更加具体和有针对性的目标，我国于 1999 年颁布了农业部分和林业部分的《中华人民共和国植物新品种保护条例实施细则》，分别对农业和林业领域中的植物新品种保护进行规定。通过对司法经验的总结，最高人民法院还发布了植物新品种权保护的相关规定与司法解释。至此，我国形成了以一个条例，两个实施细则，复审规定、侵权处理规定及两个司法解释为基本内容的植物新品种保护制度（李菊丹和宋敏，2014）。

　　品种权作为知识产权下属的一种特殊权利，同专利权一样，具有排他性，主要规制的是未经品种权人许可，利用授权品种的繁殖材料进行的以盈利为目的的商业行为。《中华人民共和国植物新品种保护条例》第二条与第十三条①规定了申请品种权保护的植物新品种需要满足的条件。水稻在我国农业部发布的《中华人民共和国农业植物新品种保护名录（第一批）》中位居首位，因此就转基因水稻品种而言，只要其满足新颖性、特异性、一致性和稳定性条件并具有适当的命名，即可按照法律的规定申请授予品种权。一旦转基因水稻品种的繁殖材料在未经品种人许可被他人利用进行商业行为，品种权人即可依照《中华人民共和国植物新品种保护条例》追究他人责任，保证自己对品种的独占性不受侵犯。植物新品种保护制度通过对转基因水稻品种授予品种权从而对转基因水稻知识产权创造进行保护和激励。

7.3.1.3　其他知识产权制度

　　关于转基因水稻知识产权创造，除了上述两种知识产权制度外，还存在其他制度，如商标制度和地理标志制度，对转基因水稻知识产权创造进行补充保护。

　　商标制度。我国现行《中华人民共和国商标法》中虽未涉及转基因水稻知识产权保护，但在申请商标注册时，需按照《类似商品和服务区分表》中规范的商品名称或服务项目填写。也就是说，《类似商品和服务区分表》中规定的商品或服务均属于商标制度保护范围内。根据我国商标局发布的2016年版《类似商品和服务区分表》，其中第30项、第31项所规定的商品，虽然未直接指向转基因水稻，但其包括转基因水稻的繁殖材料、收获材料或由收获材料制作而成的产品（李洁瑜，2011），因此，转基因水稻也可以获得商标制度的保护。

　　地理标志制度。关于地理标志制度与转基因水稻知识产权创造之间的联系还值得商榷。从地理标志的权利人是集体权利人的角度而言，将转基因水稻纳入地理标志制度保护范围，有利于改善我国转基因水稻种植中农民权益保护不足的现象，加强对农民群体利益的保护，提高农民的种植积极性。

7.3.1.4　竞争法制度

　　转基因水稻知识产权创造体系，不仅仅局限于知识产权法律制度，还包括《中华人民共和国反不正当竞争法》与《中华人民共和国反垄断法》等竞争法制度。作为与知识产权制度关系密不可分的竞争法律，竞争法对知识产权的保护在众多

---

　　①　《中华人民共和国植物新品种保护条例》第二条规定：本条例所称植物新品种，是指经过人工培育的或者对发现的野生植物加以开发，具备新颖性、特异性、一致性和稳定性并有适当命名的植物品种。第十三条规定：申请品种权的植物新品种应当属于国家植物品种保护名录中列举的植物的属或者种。植物品种保护名录由审批机关确定和公布。

领域中均有体现。竞争法中虽未明确规定对转基因水稻如何保护，但根据其基础理论，可以分析得出其保护转基因水稻知识产权的实现路径。

《中华人民共和国反不正当竞争法》主要规制的是关于转基因水稻从创造到市场全过程中的不正当竞争行为。转基因水稻由于其植物的特殊性，种子是技术核心信息主要的载体，而在转基因水稻的研发、生产、销售过程中，涉及主体复杂，包括研发人员、种植农民、育种公司等人员，转基因水稻种子可能通过任意主体外泄，被不良竞争者利用，导致转基因水稻的权利人利益受损。因此，将转基因水稻技术信息作为商业秘密，通过《中华人民共和国反不正当竞争法》对转基因水稻的技术秘密及其他不正当竞争行为进行保护或规制是必要的。

《中华人民共和国反垄断法》主要规制的是在转基因水稻产业化过程中利用转基因水稻知识产权形成垄断地位，排除、限制竞争的行为。将转基因水稻知识产权纳入《中华人民共和国反垄断法》保护，有利于规范我国转基因水稻产业化进程中的竞争秩序，防止国外企业利用技术优势垄断我国转基因水稻市场，导致危害国家利益的局面发生。

7.3.1.5　对我国转基因水稻知识产权创造法律制度的评价

关于转基因水稻知识产权创造，我国经历了从无到有的过程，当前已初步建立起以《中华人民共和国专利法》和《中华人民共和国植物新品种保护条例》为主，其他相关法律法规为辅的保护体系，保护对象包括转基因水稻的基因、生产方法、具体品种及转基因水稻的繁殖材料与收获材料及所制成的产品，保护过程涵盖了从转基因水稻的研发到生产销售等一系列过程，为我国转基因水稻知识产权提供了一定的保护。然而不可否认的是，我国关于转基因水稻知识产权创造的法律制度仍存在不少问题，需要我们在具体设计转基因水稻知识产权战略中进行设计解决。

关于转基因水稻知识产权创造的法律立法不健全，立法层级不高。我国对转基因水稻知识产权保护主要依据《中华人民共和国专利法》和《中华人民共和国植物新品种保护条例》。作为对转基因水稻品种保护的基本法律依据，《中华人民共和国植物新品种保护条例》的层级仅属于由国务院颁布的行政法规，法律层级较低，当其对转基因水稻品种的保护与较高层级的法律发生冲突时，不能优先得到适用，不利于充分发挥其保护作用。

《中华人民共和国植物新品种保护条例》保护的品种范围过窄，依赖性派生品种制度缺失。我国作为 UPOV 成员国，《中华人民共和国植物新品种保护条例》依据的是《UPOV 公约》（1978 年文本），如今国内国际的形势都已发生了巨大的变化，《UPOV 公约》（1978 年文本）已经不能很好地满足我国现状的需求。《UPOV 公约》（1991 年文本）作为国际品种权保护水平的体现，有 51 个 UPOV

成员国已采用（1991年文本）。无论我国是否加入《UPOV公约》（1991年文本），借鉴其内容都有助于我国植物品种权保护能力的提升。首先，根据我国《中华人民共和国植物新品种保护条例》的规定，我国仅保护在《中华人民共和国农业植物新品种保护名录》中的植物品种，未在名录中的植物品种不以品种权进行保护。这致使品种权保护的范围局限在《中华人民共和国农业植物新品种保护目录》中规定的品种，不利于我国植物品种的创新。应借鉴《UPOV公约》（1991年文本）解除对保护品种范围的界定，将保护范围扩大至所有的植物品种。其次，《UPOV公约》（1991年文本）相对（1978年文本），增加了对依赖性派生品种的保护，而我国目前植物新品种保护制度中缺失此制度，致使原始育种者的利益严重受损。依赖性派生品种，指在原始品种的基础上加入少量的基因，产生与原始品种的特异性有所区别的新品种（刘介明和谭清，2013）。依赖性派生品种以原始品种为基础，保留了原始品种的基本特性。《UPOV公约》（1991年文本）对依赖性派生品种的保护规定为，利用依赖性派生品种也需要得到原始育种者的许可，加大了对原始育种者权利的保护力度，将授权品种的繁殖材料、收获材料的加工、储存、销售及进出口等都纳入保护范围内（刘旭霞和宋芳，2012）。而我国依赖性派生品种制度的缺失，致使一些人仅在原始品种基础上稍作改动就能申请新的品种权从而谋取利益，这不仅损害了原始育种者的利益，也打击了原始育种者的创新积极性，不利于我国植物品种的发展。

部分法律法规可操作性低。我国为落实对知识产权创造法律的实施，虽相应出台了与不同法律法规配套的实施细则与具体办法，但这些法律法规、实施细则或具体办法中存在部分不具备可操作性或可操作性低的规定。例如，《中华人民共和国专利法》第二十六条规定的对遗传资源的来源披露，此法条仅做了原则性规定，即需要对遗传资源的原始来源在专利申请文件中说明，但具体说明内容、如何说明，以及所需承担的后果均未做出具体规定，使得《中华人民共和国专利法》虽对遗传资源进行保护，却无法具体实施。又如，《中华人民共和国植物新品种保护条例》中规定的农民享有留种权。但就转基因水稻而言，当转基因水稻进行产业化生产，农民种植转基因水稻时，若对转基因水稻品种进行留种种植，则次年水稻种植可能没有收获或者很少收获（沈大力，2015），农民留种权无法实现。我国当前的转基因水稻知识产权创造法律体系中一些制度仍需要具体的细化操作。

7.3.2 运用

知识产权只有得到充分的运用，其蕴含的价值才能真正地实现，权利人才能收获最大化利益。无论是对知识产权进行创造或是保护抑或是管理，最终目的都是促进知识产权的运用。知识产权运用既可以由知识产权权利人直接实施知识产权，也可以由他人在得到知识产权权利人许可的一般情况下实施，在法律规定的某些特殊情况下，还可以由他人直接实施知识产权而无须征得知识产权权利人的许可。转基因水稻知识产权运用，指转基因水稻知识产权人既可以自己直接实施知识产权，排除他人运用，也可以授权给他人实施知识产权，还可以在特定情形下由他人直接实施转基因水稻知识产权。根据现行的知识产权制度，转基因水稻知识产权运用主要包括许可制度、转让制度，为防止知识产权滥用、平衡公共利益而存在的权利限制制度及质押、出资等其他运用方式，其中许可制度与转让制度是转基因水稻知识产权运用中最能够促进转基因水稻价值的实现同样也是最常用的两种方式。

7.3.2.1　许可制度

转基因水稻知识产权许可，指依法将转基因水稻知识产权的全部或者部分权能授权他人使用的制度，与之相对的是独占实施。许可制度是转基因水稻知识产权运用中最常见的方式。关于知识产权的许可，根据是否存在多个被许可人实施知识产权，可以分为普通许可、排他性许可、独占性许可等许可方式。转基因水稻知识产权的普通许可指转基因水稻知识产权权利人可许可多个被许可人同时实施转基因水稻知识产权；排他性许可则指转基因水稻知识产权权利人一段时间内只许可一个被许可人，只有权利人与被许可人可同时实施转基因水稻知识产权，其他人不得同时实施，否则即侵犯知识产权；独占性许可指转基因水稻知识产权权利人在一段时间内只许可一个被许可人，在这段时间内，只有被许可人可实施转基因水稻知识产权，权利人和第三人都不得实施，否则同样为侵犯知识产权。其中独占性许可与独占性实施都要求在一个时段只有一方实施转基因水稻知识产权，有利于保持技术的垄断优势，获取更多的利益，但独占性许可与独占性实施均对转基因水稻知识产权实施方有较高的要求，如其经营能力、技术条件等均需达到能够保持优势市场竞争地位的标准，才能充分发掘转基因水稻知识产权的价值。

转基因水稻的许可运用，主要指转基因水稻专利权、转基因水稻品种权的许可运用。根据 7.3.1.1 节所述，转基因水稻专利权主要指转基因水稻基因及其生产方法的专利权。根据《中华人民共和国专利法》第十二条规定[①]，转基因水稻的专利许可使用，转基因水稻专利权人应当与被许可人签订许可合同，并且被许可人需要支付一定的许可使用费，且被许可人无权许可其他人实施转基因水稻专利。对转基因水稻品种权的许可运用，《中华人民共和国植物新品种保护条例》并未做出具体的规定。值得注意的是，他人或其他单位需要取得品种权人的许可是限定在出于商业目的，与转基因水稻专利的许可情形有所不同。转基因水稻知识产

[①] 《中华人民共和国专利法》第十二条规定：任何单位或者个人实施他人专利的，应当与专利权人订立实施许可合同，向专利权人支付专利使用费。被许可人无权允许合同规定以外的任何单位或者个人实施该专利。

权许可运用，有助于充分利用社会资源，提高运用效率，实现转基因水稻知识产权的价值最大化。

7.3.2.2　转让制度

转基因水稻知识产权转让，指权利人将其所拥有的转基因水稻知识产权的全部或者部分权利转让给其他个人或单位，使之成为知识产权转让部分的权利人的一种行为。现实中我国转基因水稻的技术或品种研发主体与生产销售主体分离这一情况决定了转基因水稻知识产权转让运用在我国是不可避免的。这是因为，一旦转基因水稻投入产业化生产，需要进行产量化的生产销售，而在我国，转基因水稻的知识产权权利主体多为科研机构、高校组织，并不具备大规模生产种植转基因水稻的条件，更不具有销售的渠道，对作物市场情况也不甚了解，在市场竞争中只会处于弱势。而进入产业化后，转基因水稻的生产销售主体应当是育种企业等市场主体，它们拥有完整的生产销售的链条及深谙市场规律的运作。然而育种企业却因没有转基因水稻知识产权而无法从事生产销售行为。为了充分实现转基因水稻知识产权的价值，同时育种企业为了能够完全拥有知识产权，转让运用方式因此有了存在的价值。并且一旦转基因水稻进入产业化，其知识产权的转让运用会更加常见。

根据《中华人民共和国专利法》和《中华人民共和国植物新品种保护条例》①中对转基因水稻专利权和品种权转让的规定，不仅专利权与品种权可以转让，专利权和品种权的申请权也可以转让。转让转基因水稻专利权、品种权及申请权的，双方需要签订书面合同，并且需要向相关行政部门进行登记，由相关部门进行公告。其中专利权及其申请权由国务院专利行政部门进行登记。转基因水稻知识产权的转让运用，有助于转基因水稻研发、生产、销售过程中各个主体各司其职，在转基因水稻产业化进程中起到相当重要的作用。

7.3.2.3　权利限制制度

知识产权权利限制，指出于对公共利益的保护，平衡社会与知识产权权利主

---

① 《中华人民共和国专利法》第十条规定：专利申请权和专利权可以转让。中国单位或者个人向外国人、外国企业或者外国其他组织转让专利申请权或者专利权的，应当依照有关法律、行政法规的规定办理手续。转让专利申请权或者专利权的，当事人应当订立书面合同，并向国务院专利行政部门登记，由国务院专利行政部门予以公告。专利申请权或者专利权的转让自登记之日起生效。

《中华人民共和国植物新品种保护条例》第九条规定：植物新品种的申请权和品种权可以依法转让。中国的单位或者个人就其在国内培育的植物新品种向外国人转让申请权或者品种权的，应当经审批机关批准。国有单位在国内转让申请权或者品种权的，应当按照国家有关规定报经有关行政主管部门批准。转让申请权或者品种权的，当事人应当订立书面合同，并向审批机关登记，由审批机关予以公告。

体之间的利益需求，防止滥用知识产权行为的发生，主要包括合理使用制度和强制许可制度。合理使用指法律规定在一定的条件下，他人可不取得知识产权权利人的同意，实施此知识产权，也不必因为其实施行为而向知识产权权利人支付任何费用。而强制许可指在一定的条件下，由知识产权管理机关许可他人实施此知识产权，而无须取得知识产权权利人的许可，但实施此知识产权的人仍需向知识产权权利人支付一定的使用费用。转基因水稻知识产权的权利限制，同样适用合理使用制度和强制许可制度。

《中华人民共和国专利法》中对转基因水稻专利权的合理使用和强制许可均做出了详细的规定。其中第六十九条规定了五种对专利的合理使用行为，其中转基因水稻专利的合理使用主要适用第六十九条第四种行为，即仅为了科学研究和实验，对转基因水稻专利的使用不需要取得转基因水稻专利权人的同意。法律做出这样的规定主要是为了促进科学技术的进步和完善。而《中华人民共和国专利法》中专设第六章对强制许可的条件、对象及程序进行了详细的规定。转基因水稻专利的强制许可主要适用三种情形：第一种是专利权人长时间不实施或不充分实施专利时；第二种是专利权人利用专利形成垄断时；第三种是国家有需要时。

《中华人民共和国植物新品种保护条例》同样对转基因水稻品种权的合理使用和强制许可做出了规定，与《中华人民共和国专利法》中两种制度的规定稍有不同。《中华人民共和国植物新品种保护条例》第十条对品种权的合理使用做出规定，不仅规定了育种及其他科研活动适用于合理使用，还规定了一种品种权独有的合理使用的制度，即农民留种制度，即"农民自繁自用授权品种的繁殖材料"。需要注意的是，农民的留种行为只有在出于自用的目的，而非为获取商业利益时才适用合理使用制度。而对于转基因水稻品种权的强制许可，《中华人民共和国植物新品种保护条例》规定的情形相对《中华人民共和国专利法》就比较简单，只有一种即出于国家需要或者公共利益的需要，而在《中华人民共和国植物新品种保护条例实施细则（农业部分）》中又多规定了两种情形，即品种权人不实施也不允许他人实施品种权和为满足国内市场的需要。

7.3.2.4　其他运用方式

我国不断探索和创新知识产权的运用方式。除上述运用方式以外，还存在利用知识产权质押或出资（刘旭霞等，2014）等方式。知识产权质押，指知识产权权利人将其合法所有的知识产权中的财产权部分出质，以获得资金的行为。知识产权质押要求质押的知识产权满足可转让的条件。而知识产权出资，则指将知识产权作为权利人对公司企业出资，由此权利人获取公司利润的行为。据相关法律规定，知识产权出资只能以转让的方式进行。转基因水稻专利权和转基因水稻品种权均可转让，满足了知识产权出资和质押的基本条件之一。因此，只要转基因水稻知识产权满足可转让条件，并符合其他出资或质押的要求，即可通过质押或出资实现价值，从而促进转基因水稻知识产权事业的发展。

7.3.2.5 对我国转基因水稻知识产权运用法律制度的评价

我国关于知识产权运用的法律制度已相对完善，但由于转基因水稻产业化进展缓慢，转基因水稻的知识产权并未得到充分运用。结合其他转基因作物知识产权的运用情况，本章对转基因水稻知识产权运用的法律制度进行评价并指出其中的问题。

首先，农民留种权制度的必要性与现实困境之间存在矛盾。我国设置农民留种权制度是由我国农民的自身特点决定的。农民占我国人口总数的绝大多数，由于农民自身素质相对较低及农村资源相对缺少等，农民在我国处于弱势地位，需要法律政策的专门扶持。在转基因水稻及其他作物的产业化过程中，农民处于最基础的种植环节，为转基因水稻的生产销售做出了不可忽视的贡献。为了回报农民的贡献，以及对农民弱势性的倾斜，允许农民对其种植的作物出于满足自身需要目的的留种行为，农民留种权制度由此而生。然而，目前关于农民留种权制度主要存在两个困境难以解决。一个困境是转基因生物技术的运用使得农民留种权无法实现。例如，外国"终止子"技术，会导致农民种植保留的种子，来年可能面临颗粒无收的局面。另一个困境则是农民留种行为对转基因水稻种植管理造成一定的阻碍。由于农民自身的科学素质较低，当对转基因水稻进行留种种植时，少有意识会采取隔离措施，造成转基因水稻与非转基因水稻的混杂。并且农民留种之后的换种行为，也会使得转基因水稻与非转基因水稻共同种植。这为转基因水稻的种植管理带来了困难。

其次，我国转基因水稻知识产权成果转化率低，对知识产权运用不足。知识产权价值的实现多是通过转化为成果，投入市场销售，获取经济利益。而目前我国转基因水稻知识产权的转化率明显偏低。两种获得安全证书的转基因水稻品种，经过漫长的等待后仍没能投入产业化生产销售，实现成果转化。转化率低的现象不仅局限于转基因水稻，同样存在于其他转基因作物中。而转化率低直接导致了企业因为无法取得预期产业化生产后产生的收益而减少对转基因技术的研发投资。根据我国 2010 年至 2012 年 4 月 28 日生物技术专利的申请情况来看，上述不利结果已经显现。2010 年生物技术专利申请共 445 件，其中由企业申请的共 137 件，占总数的 30.79%。而 2011 年生物技术专利申请共 299 件，由企业申请的共 13 件，占总数的 4.3%。截至 2012 年 4 月 28 日，专利申请共 63 件，企业申请生物技术专利共 7 件，占总数的 11%[①]。企业参与的减少会反过来不利于产业化，形

---

① 数据来源于 2012 年委托中国农业科学院进行的生物技术专利检索，本书仅截取了 2010 年至 2012 年 4 月 28 日的专利申请情况进行分析。

成一个恶性循环。而对知识产权运用的不足，多是受到某些机制缺失的限制，如知识产权价值评估机制。因为缺少对知识产权价值评估的统一标准，各方对知识产权价值难以达成一致的认识，进而导致知识产权的质押、出资等运用方式没能被充分利用。

7.3.3 管理

知识产权管理，是出于对自有知识产权的开发和保护的目的，对知识产权进行有计划地组织、协调、谋划和利用的活动（冯晓青，2010）。我国对转基因水稻知识产权管理按照主体主要分为国家管理主体、育种企业管理主体及科研机构管理主体。其中，国家对转基因水稻知识产权的管理权力属于公权力，权力来源依据法律法规。而育种企业和科研机构对转基因水稻知识产权的管理权利属于私权利，权利来源于其对知识产权的所有权。三种主体根据自身在转基因水稻知识产权发展中的定位不同，进行着不同职能的管理行为。国家管理主体，作为转基因水稻知识产权的授予者和保护者，从宏观的角度指导转基因水稻产业的发展方向及路径；育种企业管理主体，作为转基因水稻的生产销售者，从市场竞争角度提高转基因水稻的市场竞争力；而科研机构作为转基因水稻技术或品种的研发主体，从科技进步的角度促进转基因水稻技术的创新。无论是三种主体中的任何主体，对转基因水稻知识产权进行管理的目的都是更好地利用知识产权，促进转基因水稻产业的发展，提高国际或市场竞争力。

7.3.3.1 转基因水稻知识产权国家管理现状及评价

对转基因水稻知识产权进行管理的部门由法律法规规定。根据《中华人民共和国专利法》，国家层面对知识产权进行管理的是国家知识产权局，负责专利申请的审查、专利的授予、专利变更的登记和公示及相关费用的收取。同时国家知识产权局在地方设有代办处，负责管理知识产权相关事务。而根据《中华人民共和国植物新品种保护条例》，由农业部植物新品种保护办公室对品种权申请的审查、品种权的授予及品种权变更登记和公示，以及其他相关事务进行管理。因此，转基因水稻知识产权国家管理机构主要为国家知识产权局和农业部植物新品种保护办公室。

我国目前关于转基因水稻知识产权的管理，已经形成了专利管理和品种权管理两种管理模式。但是从国家在转基因水稻产业化中的角色定位来看，我国在宏观层面的管理仍存在不足，导致我国转基因水稻产业发展中仍存在一些问题亟待解决，国家管理面临以下几个方面的问题。第一，国家对转基因水稻采取"大胆研发，谨慎推广"的态度，高度重视转基因水稻知识产权研发，加大对转基因水稻的研发投资的同时，忽视了引导和鼓励企业对转基因水稻技术或品种研发的投资，不利于相关产业的发展。第二，未建立起完善的知识产权价值评估机构。对知识产权的价值评估标准的缺失，使得知识产权运用中的出资方式目前并没有得到充分的利用。第三，知识产权的预警机制及相关的应对措施缺失。随着国际交往增多，知识产权侵权也日益国际化。由于对外国知识产权法律制度和知识产权授予情况不甚了解，我国很可能在国际贸易中陷入知识产权纠纷，遭受巨大的损失。政府可以通过政策扶持知识产权管理的社会中间层组织，承担相应的管理职能，建立针对不同对象的知识产权预警机制及探寻相应的应对措施，将损失降到最低。第四，对中小型育种企业的培育和支持不够。转基因水稻知识产权的发展，仅依靠国家和科研主体不够，还需要具有竞争力的育种企业打开产品市场。而育种企业的实力决定了转基因水稻所面对市场的大小。国家需要制定政策，通过给予中小型育种企业政策优惠与资金、技术支持等方式促进企业的成长，帮助转基因水稻打开国际市场的大门，提高我国转基因水稻的国际竞争力，保持我国在转基因水稻领域的影响力。

7.3.3.2　转基因水稻知识产权育种企业管理和科研机构管理现状及评价

育种企业与科研机构对转基因水稻知识产权的管理同样是基于其对自有知识产权的所有权，但两者进行管理的目的、追求的效果均有不同。育种企业作为转基因水稻的生产销售者，进行知识产权管理的目的是促进知识产权的成果转化，获得经济利益，追求市场竞争力的提升、市场份额的扩大。而科研机构作为转基因水稻知识产权的创造者，进行知识产权管理的目的通常是提高其自身的创新能力、拥有独立自主的知识产权、促进技术的发展与进步。

在我国转基因水稻知识产权育种企业管理中，需要解决的问题是，我国目前育种企业多为中小型企业，缺少竞争实力丰厚的大型育种企业。促进知识产权成果转化的过程，需要市场主体的大量前期投入，并且由于处于市场经济的背景下，市场主体不可避免地要面临风险，这就对育种企业的资金能力和应对风险的能力提出了挑战。另外，就我国目前的情况而言，育种企业多不重视转基因水稻技术的研发，其投资仅占转基因水稻技术研发投资的很小部分，与美国等国家截然相反。这也是我国转基因水稻的产业化进展缓慢的一个原因，也会导致某些转基因水稻品种的研发缺乏市场导向。

在我国转基因水稻知识产权科研机构的管理中，科研机构发挥的作用远不及其对转基因水稻知识产权创造所做的贡献大，这也与我国现行的科研评级制度、知识产权成果转化制度等有关。首先，我国目前的科研评级制度存在较大缺陷，科研人员评职称的依据主要是公开发表的论文，这就导致在目前转基因水稻未进行产业化的情况下，科研人员为了职称，当研发出新的转基因水稻技术或新品种时，往往选择以论文形式进行公开，而非申请专利或品种权保护。由于我国专利制度对专利申请的新颖性要求较为严格，公开发表论文的行为往往使其成果丧失新颖性而得不到《中华人民共和国专利法》的保护。而美国等国家的生物技术比我国发达，一旦论文信息被其所知，外国就很容易获得此项技术或在此项技术上进行发展，申请其国的专利保护，限制我国的使用。这就造成了我国技术的外流。这一现象也与我国科研人员的知识产权意识较差有关。其次，我国目前关于知识产权成果转化的条件规定过于严格，导致转基因水稻知识产权难以转化为具体成果，研发人员难以获得经济利益，导致大量转基因水稻知识产权的流失及失效（刘旭霞和李洁瑜，2010）。

7.3.4　保护

我国目前对知识产权进行保护，主要从行政和司法两方面入手。行政保护即根据法律法规，由相关行政部门对知识产权的创造、运用及管理行为进行保护，防止侵犯知识产权的行为发生。司法保护指司法部门，依据法律法规，解决知识产权纠纷，追究严重侵犯知识产权行为人的责任。行政保护通常具有较高的专业性、灵活性，能较为高效快捷地解决纠纷，进行保护；而司法保护则是知识产权保护的最后一道屏障，不仅可以通过民事诉讼与刑事诉讼方式对知识产权进行直接保护，还能以行政诉讼方式承担着对行政保护等知识产权保护方式的"救济"，间接保护知识产权的创造、运用、管理。

7.3.4.1　转基因水稻知识产权行政、司法保护现状

就转基因水稻知识产权保护而言，我国当前的行政保护主要涉及由相关行政部门对转基因水稻专利和转基因水稻品种权及在进出口贸易中知识产权的保护。针对转基因水稻专利，由国家知识产权局对专利申请是否符合授权条件进行审查。转基因水稻品种权，由农业部植物新品种保护办公室负责对品种权是否符合授权条件进行审查，由国家和省级农作物品种审定委员会负责国家及地方的品种审定工作。在进出口贸易中的知识产权保护，则主要由海关部门进行保护。

专利审查，指国家知识产权局依据《中华人民共和国专利法》《中华人民共和国专利法实施细则》及《专利审查指南》，对转基因水稻专利申请是否符合授予专利的条件进行审查。根据我国专利制度，专利申请不仅需满足专利保护客体条件，还需满足新颖性、创造性和实用性的三性要求。我国对新颖性的要求较高，对在专利申请前已经公开发表的内容不授予专利保护。品种权审查，是植物新品种保护办公室依据《中华人民共和国植物新品种保护条例》及实施细则，对新品种的新颖性、特异性、一致性及稳定性是否满足授权条件进行审查，从而决定是否授予品种权保护。对决定不认可的还可向复审委员会提出复审请求。品种审定，则指对新品种进行区域试验和生产试验，审查后决定该品种能否推广并确定推广

范围，主要包括申请、受理、品种试验、审定和公告五个程序步骤（兰进好等，2012）。品种审定与品种权审查均需测试品种的特异性、一致性及稳定性（即 DUS①测试），但两种程序的设置目的却不相同。品种权审查是为了给予新品种品种权保护，而品种审定则是为了推广新品种。对转基因水稻产业化而言，既需要品种权审查又需要品种审定。我国目前转基因水稻产业化未有进展，其中原因之一就是仍处在品种审定的过程中，尚未得到审定的结果。进出口贸易中的知识产权保护，由海关部门依据《中华人民共和国知识产权海关保护条例》，对进出口中转基因水稻知识产权可能引起的国内外知识产权纠纷进行保护，并已逐步建立起备案制度，不断完善保护模式，提高执法人员的专业素质。

转基因水稻知识产权的司法保护，主要由法院系统承担。侵犯转基因水稻专利、品种权甚至商业秘密的行为可以通过民事诉讼寻求司法保护。严重侵犯商业秘密的行为还可能追究其刑事责任。关于转基因水稻专利纠纷，由于专利制度在我国建立已久，诉讼中的相关判定标准等已经相对成熟完善。而植物新品种保护制度在我国建立仅不足 20 年时间，关于植物新品种权的纠纷诉讼数量较少，因此对转基因水稻品种权的司法保护中，仍存在较多问题，如审判人员的不专业性，缺失判断侵权事实和责任承担的各种标准，转基因水稻品种权的司法保护体系还处于尚未完全构建的状态。

7.3.4.2 对我国转基因水稻知识产权行政、司法保护现状的评价

我国关于转基因水稻知识产权的保护体系已经初步建立，但是由于转基因水稻产业化进展缓慢，对转基因水稻知识产权的保护体系的完善需要借鉴其他转基因作物。其他转基因作物产业化时间不长，保护经验不足，仍存在许多值得思考的问题。

首先，行政保护中的转基因水稻品种权审查和品种审定存在问题。植物新品种权从申请到授权时间过长。根据 7.3.1.2 节提到的农业部植物新品种保护办公室发布的品种授权公告，其中 3 月 1 日得到授权的 84 个水稻品种中，2008 年申请授权的品种有 1 个，2010 年申请授权的品种有 12 个，2011 年申请授权的品种有 51 个，2012 年申请授权的品种有 20 个，最长的授权时间长达 8 年，而一般得到品种权授权也需 4~5 年的时间。授权时间过长，不利于激励新品种的创新，同样不利于新品种在市场中的竞争。就品种审定而言，存在的问题是，根据《主要农作物品种审定方法》的规定，对品种审定，仅规定了行政复议一种救济方式，这使得对品种育种者的保护有限。并且我国目前的 DUS 测试技术相对发达国家而言，比较落后。技术的落后也是依赖性派生品种多发、损害原始育种者利益的原

---

① DUS，即特异性（distinctness）、一致性（uniformity）及稳定性（stability）的简称。

因之一。

其次，就转基因水稻知识产权司法保护现状而言，主要问题是相关判断标准的缺少及司法人员专业素质有待提高。植物新品种保护制度建立不久，关于植物新品种权诉讼较少，导致我国关于转基因水稻或其他作物知识产权保护的司法实践不足，对侵权标准的认定、责任的承担没有统一的认识，这可能会造成同案不同判的司法混乱现象。另外，由于转基因技术属于生物科学的专业领域，并且水稻农作物也涉及农业知识，而司法人员中具备生物技术知识或农业知识的人数不多，更不用说同时具备两者，这对司法人员的专业素质提出了莫大的挑战，行政执法队伍与海关执法人员同样面临此问题。并且，未建立专门的关于植物新品种保护的司法鉴定程序，同样导致专业性问题得不到解决。

7.4　域外转基因生物技术知识产权战略现状与启示

到 2050 年，全球将面临世界约 90 亿人口的供养问题（James，2016），而随着世界耕地面积的不断减少、土壤肥力下降及水资源的不断干涸，全球急需在2050 年前将土地利用率提升到 60% 或以上，同时还需要发展水、土壤等资源的循环和可持续利用，并减少肥料、农药等有害物质的使用。在环境和人口问题的双重压力下，显然传统的生物技术已经难以应对如此严峻的形势，需要将传统的技术和最新的生物技术结合起来，推动全球 15 亿 hm^2 耕地作物生产率的可持续增长（James，2016）。而根据世界经济合作与发展组织（Organization for Economic Co-operation and Development, OECD）《2030 年生物经济：制定政策议程》报告预计：到 2030 年，世界 GDP 的 2.7% 以上将由转基因生物技术贡献。在农业领域上，转基因生物技术开发出的植物品种将实现全球大约一半的粮食、饲料和工业原料的供给（张俊祥等，2011）。可见，转基因生物技术对世界的贡献不容小觑，转基因生物技术与传统技术的巧妙结合，对解决重大的粮食和资源短缺问题具有重要意义。因而，不论是发达国家还是发展中国家均竞相制定和运用转基因生物技术知识产权战略，以此来推动其转基因生物技术产业的发展。通过对典型国家和地区的转基因生物技术知识产权战略现状的研究和借鉴，为我国转基因生物技术知识产权的发展提供宝贵的经验。

7.4.1　典型发达国家和组织转基因生物技术知识产权战略现状

基于我国良好的生物技术发展基础，国家物力、财力的积极支持及大量的顶尖技术人员的尽心参与，不少发达国家的转基因生物技术发展态势良好。更为重要的是，这些发达国家基于转基因生物技术的发展态势，不断调整和完善其知识产权相关法律和政策，为转基因生物技术的发展提供制度保障，激发了技术研发的动力和创新力。美国、欧盟等发达国家和组织的转基因生物技术走在世界前列，同时其不断更新的生物经济发展蓝图、生物产业发展规划和政策等仍在为转基因生物技术的发展提供源源不断的动力支持，值得我国借鉴。

7.4.1.1　美国转基因生物技术知识产权战略发展状况

美国是生物技术（尤其是转基因技术）及其衍生物研究最为发达的国家，同时也是最早开展生物安全研究和知识产权立法实践的国家。到 2015 年，美国转基因作物的种植面积达到 7090 万 hm^2，占全球种植面积的 39%，转基因种植作物包括玉米、大豆、棉花、油菜、苜蓿、木瓜、南瓜、马铃薯，涉及面广泛，而主要转基因作物的应用率为玉米 92%、大豆 94%、棉花 94%（James，2016），品种普及率均在 90% 以上，而且处于不断扩展的状态。例如，2013 年，美国首次种植 Drought Gard TM 抗旱玉米的面积为 5 万 hm^2，到 2015 年，其种植面积相较于 2013 年而言，已经增长了 15 倍以上，达到了 81 万 hm^2（James，2016）。事实上，美国其他的小作物如油菜、甜菜的品种普及率也分别于 2009 年和 2012 年稳定在 90% 以上（沈大力，2015）。

美国对转基因食品采取"实质性等同原则"，即实行与传统食品一样的监管程序，激发了农民的转基因作物种植热潮，从而推动生物技术更进一步的研发。可见，美国不仅拥有着比较完善和稳定的科技管理体制，其生物技术的迅速发展与政府鼓励和支持的态度也密不可分。2012 年 4 月，美国正式颁布《国家生物经济蓝图》，指出三大基础性技术的开发，即遗传工程、DNA 测序和生物分子的自动化高通量操作极大地推动了美国生物经济的发展（聂翠蓉，2013）。这些技术潜力无限，且具有很高的市场和经济价值，当然这些技术仍需要研究者深入挖掘和探究。在报告中还提到，美国在支持转基因生物技术领域 R&D 投资的同时，也对其法律法规进行完善，增加技术人员和专业人员的培训。而现今知识经济的发展也加强了世界各国之间的交流与合作，特别是在知识产权领域，因而报告中尤其提到要加强各国之间的合作，来推动美国转基因生物技术更进一步的发展。

美国生物技术发展迅速最重要的一个原因在于美国极其重视生物技术的知识产权保护。目前，美国保护转基因植物的法律主要有三部：《植物专利法》（PPA）、《实用专利法》（UPP）及《植物品种保护法》（PVPA）。PPA 是一部规定无性繁殖的植物可以获得植物专利保护的法律，但是对生命有机体能否获得发明专利保护这一点没有提及，PPA 的保护范围仍然较为狭窄，仅限于单一植物品种的整株植物，而不包括该植物的部分特性或功能（沈大力，2015）。PVPA 于 1970 年通过，该法为有性繁殖植物品种提供专利法保护，属于特别法。之后，在 1980 年的 Chakrabaty 案中，就涉及的微生物是否属于专利保护客体产生争议，最终联邦政府认为 Chakrabaty 的微生物经过了人工干预，增加了人类的智力成果，可以授予专利。因而，确定了"生命物质只要经过人工干预也可以得到专利授权"的理论。植物品种获得《美国专利法》第 101 条中提到的实用发明专利的保护资格来源于 1985 年美国的 Hibberd 判例案，这更进一步地确定了美国对植物发明的专利法保护制度，UPP 法律就是由此产生的。至此，美国开启了三部法律互不排斥，共同为植物提供知识产权保护的新纪元。当然，除了现有的法律外，在此之后美国还根据生物技术形势的走向，积极起草新的生物技术监管法规，可见美国对转基因生物技术知识产权的高度重视。

7.4.1.2 欧盟转基因生物技术知识产权战略发展状况

虽然欧盟转基因技术发展较早，但欧盟的食品安全危机在一定程度上波及了转基因产业的发展。与美国相比，欧盟对转基因生物技术采取不同的态度，其坚持"风险预防"原则，强调科学上的不确定性不能成为不控制风险的理由（Kysar，2004），因而欧盟坚持对转基因作物的生产过程进行全方面监管，原则上未经法律规定进行严格的风险评估和授权许可不得释放和上市。欧盟层面对转基因管理持积极态度，但欧盟成员国基于对消费者的强保护和对食品安全、生态安全的关注及对传统农业的保护，大多对转基因持否定态度，因而欧盟转基因管理政策整体偏保守。2015 年 10 月，欧盟有 19 个国家通过投票决定不再种植转基因作物，而目前种植 Bt 玉米的五个国家在种植面积上相较 2014 年减少了 18%；应用率为28%，也减少了 3%。这有很多复杂的原因，其中与玉米种植面积的减少、欧盟在种植 Bt 种子上严苛的审批程序等不利因素关系重大（James，2016）。

即便如此，欧盟并未放松对转基因技术的研发且继续支持转基因作物的发展和推广（秦天宝，2013）。欧盟委员会于 2012 年提出了《2030 年生物经济发展战略》和行动计划，用来响应《欧洲 2020 战略》报告中所倡导的"智能的、包容的和可持续的"增长。欧洲"生物经济战略"注重通过新技术的开发以推动欧盟生物技术的发展，提高欧盟生物经济市场的竞争力，加强利益相关者和决策者之间的合作，建立生物紧急专家委员会，以此来解决利益相关者与决策者之间的有关冲突（商务部，2012）。2014 年，在欧盟 19 个国家的激烈反对之下，欧盟委员会仍做出批准 Bt 玉米商业种植的决定，这是继 1998 年以来欧盟第二次批准转基因作物进行商业种植。2015 年，欧盟委员会又相继批准了有效期为 10 年的 10种新的转基因品种玉米、大豆、油菜、棉花等转基因产品在欧盟上市（沈大力，2015）。由于欧盟的自然资源总体上较为匮乏，在增加土地资源的循环利用上，需要比美国下更大的功夫，以保证欧洲农作物产量与欧洲人口需求的平衡，鉴于转基因作物对粮食安全、可持续发展及环境与气候变化所做的贡献，欧盟当局加大转基因技术的研发和作物的推广也将是大势所趋。

欧盟作为极度重视知识产权的地域，其采用植物新品种权保护的方式为转基因技术产业的发展保驾护航。欧盟的《欧洲专利公约》排除了为转基因动植物授予专利的可能性，但受美国强力的专利保护制度压力及转基因生物技术的迅速发展的影响，欧盟转基因植物新品种的专门保护模式受到巨大冲击，目前，通过对植物品种的概念进行重新解释和定义，欧盟在实践中已经存在对植物新品种给予专利保护的情形（刘旭霞和耿宁，2011）。当然这经历了 1983 年的 Ciba-Geigy 案中专利局对植物繁殖材料提供专利上的保护、1988 年的 In Lubrizol 案中确认杂交种子或植物可以获得专利保护、1995 年的 Plant Genetic Systems 案中技术上诉委员会认为植物细胞可以获得专利保护，最终在 1999 年的 In Novartis 案中确定了转基因植物可以获得专利保护（李菊丹，2013）的漫长发展过程。至此，植物品种在欧盟可以获得两种保护模式，即专利保护或者植物新品种保护，但由于欧盟严格遵循 UPOV 公约中所规定的内容，禁止双重保护，也就是只能选择专利或者是特别保护方法来保护新品种育种权人的权利。

7.4.2　典型发展中国家和地区转基因生物技术知识产权战略现状

发展中国家不断增加转基因作物的种植面积，以满足国家不断增加的人口和粮食需求。自 2015 年，发展中国家转基因作物的种植面积已经连续四年超过了发达国家，1996~2014 年，转基因作物产生的累计经济效益为 1503 亿美元，发展中国家效益为 762 亿美元，高出发达国家 21 亿美元（James，2016）。由此可见，发展中国家虽然在转基因生物技术上落后于发达国家，但拥有丰富的遗传资源，在转基因生物技术发展上拥有巨大的潜力。越来越多的发展中国家为确保其粮食安全与生物多样性，大力发展转基因技术和增加转基因作物的种植培育面积，逐渐意识到转基因生物技术知识产权战略发展的重要性，并与发达国家垄断性的生物技术及知识产权相抗衡，以避免被发达国家控制农产品市场的风险。由于一些发展中国家的情况与我国相类似，其出台的转基因生物技术产业知识产权战略和政策文件，对我国也具有较高的借鉴意义。

7.4.2.1　巴西转基因生物技术知识产权战略发展状况

2015 年巴西转基因作物的种植面积达到了 4420hm²，比 2014 年的 4220hm² 增加了 5%，首次占到全球种植面积的 25%，仅次于美国排名全球第二，转基因种植面积排名持续回升（James，2016）。巴西种植转基因的作物包括转基因大豆、棉花和玉米，到目前为止已经批准了 5 个大豆品种及 20 个玉米品种、12 个棉花转基因事件或事件组合，2015 年巴西转基因大豆的普及率达到 93.2%，转基因玉米的普及率达到 82.6%，转基因棉花的普及率达到 66.5%（James，2016）。从这样的趋势来看，政府积极支持的态度及高效的审查程序为巴西转基因作物的发展提供了良好的支撑，巴西有望缩小与美国之间的差距。

巴西主要通过四部法律来实现对转基因生物技术知识产权的保护:《生物安全法》《工业产权法》《植物新品种保护条例》和《遗传资源、传统知识与知识产权》(驻巴西使馆经商处, 2015)。巴西于 1995 年制定了第一部《生物安全法》(有关生物安全的第 8974 号法律),该法授权总统设立国家生物安全技术委员会(CTNBio),2005 年修订的《生物安全法》确定了 CTNBio 负责转基因研究开发管理的唯一地位。《巴西联邦宪法》确定了联邦政府享有巴西遗传资源的主权。1992 年,由环境部、卫生部等八个政府部门共同提议并建立了遗传资源管理委员会,并战略部署了国家生物多样性保护与行动计划。2001 年巴西颁布了《巴西保护生物多样性和遗传资源暂行条例》,该条例规定了巴西获取遗传资源和传统知识利益的保护等内容,外国法律主体并不能获得相关保护,除非与国内公共机构合作才可以获得遗传资源和传统知识利益的保护(张朝辉, 2011)。可见巴西对遗传资源保护的严格性。

7.4.2.2　印度转基因生物技术知识产权战略发展状况

印度是世界上第二人口大国,拥有丰富的农业遗传资源,农业对整个国民经济的发展具有至关重要的作用。印度农业的发展很大程度上受益于其转基因技术的发展和推广,自 2002 年,印度授予转基因棉花商业种植许可,经过 10 多年的发展,印度一跃成为全球第一大棉花种植国。2015 年,印度有 770 万名小农户合计种植了 1160 万 hm² 的 Bt 棉花,应用率达到 95%,Brookes 和 Barfoot 的估算显示,2002~2014 年,Bt 棉花增加了印度农场收入 183 亿美元,仅 2014 年一年就达到了 16 亿美元(James, 2016)。这样客观的经济利益推动了印度整个经济的迅速发展,可见转基因技术在印度农业和经济发展历程中所占有的重要地位。印度在 2005 出台的《植物品种和农民权益保护法》结合了育种研究、种子产业的发展状况及农民在利益分享中的弱势地位等内容,积极保护植物新品种育种者和农民的利益。同时构建的遗传资源利益分享机制和来源披露制度,对印度农民权益的保护也具有重要的意义(徐海萍, 2009)。

但是,基于一些非科学因素的影响,印度除 Bt 棉花之外,并未批准其他转基因作物的商业化种植,2010 年批准的转基因茄子的商业化种植也被取消。但这丝毫不影响印度对转基因技术的热情,转基因棉花带来的收益和成果使得印度当局更加重视生物技术的研究和开发,尤其在转基因生物技术知识产权战略上更下功夫。2014 年印度正式发布了《国家生物技术发展战略 2014》,这次的战略方针结合了最新的生物技术成果和知识产权保护现状,经过了 300 多名专业人士的多次磋商,以成为全球生物技术制造中心为终极目标。在这样的战略部署之下,印度农业生物技术的发展将稳步向前。

7.4.3 域外转基因生物技术知识产权战略经验与启示

7.4.3.1 域外转基因生物技术知识产权战略经验

美国和欧盟已经建立了适合其国情且较为完备的知识产权保护体系，并将转基因生物技术的研究和应用上升为其发展战略，但二者采取的保护模式不尽相同又各有所长。美国为推动其生物技术知识产权的发展不断加强与世界各国的交流与合作，在立法上，与欧盟一样，美国的转基因知识产权保护也经历了一个"从无到有"的过程。其积极颁布或修改新的法律法规以适应转基因技术的迅速发展。采取专利法和专门法共同保护的模式，通过专利法保护所有的转基因技术和产品，由专门法作为专利法的衔接，特别保护某一类品种，而申请人可以自行选择其一，所有生物基因和生物技术在美国都可以得到专利上的保护（沈大力，2015）。扩大了转基因技术的保护范围和保护方式，激励创新意识，在此基础上还可将创新优势转化为竞争优势，使美国一跃成为世界上转基因生物技术最为发达的国家之一。与美国不同，欧盟对转基因作物的种植采取严格谨慎的态度，但是欧盟并未削弱对农业知识产权的保护，在预防转基因技术风险的同时，不断扩大对转基因生物技术知识产权保护的范围。在欧盟，也可以通过两种模式对转基因进行保护，欧盟通过一系列判例法的规定确定了对大部分植物新品种的专利赋权，但由于欧盟内部多数国家的反对及公序良俗原则的约束，对转基因生物技术中涉及的转基因动物有关保护十分保守，相关的转基因技术得不到及时的保护。

就印度和巴西这样的发展中国家而言，其拥有丰富的遗传资源，农业在国家经济的发展中占有重要地位，印度和巴西都尤其重视转基因生物技术知识产权的保护，但由于技术上与发达国家仍存在差异，为了防止其经济被发达国家控制，保护农民和育种者的权益，在产品进口和知识产权保护方面又进行了一定程度上的限制，这与两国本土情况适应。事实上，分别作为世界上第二大转基因作物种植面积的国家及世界 Bt 棉花种植面积最大的国家（James，2016），巴西和印度的成就与政府积极发展转基因技术、鼓励转基因作物的产业化密不可分，最重要的是两者在制定其转基因知识产权发展政策时，积极保护农民育种权、考虑其技术发展的实际情况和产业种植情形及对其遗传资源的保护。即使印度并没有加入UPOV 公约，但是仍考虑世界发展趋势，对转基因技术和品种采取植物新品种方式的特殊保护。

7.4.3.2 域外转基因生物技术知识产权战略启示

与美国、欧盟等发达国家或地区的转基因技术相比而言，中国起步较晚，与这些国家仍存在一定的差距。美国、欧盟的知识产权保护体系无论是在制度层面、管理体制还是在具体实施等方面都较为完善，值得我国学习和借鉴。而由于中国人口众多、资源丰富，传统农业发展迅速，与印度、巴西等发展中国家的国情相类似，可综合考虑发达国家和发展中国家关于转基因生物技术产业知识产权的发展现状，为中国的研究和发展提供思路和经验。

通过判例或立法修改，发达国家紧跟社会发展的趋势，不断对其转基因知识产权战略部署进行完善，不论是美国还是欧盟，国家或地区高层都具有准确的社会敏感度和国际趋势认知度，为国家转基因技术的发展提供有力保障。同时，发达国家尤其重视对育种者权利的保护，在孟山都公司诉 McFarning 侵犯其育种权一案中，McFarning 在购买大豆种子时与孟山都公司签订技术协约，同意"将购买的大豆种子作一季度的商业种植使用"，且"不能留种重复种植，也不能将种子交由他人使用"。但之后 McFarning 并未遵守协定，孟山都公司向当地法院提起诉讼要求法院判决 McFarning 承担侵权赔偿责任，并颁布禁止令。美国法院在处理类似案件时，出于对其转基因技术发展的考量，根据法律的解释和对侵权的认定，一般会做出有利于育种者的判决，以维持育种者研究和开发的积极性，保护其知识产权人的权利。因此，法院支持了孟山都公司的诉求，认定 McFarning 的留种行为侵害了孟山都公司的专利权并颁发了禁止令。正是由于如此严苛的知识产权保护，发达国家的转基因技术和知识产权保护战略体系都处于蓬勃发展中。因此，中国在制定转基因知识产权战略的过程中，根据我国国情也应考虑适当加大对育种者权利的保护。

发展中国家在战略部署上与发达国家不同，目前以美国为首的发达国家在转基因技术专利方面处于垄断的地位，出售种子价格昂贵，大多数的发展中国家无力购买。且经常附加不平等条件，限制农民的留种权。同时还研发出如"终止子"的技术，在技术层面剥夺农民的留种权。在这样的形势下，发展中国家处于极度弱势的地位，因而发展中国家在知识产权保护上，大多倾向于保护农民权益，对育种者的权益大多数国家采取限制措施。当然在处于弱势地位时，发展中国家出于对其产业和技术的保护也是情有可原的，符合当前形势。但是一味限制育种者的权益，不利于激发其育种者的研究动力，一定程度上也会阻碍转基因技术和知识产权制度的发展。

可以看到，不论是发达国家还是发展中国家，对转基因技术的知识产权保护都十分重视。随着转基因技术的发展，转基因生物技术可获得专利的内容逐渐增多，不仅美国、欧盟等发达国家或地区基于现实情况确立并扩大了对植物专利的保护，不少发展中国家，迫于现实的压力也逐渐扩大了其知识产权保护的范围。

美国认为"太阳下的任何人造产物都可以申请专利"，即只要有人类行为的介入，任何植物及动物品种、微生物都可以获得美国专利的保护。因此，一般认为，经过人类培育的动物品种可以获得专利的保护，事实上欧盟各国、美国等国家都先后赋予了"哈佛鼠"的专利权保护。但是包括我国在内的发展中国家，认为动物品种需要经过几代培育和观察才能获取稳定、显著的性能，所以暂时将动物新品种的专利保护排除在外。综上，基于我国的实际情况，不仅在知识产权保护战略上要借鉴发达国家先进的知识产权保护模式，而且由于发展中国家的一些国情与我国相吻合，也应关注其有益经验，以推动我国转基因知识产权的发展。

7.5　我国转基因水稻知识产权发展战略实施的策略选择

粮食安全是社会稳定的关键，水稻作为我国主粮作物，且转基因水稻技术发展成熟，因而在转基因生物技术知识产权战略的整体框架下，对我国转基因水稻产业化知识产权提出相关建议，对提高农业科技核心竞争力、推动转基因技术的发展和运用具有重要的意义。

7.5.1　加强我国自主创新能力，积极推进产业化发展

目前，我国转基因技术应用较少，转基因应用限于棉花，而投入颇多的水稻、玉米、油菜等主要农作物迟迟不能进行商业化应用，可以说研发投资的回报目前仅限于转基因棉花产业。而我国很多的生物技术开发项目从选题、设计、实施到评价，对专利、植物新品种权和其他知识产权信息跟踪不够，未做充分调研，导致研究成果水平较低，使用价值不够。即使有一些有价值性的成果出现，但由于转基因技术产业化进展缓慢，成果很难在短时间内得到转化，一定程度上降低了研究者的研究热情，延缓了我国转基因生物技术的研发。技术的目标及技术的生命都在于应用，项目和资金对科研人员的研发激励毕竟有限，没有应用前景的技术无疑会降低科研人员的研发激情，最后可能会被研发人员放弃。除了物质和名誉等收入，科研人员特别是基础技术研发人员更希望"将成果写在大地上"，而不是拿着一份类似于空头支票的安全评价证书。

事实上，我国转基因技术目前在世界上处于相对优势的地位，不少技术已经成熟且达到了商业化生产的条件，转基因棉花的产业化已经取得了优良的成果，而具有极高商业价值和科学价值的转基因水稻却被阻绝在产业化之外。逐渐流失的科研人才和科研成果加上未经实际应用检验过的储备技术，很难确保我国转基因研发能力和转基因技术的优势地位。因此，我国必须加大对转基因技术的投入，并逐渐开放转基因研发市场，增加市场投入的成分，提前做好各项转基因技术成果产业化的论证和准备工作，充分考虑技术和产品的市场价值与产品的收益。在进行技术研发之前，对现有转基因技术研发进展进行充分调研，避免重复研究，浪费巨大的人力、物力和财力；将目标集中于新型转基因技术的研发中来，对长期难以取得收益的转基因技术，减少资金和人员的投入，以基础性研究代替商业化的研究，集中攻陷能够进行产业化生产的转基因技术产品。同时，还应加强生物技术创新能力建设，优化国内生命科学和生物技术研究领域的科技资源配置，

打造布局合理、科学高效的一流研究平台[①]，强化转基因生物基础技术研究，支持科研院所重点开展种质资源保护和改制工作，支持生物育种理论方法和技术、分子生物技术、品种检测技术等基础性、前沿性和应用技术性研究及常规作物育种和无性繁殖材料选育等公益性研究[②]，推动转基因技术的综合性研究和发展。

7.5.2 修改专利法、植物新品种保护等相关制度

《UPOV 公约》（1991 年文本）实施了实质性派生品种，国外种业发展迅速。目前，我国并未加入《UPOV 公约》（1991 年文本），不少观点认为，在中国实施派生品种制度，可能会损害我国种业的发展。而且在现有情况下，我国对转基因水稻采取的保护模式是植物新品种保护，在短期内很难将专门法保护制度过渡到专利法保护模式上来，也就是说从现有法律制度来看，我国并不具备加入《UPOV 公约》（1991 年文本）的条件。当然，根据转基因技术在中国发展的态势，我国需对技术发展、制度建立、政府机构及职能设置、社会中间层培养等条件进行完善，并对法律制度的主要条款，如《中华人民共和国专利法》和《中华人民共和国植物新品种保护条例》进行对应性的修改，以尽快推进加入《UPOV 公约》（1991 年文本）的进程，使得《中华人民共和国专利法》和《中华人民共和国植物新品种保护条例》的发展可以顺应世界潮流。当然除了关键性的内容外，困难条款可以在加入之后循序渐进地完善。通过对专利法的修改或对其保护范围作扩大性的解释，赋予转基因水稻专利保护方式。当然，植物新品种保护在转化到专利法保护中如果遇到瓶颈，可以学习美国、日本等发达国家，暂时采取"植物新品种和专利"的双重模式保护作为过渡。

而又因现实中存在大量的修饰性育种行为，加之许多转基因水稻品种虽然获得了安全证书且已经实现了多年的商业化种植，但是由于未被批准品种审定，并不能受到我国相关制度的保护，极易造成转基因水稻和非转基因水稻间的混杂（刘旭霞和李洁瑜，2010）。因此，可以构建转基因水稻共存制度，并建立单独的农业遗传资源权属登记制度，将在育种研发中作为亲本材料加以运用的作物以农业遗传资源的形式进行保护。如果是用已经培育出来的母本衍生而来的新型转基因水稻，那么为维护先权利人的利益，特别是培育人研究出来的水稻被用作亲本使用时，后权利人在申请品种的专利保护时，应该取得先权利人的同意，并协商支付相应的报酬。

7.5.3 建立知识产权合作联盟，发挥政府与社会的中间层职能作用

为保证转基因水稻的科技成果转化，并获得相应的商业价值，必须采取各种

---

① 《"十二五"生物技术发展规划》。
② 《国务院关于加快推进现代农作物种业发展的意见》。

政策和手段来推动转基因水稻产业化的发展进程。我国目前的技术储备战略就是用国家投资而不是市场自身的投入来支持技术的研发，然而这种支持模式并不具有可持续性，且国家的资金取之于民，用数额巨大的税收来支持用来储备的技术的研发，其合法性和合理性值得考量。因此，应在立法理念上破解行政管理局限，实现行政管理与市场化管理相结合，建立知识产权合作联盟，加强企业与政府之间的合作，分别发挥各自优势，同时还要发挥政府与社会的中间层职能作用。

在这个联盟中，首先，政府应该随时关注全球转基因水稻的发展状况、收益情况，及时追踪和发布信息，确定国内企业的投资研究方向，避免重复投资和研究，以加强国内研究机构的创新意识，防止受到发达国家转基因技术的垄断；其次，市场的利益驱使性及企业的本质决定着企业"无利不投"，因此，政府应采取措施，如科技成果的及时转化，让企业看到转基因水稻潜在的市场价值，促使企业乃至社会加强对转基因水稻的研发的重视。同时，强化对新技术的公共管理能力，增强转基因研发机构的创新能力和竞争力，以取得与发达国家平等对话和竞争的资本。

不仅如此，在转基因水稻知识产权战略布局中，还应发挥社会中间层主体的力量。社会中间层主体在社会各个阶层都发挥了重要的作用，帮助政府分担了许多传统上由政府进行的任务，多方合作提高了办事效率。与市场主体相比，社会中间层主体更具专业性，也拥有更加充分完整的信息，并能进行市场闲散资源的整合，有助于集体理性的实现（刘旭霞等，2008）。

7.5.4　完善转基因水稻产业化中的行政保护及司法保护

在行政法保护中，行政部门之间及部门内部机构之间协调性较差，机构设置不合理。例如，农业部植物新品种保护办公室负责受理品种权的申请和审查事务，而品种审定工作却由国家农作物品种审定委员会进行，造成审批程序的复杂和资源的严重浪费，应当将两个部门合并为一个部门，也可以减少申请人的负担，加快转基因水稻产业化进程。同时还应在安全证书审批和品种审定中加入对转基因成分的检测程序，对转基因水稻和非转基因水稻的程序区别审批，减少两者的混杂，也可以节省很多不必要的程序。

在司法保护上，应对假冒他人授权品种和冒充授权品种两种侵权行为进行区别处理，在责任承担和具体案例处理上进行完善。同时，还应设立专门的转基因成分鉴定小组，对实验室方法和种植鉴定进行综合运用，树立品种侵权的相关标准，作为案件判决的权威依据，禁止草率对待转基因专利侵权案例。除此之外，最高人民法院还应出台相应的司法解释，确立侵权损害赔偿标准，加大惩罚力度，以保证转基因水稻在产业化过程中的知识产权保护的严密性。

第8章 我国转基因水稻产业化法律监管制度研究

为了使人们能够在分享生物技术进步成果的同时，又避免一些不确定因素对消费者权益造成损害，我国需要加强和完善转基因食品法律监管制度体系。建立完善健全的转基因法律监管制度体系，不仅能充分保证消费者权益，还能有效地推进我国转基因水稻的产业化进程。本章通过归纳 20 世纪 90 年代以来我国提出的转基因生物安全法，首先，形成了一个较具体的转基因生物安全法律监管制度框架；其次，结合转基因生物安全法律监管制度框架的基本内容从转基因水稻产业化法律监管制度的宏观设计、安全评价和管理基础薄弱三个方面对转基因水稻产业化过程的影响进行了详细的分析；再次，对中外法律监管制度模式进行了比较借鉴；最后，对我国转基因水稻产业化法律监管制度的完善提出了合理的建议，力图为有效地推进转基因水稻产业化做出一定的贡献。

8.1 我国转基因水稻产业化法律监管制度框架及基本内容

8.1.1 法律监管制度框架

《农业转基因生物安全管理条例》及四个办法标志着我国转基因生物安全管理法律体系的基本确立。《农业转基因生物安全管理条例》就对我国境内农业转基因生物的研究、试验、生产、加工、经营和进口、出口活动等环节进行了规制。就转基因水稻产业化而言，其研发活动抑或市场化活动均需遵循相应的转基因法律监管制度。直至 20 世纪 80 年代末期转基因生物安全问题才进入政府相关部门的视野，较之美国，我国转基因生物安全立法工作起步较晚。90 年代之后，生物技术迅速发展，世界范围内转基因生物制品进口量和消费量与日俱增，转基因生物及其产品的跨境转移和国际贸易对我国彼时的转基因生物法律管理体系构成了极大的挑战。国际上《生物多样性公约》和《生物安全议定书》等国际性规范文件的形成，大大强化了我国转基因生物安全立法意识。基于发展我国技术与履行国际公约义务的需求，我国逐渐意识到转基因生物安全立法的重要性并开始完善转基因生物安全立法体系。

1990 年《基因工程产品质量控制标准》作为我国首个对转基因生物进行规范的法律文件（沈平等，2016），明确提出了基因工程药物的安全性标准，但就基因工程实验研究、中间试验及应用过程等的阶段性安全监管并无具体规定。1993 年颁布的《基因工程安全管理办法》关于监管范围和监管制度的内容奠定了《农业转基因生物安全管理条例》的基本法律制度框架。《基因工程安全管理办法》由国家科学技术委员会（即现在的科学技术部）起草，经过四年四次修改最终得以确定，呈交国务院审批并于 1993 年 12 月 24 日颁布实施。该阶段由国家科技部门负责转基因生物安全，并按要求成立相应的综合性的生物安全委员会。较《基因工程产品质量控制标准》，《基因工程管理办法》第一次较为全面地规定了转基因生物工程安全管理，在将基因工程划分为四个安全等级的基础上对实验研究、中间试验、工业化生产、基因工程体的释放及国外引进的基因工程体的试验或释放实行统一管理。具体包括安全等级分类控制和进口审批制，并对其申报程序、安全控制措施及其相应的法律责任均进行了规定。与此同时，成立了负责全国基因工程安全工作的监督和协调的基因工程安全委员会。《基因工程安全管理办法》作为我国首部转基因生物安全管理的部门规章，在实践层面上因可操作性不强等未得到真正的贯彻实施。

在《基因工程安全管理办法》的基础上，为保障生态环境和人类健康，1996年农业部出台了《农业生物基因工程安全管理实施办法》。在监管制度方面，《农业生物基因工程安全管理实施办法》明确提出了转基因生物工程体及其产品的实验研究、中间试验、环境释放及商品化生产等阶段中的安全性评价，并对安全性评价的内容和程序进行了较为详尽的规定，包括国外转基因生物及其产品的安全性评价的法律规定。在监管机构方面，依据《农业生物基因工程安全管理实施办法》设立"农业生物基因工程安全管理办公室"和"农业生物基因工程安全委员会"，由他们负责全国农业生物遗传工程体及其产品的中间试验、环境释放和商品化生产过程中的安全性评价工作（王明远，2010）。

我国先后签署了《生物多样性公约》《国际植物保护公约》《生物安全议定书》等国际公约，为落实和履行相关公约的目标和义务，国家环境保护局于 2000年在全球环境基金、联合国环境规划署的支持下，联合农业部、科学技术部、教育部、中国科学院、国家食品药品监督管理局、国家林业局、对外贸易经济合作部、国务院法制办公室等部门编制了《中国国家生物安全框架》。该框架从战略视角下提出了中国生物安全法律法规建设的方向并构建了中国生物安全的政策体系框架。《中国国家生物安全框架》首先明确了中国生物安全管理的总体目标[①]，且提出了生物安全管理的主要原则、对象和方法、现代生物技术产品市场开发指导方针与政策及释放的环境管理制度。在法规体系框架中，评述了法规现状和法规体系，规定了国家生物安全法律、法规的主要内容和原则。另外，框架还就活性转基

---

① 即通过制定政策、法规及相关的技术准则，建立管理机构和完善监督机制，保证现代生物技术活动及其产品可能产生的风险最低化，最大限度地保护生物多样性、生态环境和人类健康，同时促使现代生物技术的研究、开发与产业化发展及产品的越境转移有序进行。

因生物体及其产品的风险预防制度及其国家安全管理能力建设进行了阐述，其中明确了风险评估和风险管理的技术准则应作为风险预防制度体系的重要组成部分。

2001 年 5 月，国务院颁布了《农业转基因生物安全管理条例》，作为迄今为止我国转基因安全管理法律中最高层级的规范性法律文件，不仅标志着我国转基因作物产业化监管进入全程管理的阶段，还体现了转基因生物产业化作为农业生产的新兴产业得到了国家的高度重视。2002 年 1 月，农业部废止《农业生物基因工程安全管理实施办法》的同时，又制定了三部相配套的管理办法[①]。三部管理办法分别对应转基因安全评价、转基因生物进口和转基因生物标识等监管制度，细化了这些法律制度的基本要求和程序性规定，强化了《农业转基因生物安全管理条例》的可操作性。随着转基因大豆、转基因玉米的市场化利用的强劲推开，农业部于 2006 年 1 月出台了《农业转基因生物加工审批办法》，对转基因生物及其产品的采购、运输、储藏、加工、销售等环节的管理及其审批制度进行了规定。同年 5 月，农业部农业转基因生物安全管理办公室发布了《转基因作物田间试验安全检查指南》。此外，2004 年 5 月，国家质检总局以《农业转基因生物安全管理条例》为基础制定了《进出境转基因产品检验检疫管理办法》，以规范转基因产品进出境管理。至此，我国以"一个条例、五个办法、一个指南"为内容的转基因生物安全法律管理框架形成，对保障我国转基因生物安全和维持转基因贸易秩序具有重要的意义。

8.1.2　法律监管制度基本内容

以"一个条例、五个办法、一个指南"为基础形成的转基因生物安全法律管理框架，奠定了我国转基因水稻产业化法律监管的基本法律制度。在部际联席会议的统筹管理之下，按内容可分为转基因生物上市前的行政许可审批制度和转基因生物及其产品市场化利用中的行政管理法律制度。前者包括转基因试验申报审批制度、生物安全评价制度、转基因试验监督检查制度和转基因生物市场准入制度，后者包括行政许可证制度、进口安全审批制度、标识管理制度和转基因生物安全事故责任追究制度。

8.1.2.1　部际联席会议制度

部际联席会议是按照部际联席会议制度[②]规定，联合各部门来共同解决转基因

---

① 即《农业转基因生物安全评价管理办法》《农业转基因生物进口安全管理办法》和《农业转基因生物标识管理办法》。

② 《农业转基因生物安全管理条例》规定，农业转基因生物安全管理部际联席会议由农业、科技、环境保护、卫生、外经贸、检验检疫等有关部门的负责人组成，负责研究、协调农业转基因生物安全管理工作中的重大问题。

生物安全问题，涉及转基因生物安全在农业、环境、卫生、贸易等多领域多部门之间的协调工作和统筹管理。各部门之间的分工如下：国家农业转基因生物安全委员会主要负责农业转基因生物的安全评价工作。农业转基因生物安全管理办公室，主要负责安全评价的管理工作；由主要从事转基因生物研究、试验的单位设立的农业转基因生物安全小组，负责本单位的转基因生物安全管理工作及安全评价的申报工作。一旦发生转基因生物安全有关的重大问题，则由部际联席会议作为一个互相协作的联系中心，但在实践中由于牵扯部门太多，易产生延误管理时机、办事效率低下等不足。

8.1.2.2　转基因生物上市前的行政审批许可制度

1) 转基因试验申报审批制度是依《农业转基因生物安全管理条例》针对转基因生物的研究试验阶段的法律制度，该制度规定了凡是从事安全等级为Ⅲ、Ⅳ级农业转基因生物研究的机构，研究前首先必须向国务院农业行政主管部门报告。当相关研究结束进入下一个研究阶段之前，研究主体也必须向国务院农业行政主管部门再次报告。在国务院农业行政主管部门的安全评价通过后，研究主体方可开展下一阶段的研究工作。申报审批制度的设立要求对农业转基因生物的各个试验阶段进行安全评价和报告，这样层层审批的做法是为了保障转基因生物试验阶段的安全可控性。

2) 生物安全评价制度确立了我国转基因生物安全评价"三个类别、四个等级、五个阶段"的模式①。农业转基因生物对人类、动植物、微生物和生态环境构成的危险或者潜在的风险是安全评价的基本内容，并对应规定了实施报告制或审批制。我国农业转基因生物安全采取个案审查、分级分阶段的评价方式②。相应的安全评价工作由国务院农业行政主管部门组织生物安全评价委员会开展，也可由农业转基因生物安全管理办公室委派其他有资质的检测机构参与部分农业转基因生物检测工作，其检测所得数据和结果可作为安全评价的有效依据。

3) 转基因试验监督检查制度是根据《转基因作物田间试验安全检查指南》的规定，由国务院农业行政主管部门负责已批准实施的转基因作物试验的监督检查工作，具体包括中间试验、环境释放、生产性试验等阶段。监督检查的时间分别

---

① 其中三个类别指把评价对象分为动物、植物、微生物三类。四个等级指按照风险程度的不同将转基因生物分为四个安全等级。五个阶段指转基因生物的实验研究、中间试验、环境释放、生产性试验和申请生物安全证书这五个阶段。

② 根据农业转基因生物可能给人类、动植物、微生物和生态环境带来的危险程度不同，可以分为四个安全等级：第一级是尚不存在危险；第二级是具有低度危险；第三级是具有中度危险；第四级是具有高度危险。其中分阶段指农业转基因生物在实验研究、中间试验、环境释放、生产性试验和申请生物安全证书的任何一个阶段都需要进行安全评价、办理报告或申请手续。

为转基因作物的播种期、开花期、收获期和试验结束后等关键时期，监督检查的具体内容则侧重于检查试验单位在试验过程中是否采取了相应的、足够的安全控制措施。

转基因试验申报审批制度、生物安全评价制度和转基因试验监督检查制度适用于转基因生物上市前的行政管理活动，为保障我国转基因生物产业化的安全性奠定了基础。

4）转基因生物市场准入制度。我国的《中华人民共和国种子法》《主要农作物品种审定办法》和《农业转基因生物安全管理条例》中均涉及我国主要农作物品种审定制度。转基因水稻品种审定制度源于《中华人民共和国种子法》第十五条"国家对主要农作物和主要林木实行品种审定制度"。品种审定的品种应当符合特异性、一致性和稳定性的要求，这实际上是关于种子市场准入的标准规定，目的在于提高种子质量以适应生活消费需要和促进农业产业发展。《农业转基因生物安全管理条例》第十七条要求转基因植物种子及利用农业转基因生物生产的或者含有农业转基因生物成分的种子进行审定、登记前需要取得农业转基因生物安全证书。《中华人民共和国种子法》第七条规定：转基因植物品种的选育、试验、审定和推广应当进行安全性评价，并采取严格的安全控制措施。国务院农业、林业主管部门应当加强跟踪监管并及时公告有关转基因植物品种审定和推广的信息。具体办法由国务院规定。《中华人民共和国种子法》重申了转基因作物在审定、推广前进行安全评价的要求，并授权国务院制定具体办法以跟踪监管并及时公告有关转基因植物品种审定和推广的信息。《主要农作物品种审定办法》则对品种审定的条件作了具体规定，其中第十二条规定了申请审定的品种应当具备的条件，第十三条规定了申请应当提交的包括转基因检测报告在内的必备材料，转基因棉花品种还应当提供农业转基因生物安全证书。因此，总的来说，我国转基因水稻作为主要农作物，在推广前也必须通过国家级或者省级审定，但是依据现有的品种审定办法，还是需要国务院另行制定办法，尚不确定。如果依照现有的规定，转基因水稻申请品种审定除了需要满足一般的主要农作物的品种审定要求，还需要先获得农业转基因生物安全证书才能进入品种审定程序，并且提交包括转基因检测报告在内的材料。

转基因水稻的品种审定制度基本内容包括品种审定主管单位、品种审定的基本标准、品种审定主要内容（实体内容和程序内容）及相应监管管理制度。按照《中华人民共和国种子法》和《主要农作物品种审定办法》，转基因水稻作为主粮，其国家级品种审定和省级品种审定分别由国家农作物品种审定委员会和省级农作物品种审定委员会负责。农作物品种审定委员会人员组成，富有专业性、多元性和全局性的特征，每届委员任期5年。品种审定制度作为农业种子产品的市场准入制度，要求审定的品种至少应符合特异性、一致性和稳定性的要求，这些基本标准是从农艺学、生物学等角度设置的，以促进种子产品质量和市场竞争秩序的稳定性进而实现农业生产的可持续、健康、有序发展。品种审定的主要内容分为实体要求、程序要求及例外规定。转基因水稻的品种审定的实体要求指转基因水稻通过品种审定首先必须符合《主要农作物品种审定办法》第十二条规定的五个条件及具备符合要求的申请表、品种选育报告、品种比较报告、品种和申请材料真实性承诺书、转基因检测报告及相应的转基因水稻安全证书等。转基因水稻品种审定的程序主要分为申请、受理、审定和公告。农作物品种审定依申请进行，由农作物品种审定委员会办公室在 2 个月内做出受理或不予受理的决定。符合法定条件应当受理，并在 1 个月内通知申请人交纳种子，并安排品种试验。完成品种试验后进入品种审定环节，品种审定分为初审和终审。初审由专业委员会在 2 个月内完成，初审通过后该负责小组应在 1 个月内将初审意见及推荐种植区域意见提交主任委员会审核，经同意则该品种通过审定。品种审定通过的由品种审定委员会报农业行政主管部门公告，未通过的由农作物品种审定委员会办公室通知申请者，如申请者有异议可向原品种审定委员会或者上一级品种审定委员会提出复审。例外规定主要针对《主要农作物品种审定办法》第二十五条所指的特殊用途主要农作物品种，其审定的具体要求由品种审定委员会另外规定，如缩短试验周期、减少试验点数和重复次数等。品种审定的监管管理制度主要是针对有关单位及其相关责任人的管理、追责和鼓励，这里所指的有关单位包括品种试验的承担单位和品种审定委员会。这些单位及有关人员在履行和承担品种审定相关职务和工作中，随意扩散申报品种种子、品种试验弄虚作假、审定工作违法的均需追究相应的法律责任。对品种审定相关工作成绩显著的单位和个人则给予奖励。从目前的品种审定制度规定来看，转基因水稻品种审定制度尚待完善，其中关于品种试验环节（区域试验和生产试验）及相应的试验周期、试验点数、重复次数等具体的实体要求均未明确。

8.1.2.3　转基因生物及其产品市场化利用中的行政管理法律制度

我国《农业转基因生物安全管理条例》中具体规定了转基因行政许可证制度的三类许可：生产许可、加工许可和经营许可。其中，《农业转基因生物安全管理条例》第十九条规定："生产转基因植物种子、种畜禽、水产苗种，应当取得国务院农业行政主管部门颁发的种子、种畜禽、水产苗种生产许可证。"《农业转基因生物加工审批办法》第三条规定："在中华人民共和国境内从事农业转基因生物加工的单位和个人，应当取得加工所在地省级人民政府农业行政主管部门颁发的《农业转基因生物加工许可证》。"《农业转基因生物安全管理条例》第二十五条规定："经营转基因植物种子、种畜禽、水产苗种的单位和个人，应当取得国务院农业行政主管部门（种子管理局）颁发的种子、种畜禽、水产苗种经营许可证。"转基因行政许可证制度是为了保障转基因生物市场化利用安全性需要而设立的从源头上控制转基因生物安全问题的法律管理制度。同时生产档案和经营档案的建立也可以有效地记录和追溯农业转基因生物的来龙去脉，便于对农业转基因生物进行跟踪管理和全程监控。一旦安全管理发生意外，可以迅速地找到出错环节和相应的责任主体，尽快解决问题。

1）标识管理制度。农业农村部和县级以上农业行政主管部门负责农业转基因生物的标识监管，国家市场监督管理总局则负责进出口农业转基因生物的标识检查工作。对需要标识的范围，我国实行标识管理制度。该目录主要包含以下商品：大豆种子、大豆、大豆粉、大豆油、豆粕、玉米种子、玉米、玉米油、玉米粉、油菜种子、油菜籽、油菜籽油、油菜籽粕、棉花种子、番茄种子、鲜番茄、番茄酱。转基因生物标识制度的设立利于消费者知情权、选择权的行使。但我国目前规定，只有列入标识管理目录且用于销售的农业转基因生物才需标识，这就使得我国标识的范围过于狭窄，不利于对转基因生物安全工作的整体控制，也不利于消费者权益保护。另外，标识管理目录范围也与我国《中华人民共和国食品安全法》中关于转基因食品生产经营并标识的规定不符，后者要求所有的转基因食品都要进行标识。

2）进口安全审批制度。转基因生物进口安全审批制度的设立可防范外来转基因生物及其产品可能给我国带来的危害。进一步地，我国在转基因生物及其产品的过境转移方面也设立了相关规定。例如，《进出境转基因产品检验检疫管理办法》（2018年修订）第十二条规定，过境转基因产品进境时，货主或者其代理人须持规定的单证向进境口岸海关申报，经海关查验合格的，准予过境，并由出境口岸海关监督其出境。对改换原包装及变更过境线路的过境转基因产品，应当按照规定重新办理过境手续。

3）转基因生物安全事故责任追究制度。主要包括刑事责任、行政责任和民事责任。转基因产业化管理中，大多以行政责任的形式对相关的违法者进行追究。《农业转基因生物安全管理条例》第七章规定了"罚则"，其规定的行政责任主要包括责令停止生产或者加工、处以一定倍数的罚款、没收违法所得等方式。就民事责任来看，《农业转基因生物安全管理条例》简略地规定了民事赔偿责任，前提是在相关的产业化行为中违反条例规定、发生基因安全事故并且造成损害，这同一般的民事赔偿略有区别。就刑事责任来看，《农业转基因生物安全管理条例》规定了两类针对农业转基因生物有关证明文书的犯罪行为。一类是假冒、伪造、转让或者买卖农业转基因生物有关证明文书可能构成伪造法律文书罪，另一类是国务院农业行政主管部门或者省（自治区、直辖市）人民政府农业行政主管部门核发许可证、农业转基因生物安全证书及其他批准文件有违反条例的行为或者失职的行为可能构成相应的渎职或滥用职权罪。

8.2　我国转基因水稻产业化法律监管制度对产业化的影响分析

8.2.1　转基因水稻产业化法律监管制度的宏观设计问题

8.2.1.1　转基因水稻产业化战略偏保守

我国转基因水稻产业化发展政策偏保守。我国在转基因发展初期战略偏于保守和被动，在为转基因产品进口设置壁垒的同时也限制了我国转基因技术的应用和转基因产业的发展，在转基因大豆问题上表现尤为突出，我国的转基因大豆被禁止推广，导致对进口大豆的高度依赖，以致出现"洋豆伤农"现象。我国政府在转基因技术出现伊始就意识到转基因这项技术在农业领域的潜在利益与广阔前景，但是我国产业化推广进度却过于迟缓。究其原因，对转基因技术所带来的负面效应过度关注，使得我国在转基因产业化战略及政策上有一个"由紧至松"的过程。我国在转基因技术发展早期，尽管认识到了转基因作物产业化对农业、种业、粮食安全及生态、环境方面的巨大效益，国家积极支持转基因技术研发，国内外均看到这项新技术在提高粮食产量、解决粮食危机、保障国家粮食自主权方面的巨大作用，认为转基因水稻等的产业化指日可待，但基于负面舆论的蔓延和对转基因作物产业化潜在威胁与危险的担忧，我国转基因作物产业化速度骤然放缓。以 2001 年国务院颁发的《农业转基因生物安全管理条例》为标志，我国转基因作物产业化政策法律逐渐出现明显的保守和谨慎的特点，"稳定""慎重"和"谨慎"基本代表了我国对转基因产业的态度。我国将转基因发展限于研究和技术储备，而没能给转基因作物产业化一个明确、积极、合理的定位。我国转基因技术的发展战略由积极推进转变为谨慎推行，在一定程度上放慢了转基因生物技术产业发展的步伐。迄今，我国虽然持续支持转基因技术和作物的研发，功能基因和转基因作物的研究取得较大进展，处于世界先进水平，但我国转基因农产品却出现相反的局面，除了转基因棉花在绿色通道下普及，其他的转基因作物产业化未取得实质进展，转基因水稻产业化也由"一片看好"变为"偃旗息鼓"。

总结而言，在保守的转基因水稻产业化战略下，一是对转基因水稻的研发投入巨大，但后期产业化支持力度小甚至面临阻碍停步不前，水稻品种审定中有转基因成分就无法通过，非法种植的转基因水稻更是被严格地铲除；二是过于关注负面效应，影响了转基因水稻产业化的决策和相关工作的推进，非食用—间接食用—食用的策略也是基于对负面效应的担忧而做出的妥协方案，结果就是全球转基因刚刚起步时中国就已经丧失其主动权（张晋铭和徐传新，2015）。我国虽具备了转基因水稻产业化的技术基础，也有厚实的转基因水稻知识产权储备，但其实际效用及监管策略，仍有待在其真正产业化之后进行进一步完善。

8.2.1.2 管理制度目标未明确支持转基因水稻产业化

我国现行的转基因生物安全监管法规立法目标明确支持研发，但对是否支持转基因作物产业化的态度模糊。首先，现有管理法律制度未明确是否支持推进产业化。《农业转基因生物安全管理条例》避开了是否支持产业化这一问题，而只表明要"促进农业转基因生物技术研究"。其次，现有管理法律制度将"保障人体健康和动植物、微生物安全，保护生态环境"作为优先利益，间接表达了对"风险预防"原则的坚持，这是我国谨慎、慎重推行转基因作物产业化的逻辑基础。最后，单一利益导向使得转基因水稻产业化决策片面。例如，在转基因水稻是否产业化问题上，人类健康和自然环境利益、农业经济利益产生了剧烈冲突。而事实上，这些利益是转基因水稻产业化都必须考虑的，只是存在一定的优先顺序，而我国将人类健康、自然环境利益进行优先考虑。

8.2.1.3 管理制度层级低，无法协调转基因水稻相关的各方利益

我国转基因产业化管理法律制度立法层次低，法律效力不足，不能有效地协调各方利益以顺利地推进转基因水稻产业化监管工作（张熠婧，2015）。首先，从管理主体来看，条例层级的法律规范难以有效地协调商务部等部门的职权，未形成良好的协调配合机制。其次，从管理对象来看，由国务院法规和农业部门规章构成的法律体系，难以综合协调转基因水稻产业化涉及的不同领域和环节；并且，现有制度也难以协调研究人员、生产人员、销售人员与大众消费者之间的利益冲突。

8.2.2 转基因水稻安全评价程序冗长，减缓了产业化进程

8.2.2.1 转基因水稻研发程序耗时较长，程序冗繁

其一是现有的五个阶段消耗时间较长，增加了转基因水稻获得安全证书的时间，延缓了其产业化进程（王琴芳，2008）。我国《农业转基因生物安全管理条例》规定转基因作物的安全评价要经过试验研究、中间试验、环境释放、生产性试验和安全证书五个阶段，中间试验、环境释放和生产性试验三个阶段的安全评价存在重复性。这也在一定程度上造成了研发时间的拖延与滞后，增加了产品研发的人力和经济成本，不利于我国自主研发的转基因作物品种的产业化进程（张熠婧，2015）。其二是安全证书只允许一个品种在一个省应用，虽然2015年《农业转基因生物安全评价管理办法》修订稿拟将省扩大到适宜生态区，但对不同适宜生态区、不同地域同一品种的种植仍需要重复申请和审批，不利于转基因作物品种的推广和应用。其三是我国转基因作物安全性评价是以品种为基础（varietybased），而不是以转化事件（event-based）为基础，相似的转化体或姊妹系需从头评价，因而增加了安全性评价的成本，延长了安全性评价时间，导致转基因作物产业化步伐减缓。美国、加拿大、澳大利亚等国对转基因生物的评价主要采用基于转化事件模式，即一个转化体如果在一个品种中通过了安全性评价，则任何来自该转化事件的转基因品种就不需要再进行安全评价。这一做法是考虑到出自同一转化体的转基因作商品种的外源基因插入点、标记编码蛋白和基因拷贝数完全相同，转基因分子特征具有一致性。而基于品种的转基因作物安全评价，一个转基因品种要拿到安全生产证书需要至少三年的时间。我国还要求对作物新品种进行品种审定，即便是拿到安全生产证书的转基因作物，还需要至少三年的时间进行品种生产性试验才能正式进行商业化生产。这无疑对转基因作物的生产应用造成巨大的拖延。进行一项转基因作物的安全评价的平均费用为 800 万～1000 万美元，采用以品种为基础的安全性评价无疑加重了研发企业的成本，限制了其对转基因作物新品种的开发，对转基因技术及食品的发展产生负向影响（张熠婧，2015）。

8.2.2.2　安全评价证书、品种审定证书颁发条件不明确造成转基因水稻产业化无法推进

首先，能否获得或续展转基因水稻安全证书，在我国仍然有一定的不确定性。在现阶段，我国农业转基因生物安全应用证书是科学评价结果和行政许可的结合，将科学评价与行政决定混淆，使得是否颁发及续展，不仅仅涉及科学评价的安全与否问题，同时也涉及政府做出具体行政行为时所必须考虑的社会经济因素，使得这一证书的颁发更为复杂。其次，转基因水稻在获得安全评价证书之后，要经过品种审定程序，但是目前品种审定环节的规范缺失[①]，造成整个流程无法继续进行。

8.2.3　转基因水稻产业化管理基础薄弱

8.2.3.1　安全管理法律制度可操作性低

现有法律法规对转基因技术研发环节，转基因种子、种植、加工、运输、销售环节所设置的安全管理要求和技术措施的可操作性存在一定问题。《农业转基因生物安全管理条例》通过行政许可、监督检查等方式对转基因技术从研发到产业化进行全程监管和控制，但存在诸多问题。第一，被监管主体众多，我国转基

---

① 《中华人民共和国种子法》第七条：转基因植物品种的选育、试验、审定和推广应当进行安全性评价，并采取严格的安全控制措施。国务院农业、林业主管部门应当加强跟踪监管并及时公告有关转基因植物品种审定和推广的信息。具体办法由国务院规定。但相关办法尚未制定。

因技术研发机构数量众多，且机构下的分支机构亦不可胜数；小农经济下，种植者主要是分散的农户，难以进行统筹管理；在农产品的收获、储运、加工等环节，实行这些行为的中小企业数量众多。目前国内种子市场集中度较低，现有的标识政策与全程监管政策对整个农产品产业链的监管较难实施（谭涛和陈超，2014）。因而，依靠许可证和监督检查无疑大大增加了监管成本，减弱了法律法规的可行性和可操作性，追溯管理难以落实。从结果来看，安全监管事件时有发生，屡有转基因食品安全事件被曝光。这说明政府相关部门转基因作物安全监管工作执行不力，势必在消费人群中产生负面的影响，甚至造成政府信任危机。第二，相关农业行政管理部门对安全监管的责权不对等。《农业转基因生物安全管理条例》第四条规定各级农业行政主管部门负责转基因生物安全管理的具体任务，由于监管过程繁杂、工作任务繁重、相应的权责不对等，单纯依靠农业行政部门还不能完全胜任这一系统管理任务（谭涛和陈超，2014）。第三，安全审批的程序和安全防范措施的设计不尽合理，难以落实。转基因安全管理法律法规要求只有取得国务院农业行政部门颁发的许可证才可以进行转基因作物种子经营、生产和销售等活动。但就实践的具体流程来看，种子从生产者到层层的销售者再到农民手中，经过多层级多渠道，还有农技站、合作社等渠道，这些分销渠道并没有取得许可证，国务院农业行政主管部门也无法应对如此大的行政许可工作量。就安全防范措施来说，我国小农经济下，农业生产以家庭为单位，家庭总耕地面积小且分散，规模化和集中度不高。一方面，小的土地规模难以提供足够的空间种植传统品种和设置隔离带。以已经取得安全评价证书的两个品系的转基因水稻为例，按照一般的管理要求来说，需要设置隔离带或生物避难所以防止害虫快速进化，但小规模的农田无法为隔离带或生物避难所提供足够的空间，这些田间管理的规定在我国水稻种植上很难实施（吴蔚等，2012）。另一方面，基于成本和收益考量，采取隔离措施可能会抵消原有的转基因品种低成本优势。第四，我国是农业大国，从事农业生产的人员众多，为了保护农民利益，不能增加农民的额外义务。因此在现实中，转基因作物的隔离措施实施度很低，最为典型的就是在我国目前 BT 转基因棉花的产业化过程中，BT 转基因棉花的种植面积已经占总种植面积的 70% 以上（吴蔚等，2012），但并没有强制要求种植者采取安全管理措施，亦没有形成成熟的田间管理措施体系。第五，追溯管理难以实现。一般而言，除了规模化的农场进行订单式的农产品产销，大部分产品出自分散的农户，未经过任何的基因检测，且难以逐一进行溯源和后续追踪。在此情况下，在加工前无法确保某一批量的农产品是否含有转基因成分，而零阈值和零容忍又使得含有少量转基因原料的产品都属于需要标识的转基因产品。

8.2.3.2 标识制度设置不合理

转基因标识问题是转基因产品管理的共性问题。第一，强制性标识制度加上零阈值要求，意味着只要产品中含有转基因成分就要标识，虽然测定容易，但具体的标识、生产和市场流通领域的管理、跟踪等实行成本极高（张熠婧，2015），增加转基因产品成本，削弱了转基因产品原有的低价优势。第二，强制性标识制度和零容忍在一定程度上误导了公众，导致错误的舆论导向，使消费者错误地认为：转基因产品不安全所以才需要强制性标识（王琴芳，2008）。第三，标识目录制度的局限造成标识监管不完全。一方面，标识目录制度确定了需要标识的范围，但随着转基因生物技术的发展、农作物加工手段的创新及食品加工技术的创新，可能还会有其他类型。另一方面，食品标识法律制度又要求所有的转基因食品都需要标识，但现有的标识目录制度不能涵盖所有的食品，只包括部分食品。即现有的标识目录制度既与转基因食品标识范围不一致，又不能适应科学技术的发展。第四，对标识目录制度的执行不力，目前市场上按照规定进行标识的转基因食品很少。

8.2.3.3　信息不对称使得转基因水稻产业化舆论阻力较大

在转基因水稻产业化过程中，舆论造成的阻力很大，其原因就在于政府信息公开不及时，公众参与渠道不通畅。第一，在转基因水稻研发管理中，政府与公众信息不对等，政府掌握了信息优势而又不充分披露，无疑会降低公众对其信赖度，甚至引起公众质疑。面对被媒体曝光的转基因生物安全监管事件和一些转基因的不实言论，政府未能及时公开地予以澄清和说明。这些均会造成消费者对转基因生物的猜忌和质疑，不利于转基因水稻的商业化发展（张熠婧，2015）。第二，公众有参与的意识和需求，政府却没有提供相应的渠道。转基因水稻信息传播与沟通中，政府没有每年在农业部相关主题网站上公布发放安全生产证书的转基因作物品种，没有及时让消费者了解转基因作物安全评价的进程。这可能会加重消费者对转基因食品的顾虑，影响消费者接受和采用转基因食品，对转基因技术及食品发展产生负向影响（张熠婧，2015）。第三，转基因水稻科普没有及时跟进。当前，我国消费者对转基因技术及其产品缺乏全面客观的了解，基于对食品安全的担忧，加上一些真假难辨的伪科普、扭曲事实的阴谋论及媒体不负责任的宣传，使公众难以保持科学的认知态度，加重了转基因产品被消费者排斥的不利局面。

8.2.3.4　法律惩罚和救济手段不完善

首先，现有法律规定未解决基因污染的定性和救济方式。我国现有的《农业转基因生物安全管理条例》只针对种植者的管理义务做了规定，但没有涉及侵权损害救济的问题。现有的《民法》和《侵权行为法》等相关法律法规也存在适用环境侵权还是一般侵权的困惑，且存在将转基因作物"有罪推定"的嫌疑。其次，目前转基因生物安全方面的规定，对违反安全管理规定的行为，行政处罚较低，而刑事处罚根本不具有可操作性（吴蔚等，2012）。现实中大多以铲除非法种植的作物为手段，既不经济，也侵犯了种植者的种植自由。最后，从事转基因水稻商业化的主体对大规模环境风险和健康风险缺乏补救和补偿能力。小农经济下，农民种植规模小，难以对相关的环境风险和健康风险进行补救或补偿。

8.3　中外转基因法律监管模式比较与借鉴

8.3.1　以监管对象为标准划分

转基因作物产业化管理模式主要取决于我国转基因生物安全管理模式。现有的转基因生物安全管理模式主要可分为水平型和垂直型，前者以转基因生物技术的研发应用过程为导向，侧重对转基因生物研究与应用的各个阶段逐一进行特别监管；后者以转基因产品为先导，只对特殊性产品进行监管。水平管理模式下，转基因生物被认为确实或很可能存在危险，因此必须对其进行特殊监管；垂直管理模式下，转基因生物与其他生物体和产品被同等对待，仅在特定的情况下才需要进行特殊监管。美国、日本、加拿大、阿根廷等国采取垂直管理模式，欧盟、巴西、印度等国家和地区采取水平管理模式。

8.3.1.1　美国

美国采取垂直管理模式。根据 ISAAA《2015 年全球生物技术／转基因作物商业化发展态势》（James，2016），美国仍然是全球转基因作物的领先生产者，种植面积达到 7090hm²。美国在 2015 年关于转基因作物产品取得的一些成就：① 第一代 Innate™马铃薯（Simplot 公司开发的一种多性状改良的马铃薯）于 2015 年首次进行了 160hm² 的商业化种植。②Innate™ 2 也于 2015 年获批，其对真菌病和马铃薯晚疫病具有更强的抗性。③第一个非转基因的基因组编辑作物 SU Canola™（抗磺酰脲除草剂油菜™）首次在美国 4000hm² 的土地上进行了商业化种植。④两种 Arctic®苹果于 2015 年获批在美国和加拿大种植，美国 2015 年种植面积达到 6hm²，于 2016 年首次面市。开发 Arctic® 苹果的加拿大 Okanagan Specialty Fruits 公司将同样的技术施用于其他易腐烂的水果，如桃子、梨和樱桃。该公司 2015 年被一家美国合成生物公司 Intrexon 收购。⑤更易消化并且产量更高的低木质素苜蓿 KK179（HarvXtra™）于 2014 年 11 月获批并于 2016 年进行商业化。苜蓿是全球第一大饲料作物。⑥2013 年首次在美国种植的转基因抗旱玉米 DroughtGard™ 的种植面积出现猛增，从 2013 年的 5 万 hm² 增加到 2014 年的 27.5 万 hm² 再增加到 2015 年的 81 万 hm²，反映了农民对它的高接受度。

美国是最早开展生物安全研究和立法实践的国家。在法律体系方面，1986 年以前，美国没有制定专门针对转基因作物产业化管理的法律制度，而是以 1976

年《重组 DNA 分子研究指南》为蓝本（曾文革和田路, 2013），基本沿用以前环境管理的有关规定，充分发挥农业、食品药品、环境等领域的相关既有法律的作用，将其扩展至对转基因技术及其产物的管理。20 世纪 80 年代初，转基因农作物田间释放试验的大规模进行，标志着转基因技术从实验室走向产业化，原有的管理方式已经无法满足转基因技术发展的需求，管理机构需要适时更新和变化。美国于 1986 年正式出台《生物技术监管协调框架》（曾文革和田路, 2013）。通过近 40 年的探索和发展，美国建立了较为完善的法律法规和监督管理体系。美国具有世界上最先进的生物技术，也需要将此种优势转化为科技生产力进行商业化生产，因此对转基因作物产业化管理问题比较重视并保持持续的研究。80 年代中期，美国对以往的转基因作物产业化管理的立法工作和成效进行了一次彻底的清查和总结，经过多层次的论证，美国充分地肯定了以往的转基因作物产业化管理法律制度体系。从转基因法律实践情况来看，美国并没有专门机构来管理转基因生物安全，美国农业部（United States Department of Agriculture, USDA）、美国食品药品监督管理局（Food and Drug Administration, FDA）、美国国家环境保护局（Environmental Protection Agency, EPA）三个核心部门在具体职能落实中协调合作，是主要的转基因生物技术及产品的管理机构；审批程序比较明了且对公众公开，着重以科学为依据，以风险为基础进行管理评估和裁决。在对转基因作物管理方面，USDA 对种子的获取、运输到田间试验、最后的产业化生产进行全程监管，防止转基因作物成为有害生物。EPA 主要管理转基因植物的环境安全性，监管 "植保型" 转基因植物。FDA 主要负责转基因食品和食品成分安全的管理。美国这三个独立机构在转基因作物产业化过程中的各个环节都做到了监管，对转基因作物的实验室试验、大田试验到产业化申请审批及种植过程中的环境监控和种植产品的安全性检测都做了详细的法律规定（刘旭霞和余桢, 2007）。目前来看，美国有比较完善的监管机构、监管制度、法律规范体系，已成为世界各国制定转基因生物安全管理法律的借鉴对象。美国是首屈一指的转基因生产大国，美国玉米、棉花、大豆等主要农作物占据着主要的转基因国际市场。

8.3.1.2　阿根廷

阿根廷采取和美国一样的垂直管理模式。阿根廷作为 2015 年全球种植转基因作物面积第三名的国家（James, 2016），一些做法值得中国学习。根据《2015 年全球生物技术/转基因作物商业化发展态势》，阿根廷批准了两种中国生产的产品———种抗旱大豆和一种抗病毒马铃薯。阿根廷对转基因作物产业化一直保持较高的热情，近年来也有了一些突破。

阿根廷转基因作物产业化的法律监管依据及机构设置分析如下。阿根廷目前并没有专门的转基因作物产业化监管立法，而是将内容分散在法案、决议和条例之中。①农畜渔食秘书处是阿根廷生物技术及其产品的主管部门，也是转基因作物产业化的最终决策机构，下设国家农业生物技术咨询委员会、全国农产品健康和质量行政部、国家种子研究所三个机构。国家农产品市场管理局、国家生物技术与健康咨询委员会同时也会参与转基因作物产业化监督过程。②国家农业生物技术咨询委员会是多学科跨部门咨询机构，成立于1991年，主要负责转基因生物环境风险评估，具体包括转基因生物实验室试验、温室试验、田间试验及环境释放的审查，并为农畜渔食秘书处的决策提供建议。国家农业生物技术咨询委员会也与其他非政府组织（如环境保护协会等）召开联席会议，就转基因作物及其产品等相关问题进行讨论，听取社会中间层组织的质询、批评和建议，并及时给予答复。③全国农产品健康和质量行政部负责食品安全和质量、动物健康产品和农药的监管。转基因生物在进口前，申请人必须向国家农业生物技术咨询委员会提交申请，国家农业生物技术咨询委员会在审批进口申请时，全国农产品健康和质量行政部需为进口单位的转基因生物材料提供一个安全的临时性存放场所，负责材料的临时保管。④国家种子研究所在转基因作物产业化后期发挥作用，主要负责种子的登记工作。⑤国家农产品市场管理局。国家农产品市场管理局虽然不是农畜渔食秘书处的组成机构，但在转基因作物产业化中也有重要作用。它主要负责评估转基因作物的产业化对阿根廷国际贸易可能产生的影响。⑥国家生物技术与健康咨询委员会共有12名成员，均为化学、生物学等方面的专家，他们是公共部门和私人部门的代表。卫生部的一个隶属机构——国家药品、食品和医疗技术管理局，负责管理通过生物技术方法生产的药品和其他与人体健康相关的产品，包括转基因产品，而国家生物技术与健康咨询委员会为国家药品、食品和医疗技术管理局提供支撑（周锦培和刘旭霞，2010）。

8.3.1.3　欧盟

欧盟采取水平管理模式。欧盟将生物安全法规分为两类：一类是水平系列法规（horizontal legislation），涵盖了转基因微生物在封闭设施内的使用、转基因生物的有意释放和接触生物试剂工作人员的职业安全等方面的内容，负责生物安全水平系列法规管理的机构是环境、核安全和公民保护总司；另一类是产品系列法规（product legislation），涵盖了医药产品、动物饲料添加剂、植保产品、新食品和植物种子等方面的内容，负责产品系列法规管理的机构是工业总司和农业总司（薛达元，2009）。欧盟在转基因监管方面一直保持过于谨慎的态度，审批流程和监管体系复杂，并且随着法规体系的变化而变化。欧洲食品安全局主要负责科学层面的评估，负责欧盟各项法律文件的贯彻执行，并可以建议法律文件，为欧洲议会和欧盟理事会准备法律文件。欧盟委员会基于欧洲食品安全局的科学意见准备决议草案，供成员国部长级会议上投票，并根据投票结果做出决策；成员国主管部门负责其商业化的批准及商业化之后的监控和标识等方面。欧盟按照产品用途将转基因生物分为三类管理，第一类为生产种植，批准后可以在成员国境内大规模种植；第二类用作食品、饲料机器加工品；第三类是既要生产种植，又用作加工原料。以转基因作物为例，申请用作食品和饲料机器加工品的安全评价申请审批程序为提交申请、风险评估、多层决策审批三个步骤。申请单位向某成员国主管当局提交转基因生物用于食品或饲料的申请，必须提交一份完整报告，其中包括证明转基因食品对环境或健康无害的资料、证明转基因食品与传统食品实质等同的分析报告等材料，主管当局在决定受理申请后将申请资料转交欧洲食品安全局，由欧洲食品安全局通知所有成员国并向其提供申请资料，之后将申请资料的摘要报告提供给公众。在所有资料齐全后，欧洲食品安全局将在 6 个月内完成评估报告并向欧盟委员会和成员国提交评估报告，同时向社会公开评估报告的公开版本。最后欧盟委员会自收到评估报告起要准备决定草案。在这个过程中，欧洲食品安全局起到了转基因生物安全管理的统筹作用。

　　欧盟采用"预防原则"作为管制转基因产品的理论基础，所有转基因作物都必须经过正常审批程序加以评估且建立追溯制度，严格记录转基因产品的整个生产流程和流通环节。欧盟如此严格的转基因产品管制法律一方面可以控制转基因作物和转基因产品可能导致的潜在危险，在欧盟范围内保证转基因作物不随意发展，另一方面却大大提高了科学技术转化为生产力的成本，对技术的发展有阻碍作用，同时为实行贸易保护主义提供了便利（王迁，2004）。

8.3.1.4　中国

　　我国对转基因生物安全管理实行一种以过程管理为主、产品管理为辅的管理模式，较符合国际社会和各国转基因生物安全管理趋势。这种管理模式并非禁止转基因生物的研发与应用，只是更加强调安全保障的重要性，是我国依国情做出的正确选择，且随着生物技术发展水平的提高、伦理道德观念及社会经济发展等情况的变化进行不断调整（陆群峰和肖显静，2009）。国家科学技术委员会（现为科学技术部）早在 1993 年 12 月发布了《基因工程安全管理办法》，是关于基因工程的实验室安全操作和风险管理体系的规范和制度。1996 年，农业部颁布了《农业生物基因工程安全管理实施办法》，开始对农业转基因生物安全实施实质性的管理。我国签署《国际植物保护公约》《生物多样性公约》《生物安全议定书》等国际公约后，为履行相关公约义务，在全球环境基金、联合国环境规划署的支持下，国家环境保护局联合农业部、科学技术部、教育部、中国科学院、国家食品药品监督管理局、国家林业局、对外贸易经济合作部、国家法制局等部门，在2000 年联合编制完成了《中国国家生物安全框架》，提出了构建中国生物安全政策体系和法规体系的国家框架方案。在政策体系框架中首先规定了中国生物安全管理的总体目标，且提出了生物安全管理的主要原则、对象和方法、现代生物技术产品市场开发指导方针与政策及释放的环境管理制度。在法规体系框架中，评述了法规现状和法规体系，规定了国家生物安全法律、法规的主要内容和原则。另外，《中国国家生物安全框架》还规定了转基因活生物体及其产品风险评估和风险管理的技术准则及生物安全管理的国家能力建设等方面的内容。国务院于2001 年颁布了《农业转基因生物安全管理条例》来规范日益增多的农业转基因生物研究与环境释放，2002 年农业部发布了与《农业转基因生物安全管理条例》配套实施的三部管理办法。后卫生部于 2002 年发布《转基因食品卫生管理办法》，国家质检总局于 2004 年发布《进出境转基因产品检验检疫管理办法》，农业部于2006 年发布《农业转基因生物加工审批办法》，国家林业局于 2006 年发布《开展林木转基因工程活动审批管理办法》，我国于 2015 年新修订的《中华人民共和国食品安全法》规定了对转基因零容忍，正式确立了转基因标识零容忍规则。通过对已有的法律法规内容的分析，我国对转基因生物安全的监管重视过程，但同时对转基因产品、衍生品等也给予了足够的关注。总体来讲，我国转基因生物安全监管已经较为成熟，但我国的转基因生物安全管理模式仍处于完善阶段，最重要的一点就是对产品管理的缺位，如转基因产品标识不规范与转基因产品广告管理不力（乔雄兵和连俊雅，2014）。从上可知，我国专门设立了转基因生物安全监管机构作为主管机构，对其他机构进行统筹，其他机构的职能行使情况需要向其报告。国务院是转基因生物安全管理的最高决策机构，但由农业转基因生物安全管理部际联席会议对转基因生物安全相关重大事项进行管理，负责对农业转基因生物安全管理工作中的重大问题进行研究、协调。农业部作为主管部门，主要负责农业转基因生物的安全评价、监督管理及相关技术标准制定和行政审批等工作，并将其设立的国家农业转基因生物安全委员会作为承担转基因生物安全科学评价工作及转基因生物安全技术咨询工作的主体。

8.3.2　以是否有专门监管机构为标准划分

8.3.2.1　松散型

松散型监管体制专指没有专门设定针对转基因生物安全的机构，将现有的法律法规适用于转基因生物管理，使之处于一个总体协同框架之中。松散型监管具体还可分为以美国为代表的通过颁布框架法律协调不同监管机构合作的模式及以日本为代表的让不同相关机构的共同上级机构统筹协调模式。

美国具有世界上最先进的生物技术，也需要将此种优势转化为科技生产力进行商业化生产，因此对转基因作物产业化管理问题比较重视并保持持续的研究。20 世纪 80 年代中期，美国对以往的转基因作物产业化管理的立法工作和成效进行了一次彻底的清查和总结，经过多层次的论证，美国充分地肯定了以往的转基因作物产业化管理法律制度体系。从转基因法律实践情况来看，美国并没有专门机构来管理转基因生物安全，农业部、食品药品监督管理局、国家环境保护局三个核心部门在具体职能落实中协调合作，是主要的转基因生物技术及产品的管理机构；审批程序比较明了且对公众公开，着重以科学为依据，以风险为基础进行管理评估和裁决。目前来看，美国有比较完善的监管机构、监管制度、法律规范体系，已成为世界各国制定转基因生物安全管理法律的借鉴对象。

现代生物技术在植物育种中的应用在日本已经比较普遍。日本是较早开展生物技术立法工作的国家之一。1979 年文部省与科学技术厅制定了与美国类似的《大学等研究机构重组 DNA 实验指南》和《重组 DNA 实验指南》，规定无论是进行物理控制还是生物控制的重组 DNA 实验均需确保其安全性，此后日本通产省、科学技术厅和农林水产省分别颁布了各自的转基因生物安全准则，分别是1986 年通产省的《转基因生物工业化准则》、1987 年科学技术厅的《重组 DNA 实验准则》及 1992 年农林水产省的《农林渔业及食品工业应用重组 DNA 准则》。日本的总理府环境省统筹生物技术环境计划及污染控制，按照政府机构的职能分工，现在的文部科学省、农林水产省、厚生省对转基因生物的研究、开发、生产、上市及进出口规定分三个阶段管理，分别制定管理指南，分工明确，各司其职。其健全的法规、明确的分工、完善的监管体系使得日本成为国际上转基因生物安全管理比较完善、规范、科学、富有成效的国家之一。

8.3.2.2　集中型

集中型监管模式主要是设立专门机构管理转基因生物安全问题，突出对转基因生物安全的专门监管，此监管模式以澳大利亚为典型。

在澳大利亚，基因技术管理办公室负责监管转基因生物的相关工作，包括实验室研究、田间试验、商业化种植及饲用批准，该办公室负责人员由部际联席会议任命，下设基因技术常务委员会作为常务机构，负责基因技术管理办公室日常工作，对基因技术管理办公室负责人员及办公室有指导监督作用。基因技术专家咨询委员会向基因技术管理办公室提供技术和科学建议，还有两个较为重要的机构，分别为基因技术道德委员会和基因技术社会咨询委员会，基因技术道德委员会主要负责技术涉及的伦理、道德及其他社会问题的咨询工作，基因技术社会咨询委员会主要负责向公众、社区宣传、普及基因技术的有关知识，解释国家、州有关基因技术的政策、法规，回答公众的提问和质疑，向基因技术管理办公室及其负责人员反馈公众对转基因技术及其产品的意见和建议。澳新食品标准局负责对利用转基因产品加工的食品进行上市前必要的安全评价工作，并设定食品安全标准和标识要求。在澳大利亚从事转基因生物研究、开发、生产等相关活动，向基因技术管理办公室提出申请是基本前提，基因技术管理办公室负责人审核材料后对申请的活动进行风险评价，在评价过程中均需向基因技术常务委员会和其他部门咨询意见，最终决定是否颁发许可证。

8.3.2.3　折中型

折中型监管模式既有传统的监管机构参与，又有专门的转基因生物安全监管机构的参与。欧盟、巴西与我国均属于折中型监管模式。以专门设立的转基因生物安全监管机构在整个监管体制中的作用不同划分，折中型还可细化分为两种模式：第一种是专门设立的转基因生物安全监管机构作为主管机构，对其他机构进行统筹，其他机构的职能行使情况需要向其报告；第二种是专门设立的转基因生物安全监管机构与其他机构合作完成职责，和其他机构具有平等的权限。

欧盟与我国属于第一种模式。欧盟在转基因监管方面的行为较为保守，相关转基因的审批流程较为复杂，具体由两大机构进行监管。其一是欧洲食品安全局，此机构主要负责科学层面的工作，并为欧洲议会和欧盟理事会准备法律文件；其二是欧盟委员会，此机构根据欧洲食品安全局提出的意见准备决议方案，并在国会上做出决策。欧盟按照产品用途将转基因生物分为三类管理，第一类为生产种植，第二类用作食品、饲料机器加工品，第三类是既要生产种植又用作加工原料。就我国而言，国务院是转基因生物安全管理的最高决策机构，但由农业转基因生物安全管理部际联席会议对转基因生物安全相关重大事项进行管理，负责对农业转基因生物安全管理工作中的重大问题进行研究、协调。农业部作为主管部门，主要负责农业转基因生物的安全评价、监督管理及相关技术标准制定和行政审批等工作，并将其设立的国家农业转基因生物安全委员会作为承担转基因生物安全科学评价工作及转基因生物安全技术咨询工作的主体。由此观之，我国农业转基因生物安全管理部际联席会议起主导作用，管理其他机构。

巴西属于第二种模式。在执行机构上，巴西依据《生物安全法》设立了国家生物安全技术委员会、国家生物安全理事会、登记和监督部门及内部生物安全委员会，它们共同构成了生物安全管理体系。国家生物安全技术委员会是科学技术部的多学科组织，这个委员会具有建议和审议功能，为联邦政府制定、执行和修改转基因生物及产品相关的国家生物安全政策提供技术支持和建议，也对人类健康和环境造成的风险进行评价，为建立技术安全标准和颁发转基因生物及产品的研究和商业利用的许可提供技术上的建议。国家生物安全理事会依据共和国总统的授权开展工作，为总统实施国家生物安全政策提供咨询和建议。其负责对生物安全有管辖权的联邦机构和实体明确原则和提供指导；针对 CTNBio 的请求，分析转基因生物及衍生品的商业释放的申请，考虑适当性、社会经济机会和国家利益；作为最后的听证机构，裁决与转基因生物及产品相关的行政案件。巴西第 5591 号法令进一步规范了国家生物安全理事会所能进行的活动、功能和组成，以及负责与转基因生物及衍生品相关的登记、检查和许可程序的机构或组织的管辖范围。内部生物安全委员会，是每个使用技术和基因工程方法或进行转基因生物及产品研究的机构都必须创立的组织机构，由它指定一个技术员对每个具体的项目承担主要责任。国家生物安全技术委员会与其他机构是协作关系。

通过对上述国家和地区的分析，从转基因生物安全立法管理上来看，我国应进一步完善各种部门规章条例，借鉴美国、阿根廷的各职能部门分工合作方式，发挥我国各管理部门在转基因作物产业化规制中的作用；从转基因作物管理机构设置上来看，我国各管理部门之间没有形成统一有效的管理规则，也没有统一法律的指引，易出现监管工作不协调现象，故在明确各部门职能与分工的基础上有一个权威性领导机构起到统筹各部门的作用是最好的选择，如欧盟。欧盟对转基因作物的谨慎态度我们无法忽视，在保持转基因作物安全性的同时更应当理性对待转基因作物，适应世界转基因作物发展的潮流，不断完善我国转基因作物产业化管理与研究。转基因生物技术和生物安全作为转基因生物安全监管的重要部分，也是每个国家所重视的，但由于侧重点不同，监管模式也就发生了变化。以美国为代表的松散型管理模式，由于没有专门机构进行监管，一些无法纳入传统监管体系的问题无法得到解决；以澳大利亚为代表的集中型管理模式存在管理效率不高的问题；而以欧盟为代表的折中型管理模式目前而言较好地解决了上述问题，但仍不完美。全球采取折中型模式的国家较多，仅少数国家完全采取了松散型或集中型管理模式。

对转基因作物产业化而言，水稻作为世界主粮、玉米作为世界最重要的饲料作物使得转基因水稻和转基因玉米在中国具有重大利益和重要意义。我国对 Bt 玉米、抗除草剂玉米、植酸酶玉米及转基因水稻的研究和商业化对自身乃至全世界的粮食和饲料需求都有巨大的贡献潜力。虽然习近平主席对中国大量进口的转基因大豆和玉米（James，2016）中所采用的技术表示支持，但国内转基因主粮作物的生产尚未实施。我国对转基因研发与科研应保持积极态度，尽全力不落后于发达国家的科研水平，在加强科研的同时，充分让民众了解转基因的积极作用、支持转基因研发，加快转基因产业化进程。我国政府正在修订转基因相关法律法规。2015 年 5 月，农业部发布了对修订《农业转基因生物安全评价管理办法》的征求意见草案，之后知会了 WTO/SPS 委员会。该草案中取消了审批答复时限，并首次将经济、社会因素纳入审批流程。在一份建议回复中，农业部表示正"积极研究并探索审批前社会意见征求程序"以便"在农业转基因审批决策中倾听社会公众意见，提高公众参与度"。农业部在 2014 年 12 月批准了两种新的转基因大豆和一种转基因玉米用于进口，这是 2013 年 6 月以来首次新审批，审批流程变得缓慢而难以预料，造成了大规模的贸易阻碍，我国仍然是转基因产品进口大国。尽管研究已经进行了许多年，中国至今尚未商业化生产任何转基因粮食或油料作物。2009 年，农业部首次向食用和饲用作物颁发了转基因生物安全证书，对象是自主研发的两种抗虫水稻和一种高植酸酶玉米（证书已在 2014 年底更新）。然而农业部尚未批准最终的商业化种植。农业部不发布国内转基因研究发展信息，但根据农业部批准信息，在研究中的主要作物（中间试验或环境试验）包括抗虫玉米、高赖氨酸玉米、抗穗发芽小麦，以及抗虫大豆。转基因小麦研究力度颇大，其中有 11 种抗性基因和 4 种优质蛋白基因正在研究中。中国在转基因和种子研究上投入了大量资金，主要通过科研机构和高校进行研究。2008 年 7 月国务院通过转基因生物新品种培育重大专项，在 12 年内拨款 240 亿元资金支持转基因品种的研发（资金来自中央和地方政府，以及企业）。根据《国家中长期科学和技术发展规划纲要（2006～2020 年）》，该项目将着重于农作物（水稻、小麦、玉米和棉花）及牲畜（猪、牛、羊）的研究，目标是开发具有抗虫、抗病、抗压等性质的新品种。在转基因技术的研发中，民间资本的投入有限，并受严格监管。外国资本被禁止进入转基因植物、牲畜和水产品的研究和生产。外国资本可以进行传统、杂交种子的生产，但必须以合资且由中方控股的形式开展。

8.4　我国转基因水稻产业化法律监管制度的完善建议

8.4.1　转基因水稻管理布局

1）从转基因水稻研发和产业化的整体布局来看，我国既要保证转基因水稻技术优势，也要积极推进转基因水稻产业化。一方面我国应注重转基因水稻产业知识产权战略，加大研发力度，完善种业科研体系，不在转基因种子上受制于人，掌握转基因作物技术的自主知识产权，以备不时之需。另一方面也要抢占粮食主权的制高点，突出以市场需求为主导，稳步推进转基因水稻产业化（付江涛等，2012）。

2）兼顾各种利益价值。第一是在发展转基因水稻的同时，保护传统水稻资源，科学合理布局转基因水稻的产业化；第二是兼顾粮食安全和食品安全的关系，在发展转基因水稻保障粮食安全的同时，坚守食品安全的底线；第三是兼顾生态平衡和耕地保护的关系，因地制宜、科学布局；第四是兼顾传统技术和转基因技术的关系（付江涛等，2012）。

3）保证转基因水稻产业化过程中的信息公开和公众参与。信息公开能保障消费者的知情权，增加政府的公信力。而公众参与下的审慎的民主决策能够防止转基因技术的盲目跟进，从而避免在未来可能会出现的无法挽回的后果，这无疑有利于社会的健康发展（骆飞，2014）。

8.4.2　科普与公众参与

科普是增加公众对转基因水稻的科学认知的第一步。为消除公众对转基因水稻和水稻产品的误解和质疑，增进其对我国生物技术发展战略的了解和对转基因技术的认知，政府应积极扩大与公众间的信息交流，牵头组织开展形式多样的科普宣传活动，为公众解疑释惑，引导公众科学、理性地对待转基因技术，积极创造有利于转基因技术发展的舆论氛围（徐秀秀等，2013）。通过建设集展示、科普、培训于一体的现代化科普展示基地，作为对外交流展示的重要窗口和平台，利用电视、网络、报纸等媒体开展科普宣传活动，系统介绍生物技术相关知识和国内外发展趋势，不断提高公众的科学认知，消除对转基因生物及其产品的误解与疑虑，有效地应对各种不实宣传，为我国育种产业的发展创造良好的社会环境和舆论氛围（万建民，2011）。公众参与是顺利推进转基因水稻产业化的关键。建议从政府层面，进行引导和协调，鼓励大型企业早期介入，逐步成为转基因作物研发、投入和开发的主体，提高我国转基因技术产业的国际竞争力。扩大公众参与转基因水稻的产业化决策，政府和科学家要充分认识到在转基因水稻产业化决策中纳入公众参与、保障公众参与相关程序落实的重要性，在转基因主粮决策、安全评价及行政许可过程中设置公众参与的程序，合理确定参与主体及参与环节，提供公众参与的多种形式和不同平台，同时鼓励和引导公众和社会应该积极参与转基因水稻产业化决策的交流和对话（毛新志等，2011）。

8.4.3　管理制度完善

1）提高管理制度的法律层次。提高转基因生物安全监管法规的立法层次，国家以法律的形式出台转基因生物安全监管的相关法律、法规，提升监管法律的效力。

2）安全评价制度的完善。对安全评价的程序进行合理、有效的调整，在确保安全评价工作质量的前提下，尽量减少烦琐、重复的评价和审批程序，缩短转基因作物品种的安全审批时间，使成熟技术能尽快服务于农业生产（张熠婧，2015）。首先，在转基因生物安全评价中，将科学问题和行政策略区别开来，科学问题由科学家来进行评价，而政策、法律相关的问题由政府决断，将科学安全与社会安全、政治安全区分开来。其次，简化现有的安全评价程序。总结近 20 年来我国转基因作物安全评价和管理的经验，建议我国借鉴美国分类审批的做法，对我国转基因作物安全性的评价与审批实行分类管理，节约行政成本、简化审批程序。具体而言，建议对没有可预见风险和低风险的转基因作物实行安全性评价与管理的简化程序。减少评价阶段，设置为 3～4 个阶段，将中间试验、环境释放和生产性试验三个阶段融为一体，而评价内容保持不变。按品种审批转变为按转化事件审批，对已审批的转化事件，其衍生系不必再申请安全性评审（张启发，2005）。获得安全证书的转化体应和常规品种材料一样安全，因而宜"取消监控状态"，在常规育种项目中应用（王旭静和贾士荣，2008）。在证书的类别上，可以借鉴我国医药审批制度中新药证书和药品生产文号的做法，对转基因作物实行"安全证书"和"商品化生产许可证书"相分离的两证制（张启发，2005）。在安全证书的适用范围上，安全证书像基因工程药物的监管一样，批准的安全证书应全国通用（特殊的环境安全性考虑除外），但在品种审定环节可以限制其应用范围。最后，作为行政策略的技术壁垒，可以考虑凡是我国已经颁发了安全证书的转基因作物（指特定基因与作物的组合），可以对国外研制的同类转基因作物在完成了相同的实验和评价程序后也颁发安全证书，对我国尚未颁发安全证书的转基因作物，国外研制的转基因作物则需在我国境内完成各种安全性实验和评价过程后方可颁发安全证书。简而言之，国内研制的转基因作物可以借用国外的技术资料申请安全证书，而国外研制的转基因作物则只能根据国内的技术资料申请安全证书，这样至少可以保证我国研制的转基因作物在商品化生产的国内市场中占有先机（张启发，2005）。

　　3）完善转基因部际联席会议制度。注重部际联席会议的实际效用和会议决议的执行力度，结合行政体制改革趋势适当增减部际联席会议成员。从技术、社会、管理三方面完善转基因水稻产业化推进方案，在更广、更高层次上推动国家决策（孙国庆等，2010）。

　　4）转基因水稻品种审定制度的完善。结合《中华人民共和国种子法》的修改趋势及及时出台转基因作物品种审定办法的要求，有必要对《农业转基因生物标识管理办法》进行修订，或者按照《中华人民共和国种子法》的相关规定尽快出台转基因作物品种审定/登记办法，实现转基因安全评价程序与水稻品种审定程序的法律程序衔接。现有的转基因棉花品种审定程序已经有一定的经验可资借鉴，转基因水稻等主粮作物的审定程序可参考转基因棉花品种的审定程序。

　　5）标识制度的完善。对强制标签、零阈值规定条款等进行适当调整，及时更新标识目录，设置合理的不同种类转基因产品的标识阈值，明确标识责任主体（张熠婧，2015）。完善转基因食品的追溯管理、全程监控，并加强监管程序的标准化管理（谭涛和陈超，2014）。安全管理措施的设计要充分考虑种植者的实施能力和成本收益，平衡安全和效益的关系。

　　6）建立科学的评估制度。由于科学技术的局限性，风险预防意识有存在的必要性，但必须要建立在科学的评估基础之上。对转基因水稻种植过程中的环境、生态影响评估，安全监管措施的效用评估，以及对转基因水稻制成的食品的食品安全风险评估等都是必不可少的。评估标准要随着技术发展及环境变化而发展和更新。

8.4.4　管理体制完善

　　首先，结合转基因生物安全管理法律层级的提高（诸如制定生物安全法）这一趋势，我国也需要建立一个国家层面的对生物技术研发与产业化进行决策、研究转基因作物研发与产业化策略、制定我国农业生物技术整体发展的中长期规划、协调各部委管理职权的机构。此机构的关注重点在于对今后我国农业生物技术的发展方向和重大问题做出预判和决策，找出核心领域，分析战略对策，布局优先发展领域，同时解决产业化及运行管理机制中的重大问题（张启发，2005）。其次，在部际联席会议制度下，由各部门推荐成立转基因水稻产业化专家工作组，建立专家与部门的互动机制，寻求技术和管理两个层面问题的解决方案，使准许和不准许都建立在科学基础之上，为部际联席会议决策服务（孙国庆等，2010）。最后，扩大市场的参与度和决策影响力。在转基因水稻研发和创新方面，应积极引入私人资本参与转基因水稻技术研发，建立国家和企业相辅相成的转基因技术创新体系。可尝试将转基因水稻技术的研发资金投向企业，或者采用企业和公共研究部通力合作的形式。利用转基因专项科研资金和企业自筹资金，逐步建立并形成规模的产、学、研一条龙的农业转基因生物技术研发中心。在一定的利益分配原则下，将转基因水稻商业化的所有生产和商业活动转交给企业来完成（张熠婧，2015）。此外，也需加快建立生物技术研发的信息共享与对话平台。目前，转基因水稻研发费用多由国家专项进行资金支持，而承担研究任务的多为科研院所与著名高校，研发主体与市场之间缺少信息共享与对话平台，这也是研发投入不能有效转化为市场需求的一个重要原因。生物技术的发展需要建立多学科跨部门的对话合作机制与平台，发挥各自的优势与长处，这样才能有效地把科研成果转化为市场需要的产品（王志刚和彭纯玉，2010）。

8.4.5　完善我国转基因水稻产业化管理机制

1）转基因水稻产业化监管重点和关键点选择。为了保障顺利进行转基因水稻产业化，要加强监管的可靠性、可行性与可操作性，明确监管重点和关键点。现阶段，我国以省或国家水稻区试环节为监管重点，这无疑能在源头上确保转基因水稻与非转基因水稻的隔离。但随着转基因水稻产业化，转基因水稻可以进入区试，无疑增加了区试的监管力度，由原来的只需鉴别是否含有转基因成分到鉴别合法的和非法的转基因水稻，才能将非法的转基因水稻拒绝在品种审定之前（付亚萍等，2007）。在种植环节，事后监管，诸如对在田间查实某品种是否为非法转基因作物、铲除青苗等行为，既增加了监管成本，又劳民伤财。事后查处，不如事前监督安全管理措施、技术方法等是否实施到位。市场环节的抽检和检测也是监管重点，要在合理设置转基因食品标识制度和标识阈值的前提下，严格执行转基因食品标识制度。

2）转基因水稻种植规划与生态保护。首先，鉴于基因漂移等因素对非转基因作物、农业遗传资源保护的影响，我国可以考虑在部分地区建立非转基因作物种植区，如建立粳稻非转基因种植区（如东北地区）和野生稻保护区（如我国野生稻起源地区——云南、广西等地），前者可以确保稻米及其制品出口贸易，后者可以保护野生稻生物多样性。其次，考虑到抗虫转基因水稻对水稻害虫抗性的影响，我国应当完善转基因抗病虫作物的综合防治体系。以转基因抗病虫水稻为例，植物体内的 Bt 基因会在植物生长的整个过程中都发挥作用，即害虫一直受 Bt 杀虫蛋白的影响，长此以往，抗药性强的害虫会存活，经过后代繁殖和选择，靶标害虫的整体抗药性会大大增强，最终使 Bt 基因失去原有的价值（孙国庆等，2010）。针对这种情况，我国应当积极研发并推广各类综合防治技术，诸如采取小麦+Bt棉+大豆（花生）+玉米的混合种植模式以延缓棉铃虫抗性的发展，以及采取农业防治和化学防治相结合的 Bt 棉盲蝽象综合防治技术。最后，合理设计转基因水稻安全管理措施。我国农业规模化和集约化程度低，安全管理措施的效益并不明显，甚至可能抵消掉种植转基因水稻所节省的成本。总体来说，转基因水稻品种带来的总的环境效益及对粮食主权安全的价值可能十分巨大，但对每个生产个体来说，由于规模化程度小，额外增加的收益不多。在单独个体对采取法定管理要求、技术标准和成本及由此增加的直接经济收益和减少的事后赔偿（或补偿）之间进行对比和衡量下，如果安全监管措施的实现条件及实施成本过高，那么投入的额外的成本可能高于增加的收益及减少的事后救济成本，那么一般的种植者会做出两种选择：一是不种植转基因水稻，二是违法种植，即不实施安全管理措施。因此我国既要严格地执行对转基因水稻商业化的全过程管理以确保生物安全，又不能过度增加种植者的投入成本，也不能提出过高的管理要求，要充分考虑我国的种植传统和经济社会基础，把安全和效率两种价值平衡好（吴蔚等，2012）。

3）转基因水稻评价体系和检测、监测技术体系的建立。从进出口来看，我国要实现对进口转基因农产品的严格管理，严格控制未获得我国安全证书的国外产品流入市场，同时为了防止对出口带来不利影响，要注重对向国外申请安全证书的主体的管理，及时追责（谭涛和陈超，2014）。从国内产业化技术发展来看，我国要针对申请产业化的转基因水稻品种制定安全评价方案和检测标准，完善安全性研究和评价体系，并同步推进产品创新和安全保障。为了确保在国内市场、进出口市场中对转基因水稻的追溯管理和高识别度，我国必须要完善转基因水稻的评价体系、检测及监测体系。

4）加强执行力度和信息透明度以提高政府公信力，顺利推进转基因水稻产业化。强化转基因生物安全监管工作执行力度，从研发到安全证书发放前的各个环节，切实有效地对未上市的转基因作物品种进行严格监管，以奠定顺利实施转基因生物安全监管工作的基础，切实加强和维护消费者的知情权和选择权。此外，在转基因技术、转基因产品、转基因食品的宣传中坚持权威、坚持科学导向，用公开、透明的信息弥补消费者的信息弱势，提高消费者对转基因技术及食品的认知水平和生物技术知识水平（张熠婧，2015）。

第9章 我国生物种业可持续发展研究

全球种业特别是生物种业科技孕育着新的科技革命和产业革命，使我国种业既面临着严峻挑战又面临着重大发展机遇。在国家转基因重大专项支持下，我国转基因新品种培育进展显著，一批有应用前景的转基因作物新品种正处于产业化前的培育孵化阶段，但也存在自主创新不足、品种同质化、科技成果转化率低、市场运营低效、知识产权保护不力等应用瓶颈因素，如何加强转基因生物育种产业的上、中、下游有机衔接，成立育、繁、推一体化的中国大型生物种业公司，加快推进生物种业快速发展，提升我国种业的核心竞争力，发挥生物科技的影响力和带动力，促进我国种业的整体升级是亟待破解的难题。

9.1 全球化背景下的我国种业发展概况

9.1.1 我国种业发展历程：处于高速发展阶段但明显滞后于种业强国

世界种业发展至今已有 120 多年的历史，农业科技尤其是种业科技革命的不断发展，如第一次绿色革命中杂交优势的发现，培育出许多高产优质的杂交良种，从而催生出规模庞大的种业市场。美国种业市场发展始于 18 世纪末，经过 100 多年的成长历程，逐步成长壮大为国际种业强国。相比之下，我国种业发展明显滞后，仍处于发展的初级阶段。

9.1.1.1 美国种业发展历程

美国种业市场经历了四个发展阶段（表 9-1）。

第一阶段：自留种时期（18 世纪末至 20 世纪初）。这个时期由于杂交优势还未被发现，农民以自留种为主，商业化比例非常低，商业企业规模小，处于不成熟的萌芽阶段。

第二阶段：商业化发展时期（20 世纪初至 20 世纪 60 年代）。这个阶段，育种的杂交优势被发现，这为种业发展带来了革命性变革，一大批高产优质品种被培育出来，世界种子产业在美国兴起，但市场运营缺乏操作基础。美国政府加强了对种业的管理。20 世纪 20 年代，美国各州相继成立"作物品种改良协会"或"种子认证机构"。20 世纪 30 年代，美国通过立法来实行品种保护，种子专利法、严格的知识产权保护制度促进了种业市场化和规范化发展。种子立法为种业市场发展提供了制度性保障。美国的新品种培育开始由州立大学和科研机构公益性育种向私人公司商业化育种转变，私人公司商业化育种开始进入快速发展阶段。私人公司从一开始只从事种子加工、包装、销售开始逐步演变为专业性或区域性的种子公司；再后来，一些私人公司开始自己聘请育种家，培育新品种或者出售亲本材料；到后期，出现了大型的种业公司，它们把研究、育种、生产和销售紧密地结合起来。

第三阶段：创新变革时期（1971～1990年）。这时美国私人公司占主导地位。私人公司研发投入超过公共部门投入，私人公司逐渐成为商业化育种主体。种业公司的快速发展为种业公司带来了丰厚的利润，吸引了大批工业资本和金融资本进入种业产业，私人公司纷纷加大研发投入。20世纪70～90年代，私人公司育种研发投入增长了220%以上，从1976年私人公司就超过了公共部门研究投入，占整个研发投入的60%以上。一些私人公司借助雄厚的科技、资金和人才优势，纷纷走上了产业联合、兼并重组之路，朝着大型化和科研、生产、销售、服务一体化的垄断方向发展。

第四阶段：跨国公司竞争时期（1991年至今）。这个阶段种子产业最明显的特点是转基因生物技术的突飞猛进带来的生物育种新机遇，生物育种成为主流，助推了育种研究、种子生产与营销供应的国际化趋势，跨行业兼并重组不断加快，跨国公司育繁推一体化集团公司不断壮大，产业集中度不断提高，少数巨头占据了种业大部分市场。

表9-1 中美种业发展阶段与特征对比分析

阶段	美国	阶段	中国
自留种时期 （18世纪末至20世纪初）	·农民自留种为主 ·商品化比例低 ·公司规模小，不成熟	自留种阶段 （1949～1978年）	·农民、合作社自选自留种 ·没有种子市场和种子公司 ·良种率低、粮食单产水平提升缓慢
商业化发展时期 （20世纪初至20世纪60年代）	·杂交种出现，商品化快速增长 ·先锋公司创立并崛起 ·国家机构和大学负责育种，企业负责扩繁和销售	初步商品化阶段 （1979～2000年）	·种子实现初步商品化、专业化 ·以县为单位统一供种 ·实施"种子工程"，发展加快
创新变革时期 （1971～1990年）	·品种、专利保护法规逐渐完善 ·企业研发投入开始超过国家机构 ·第一轮并购潮	市场化阶段 （2001～2010年）	·《中华人民共和国种子法》等法律法规颁布实施 ·真正实现市场化、规范化 ·企业逐渐成为商业化育种的主体
跨国公司竞争时期 （1991年至今）	·跨国、跨行业并购 ·少数巨头占据大部分市场 ·生物育种兴起并成为主流	高速发展阶段 （2011年至今）	·建立商业化育种体系，加大育种投入 ·大幅提高行业准入门槛 ·推动种子企业兼并重组，推进育、繁、推一体化种子企业做大做强 ·多次修订《中华人民共和国种子法》

9.1.1.2 中国种业发展历程

与美国相比，我国种子商业市场化发展程度明显滞后，发展也经历了四个阶段（表9-1）。

第一阶段：自留种阶段（1949~1978年）。1978年前，我国种子行业的管理体制是完全的计划管理模式，"科研、繁育、推广和经营"是完全割裂的四个环节。我国农民种田基本上是自家留种，没有种子市场和种子公司，良种率低，粮食单产水平较低。

第二阶段：初步商品化阶段（1979~2000年）。我国逐步由计划管理向市场管理过渡。特别是杂交水稻、杂交玉米和杂交油菜等杂交技术的应用和推广，市场上开始出现能够覆盖制种、加工、推广和销售等多环节的种子公司，但市场上各类种子公司良莠不齐，假冒伪劣、坑农害农现象时有发生，为此国家出台了《中华人民共和国种子管理条例》，建立了管理制度。为进一步促进种业健康发展，国家从"九五"时期开始实施"种子工程"，有力地促进了种业发展。但此阶段，我国对主要农作物种子仍然实行计划供应，由国有种子公司垄断经营。

第三阶段：市场化阶段（2001~2010年）。2000年《中华人民共和国种子法》颁布，标志着我国种业进入快速发展的市场化、法制化轨道。国家建立了知识产权保护制度，出台了《中华人民共和国植物新品种保护条例》。国家取消了对主要作物种子的管制，打破了原国有种子公司"一统天下"的局面，各类民营种子企业纷纷成立，外资种子公司进入我国，拉开了中国种子产业激烈竞争的序幕。经过10多年的发展，我国种子产业已基本形成多元化格局，种子研发实力不断增强，种子生产能力不断提高，种子质量明显提高，良种商业化比例不断提高。国家设施了良种补贴制度[①]，大大激发了农民使用良种的积极性。中央财政从2002年设立良种专项补贴资金，支持良种推广。良种补贴范围从2002年的大豆，逐步扩大到2014年的小麦、水稻、玉米、棉花、油菜、花生、马铃薯等品种（表9-2），在优势区域实现了全覆盖（表9-3），到2014年中央财政良种补贴资金达到214.45亿元。良种补贴制度推进了良种覆盖率的提升和良种技术的进步。

表 9-2　2002~2014 年良种补贴涉及品种

年份	品种
2002	大豆
2003	小麦、大豆
2004	水稻、玉米、小麦、大豆

---

① 2015年我国开始农业三项补贴改革试点，2016年全面实施，原有的良种补贴、种粮直接补贴和农资综合补贴合并为"农业支持保护补贴"。因此，本章中关于良种补贴的数据只列举到2014年，且以2014年补贴品种做特别说明。

续表

年份	品种
2005	水稻、玉米、小麦、大豆
2006	水稻、玉米、小麦、大豆
2007	水稻、玉米、小麦、大豆、棉花、油菜
2008	水稻、玉米、小麦、大豆、棉花、油菜
2009	水稻、玉米、小麦、大豆、棉花、油菜
2010	水稻、玉米、小麦、大豆、棉花、油菜、青稞
2011	水稻、玉米、小麦、大豆、棉花、油菜、青稞
2012	水稻、玉米、小麦、大豆、棉花、油菜、青稞、花生
2013	水稻、玉米、小麦、大豆、棉花、油菜、青稞、花生
2014	水稻、玉米、小麦、大豆、棉花、油菜、青稞、花生、马铃薯

资料来源：农业部

表 9-3　2014 年良种补贴标准

品种	区域	补贴标准
水稻	全国 31 个省（自治区、直辖市）全覆盖	15 元/亩
玉米	全国 31 个省（自治区、直辖市）全覆盖	10 元/亩
小麦	全国 31 个省（自治区、直辖市）全覆盖	10 元/亩（新疆 15 元/亩）
棉花	全国 31 个省（自治区、直辖市）全覆盖	15 元/亩
大豆	辽宁、吉林、黑龙江、内蒙古 4 个省（自治区）全覆盖	10 元/亩
油菜	江苏、浙江、安徽、江西、湖北、湖南、重庆、四川、贵州、云南及河南信阳，陕西汉中和安康地区冬油菜全覆盖	10 元/亩
青稞	四川、云南、西藏、甘肃、青海等省（自治区）全覆盖	10 元/亩
花生	河北、辽宁、吉林、江苏、安徽、江西、山东、河南、湖北、广东、广西、四川 12 个省（自治区）	10 元/亩（良种繁育 50 元/亩）
马铃薯	河北、山西、内蒙古、吉林、黑龙江、湖北、重庆、四川、贵州、云南、陕西、甘肃、青海、宁夏 14 个省（自治区、直辖市）及黑龙江垦区	100 元/亩

资料来源：农业部

　　第四阶段：高速发展阶段（2011 年至今）。面对跨国"大鳄"的严峻挑战，国务院 2011 年发布了《国务院关于加快推进现代农作物种业发展的意见》，2012年发布了《全国现代农作物种业发展规划（2012—2020 年）》，把农作物种业提升到国家战略性、基础性核心产业的高度，出台了一系列"含金量"高的扶持种业发展的"种业新政"。2015 年 11 月 4 日《中华人民共和国种子法》已由第十二届全国人民代表大会常务委员会第十七次会议修订通过，自 2016 年 1 月 1 日起施行，全面推进依法治种，促进现代种业发展，给农作物种业发展带来了难得的历史发展新机遇。对比美国种业的发展历程与成功经验，笔者觉得中国种业将迎来一个重大的变革机遇期。我国种业如何吸取世界种业发展的成功经验，抓住我国种业高速发展的机遇期，乘势打造国家种业中心平台，成为一个非常重大和紧迫的课题（邬兰娅等，2014）。

9.1.2　我国种业市场规模：发展空间巨大但面临跨国种业"大鳄"的威胁

据国际种子联盟（International Seed Federation, ISF）和国际农业生物技术应用服务组织（ISAAA）的统计，全球种子市场价值已经从 20 世纪 70 年代初期的不足 10 亿美元，增加到 2017 年的 560 亿美元，种子全球化发展趋势势不可挡。在商业用种中，美国种子市场价值约占全球市场的 40%，居第一位，其次是中国、法国、巴西、印度、日本、德国等。但是，世界种子贸易主要还是集中在发达国家，而在这些国家中，大部分贸易额又主要由 20 余家种子公司垄断，其中美国孟山都公司、杜邦−先锋公司、先正达公司等全球十大种业公司，占据了世界一半左右的种源，行业集中度呈现出高度集中的态势。目前一些跨国种子公司加快了全球性兼并步伐，一系列收购、兼并活动推动种业整合重组，国际种业市场垄断势头加剧，今后国际种业很可能被若干家大型跨国公司主宰和控制，这无疑对像中国这样的发展中国家的种业市场构成威胁（朱聪等，2013）。

2015 年，中国种子市场价值约为 780 亿元，是世界第二大种子市场，行业发展空间巨大。分种类来看，杂交玉米种子、杂交水稻种子市场规模分别为 315 亿元、233 亿元，占比为 40.40%、29.90%（图 9-1）。我国农作物种子目前常年用量约为 180 亿 kg，其中，玉米、水稻等 7 种主要农作物种子是种子市场的主要组成部分，约占市场总量的 70%[①]。我国种业潜在生产价值为 800 多亿元，未来中国种业市场规模将继续保持 10% 以上的增速发展。居世界第二的庞大中国市场纷纷引来跨国种业公司的激烈角逐、"抢滩登陆"和战略布局。

跨国种业的国外公司凭借其先进的科技、雄厚的资金、丰富的国际市场运作经验大举进军中国种子市场，如美国孟山都公司、美国杜邦−先锋公司、美国圣尼斯种子公司，瑞士先正达公司，法国利马格兰集团，以色列海泽拉种子公司、泰国正大集团、荷兰比久种子公司、荷兰瑞克斯旺种苗集团公司、荷兰安莎种子公司等迅速在中国注册公司，成立研发中心，建设示范基地。目前，在中国注册的

---

① 数据来源：中国产业信息网．2016-08-31．2016 年我国种子市场规模及结构分析．https://www.chyxx.com/industry/201608/ 443637.html。

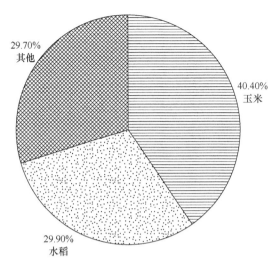

图 9-1　2015 年中国种子市场结构
资料来源：中国产业信息网

外资（含合资）种子企业已超过 70 家，主要从事蔬菜和花卉业务，在不到 10 年的时间里已控制了我国蔬菜种子 50% 以上和花卉种子 90% 以上的市场份额（姜国良，2013）。国内主要规模化蔬菜生产基地和花卉基地，特别是出口型蔬菜和花卉生产基地的种子品种面临全线失守、全军覆没的困境。国外大公司在基本控制和稳定中国蔬菜和花卉市场之后，最近几年又开始谋求向我国大田作物——玉米、水稻等种业市场扩张（孙永朋等，2011）。尤其在玉米种子方面，'先玉 335'玉米品种以抗性好、脱水快、丰产性佳、适应性广、品质优和收购价格高等竞争优势，仅用 5 年时间推广面积就迅速从 2006 年的 26 万亩增加到 2010 年的 4300多万亩，约占中国玉米面积的 9%，扩张势头非常迅猛（靖飞和李成贵，2011b）。跨国公司正投入巨资进行新品种的研究开发，培育核心竞争力，而且在中国实施技术本土化、人才本土化、基地本土化、产品本土化、市场本土化等策略抢占中国种业大市场，国内种子市场竞争国际化态势正日趋明显与激烈。

我国种业无论是在品种创新、生产质量，还是在加工销售及良种推广等方面都与跨国公司难以抗衡，致使我国种业公司面临被挤出种业市场、市场份额被蚕食等威胁，严重危及我国种业安全、粮食安全甚至国家安全。因而，中国种业必须清醒地认识到所面临的严峻形势与挑战，直面现实，奋起直追，加快现代种业变革，做大做强民族种业，努力提高自主创新能力和核心竞争力，争取市场的主动权、主导权和控制权。

9.1.3　我国种业贸易发展：进出口额呈逆差，种业贸易与强国差距大

由于发达国家在育种科技、人才队伍、核心产品、销售网络、资本实力、管

理经验等方面取得了明显的优势，在种子出口方面占据着国际主导地位。中国种子进出口总额仅相当于美国种子进出口总额的 19.44%、法国的 20.98%、荷兰的 19.33%。

从国际种子市场进出口额来看，2016 年种子出口额前 4 位的国家分别是荷兰、法国、美国和德国，出口总额为 59.48 亿美元，占国际种子出口总额的 52.27%。中国的种子出口额为 1.97 亿美元，出口额占全球的份额为 1.73%。虽然中国是国际第二大种子市场，但出口额仅排在全球第 14 位，出口额仍然较低，且长期处在贸易逆差的位置，且有不断扩大的趋势。中国种子出口额与法国比较，仅是其出口额的 11.53%（表 9-4）。

表 9-4　2016 年部分国家种子出口额（单位：亿美元）

序号	国家	蔬菜种子	花卉种子	大田作物种子	出口总额
1	荷兰	14.86	0.57	2.86	18.29
2	法国	4.44	0.16	12.48	17.08
3	美国	6.71	0.71	9.30	16.72
4	德国	0.84	0.33	6.22	7.39
5	意大利	1.15	0.02	2.35	3.52
6	丹麦	0.54	0.07	2.30	2.91
7	加拿大	0.05	0.00	2.81	2.86
8	罗马尼亚	0.01	0.00	2.76	2.77
9	智利	1.38	0.11	1.25	2.74
10	阿根廷	0.12	0.00	2.45	2.57
11	西班牙	0.79	0.00	1.71	2.50
12	奥地利	0.01	0.00	2.02	2.03
13	比利时	0.05	0.02	1.91	1.98
14	中国	1.13	0.15	0.69	1.97

资料来源：国际种子联盟（ISF）

由图 9-2 可以看出，我国大田作物种子进口额大于出口额，大田作物种子贸易总体上呈逆差状态。根据 ISF 的统计，2016 年，我国种子进口总额为 3.18 亿美元，进口额占全球的份额为 1.73%，而种子出口总额为 1.97 亿美元，逆差为 1.21 亿美元。其中，大田作物种子逆差为 5800 万美元，蔬菜种子逆差为 6400 万美元，而花卉种子出现了 100 万美元的贸易顺差。这一格局的形成，可能与中国种子市场的开放程度相关。目前，大田作物种子市场的准入准则相对比较严格（韩成英等，2015）。

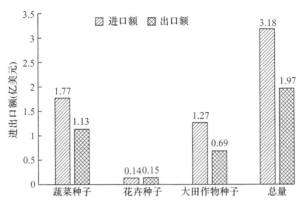

图 9-2　2016 年我国种子进出口额

资料来源：国际种子联盟（ISF）

9.1.4　我国种业科技创新：保障粮食安全，技术落后于种业强国但发展潜力巨大

截至 2018 年末，我国有 13.95 亿人口，保证粮食安全才能保持社会大局稳定。我国人口众多，粮食需求量大，粮食安全的基础比较脆弱。从发展趋势看，随着工业化、城镇化发展及人口增加和人民生活水平提高，粮食消费需求将呈刚性增长，而耕地减少、水资源短缺、气候变化等对粮食生产的约束日益突出，保障粮食安全面临严峻挑战。土地资源是粮食增产的最重要资源。我国人均占有耕地面积仅为 1.38 亩，约为世界平均水平的 40%，在我国 2000 多个县（市）中，有 600 多个县（市）人均耕地面积在世界公认的人均耕地警戒线 0.8 亩以下。不仅人均资源稀少，而且由于受工业化、城市化进程的加快，以及受农业内部产业结构调整、生态退耕、自然灾害损毁和非农建设占用等影响，我国耕地总面积逐年减少、我国农业生产将面临日益严峻的耕地资源约束。据统计，1997～2009 年，中国耕地减少和补充增减相抵，净减 1.23 亿亩[①]。1996～2003 年我国耕地面积平均每年减少 0.8%。2007 年，全国耕地面积为 18.26 亿亩，与 1996 年相比减少了 1.25 亿亩。到 2008 年，全国耕地面积进一步减少为 18.2574 亿亩，步步逼近 18 亿亩的红线[②]。此外，我国不仅耕地数量逐年减少，耕地质量也令人担忧，耕地质量总体偏低，中低产耕地土壤占 70.53%[③]。土地质量不高进一步加剧了耕地资源的短缺，严重影响我国耕地生产能力，威胁国家粮食安全。同时，中国人口还将继续增加，预计到 2020 年将从现在的 13 亿人增加到 14.5 亿人，随着工业化、城镇化的加快，"人增地减"矛盾将进一步突出，这意味着依靠土地增加粮食产量的空间非常狭窄，依靠良种增加单产成为主要的突破口（魏守军等，2003）。

---

① 数据来源于 www.gov.cn/jrzg/2010-08/27/content_1689802.htm。

② 数据计算基于 1996～2008 年《中国国土资源公报》。

③ 数据来源于《2015 年全国耕地质量等别更新评价主要数据成果》评估报告。

民以食为天。为满足粮食供给刚性增长需求，国家发布了《全国新增 1000 亿斤^①粮食生产能力规划（2009—2020 年）》，提出到 2020 年全国粮食生产能力达到 5500 亿 kg 以上，比现有产能增加 500 亿 kg。实现这一目标，依靠增加土地面积等方式已不现实，根本出路在于依靠种业科技创新与进步。据统计，我国 2014 年良种贡献率为 43%，与美国发达国家 60% 的良种贡献率相比还有较大的增长空间；我国的良种商品化率超过 60%，比世界平均水平 70% 低将近 10%，与发达国家超过 90% 的良种商品化率相比，差距更大。但中国种子市场具有较大的容量，种子商品率有着很大的提高空间，种业发展的科技进步潜力巨大（罗忠玲等，2005）。围绕确保品种保障安全、种子质量安全和种子产业安全等重大需求，加快品种创新和推广应用，实现我国主要农作物育种技术的新突破，抓紧研发"拳头"品种，尽力提高种业竞争力，加快现代种业不仅十分重要而且非常紧迫。

9.1.5　我国种业发展机遇："种业新政"大变革

面对跨国"大鳄"的严峻挑战，2011 年国务院发布《国务院关于加快推进现代农作物种业发展的意见》、2012 年国务院发布《全国现代农作物种业发展规划（2012—2020 年）》，首次把农作物种业提升到国家战略性、基础性核心产业的高度。2013 年国务院办公厅发布了《国务院办公厅关于深化种业体制改革提高创新能力的意见》，明确了建设种业强国的宏伟目标，吹响了深化种业体制改革的号角（陈秋捷等，2016）。由此，国家出台的一系列"含金量"高的扶持种业发展的"种业新政"，为我国种业发展提供了重大现实机遇。这些"种业新政"具体包括：种业战略地位提升，提升到国家战略性、基础性核心产业；国家将加大投入，鼓励科研院所和高校开展基础性公益性研究，鼓励种子企业大力开展商业化育种；育种企业门槛提高，大力扶持育繁推一体化种子企业，企业兼并重组带来新商机；鼓励企业做大做强，种业集中度将不断提高；加大种业投入，实施农作物种业重大工程和重点项目，给种业发展带来新机遇；实施良种补贴制度，提高良种覆盖率；加强种业市场秩序建设，淘汰假冒伪劣品种，为优质品种的发展创造良好的市场环境等（表 9-5）。

表 9-5　农作物种业重大工程和重点项目

	重点项目	具体内容
商业化育种工程	国家科技支撑计划（产业化应用方面）	支持企业和科研单位加强产学研合作，构建农作物种业技术创新战略联盟，加速科技成果的产业化应用
	生物育种重大产业创新发展工程	扶持和培育具有核心竞争力的育繁推一体化种子企业，形成我国农作物生物育种研发及产业化的重要平台和试验示范基地

---

① 1 斤=500g。

续表

重点项目	具体内容
现代种业发展基金	通过投资入股的方式支持企业开发兼并重组，培育一批育繁推一体化种子企业
转基因生物新品种培育国家科技重大专项（品种培育方面）	支持有实力的种子企业创制一批目标性状突出、综合性状优良的突破性转基因新品种
现代农业产业技术体系（品种培育方面）	支持育繁推一体化种子企业承担育种任务
种子工程项目（创新能力建设方面）	支持具有一定实力的育繁推一体化种子企业建设良种创新基地

（左侧列第一格：商业化育种工程）

资料来源：《全国现代农作物种业发展规划（2012—2020 年）》

另外，"种业新政"使市场面临"大洗牌"的残酷竞争。2011 年 8 月 25 日新的种业《农作物种子生产经营许可证管理办法》[①]大大提高了种子行业的进入门槛，生产准入注册资本由原来的 500 万元水平提升到 3000 万元水平。其中，杂交玉米和杂交水稻两杂种子的经营注册资金门槛提高至 3000 万元，固定资产投入不得低于 1000 万元；育繁推一体化种子企业注册资本 1 亿元，固定资产投入不得低于 5000 万元，且必须拥有自己研发的国审或者省审品种，年科研经费投入不得少于年利润的 10%（表 9-6）。2015 年 4 月 29 日农业部对《农作物种子生产经营许可管理办法》进行了修订，有助于加快推进落实注册资本登记制度改革。

表 9-6 新旧《农作物种子生产经营许可证管理办法》对比

经营范围	许可证类别	《农作物种子生产经营许可证管理办法》	
		2001 年版	2011 年版
两杂种子	生产许可证	注册资本 500 万元以上	注册资本 3000 万元以上
	经营许可证	注册资本 500 万元以上	注册资本 3000 万元以上；固定资产 1000 万元以上
主要农作物种子	生产许可证	注册资本 100 万元以上	注册资本 500 万元以上
	经营许可证	注册资本 100 万元以上	注册资本 500 万元以上，固定资产不少于 250 万元
种子进出口业务	经营许可证	注册资本 1000 万元以上	注册资本 3000 万元以上，固定资产 1000 万元以上
育繁推一体化种子企业		注册资本 3000 万元以上，自有品种销售占比 50%以上	注册资本 1 亿元以上；固定资产不少于 5000 万元；年科研经费投入不少于年利润的 10%

资料来源：农业部，广发证券发展研究中心

---

① 2016 年出台的最新版本的《农作物种子生产经营许可证管理办法》与 2001 年版及 2011 年版相比，对各类型企业设定的申请条件在标准及分类上有较大出入，无法进行直观对比。因此本章在对比新旧《农作物种子生产经营许可证管理办法》时只对 2001 年及 2011 年版本进行了对比，详见农业部种子管理局网站对该办法的具体文件。

提高"门槛"的"种业新政"影响种业企业波及面巨大，标志着我国种业竞争格局将发生重大变革。根据 2011 年农业部农业技术推广服务中心的数据，54%左右的部级企业将受影响，或选择退出，或另谋出路；96%左右的省级企业将受影响；99%左右的市级企业将受影响，政策影响波及面巨大。2010 年，农业部启用种子经营许可网上申报审批系统，截至 2013 年底，网上发证的种子企业数量为 5200 家。2014 年中国种业发展报告统计显示，经各省对种子企业逐个核查，发现有 749 家持有效经营许可证的企业未录入系统，我国实有种子企业数量为 5949 家，其中，持部级颁证企业为 182 家，持省级颁证企业为 2169 家，持市县两级颁证企业为 3598 家。到 2016 年 5 月，我国种子企业数量减少到 3951 家（图 9-3）。

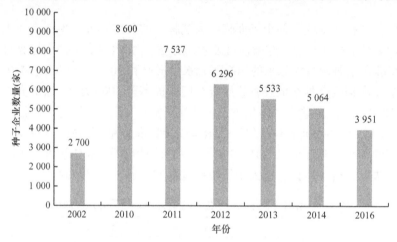

图 9-3　我国种子企业数量持续减少①

"种业新政"大变革给龙头企业做大做强带来了难得的历史新机遇。一方面，一大批缺乏资质被淘汰出局的中小企业退出的市场份额将为大型龙头企业腾出成长扩张空间；另一方面，一大批"小、散、乱"企业的"假、冒、伪、劣"种子退出市场竞争后，将有助于种业市场规范，优良品种、优质种质企业壮大，将扭转种业市场无序的"价格战"导致的恶性竞争局面。"种业新政"将使大量不具备资质的种子企业淘汰出局、退出种业市场，而具备资质、具有竞争力、拥有自主知识产权和研发创新能力的龙头企业将借机迅速成长，获得更大的市场份额。借助于《农作物种子生产经营许可证管理办法》带来的竞争优势，种子龙头企业将必然走向资源重组、兼并收购之路，同时加大研发投入，加速研发整合，增强品种创新能力和企业竞争能力，从而进一步拉开和中小企业的距离，形成垄断竞争格局，包括种子龙头在内的企业很可能在未来 3～5 年基本奠定自己的市场竞争

---

① 数据来源于 http://www.chinabgao.com/k/zhongzi/24799.html。

地位。根据《全国现代农作物种业发展规划（2012—2020 年）》要求，预计到
2020 年，我国国内种业前 50 强市场份额可到达 60%（图 9-4）。未来企业将向
规模化、集中化方向发展，这就为行业兼并重组、龙头企业做大做强带来了难
得的历史性机遇。

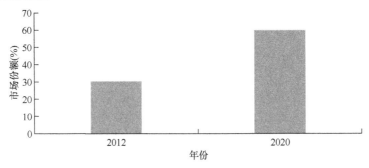

图 9-4　未来前 50 强种业企业市场份额
资料来源：《全国现代农作物种业发展规划（2012—2020 年）》

我国在农作物种子生产布局上规划建设三个国家级主要粮食作物种子生产基
地，分别是西北杂交玉米种子生产基地、西南杂交水稻种子生产基地和海南南繁
基地。除三大国家级基地外，还将根据不同区域生态特点，在粮食生产核心区建
设 100 个区域级种子生产基地，在种子生产面积在 1 万亩以上的制种大县建设县
（场）级种子生产基地。2013 年，为加强农作物种子生产基地的建设、管理与保
护，农业部办公厅发布了《农业部关于开展国家级杂交水稻和杂交玉米种子生产
基地认定工作的通知》，并于 2016 年对认定的国家级种子生产基地县（市）进行
总结检查，这将有利于我国加强种子基地建设，提高供种保障能力。

9.2　我国生物种业发展存在的困境与原因分析

9.2.1　育种研发创新能力不足，缺乏"拳头"品种

美国种业之所以在全球市场具有强大的竞争力，很大程度上得益于美国高度
重视种子产业发展战略所形成的品种创新研发力。科技创新力使美国成为种业强
国，美国跨国企业控制了全球 50% 的种子市场、70% 的 Jai Singh 专利、40% 的商
用种质资源。在种业研发体系方面，美国自 1960 年开始，公共部门的研发投入比
例逐年下降，而私人公司的研发投入比例则在不断上升，成为整个种业研发的主
力，即应用研究和竞争性研究。美国私人公司对科研的投入占销售收入的 8%～
12%，孟山都公司、杜邦–先锋公司每年的科研投入都高达 10 亿美元左右（佟屏亚，
2006）。美国育种技术与资源上的领先，促进了农产品市场竞争力的大力提升。

我国商业化育种不过 10 多年时间,与美国种业相比,我国种子企业自主研发创新能力普遍较弱。2010 年,全国持证种子企业 8600 多家,种子零售商超过 10 万家。在 8600 多家种子企业中,注册资本在 3000 万元以上的不到 200 家,实现育繁推一体化、经营范围覆盖全国的种子企业不到 100 家,具有自主研发能力的只有 100 多家,现阶段能满足《农作物种子生产经营许可证管理办法》要求的种子企业仅为 2.29%,而育繁推一体化种子企业仅有 1.14%,企业自主研发能力普遍较弱,有科研能力的企业不到总数的 1.5%,大多数企业没有建立起自身科技创新体系,科研经费投入不足,平均不到销售收入的 1%,低于国际公认的"死亡线"(国际公认标准:企业科研投入低于销售收入的 1% 是死亡线,低于销售收入的 2% 是维持线,低于销售收入的 5% 是正常线,目前发达国家一般为 8%~12%)(陈龙江和熊启泉,2012)。2012 年,孟山都公司研发费用达到 93.14 亿元,占销售收入的 11.23%,而同年中,袁隆平高科技股份有限公司、山东登海种业股份有限公司和湖北荃银高科种业有限公司国内三家上市公司的研发费用仅为 1.84 亿元,与跨国公司相比差异极为明显(图 9-5)。很多上市公司主要是通过购买的方式取得品种经营权,研发投入非常薄弱。目前,我国仅有 10% 的品种由企业研发,90% 的品种依靠农业科研院校和研究单位提供。由于科研投入不足,种业公司本身无法拥有具有自主知识产权(专利、品种权等)的品种,尤其是突破性"拳头"产品,这直接影响种业公司的品种优势和市场竞争力(李艳军和李崇光,2004a)。

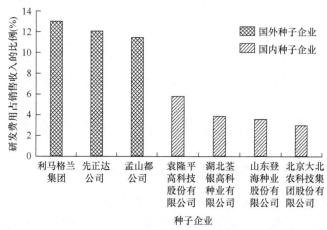

图 9-5　2012 年国内外种子企业研发投入比
资料来源:Bloombeg,广发证券发展研究中心

9.2.2　传统科研体制不完善,缺少商业化育种体系

我国种子经营机构数量多,种子经营的主体呈现多元化,但过于分散,尚未形成育繁推一体化的商业化育种体系。目前品种研发的项目资源、材料资源和人才资源过于分散。品种研发多以课题组形式的育种方式,在育种效率和效果上难

以与国外大企业工厂化、团队式的育种方式相比。我国种业的品种选育与生产经营严重脱节。现行科研评价机制的主要导向以品种审定、发表论文为目的，导致科研工作者热衷于"短、平、快"，导致品种"多、乱、杂"，突破性有商业化市场价值的品种少。目前我国99%的种子企业没有品种研发能力，极少部分有实力的种子企业开始商业化品种选育，企业在获得育种优势资源和国家投资、稳定人才队伍等方面处于劣势。加之公共财政投入科研单位搞商业化育种，和企业育种进行不公平竞争，影响了企业科研投入的积极性，制约了企业自主创新。

长期以来，我国种子的科研、生产、推广和销售是相互分离的，种子企业很少搞科研，科研育种绝大多数在科研院所和高校进行，形成了品种科研与推广应用、产学研与育繁推分离的"两张皮"现象，科研与生产严重脱节，育种方法、技术和模式落后，尚未形成商业化科研育种机制（罗忠玲等，2006）。如图9-6

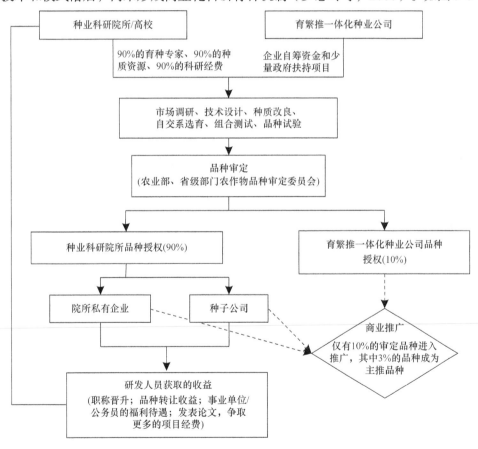

图9-6 我国当前种业研发体系

资料来源：陈志坚，2013

所示，目前，种业科研院校掌握 90%的育种专家、90%的种质资源和 90%的科研经费，研发出 90%的审定品种；而众多从事商业育种的企业，仅掌握不足 10%的资源，研发出不足 10%的审定品种。而这些审定品种，由于大量重复研究，真正能够商业化推广的品种仅占 10%，而主推品种仅占 3%。当前种业市场品种"小、杂、散、乱、仿"比较突出，其根本原因是种业科研体制、评价体制和监管体制不完善。我国种业研发主要是政府投资，科研院校掌握了绝大部分科研经费。品种审定部门与科研院所有着密不可分的联系，故新品种审定门槛较低。因此，研发机制、品种审定机制和监管体制的落后和不健全导致创新不足、种业重复、低水平研发、同质化市场销售现象非常普遍，大部分新品种缺乏商业化应用推广价值。

9.2.3　产业集中度低，企业竞争力不强

由于创新能力弱，经营规模小，种业集中度低，缺乏竞争力。我国目前 50强种业企业经营额只占全国种子市场的近 30%，前 10 强大约占市场总额的 13%。从不同农作物来看，水稻种子产业的集中度相对较高，行业上市公司前三名——袁隆平高科技股份有限公司、湖南亚华种业股份有限公司和合肥丰乐种业股份有限公司只占水稻种子总市场份额的 24.5%。国内玉米种子市场集中度略高，CR6为 24%（即行业排名前 6 名的公司占整个行业市场的份额为 24%）。小麦种子行业集中度极低，业内龙头企业也仅占 2.41%左右的份额，行业集中度低于水稻、玉米种子产业。在小麦种子中，杂交小麦种子还未进行商业化生产，优质小麦的需求处于快速增长阶段。蔬菜种子行业集中度极低，业内前 10 名企业也仅占 1%左右的份额，由于蔬菜种子进入门槛较低，近几年行业集中度还呈下降趋势，中高端蔬菜种子市场已经被国外跨国公司控制（表 9-7）。

表 9-7　我国主要种业企业

企业名称	主要品种	市场占有率（%）	主要特点
袁隆平高科技股份有限公司	水稻种、蔬菜种	2.5	水稻种子业务突出
甘肃省敦煌种业集团股份有限公司	玉米种、棉花种	2.2	具有制种基地优势，与美国先锋合资业务优势突出
万向德农股份有限公司	玉米种、油葵种、牧草种	2.0	玉米种子业务突出
北京奥瑞金种业股份有限公司	玉米种、棉花种、水稻种	1.9	玉米、水稻、棉花种子业务比较均衡
中国种子集团有限公司	各类种子	1.7	品种较全、进入市场时间较早
山东登海种业股份有限公司	玉米种	1.4	玉米种子业务突出，与美国先锋合资业务优势突出
合肥丰乐种业股份有限公司	玉米种、水稻种	1.3	水稻、玉米种子业务比较突出
北京大北农科技集团股份有限公司	水稻种、玉米种	1.1	水稻种子业务比较突出

中国种子产业的总销售额虽然排在世界第二位，但没有一家中国种子公司的市场份额达到 2%，没有净资产超过 20 亿元或种子年销售收入超过 10 亿元的公司。从国际对比上看，世界前 20 强种子企业的市场份额为 73%，但国内仅有 25%（图 9-7），远低于世界平均水平。2014 年，国内前 20 强的杂交玉米种子和杂交水稻种子的市场集中度仅为 25% 和 36%[①]。一些西方跨国种业公司借雄厚的科技、资金和人才优势，纷纷走上了产业联合、兼并重组之路，朝着大型化和国际化的科研、生产、销售和服务一体化的垄断方向发展（李欣蕊等，2015）。与之相比，我国注册资本小于 500 万元的企业占种子企业的 59.8%，大多数企业尤其是成立不久的民营种子企业还没有力量和精力建立自己稳定的销售网络（李艳军和李崇光，2004b）。因此我国种子企业无论是规模还是竞争力都明显处于劣势。

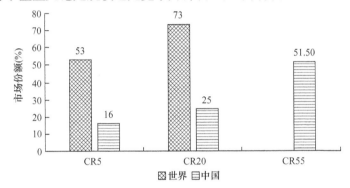

图 9-7　我国种业市场集中度

CR5、CR20、CR55 分别代表行业排名前 5 名、前 20 名、前 55 名公司占整个行业市场的份额

资料来源：国泰君安证券

9.2.4　种子保障力不强，缺少种业基地

联合国粮食及农业组织（United Nations Food and Agriculture Organization, FAO）统计分析，近十年来，良种在全球单产提高中的作用率占 25% 以上，美国已占 40%。美国公司依靠强大的科技创新力和育繁推商业一体化经营体系，全球化布局商业化育种基地，具备强大的市场营销推广和服务能力，从而建立了强大的供种保障能力。

种业基地是种子生产的源头。我国在农作物种子生产布局上规划建设有三个国家级主要粮食作物种子生产基地，分别是西北杂交玉米种子生产基地、西南杂交水稻种子生产基地和海南南繁基地。除三大国家级基地外，还将根据不同区域生态特点，在粮食生产核心区建设 100 个区域级种子生产基地，在种子生产面积

---

① 数据来源：中国产业信息网．2016-08-31．2016 年我国种子市场规模及结构分析．https://www.chyxx.com/industry/201608/ 443637.html。

在 1 万亩以上的制种大县建设县（场）级种子生产基地（李艳军和李崇光，2004a）。但我国种业生产基地存在很多缺陷，包括基础设施薄弱，种业基地规模化、标准化、机械化和集约化程度低，抗击自然风险能力弱，种子生产水平不高；基地布局分散，存在"遍地开花""处处打游击"现象，基地规模不大，人工成本过快上涨影响育种积极性，种业基地不稳定；种业配套加工、储藏、运输、检测等综合配套设备和服务能力薄弱，种子保障能力不强。

9.2.5 市场监管力薄弱，品种保护能力不足

我国在 2000 年颁布了《中华人民共和国种子法》，标志着我国种业进入快速发展的市场化、法制化轨道。随后，中国种业在发展过程中，国家建立了知识产权保护制度，出台了《中华人民共和国植物新品种保护条例》，已提出和形成了一些很好的政策，如良种补贴制度，但由于宣传力度不足、监管执法不严，育种者的知识产权未能得到有效保护，各种假冒伪劣、品种侵权现象非常严重，基层市场良种侵权、假冒等行为依然大量存在，这不仅给农民和农业带来负面影响，还打击了大量投入资金开展研究的企业，严重影响了种业科研与投资的积极性。

另外，我国种业产业的品种保护力度不够。一方面，科研育种单位与育种专家转让自己培育出的品种时，种子公司不愿意或不按要求支付转让费，严重影响了科研人员的积极性和科技创新的后劲；另一方面，品种权的私下转让、假冒侵权、盗取亲本现象严重，使得品种权人不能取得培育或转让新品种而应得的报酬，这不仅使科研机构研究经费补充不足，育种者积极性受挫，新品种开发缓慢，品种同质化现象严重，又使种子企业缺乏新品种来源，后续品种跟不上，从而使种子科研和经营两大系统都处于低水平、低效率运转状态，不利于培育具有重大商业价值的突破性"拳头"品种，严重制约了我国种业的健康发展（陈燕娟，2011；谢鑫，2012）。

9.3　国际种业发展的竞争趋势与借鉴启示

9.3.1 种子产业成为世界各国竞争日趋激烈的战略性产业

一粒种子可以改变一个世界。种子是一种特殊商品，大力加强种子产业与粮食安全，增强持续的粮食综合生产能力成为世界各国高度重视的重大战略。种业事关农业生产和粮食安全，21 世纪世界农业乃至经济竞争的关键领域之一就是育种技术及产业化。专家预言，谁掌握了良种，谁就掌握了世界。种子战将取代农产品战，成为今后国际农业竞争乃至国际经济竞争的新焦点，因此，世界各国都把种子培育、改良和良种推广作为发展国民经济和参与国际竞争的战略予以大力支持并积极实施。世界发达国家的种子产业已发展成为集科研、生产、加工、销售、技术服务于一体的相当完善的可持续发展的现代种业发展体系。

种子是农业产业链条中科技含量最高的一环，据联合国粮食及农业组织统计分析，近 10 年来，良种在全球单产提高中的作用率占 25%以上，美国已占 40%。美国是种业强国，美国本土企业和跨国企业控制了全球 50%的种子市场、70%的 Jai Singh 专利、40%的商用种质资源。美国育种技术与资源上的领先，促进了农产品市场竞争力的大力提高。20 世纪 80 年代末，美国农产品的出口额不足 300 亿美元，至 90 年代中期就激增至 604 亿美元，到 1996 年以后，每年出口增幅超过 50%。美国粮食之所以在全球市场具有强大的竞争力，很大程度上得益于美国高度重视种子产业发展战略所形成的品种创新竞争力。加拿大由于育成了低芥酸和无芥酸油菜品种，由一个从来就没有种油菜的国家变成了当今世界上油菜籽主产国及其加工品出口国。所以，种子产业在农业中的巨大作用是其他任何因素都无法替代的，它的战略地位日益凸显，竞争日趋激烈。

9.3.2 世界生物农业产业发展态势迅猛，生物育种成为竞争焦点

种子是生物农业技术的载体，目前生物技术的开发和应用正成为种子产业竞争的焦点。转基因技术是生物育种技术中迄今为止最先进的技术，转基因生物育种已成为最具活力的一项现代农业技术，其发展势头非常迅猛且不可逆转。当今世界生物育种技术正在世界各国迅速推广运用，生物技术已进入大规模产业化阶段。由 ISAAA2015 年转基因报告了解到，1996 年转基因作物的种植面积为 170 万 hm^2，到 2015 年种植面积为 1.797 亿 hm^2，比 1996 年增加了 100 倍。1996～2015 年，全球转基因作物累计种植面积达到空前的 20 亿 hm^2，这一增长使得转基因技术成为现代农业史上应用最为迅速的作物技术。2015 年仅转基因种子的全球市场价值就达到 153 亿美元，这相当于 2014 年全球作物保护市场 762 亿美元的 20%，商业种子市场 450 亿美元的 34%（图 9-8）。Transparency Market Research 关于 2013～2019 年的一项报告显示，全球农业转基因技术（2012 年市场价值为 153 亿美元）到 2019 年末的市场价值有望达到 287 亿美元（James，2016）。

21 世纪是生物技术世纪。世界种业研究已从传统的常规育种技术进入生物技术育种和常规技术育种相结合发展的新阶段。世界各国纷纷把生物技术育种提高到战略产业高度予以大力扶持，提出了"向生物技术要产量""生物产业立国"等战略目标和举措。例如，美国杜邦-先锋公司利用转基因技术，已开发并推广了抗虫（Bt）、抗除草剂（Bar）转基因农作物，效益显著，增长迅猛。全球转基因种子价值从 2000 年的 20 亿美元（占商业种子的 6.7%），增长到 2015 年的 153 亿美元，占商业种子的 34%，蕴藏着巨大的商机。生物产业作为新兴产业，面临着广阔的发展前景和巨大的发展空间。到 2015 年，世界上已经有 28 个国家种植了转基因农作物，种植面积超过了 1.797 亿 hm^2，发展势头迅猛（James，2016）。发达国家纷纷加速生物产业发展，抢占生物经济时代制高点。美国白宫、国会均

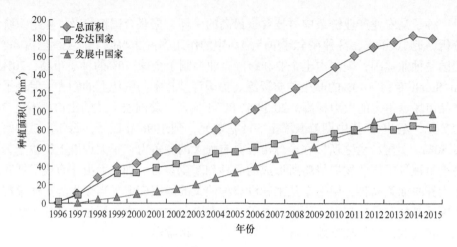

图 9-8　全球转基因作物种植面积（1996～2015 年）

2015 年，28 个国家的 1800 万名农户种植了 1.797 亿 hm²（4.44 亿英亩）的转基因作物，
比 2014 年减少了 1%，即 180 万 hm²（440 万英亩）

资料来源：James, 2015

设有生物技术产业委员会跟踪生物技术产业发展，及时研究制订财政预算、管理法规和税收政策，美国虽然在种业科研投入方面以私人公司投入为主，但政府仍然每年增加 5.9% 的科研投入。最近十几年，美国抓住转基因技术及其产业化快速发展机遇，农作物产品市场竞争力大幅度提高（赵海燕和何忠伟，2013）。目前，美国 92% 的玉米、94% 的大豆、94% 的棉花都是转基因作物，孟山都公司、杜邦-先锋公司都是在生物育种技术革命的推动下得到了快速发展。欧盟委员会也制订了《欧盟生命科学和生物产业发展战略》（綦成元等，2007）。日本制定"生物产业立国"战略。发展中国家也高度重视转基因作物的培育和发展，据 ISAAA 统计，在 28 个转基因作物种植国中，有 20 个是发展中国家，包括了全球 60% 的人口，即 40 亿人；以种植面积排序的十大转基因作物种植国中，有 8 个为发展中国家；且到 2015 年，发展中国家转基因作物的种植面积连续四年超过了发达国家（James，2016）。世界各国纷纷把加速生物产业发展作为国家战略重点，力争成为生物产业大国。

9.3.3　种子公司兼并重组，向规模化、集团化、国际化发展

由于看好生物育种产业发展前景，种业巨头纷纷凭借雄厚的资金实力和先进的研发能力，掀起了行业整合、兼并重组的高潮，致使种业强国行业高度集中，企业规模越来越大。例如，美国化工巨头——杜邦公司兼并了世界最大的玉米种子公司——先锋种子公司；法国最大的种子公司——利马格兰集团先后并购重组了五家经济作物种子公司，成为欧洲最大的种子公司之一，并参股我国的隆平高科种业。单就美国而言，排名前十位的 10 家企业占据了其市场份额的 80%，而放眼全球，

仅美国孟山都公司、美国杜邦-先锋公司、先正达公司3家公司已占据世界44%的市场份额（图9-9），世界种业市场逐渐形成由少数几家跨国公司垄断经营的格局。

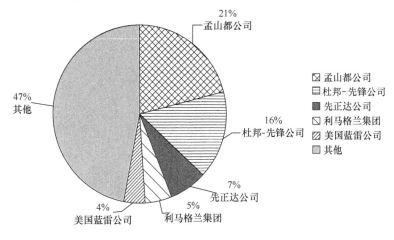

图 9-9　国际种子行业市场份额
资料来源：美国农业部

　　孟山都公司崛起的非常重要的原因是抓住了转基因技术大发展的机会（表9-8）。美国种业巨头——孟山都公司原本是一家农化公司，1981年涉足生物育种业务，1996年利用转基因技术推出了全球第一个商品化转基因产品——抗"农达"大豆，并在全球首创种子与农化产品协同销售先例。1987年，孟山都公司开创了美国用生物技术育种的先河。孟山都公司在科技取得的成功，源于其对科技的重视和巨大的投入。公司每年在农业生物技术和生物育种研发方面的投入费用占销售收入的10%左右，高达10亿美元。孟山都公司除了推出全球首个转基因大豆产品外，还相继推出了转基因棉花、转基因玉米等，目前全球90%的抗虫棉和抗虫玉米的转基因都来自孟山都公司的专利（靖飞和李成贵，2010，2011a）。通过大规模的兼并重组，仅仅30多年的时间，它就一跃成为世界第一大生物技术工程公司和种业公司，业务包括玉米、棉花、大豆等种子，覆盖60多个国家，种子相关业务年收入达到70多亿美元，超过中国种业总产值。孟山都公司取得成功的关键在于大规模的科技投入和兼并收购。科技创新和规模化经营是孟山都公司发展的方向。

表 9-8　孟山都公司收购扩张历史

年份	收购/扩张事件
1901	公司成立
1960	成立农业部门
1975	在农业部门设立细胞生物学研究项目

续表

年份	收购/扩张事件
1981	成立分子生物学小组，确定生物技术为战略核心
1982	收购以大豆种子闻名的 Jacob Hartz 公司
1984	成立生命科学研究中心
1996	收购 Agracetus 公司植物生物技术资产
1997	收购 Calgene 公司、Asgrow 经济作物种子业务、Holden 旗下的基础种子公司和全国玉米杂交服务公司
1998	收购迪卡生物科技公司
2000	孟山都作为独立子公司并购入法玛西亚公司
2002	从法玛西亚独立出来（法玛西亚 2003 年成为辉瑞的子公司）
2004	成立美国种子公司（ASI），控股大部分的玉米和大豆种子产品，收购 Channel Bio 公司
2005	收购全球领先的蔬菜和水果种子公司圣尼斯、Stoneville 公司的棉花业务
2006	子公司 ASI 收购 Diener Seeds、Sieben Hybrids 等公司
2007	收购 Delta and Pine Land 公司，壮大棉花种子业务
2008	收购巴西甘蔗种子公司 Aly Participacoes、荷兰蔬菜种子公司 De Ruiter
2009	建立淡水利用研发中心，研究通过充分利用水资源实现高产
2010	从辉瑞公司手中收回生命科学研发中心
2011	收购生物技术公司 Divergence 和 Beeologics

资料来源：https://monsanto.com/company/history/

9.3.4 世界跨国公司高度重视科研投入，创新优势明显

农业科学技术研究的不断发展，特别是杂交优势的发现，培育出许多高产优质的杂交良种，从而催生出规模庞大的种业市场，各国加大开拓种子市场的力度，跨国种子公司构建了遍布全球的种子科技价值链网络体系。跨国种业公司以控制全球种业市场为目标，围绕世界各主要种子市场加快了选育优良新品种的步伐（王卫中，2005）。跨国种业公司在其技术创新全球化战略中，多在我国集中开展高技术研发或核心技术研发工作，然后在全世界各东道国多点布置研发分支机构，以最贴近市场的方式加快新品种选育与转化推广的模式。世界主要跨国种子公司科研人员及研发机构的情况见表 9-9。

表 9-9　世界主要跨国种子公司科研人员与研发机构

序号	公司名称	科研人员（人）	研发机构
1	杜邦–先锋公司	1700	25 个国家、110 个地区
2	孟山都公司	2300	80 多个国家、106 个地区
3	先正达公司	5000	80 多个国家、140 个研发机构
4	利马格兰集团	1100	27 个国家、28 个研发机构

　　跨国种业公司不仅自身科研实力强大，构筑了强大的种业科技价值链全球研发内部网络系统，还以多种方式与世界各国大学、科研机构、企业开展了广泛的科技合作创新。例如，美国的种业科研一般由科研院所和州立高校等公共部门和私人公司来进行，但公共部门的科研重点是开展农作物种质资源收集与创新、重要基因发掘与高效利用、育种材料改良和创制、育种理论与技术创新等基础性、前沿性、公益性研究；私人公司则主要从事商业化品种研究、繁育、生产、销售和推广等育繁推一体化工作，两者分工协作，相互促进。美国产学研相结合、育繁推一体化的组织机制促进了品种创新与产业化发展。美国自 1960 年开始，公共部门的研发投入比例逐年下降，而私人部门的研发投入比例则在不断上升（孟山都及杜邦–先锋公司 2004～2013 年的研发投入如图 9-10 和图 9-11 所示），成为整个种业研发的主力。美国私人公司非常重视科技创新的投入，一般科研投入占销售收入的 8%～12%，2013 年，孟山都公司、杜邦–先锋公司每年的科研投入分别达到 15 亿美元和 10 亿美元左右（卢洪，2014）。科研的高投入，确保其拥有了明显的科研创新资源与竞争优势。世界排名前 20 家跨国种业公司拥有世界 90% 的育种技术和 75% 的种子贸易，呈明显的科研"二八律"：即 20% 的企业，其科技研发对技术进步的贡献率为 80%。跨国种业公司之所以在高新技术上具有明显优势，是因为它们在科研上的高投入所带来的强大科技创新能力。

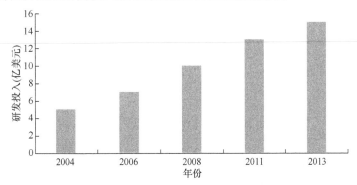

图 9-10　2004～2013 年孟山都研发投入的增长趋势
资料来源：孟山都公司年报

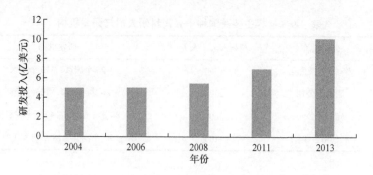

图 9-11　2004～2013 年杜邦–先锋公司研发投入的增长趋势
资料来源：杜邦–先锋公司年报

9.4　促进我国生物种业可持续发展的对策建议

当今世界种业发展呈现出三大竞争趋势：一是各国政府把种业作为战略产业予以高度重视，种业创新成为关键；二是生物育种成为发展趋势，科技和人才成为种业竞争的焦点；三是资源整合、兼并重组成为发展方向，种子公司向规模化、集团化和国际化发展。我国应借鉴种业强国发展经验，高度重视科技创新，实现我国生物种业的可持续发展。

9.4.1　重视科研投入，提高育种研发创新能力

世界种业研究已从传统的常规育种技术进入生物技术育种和常规技术育种相结合发展的新阶段。世界各国纷纷把生物技术育种提高到战略产业高度予以大力扶持，提出了"向生物技术要产量""生物产业立国"等战略目标和举措（韩成英等，2015）。生物种业发展势头强劲，已经成为全球跨国公司激烈竞争的焦点。而生物种业竞争的实质是基因专利权的竞争。为抢占种业技术的制高点，发达国家及跨国公司纷纷加大投入，跨国公司的科研投入一般都占到销售收入的10%左右。跨国公司通过高投入，着力开展基因资源的发掘、新技术的研发、新品种的创制，力图通过掌控种子资源基因产权、新品种权、关键技术专利等加速对全球种业市场的垄断。世界十大跨国种业公司在农业生物技术方面的专利份额达到50%～60%，显现出明显的优势控制地位。

充足的人力、财力投入为提高品种竞争力和公司竞争力提供了技术和人才支撑。而我国农业科研投入一直不足，只占农业产业 GDP 的 0.6%～0.7%（李小晓，2011）。我国在公共资金分配上存在一定的问题，需要由政府合理引导，高度重视基础性公益性科研，加大科研投入，在科研项目和资金安排上进行有针对性的倾斜，为提升农作物种业科技创新能力和核心竞争力提供基础支撑和创新源泉。

另外，对规模大、成长性良好的种业企业，应该加以扶持，加快育种人才和种业资源向企业流动和集聚，使企业成为商业化育种的主体，使其能够真正发挥市场主体的作用。

9.4.2　加快种业科技创新体制改革，打造育繁推一体化国际种业公司

国内外种业发展的历史表明，以突破性优良品种为标志的农作物种业科技创新能力，是种业发展的坚实基础和现代农作物种业发展的核心竞争力。要提高品种的科技创新力，必须建立有利于现代种业科技创新的体制机制，形成科研院所和高校、企业合理分工、协同配合的种业科技创新体系。打造企业"研发—育种—推广"一体化的育种体制更能激励产生商业化、市场化价值的品种。

育繁推一体化的种子产业链模式是美国种业企业的主要发展模式，这些企业具备强大的研发力量、种子生产基地和加工包装设备，拥有强大的资金实力，建立了自己的营销网络，它们以市场为导向，集科研、繁育、生产和销售于一体（李万君和李艳军，2011）。我国过去90%以上的品种都来自科研院所，而在美国情况恰恰相反，90%以上的新品种是由企业研发部门研制的。刘定富（2016）研究显示，2013年，国内企业申请农业植物品种权618件，占当年申请总量的46.4%，同比提高3个百分点，超过国内科研教学单位的561件，成为申请的主导力量。因此，政府在加大投入支持科研院所和高校大力从事基础性、公益性研究和建立以企业为主体的商业化育种新机制的同时，还要加快扶持育繁推一体化企业发展，加快育种人才和种业资源向企业流动和集聚，使企业成为商业化育种的主体（图 9-12）。

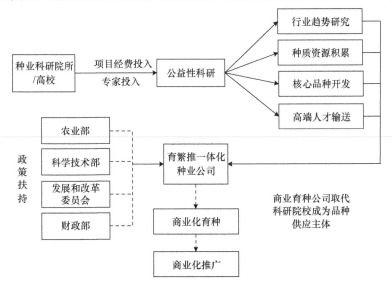

图 9-12　基础性、公益性研究与商业化育种协调创新体制

资料来源：陈志坚，2013

9.4.3 加快企业兼并重组，提高企业国际竞争力

大宗农作物种业企业的兼并重组加速，产业集中度显著提高，现代种业正在向规模化、集团化、国际化方向发展。跨国种业公司以控制全球种业市场为目标，围绕世界各主要种子市场加快了选育优良新品种的步伐。跨国种业公司在其技术创新全球化战略中，多采用在我国集中开展高技术研发或核心技术研发工作，再在全世界各东道国多点布置研发分支机构，以最贴近市场的方式加快新品种选育与转化推广的模式（彭玮，2013）。

种业市场发展的内在需求驱动种业向高新技术、金融资本、市场机制等各要素集聚，企业兼并重组和种业全球化发展步伐加快，我国应遵循市场规律，以加速产业规模化发展为目标，按照产业链条来优化资源配置，鼓励企业的兼并与重组，成立具备行业竞争力的大企业，重点扶持和培育龙头企业，提高产业集中度和企业竞争力，引领中国种业进军国际种业市场。只有加快企业兼并重组，实现种子公司向规模化、集团化和国际化发展，才能增强我国种业在国际贸易中的实力，形成规模效益，消除种业贸易逆差，扩大贸易出口额。

9.4.4 加快育种制种基础设施建设，提高种子保障力

制种面临区域环境、自然灾害的自然风险和市场成本上升、价格波动导致的市场风险的双重巨大压力，保障良种供应面临很大困难。因此，要采取有力措施，科学规划种子区域布局，打破区域壁垒与政策障碍，鼓励种子企业运用市场机制与农民制种合作社建立种业合作联盟，在全国优势制种生产区建设标准化、规模化、集约化和机械化的种子生产基地；建立现代化的种子检测和种子加工中心，增强种子综合生产能力，建立起保障供种安全的核心能力；建立健全国、省、市、县四级种子储备制度；建立种子生产保险制度，确保农业生产用种安全。

充分联合各地科研机构或科技人才开展合作，引进吸收国际国内现代先进育种技术和优异种质资源，着力培育具有自主知识产权、适合机械化作业、设施化栽培和高产、优质、多抗、适应性广的新品种。企业要充分利用现代生物技术、信息技术推动企业育种研究发展，把优良资源发掘与创新、雄性不育及其制种技术、重要作物功能基因组、高端品种选育等作为夯实育种研究的基础。同时，加快推进企业实施标准化、规模化、集约化和机械化的"四化"制种基地建设，全面提升企业科技创新的基地设施水平，强化企业对种子供应的保障能力，确保农业特别是粮食安全（柴玮，2013）。

9.4.5 加强知识产权保护，提高种业市场监管能力

知识产权作为种业研发的核心，必须得到有效保护才能促进种业的长久与健康发展。美国等发达国家建立了完善的种子法律保护体系，除了《联邦种子法》

和各州的种子法外，美国还建立了各类保护种质资源、品种权、专利权等法案，为种业构建了完善的知识产权保护制度，保护了种子研发创新的合法权益，调动了投资研发的积极性。目前，我国也逐步建立了一系列种子保护法规，2013 年国务院进一步修改了《中华人民共和国植物新品种保护条例》，对品种权侵权、假冒授权品种等案件依法追究刑事责任。且 2013 年 11 月开始，农业部联合公安部、国家工商行政管理总局开展了打击品种权侵权和制售假劣种子行为专项行动，取得了阶段性的成效，种子市场秩序明显得到好转（宋修伟等，2014）。

因此，我国必须完善《中华人民共和国种子法》及相关法规，在 2015 年 11 月 4 日，中华人民共和国第十二届全国人民代表大会常务委员会第十七次会议通过了《中华人民共和国种子法》的修订，并从 2016 年 1 月 1 日起施行。这标志着我国对种业发展的重视，以期从国家法律政策层面上，给予种子企业公平有序的市场环境，梳理种子管理部门的职责，明确管理的目的和方法，统一标准，规范管理，加大市场执法力度，防止制假售假现象，保护知识产权。同时，中国种业还需要进一步完善管理体制，如推动设立制种生产风险基金和保险制度的法律化，建立严格的审查制度等，为育繁推一体化种业创造一个不断能得到成长壮大的规范有序的市场环境，确保种业公司做大做强。

第 10 章 研究结论及对策建议

我国是一个人口大国，解决粮食安全问题始终是头等大事。我国经济正处在一个重大的结构转型期，在工业化、城市化快速发展的过程中，传统农业加快转变农业发展方式，突破资源环境瓶颈约束，保障粮食安全和农产品长期有效供给，必须要提高粮食的综合发展能力，走可持续发展之路，归根结底需要依靠农业科技和政策的改革与创新。依靠科技创新，大力推进转基因水稻产业化可持续发展，是着眼全球生物科技革命和国际产业分工的重大发展战略，是确保我国粮食安全和农业可持续发展的必然选择。

10.1 主要研究结论

本研究运用风险认知理论、感知价值理论、风险社会理论、知识产权理论等对转基因水稻产业化可持续发展公众认知、风险管理、知识产权、生物育种和政策创新等问题进行定性定量相结合的分析，形成了如下主要研究结论。

10.1.1 构建了公众转基因食品认知的理论模型，系统描述了公众对转基因食品的风险认知状况

1）公众对转基因食品的知晓度较高，但对转基因食品的认知有限。通过实证研究发现，29.94%的公众经常听说转基因食品，44.70%的公众只是偶尔听说转基因食品。公众对生物技术尤其是转基因知识缺乏正确的了解，问卷中 3 道题都回答正确的公众只有 23.69%，全错的比例达到 13.07%，这种认知水平甚至低于或者仅仅相当于欧美国家 20 世纪 90 年代末的水平。虽然 60%～70%的公众对生活中存在的转基因食品有一种基本认识，但对这些真正已获批准的转基因作物，公众并未表现出比较高的正确的认识率。另外，对有关转基因食品争论的了解程度比预想的要低，只有 2.12%和 12.21%的公众认为自己非常清楚和比较清楚。

2）公众对转基因食品安全有顾虑，但态度并不消极。在给出评价的 62.15%的公众中，认为转基因食品对人类健康比较安全和非常安全的比例为 54.33%，超过了认为比较危险和非常危险的 45.64%的公众，且有 44.56%的公众表示对转基因食品很有信心和比较有信心。将近 30%（29.82%）的公众认为两种食品没有太大差别，都愿意购买，且有 4.97%的公众坚定地支持转基因食品。在知道购买食

品是转基因食品的情况下，更多的公众只是通过减少购买数量（46.50%）来降低风险，还有相当一部分的公众（20.80%）表示不会改变购买决策，不会因为是转基因食品而放弃购买或减少购买数量。

3）公众对转基因食品的信息沟通、科普活动及监督管理的诉求较高。实证研究结果显示：①传统媒体和网络媒体在转基因食品信息传递中扮演着最重要的角色，但将近 70%（69.38%）的公众表示只会部分采纳媒体披露的信息，即使公众不太愿意完全信任媒体传递的信息，但超过半数（55.52%）的公众认为他们的行为会受媒体较大的影响。②权威的、正式的信息渠道比较能获得公众的信任，尤以传统媒体和科普活动的支持率最高。但公众对科普效果的期待进一步抬高，78.72%的公众几乎从未参与或仅是偶尔参与科普活动。③83.55%的公众认为需要转基因食品标签，超过 80%的公众经常看食品上的标签和成分说明来降低风险。④94.38%的公众无法了解转基因食品的监督和管理机制，他们迫切希望能够维护自己在食品消费中的知情权和选择权，并且 82.61%的公众要求必须由国家强制执行。可见，公众对信息的可信度不甚满意，科普活动效果差强人意，迫切需要完善和改进。

10.1.2　识别了公众对转基因食品风险认知的主要影响因素，揭示了公众对转基因食品的风险认知、价值认知与购买行为之间的作用机理

1）影响公众对转基因食品风险认知的因素多元化，认知结构复杂。通过因子分析，识别了公众对转基因食品风险认知的主要影响因素，具体包括个体特征、产品知识、信息、卷入程度和信任度等因素。计量结果显示：①不同个体特征（如性别、学历、收入水平等）的公众在转基因食品的风险认知上存在显著差异。②公众对转基因食品的认知程度与其转基因食品的风险认知存在正的相关关系，即公众对转基因食品的认知程度越高，其认知的转基因食品风险越高。③卷入程度与公众认知的转基因食品风险大小呈正相关，表明公众卷入程度越高，其认知的风险越大。④公众对政府管理食品安全的信任度、对科学家的信赖度、对媒体信息的可信度显著影响公众对转基因食品的风险认知，两者呈负相关，即信任度越高，公众认知的风险越小。⑤产品知识、卷入程度和信任度三个影响因素之间存在关联性。

2）公众对转基因食品的风险认知和价值认知对购买行为具有显著影响。实证研究表明：①总体来说，公众风险认知和价值认知水平的提高可以促进其对转基因食品的接受，转基因食品接受程度的提升又会对购买意愿有正向的影响。②具体而言，公众对转基因食品的健康风险、经济风险、环境风险对购买意愿产生显著的负向影响，其中，健康风险对消费者购买意愿的影响最为显著，其次是经济风险和环境风险，而食品功能风险对公众转基因食品的购买意愿作用不显著。

③公众感知风险和感知价值均显著地影响其购买意愿，与感知风险相比，公众对转基因食品的感知价值认知较低，但感知价值对购买意愿的影响比感知风险对购买意愿的影响更为显著。

3）公众与科学家在转基因食品的风险认知上存在差异。计量分析结果显示：①整体而言，公众对转基因食品的风险认知持中立偏乐观态度。相较而言，科学家对转基因食品的风险认知普遍持乐观态度。②媒体信息尤其是网络媒体对公众的健康风险和环境风险认知均有显著误导作用，而对科学家的风险认知没有显著的影响。科普对公众和科学家的健康风险和环境风险认知都有一定的积极作用，但效果不明显。③政府、专家和食品安全的公信力对公众和科学家的转基因食品健康风险和环境风险认知作用显著，信任程度越高，其风险认知度越小。④转基因争论对公众的健康风险和环境风险认知有显著的负作用，而科学家对转基因争论了解得越多，其风险认知度越低，公众和科学家之间缺乏相互交流与沟通是造成转基因食品争论最重要的根源。

10.1.3　系统研究了我国转基因水稻产业化知识产权发展战略、法律监管制度和生物种业发展战略

1）评析了我国转基因水稻产业化知识产权发展战略现状。①积极发展转基因水稻知识产权战略，不仅能对转基因水稻技术的研发产生激励作用，而且可以促进转基因水稻实现产业化，因而具有十分重大的意义。目前，我国转基因水稻的技术储备丰富，拥有完全自主的知识产权，具备实现产业化的基本条件。②我国转基因水稻技术已经达到世界领先水平，然而转基因水稻的产业化应用却迟迟没有实现，其中一个很重要的原因，是转基因水稻知识产权的运用和管理能力比较落后。因此，要保证转基因水稻产业化的顺利推进，就要在制度层面、管理体制及具体实施等方面学习域外国家的成功经验和做法。③推动我国转基因水稻产业化知识产权战略的实施，需要加强转基因水稻技术创新能力建设、进一步完善相关法规制度、进一步发挥政府与社会的中间层职能作用，增强政府部门间的协调性。

2）系统研究了我国转基因水稻产业知识产权战略内容。我国转基因水稻产业知识产权战略主要包括创造战略、运用战略、保护战略和管理战略四个方面。①创造战略，主要是通过从产业化论证、基础技术开发到产品化开发全过程知识产权参与，促进转基因水稻技术创新；②运用战略，主要是通过合理知识产权布局、加大重要领域研发投入，培育核心知识产权等具体措施，实现转基因水稻技术成果有效转化；③保护战略，主要是完善转基因水稻产业知识产权及相关法律制度，加强行政保护和司法保护；④管理战略，主要是加强转基因水稻产业知识产权价值评估、战略评价、联盟机制建设，推动转基因水稻产业科学发展。

3）建立了我国转基因水稻产业化发展法律监管制度。为了推动我国转基因水稻产业化发展，可以采取如下措施：①公众参与是顺利推进转基因水稻产业化的关键。通过科普以加强公众对转基因水稻的认知，通过政府方面的引导和协调，提高公众参与，另外在转基因技术、转基因产品、转基因食品的宣传中坚持权威、坚持科学导向，用公开、透明的信息弥补消费者的信息弱势，提高公众对转基因水稻技术及食品的认知水平。②转基因水稻产业化监管的关键点是市场，要在合理设置转基因食品标识制度和标识阈值的前提下，严格执行转基因食品标识制度。同时，为了确保在国内市场、进出口市场中对转基因水稻的追溯管理和高识别度，必须要完善转基因水稻的评价体系、检测及监测体系。③转基因水稻产业化法律管理制度、体制的完善是重点，管理机制的完善是核心。

4）研究了全球化背景下我国生物种业可持续发展战略路径。①全球种业特别是生物种业科技孕育着新的科技革命和产业革命，使我国种业既面临着严峻挑战又面临着重大发展机遇。一方面，整体上来讲，我国种业发展明显滞后，仍处于发展的初级阶段，但在国家转基因重大专项支持下，我国转基因新品种培育进展显著，一批有应用前景的转基因作物新品种正处于产业化前的培育孵化阶段，种子市场具有较大的容量，种子商品率有很大的提高空间，我国种业发展的科技进步潜力巨大（韩成英等，2015）；另一方面，跨国种子公司加快了全球性兼并步伐，一系列收购、兼并活动推动种业整合重组，国际种业市场垄断势头加剧，对我国种业市场构成威胁（冯良宣，2013）。②制约我国生物种业战略发展的主要因素有：育种研发创新能力不足，缺乏"拳头"品种；科研体制不完善，缺少商业化育种体系；产业集中度低，企业竞争力不强；种子保障力不强，缺少种业基地；市场监管力薄弱，品种保护能力不足。其根本原因在于我国僵化的体制机制障碍造成市场未能形成整合资源、协调创新的产学研相结合、育繁推一体化的发展机制和商业化育种模式；市场监管薄弱，品种知识产权保护不力，发展支撑体系不健全。③推动我国生物种业可持续发展战略的实施，需要创新体制机制，围绕生物种业的"科技创新力、企业竞争力、供种保障力、市场监督力"四大能力建设，努力打造以产业为主导、企业为主体、基地为依托、产学研结合、育繁推一体化的国家种业中心支撑体系。加快推进生物种业发展，提升我国种业的核心竞争力，发挥生物科技的影响力和带动力，促进我国种业的整体升级。

10.2　对策建议

为了推动转基因水稻产业化可持续发展，从改善舆论环境、加大政策法规扶持力度、加快转基因水稻产业化进程等各方面提出了对策建议。

10.2.1　改善舆论环境，提高公众对转基因食品的科学认知

转基因舆论特别是网络内容环境长期由政治化、非理性的负面舆论主导，负面舆论正逐步把转基因"妖魔化"。不良舆论环境已成为严重影响转基因新品种研发和产业化进程的主要社会障碍。出现这一局面的主要原因是长期以来对转基因科普重视不够，对舆论引导和监管不力，缺乏面对公众的沟通对话机制和风险交流平台。改善舆论环境，推进转基因新品种研发和产业化发展，需要在转基因科普宣传、风险交流、信息透明、风险沟通等方面营造健康良好的社会舆论氛围。

1）加大转基因科普宣传力度，提高公众对转基因食品的科学认知。舆论乱象对公众转基因食品风险认知的负面影响力特别大，也不利于转基因食品的健康有序发展，而食品安全信息与大众的自身利益有直接的相关性，和人类的生理需求、安全需求这两个最基本的心理需求密切相关，因此，要加强转基因食品信息传播渠道的管理，首先就要从媒体抓起。一方面，媒体从业人员要遵守职业操守，加强对转基因相关科学知识的学习，在转基因食品信息传播方面要保持严谨客观的科学态度，尽可能地将科学权威的信息和知识输送给公众，防止媒体人为炒作新闻，为从中牟取利益而制造轰动效应，造成社会恐慌的舆论乱象；另一方面，相关部门要加强信息监管力度，避免不良、虚假、错误信息通过媒体传播而误导公众，造成公众思想混乱和心理恐慌。特别是新媒体网络的异军突起，行业规范和管理都还没有跟上，需要在管理网络舆情上加大投入力度，对可能误导公众的错误舆论信息必须及时辟谣，对食品安全事件产生的危害要及时加以解释和说明，避免引起公众恐慌，正确引导公众对转基因食品的风险认知。加强舆论引导和舆情监管，充分发挥主流媒体的主流价值观引领和引导作用，加大对转基因科学知识和科技成果的正面宣传。

2）提高转基因食品风险评估和检测手段，建立信息透明机制。转基因食品从农田走上餐桌，要经过生产、加工、储藏、运输和销售等诸多环节，而我国的食品安全监督管理体制主要采取以分段管理为主、品种监管为辅的"多机构模式"，导致公众的知情权受到了限制，进而影响其对转基因食品的风险认知。因此，一方面，政府要完善转基因食品安全检测技术，加快建立转基因食品风险评估机制，将食品安全监管的执行细节贯穿到转基因食品研发、生产、加工、存储、运输和销售的全过程，以控制整个链条的安全性，并坚持定期检测，建立转基因食品质量监控数据库，以提高公众和科学家对转基因食品的安全感；另一方面，要建立食品安全信息透明机制，搭建农业、粮食、工商、卫生、质检、环保等部门食品信息的联合公告平台，定期公开安全评价审批结果、安全性实验研究结果、执法检查结果及转基因食品产业化状况等内容，以便大众随时从正规渠道查询到准确、及时、全面、透明的转基因食品安全信息，方便公众获取充分的知情权，从而消除公众对转基因食品风险的疑虑甚至恐惧心理，促进转基因食品产业的健康有序

发展。

3）加强公众与科学家信息互动，建立风险沟通机制。由于信息不对称、认知不全，产生转基因食品争论的根源之一是科学家与公众缺乏相互交流和沟通。因此，建立一个公众与科学家的风险交流平台和风险沟通机制具有重要的意义。一方面，必须要转变传统的风险沟通模式，逐渐从风险评估（科学家）—风险管理（政策制定者）—风险沟通（面向公众）的"单向风险沟通模式"向公众和科学家互动交流的"双向风险沟通模式"过渡，赋予公众主动思考、提出问题和合理建议甚至做出相关决策的权利。通过建立公众和科学家互动交流的平台，创造公众和科学家面对面座谈交流的机会，使科学家与公众建立更加紧密的联系；通过设立一个职能部门专门负责公众与科学家的信息对接和传递，保证公众和科学家交流的充分性、及时性；通过开通个人微博等网络媒介来搭建双方交流的平台，网络的便捷和低成本能够大大提高信息传递和反馈的效率，增强公众和科学家信息沟通的效果。另一方面，要丰富风险沟通的内容，从传统的事后沟通向全程沟通过渡，如在事件发生前可以告知公众一些风险和生物科技相关的专业知识，提高公众的科学素养，降低公众的风险认知度；在事件发生时，告知公众一些关于风险的本质、影响和控制等方面的情况，避免公众胡乱猜疑产生恐慌心理；在事件发生后，要积极了解公众对风险的心理认知状态，积极引导。转基因科学家既肩负科技创新的重任，又肩负提高全民族科学文化素质的重任。我们可以依托转基因研发单位建设一批科普教育基地，应明确要求各类转基因研发项目将一定比例的经费用于科普，并列入项目申请、结题验收、成果鉴定的内容中。加强科学家与公众交流的平台化、常规化和机制化建设。

10.2.2　加大政策法规扶持力度，保障我国转基因水稻知识产权发展战略实施

现代知识产权制度的诞生与技术和经济发展有着十分密切的关系。知识产权的获取并非制度创设的最终目的，而是通过知识产权制度的设计，鼓励创新，实现商品化、市场化和产业化，把知识产权转化为有形的生产力。我国转基因水稻产业知识产权战略的实施，除了知识产权创造、管理、保护、应用战略以外，还需要一套以知识产权为主的财政金融法律制度、科技成果转化、人才队伍及文化建设等政策法律体系予以保障。

1）改进转基因生物研究与产业化法律和管理政策。以转基因食品标识制度为重点，完善我国转基因食品监管法律制度。推进转基因生物安全立法，尽早出台转基因生物安全综合法规。以保护知识产权、打击侵权行为为重点，加强转基因研发的知识产权制度建设，加大知识产权的行政保护和司法保护力度，建立遗传资源登记、依赖性派生品种保护、知识产权强制许可等制度。简化安全评价、品种权授予和品种审定程序。建立国内外专利跟踪机制，成立转基因作物产业化知

识产权合作联盟。

2）加强我国转基因水稻产业政策法律保障。一方面，要加快转基因水稻产业金融法律支持，建立多渠道投入机制，支持金融机构广泛参与转基因水稻产业知识产权战略的实施。鼓励设立、发展转基因水稻产业投资机构和产业投资基金，鼓励、引导金融机构支持转基因水稻产业发展，支持信用担保机构对生物企业提供贷款担保；支持金融机构创新信贷品种，提升金融服务，对符合条件的转基因水稻产业发展项目、基地基础设施建设提供金融信贷支持。允许地方股权市场探索开展生物科技企业股权托管、交易，发行企业债券、公司债券、短期融资券等方式融资发展，建立转基因水稻产业科技金融体系，促进转基因水稻产业知识产权战略运用。另一方面，完善知识产权融资法律制度。知识产权也是一种资产，通过质押融资、投资入股、产权证券化等方式筹措资金是其积累资本的重要方式。目前，我国的融资政策却限制了这种资金筹集方式，且对知识产权质押和出资都欠缺可操作性的规定，使得知识产权融资的难度极大。通过完善专利权和植物新品种权质押融资标的，可以将专利权和植物新品种权质押的标的扩大为独占实施权和普通实施权。同时，也要完善专利权和品种权交易市场法律制度，促进转基因水稻产业知识产权融资。

3）明确转基因水稻产业知识产权管理机构保障。世界上很多国家通过发布转基因生物技术产业发展法律和政策，优先推动转基因生物技术相关领域的技术研发和科技成果产业化。借鉴国外实践经验，一是设立转基因水稻产业知识产权管理委员会，作为专门的转基因水稻产业知识产权管理机构，制定实施我国转基因水稻产业发展战略，明确国家转基因水稻产业与社会统筹协调发展规划，推进我国转基因水稻产业快速发展。二是建议中央由国家知识产权局、农业部牵头成立联合管理部门，吸纳转基因水稻产业领域的专家参与转基因水稻产业知识产权管理委员会，由管理委员会起草制定转基因水稻产业知识产权政策，并推动其通过国务院发布或上升到行政法规、法律层次，着力促进科技与创新的结合，在国家层面实现对科技创新的宏观统筹措施，有效促进我国转基因水稻产业发展。三是各省可由农业厅、国家知识产权局联合成立相应转基因水稻产业知识产权管理委员会，专门负责本地转基因水稻产业发展政策制定及实践指导，保障本地区转基因水稻产业健康可持续发展。四是建立以生物企业为主体、高校和科研院所共同参与的创新体系，充分利用高校、科研院所在基础研究领域的重要作用，积极开展重大高新技术项目研发，努力形成享有转基因水稻自主知识产权的核心技术。同时，要重视发挥其他与转基因水稻产业发展相关的社会组织监督和协调作用，全面推动转基因生物技术产业知识产权战略有效实施。

4）加强转基因水稻产业知识产权人才及文化建设。一方面，加强我国转基因水稻产业知识产权人才队伍建设。一是要重视研发者人才队伍建设，进一步完善激励机制、改革当前的创新人才使用和评价机制，重点培养一批战略科学家、生物技术原始性创新人才、工程化开发人才。二是要加强转基因生物领域管理人才及产业化人才的培养，加大知识产权保护力度。三是要加强转基因水稻产业监管队伍建设，加强监管官员的转基因水稻知识产权教育，促进转基因水稻产业知识产权战略实施。另一方面，重视转基因水稻产业知识产权战略文化培育。一是培养转基因水稻自主知识产权创新文化，形成"崇尚创新、尊重知识、诚信守法"和推动全社会形成有利于推动自主创新和拥有自主知识产权的环境氛围，让转基因水稻自主创新真正成为文化。二是培养转基因水稻产业知识产权运用激励文化。国家从政策上鼓励企业和研发者积极开拓创新，从事转基因水稻研发和商业化生产，明确职务技术成果和非职务技术成果的知识产权权属，把转基因水稻知识和技术作为生产要素参与分配，实现转基因水稻知识产权价值。三是培育转基因水稻产业发展公众科学认同文化。在促进转基因水稻知识产权利用的过程中，加强宣传与教育，增强全体社会公众对转基因水稻知识产权的认知与保护意识。同时，鼓励公众参与科学技术决策和技术评价，减少分歧和冲突，保障转基因水稻产业知识产权战略顺利实施。

10.2.3　加快转基因水稻产业化进程，促进我国生物种业可持续发展

当今世界种业发展呈现出三大竞争趋势：一是各国政府把种业作为战略产业予以高度重视，种业创新成为关键；二是生物育种成为发展趋势，科技和人才成为种业竞争的焦点；三是资源整合、兼并重组成为发展方向，种子公司向规模化、集团化和国际化发展。我国应借鉴种业强国发展经验，高度重视科技创新，实现我国生物种业的可持续发展。

1）重视科研投入，提高育种研发创新能力。生物种业发展势头强劲，已经成为全球跨国公司激烈竞争的焦点。而生物种业竞争的实质是基因专利权的竞争。为抢占种业技术的制高点，发达国家及跨国公司纷纷加大投入，跨国公司的科研投入一般都占销售收入的 10%左右。跨国公司通过高投入，着力开展基因资源的发掘、新技术的研发、新品种的创制，力图通过掌控种子资源基因产权、新品种权、关键技术专利等加速对全球种业市场的垄断。世界十大跨国种业公司在农业生物技术方面的专利份额达到 50%～60%，显现出明显的优势控制地位。而目前我国农业科研投入一直不足，只占农业产业 GDP 的 0.6%～0.7%。因此，政府必须要加强政策引导，高度重视基础性公益性科研，加大科研投入，在科研项目和资金安排上进行有针对性的倾斜，为提升农作物种业科技创新能力和核心竞争力提供基础支撑和创新源泉。另外，政府要加强对规模大、成长性良好的种业企业的扶持，加快育种人才和种业资源向企业流动和集聚，使企业成为商业化育种的创新主体、产业化主体和推广应用主体，使其能够真正发挥市场主体的作用。

2）加快种业科技创新体制改革，培育育繁推一体化大型生物种业公司。国内外种业发展的历史表明，以突破性优良品种为标志的农作物种业科技创新能力，是种业发展的坚实基础和现代农作物种业发展的核心竞争力。一方面，通过提高品种的科技创新能力，建立有利于现代种业科技创新的体制机制，形成科研院所和高校、企业合理分工、协同配合的种业科技创新体系。建立企业"研发—育种—推广"一体化的种子产业链模式，进一步激励产生商业化、市场化价值的品种。另一方面，加大投入支持科研院所和高校大力从事基础性、公益性研究和建立以规模企业为主体的商业化育种新机制。按照产业链条来优化资源配置，鼓励企业的兼并与重组，成立具备行业竞争力的大企业，重点扶持和培育龙头企业，提高产业集中度和企业国际竞争力，引领中国种业进军国际种业市场。

3）加快育种制种基础设施建设，提高种子保障力。制种面临区域环境、自然灾害的自然风险和市场成本上升、价格波动导致的市场风险的双重巨大压力，保障良种供应面临很大困难。因此，一方面，要规划和完善种子基础生产各流程。打破区域间壁垒和开放相关政策，建立种子企业与农民制种合作社间的有效合作，规划好种子区域布局，建成标准化、规模化、集约化和机械化的种子生产基地；提高和保障供种子安全性，建立现代化种子检测与加工中心；保障供种的可持续性，构建全国、省、市、县多级种子储备制度；确保种子使用安全性与降低风险预期，建立种子生产保险制度。另一方面，组织和开展不同主体间的横向合作。注重与科研机构或科技人才的合作，培养企业自主知识产权，引进吸收国际国内先进育种技术和种质资源，培育适应性强、经济效益高的新品种；提高企业育种研究基础能力，加快推进企业实施标准化、规模化、集约化制种基地建设，以优化企业育种能力和种子供应保障能力，确保农业特别是粮食安全。

4）加快体制机制创新，构建"四大能力建设"支撑体系。在创新体制机制上，目前突出要解决两大问题：一是产学研、育繁推严重脱节的问题；二是种业市场环境混乱的问题。要下大力围绕科技创新和推广能力建设，建立高校和科研院所等公益性机构开展的基础性研究与企业等商业经营主体开展的商业化育种研发相结合的科技创新机制，着力促进产学研、育繁推一体化产业链的紧密结合；加强种业监督和管理体制机制改革，强化监测技术支撑，加强知识产权保护，严厉打击套牌侵权、生产经营假冒伪劣种子等违法行为，为种业创造一个规范有序的市场环境，确保种业公司做大做强。

参 考 文 献

白军飞. 2003. 中国城市消费者对转基因食品的接受程度和购买意愿的研究. 中国农业科学院硕士学位论文.

白长虹, 廖伟. 2001. 基于顾客感知价值的顾客满意研究. 南开学报(哲学社会科学版), (6): 14-20.

白长虹, 范秀成, 甘源. 2002. 基于顾客感知价值的服务企业品牌管理. 外国经济与管理, 24(2): 7-13.

贝克 U, 吉登斯 A, 拉什 S. 2001. 自反性现代化. 赵文书译. 北京: 商务印书馆.

卜玉梅. 2009. 风险分配、系统信任与风险感知——对厦门市幼儿家长食品安全风险感知的实证研究. 厦门大学硕士学位论文.

柴玮. 2013. 加快科技创新 促进种业发展——对种业科技创新与产业发展的认识与建议. 中国种业, (1): 1-3.

陈从军, 孙养学, 刘军弟. 2015. 消费者对转基因食品感知风险影响因素分析. 西北农林科技大学学报(社会科学版), 15(4): 105-110.

陈君石. 2010. 信息不对称式转基因争论的关键症结. 医学研究杂志, 39(9): 1-2.

陈龙江, 熊启泉. 2012. 中国种业开放十余年: 回顾与反思. 华南农业大学学报, 11(3): 7-17.

陈秋捷, 陈杨莹, 霍成帅, 等. 2016. 中外种业行业发展状况调查研究. 中国种业, (1): 3-5.

陈锡文. 2016. 2015 年中国粮食总需求缺口约 2000 万吨. http://finance. sina. com.cn/roll/2016-03-06/doc-ifxpzzhk2336999. shtml[2016-03-26].

陈晓萍, 徐淑英, 樊景立. 2008. 组织与管理研究的实证方法. 北京: 北京大学出版社.

陈新跃, 杨德礼. 2003. 基于顾客价值的消费者购买决策模型. 管理科学, (2): 59-62.

陈璇, 陈洁. 2016. 信任、风险感知与科技的公众接纳——兼论中国转基因大米之争. 科学与社会, (1): 93-109.

陈璇, 孙涛, 田烨. 2017. 系统信任、风险感知与转基因水稻公众接受——基于三省市调查数据的分析. 华中农业大学学报(社会科学版), (5): 125-131, 149.

陈燕娟. 2011. 知识产权保护与中国种业国际竞争力提升方略. 农业现代化研究, 32(3): 266-270.

陈志坚. 2013. 《种业规划》点评: 体制改革逐步推进, 龙头份额 2020 年翻番. 长江证券研究报告.

代豪. 2014. 雾霾天气下公众风险认知与应对行为研究. 华东师范大学硕士学位论文.

戴佳, 曾繁旭, 郭倩. 2015. 风险沟通中的专家依赖: 以转基因技术报道为例. 新闻与传播研究, (5): 32-45, 126-127.

德尔·I. 霍金斯, 肯尼思·A. 科尼, 罗格·J. 贝斯特. 2000. 消费者行为学(原书第七版). 符国群译. 北京: 机械工业出版社.

迪克森 G C A. 1989. 保险入门. 罗烈先译. 北京: 新时代出版社.

丁玉莲. 2004. 消费者对转基因食品的态度研究——南京市的个案调查. 南京农业大学硕士学位论文.

董大海, 金玉芳. 1999. 作为竞争优势重要前因的顾客价值——一个实证研究. 管理科学学报, 7(5): 84-90.

董大海, 金玉芳. 2003. 消费者行为倾向的前因研究. 南开管理评论, (6): 46-51.

董雅丽, 李晓楠. 2010. 网络环境下感知风险、信任对消费者购买意愿的影响研究. 科技管理研究, (21): 134-137.

董园园. 2014. 转基因食品感知价值对消费者购买意愿的影响研究. 华中农业大学硕士学位论文.

董园园, 齐振宏, 张董敏, 等. 2014. 转基因食品感知风险对消费者购买意愿的影响研究——基于武汉市消费者的调查分析. 中国农业大学学报, 19(3): 27-33.

范存会. 2005. 中国 Bt 抗虫棉的收益、成本和影响. 经济学(季刊), 4(3): 785-802.

范丽艳, 魏威, 朱正歌. 2010. 消费者转基因食品认知情况调查与思考. 中国农学通报, (20): 80-85.

冯建英, 穆维松, 傅泽田. 2006. 消费者的购买意愿研究综述. 现代管理科学, (11): 7-9.

冯良宣. 2013. 公众对转基因食品的风险认知研究——以武汉市为例. 华中农业大学硕士学位论文.

冯良宣, 齐振宏, 田云, 等. 2012. 我国消费者对转基因食品的购买意愿及影响因素分析. 中国农业大学学报, 17(3): 7-14.

冯萍. 2005. 消费者网络银行使用意向实证研究. 对外经济贸易大学硕士学位论文.

冯晓青. 2010. 企业知识产权管理基本问题研究. 湖南社会科学, (4): 54-58.

付江涛, 许臻, 马晓荣. 2012. 我国转基因水稻产业发展预期及建议——基于各利益主体风险收益的分析. 现代经济探讨, (3): 79-83.

付丽丽. 2016-05-16. 公众对转基因接受度显著下降. 科技日报, 第 1 版.

付亚萍, 刘文真, 胡国成, 等. 2007. 关于转基因技术应用于水稻育种研究的思考. 中国农业科学, 40(12): 2659-2666.

富兰克·奈特. 2005. 风险、不确定性和利润. 王宇, 王文玉, 译. 北京: 中国人民大学出版社.

高海霞. 2003. 消费者的感知风险及减少风险行为研究——基于手机市场的研究. 浙江大学博士学位论文.

高海霞. 2009. 消费者感知风险及行为模式透视. 北京: 科学出版社.

高海霞. 2010. 基于消费者风险态度的赋权价值购买模型. 中大管理研究, (5): 118-130.

高宏斌. 2011. 第八次中国公民科学素养调查结果发布. 中国科学基金, (1): 65-66.

高锡荣, 胡旸. 2011. 消费者对网络购物的风险感知类型研究. 电子商务, (3): 43-46.

葛立群, 吕杰. 2009. 消费者对转基因食品的认知态度和购买意愿. 商业研究, (8): 189-192.

顾宗勤. 2007. 中国化肥行业形势分析. http://www.chinanpk.com[2014-03-26].

郭际, 吴先华, 叶卫美. 2013. 转基因食品消费者购买意愿实证研究——基于产品知识、感知利得、感知风险和减少风险策略的视角. 技术经济与管理研究, (9):45-52.

郭晓亭, 蒲勇健, 林略. 2004. 风险概念及其数量刻画. 数量经济技术经济研究, (2): 111-115.

郭雪松, 陶方易, 黄杰. 2014. 城市居民的食品风险感知研究——以西安市大米消费为例. 北京社会科学, (11): 19-28.

国家发展和改革委员会. 2008. 国家粮食安全中长期规划纲要(2008-2020). http://www.gov.cn/jrzg/2008-11/13/content. 1148372. htm[2016-04-02].

国家统计局设管司. 2008. 2007 年全国水利发展统计公报. http://www.stats.gov.cn/tjsj/tjgb/qttjgb/qgqttjgb/200807/t20080715_30637. html[2014-03-20].

韩成英, 齐振宏, 邬兰娅. 2015. 生物种业发展背景下我国种业贸易现状及对策研究. 科技管理研究, 35(14): 105-109.

洪进, 于文涛, 赵定涛, 等. 2011. 我国转基因作物技术风险三维分析及其治理研究. 科学学研究, (10): 1480-1484.

候学亮, 戴露洁, 孟云. 2018. 加强种业供给侧改革 促进农业结构性调整. 河北农业, (8): 58-59.

胡卫中. 2010. 消费者食品安全风险认知的实证研究. 浙江大学管理学院博士学位论文.

胡焱, 俞益武, 卜京琼, 等. 2008. 国内消费者对转基因食品的消费态度——以北京和上海为例. 中国食品学报, 8(4): 7-13.

黄菡. 2013. 2012/2013 年度全球粮食供需现状与市场走势分析(一). 黑龙江粮食, (4): 32-33.

黄季焜, 白军飞. 2006. 中国城市消费者对转基因食品的认知程度、接受程度和购买意愿. 中国软科学, (2): 61-67.

黄季焜, 胡瑞法. 2007. 转基因水稻生产对稻农的影响研究. 中国农业科技导报, 9(3): 13-17.

黄建. 2015. 消费者对转基因食品的感知价值研究. 华中农业大学硕士学位论文.

黄俊明, 李文立, 罗会明, 等. 2008. 广州地区居民对转基因食品的认知调查. 华南预防医学, 24(2): 20-23.

贾鹤鹏, 范敬群, 闫隽. 2015. 风险传播中知识、信任与价值的互动——以转基因争议为例. 当代传播, (3): 99-101.

姜国良. 2013. 论中国种业的市场发展探讨. 中国种业, (7): 5-6.

靖飞, 李成贵. 2010. 跨国种子企业在中国种子市场的扩张及启示. 农业经济问题, (12): 85-89.

靖飞, 李成贵. 2011a. 跨国种子企业与中国种业上市公司的比较与启示. 中国农村经济, (2): 52-59.

靖飞, 李成贵. 2011b. 威胁尚未构成: 外资进入中国种业分析. 农业经济问题, (11): 85-89.

康晨. 2018. 风险态度对贫困农户生产投资的影响研究. 广西大学硕士学位论文.

亢剑天. 2017. 大学生对转基因食品认知度和购买意愿调研——以黑龙江高校为例. 北方经贸, (9): 41-42.

兰进好, 张保望, 宋希云. 2012. 农作物品种审定推广中存在的问题及对策. 中国种业, (7): 8-12.

李东进. 2001. 关于我国消费者搜寻信息努力的实证研究. 南开学报, (1): 30-35.

李洁瑜. 2011. 我国转基因水稻产业化中的知识产权问题研究. 华中农业大学硕士学位论文.

李菊丹. 2013. 欧洲专利局植物发明专利保护实践及启示. 中国生物工程杂志, 33(5): 139-147.

李菊丹, 宋敏. 2014. 论《植物新品种保护条例的修订》. 中国种业, (8): 1-5.

李俊. 2013. 基于顾客感知价值的公众对乳制品品牌认知的实证研究. 武汉理工大学硕士学位论文.

李鹏辉. 2017. 个人投资者特征与风险态度的关系及其对股票投资收益的影响. 南京大学硕士学位论文.

李万君, 李艳军. 2011. 典型国家种子产业链模式比较分析及启示. 中国科技论坛, (6): 131-137.

李小晓. 2011. 中国粮食物种危机. 农家参谋(种业大观), (6): 4-7.

李欣蕊, 齐振宏, 邬兰娅, 等. 2015. 基于 AHP 的中国现代种业发展的 SWOT 分析. 科技管理研究, 35(3): 22-27.

李醒民. 2007. 科学的文化意蕴. 北京: 高等教育出版社.

李艳军, 李崇光. 2004a. 对我国种子市场实施价格管制的经济学分析. 中国农村经济, (9): 31-37.

李艳军, 李崇光. 2004b. 我国种子经销环节利润率高的原因分析与建议. 湖北社会科学, (9): 40-41.

林铁钢. 2005. 加强农业综合生产能力建设 保持中国农业持续发展——访中央财经领导小组办

公室副主任陈锡文. 中国金融, (9): 11-13.

刘柏松, 傅贤治, 薛云建. 2008. 企业品牌权益保护的消费者心理角度研究. 企业研究, (4): 28-29.

刘定富. 2016-07-15. 未来中国种业的市场和研发趋势. 中国经济时报, 第 11 版.

刘介明, 谭清. 2013. 我国农业植物新品种保护问题研究——基于 UPOVC 视角. 武汉理工大学学报(社会科学版), (8): 623-627.

刘金平, 黄宏强, 周广亚. 2006. 城市居民风险认知结构研究. 心理科学, 29(6): 1439-1441,1459.

刘力. 2014. 转基因大豆对我国非转基因大豆的影响. 华中师范大学硕士学位论文.

刘美琪. 2017. 南昌市消费者对转基因食品认知及购买意愿研究. 江西财经大学硕士学位论文.

刘威. 2009. 绿色食品顾客感知价值维度及其对顾客忠诚的影响研究. 厦门大学硕士学位论文.

刘玮. 2009. 基于用户特征的顾客感知价值提升策略研究——以南京地区笔记本电脑用户为例. 南京财经大学硕士学位论文.

刘信, 邱军. 2017. 推进绿色发展新方式 开拓中国种业新局面. 中国农技推广, (12): 3-4.

刘旭霞, 余桢. 2007. 中外转基因作物产业化法律规范比较. 科技与法律, (3): 69-74.

刘旭霞, 李洁瑜. 2010. 论我国转基因水稻产业化的知识产权战略实施. 南京农业大学学报(社会科学版), 10(4): 65-71.

刘旭霞, 耿宁. 2011. 美日欧转基因生物知识产权保护发展趋势及对我国的启示. 知识产权, (1): 112-116.

刘旭霞, 宋芳. 2012. 我国需要依赖性派生品种制度吗?——以我国种业发展为基点. 知识产权, (6): 52-74.

刘旭霞, 朱鹏, 李晶晶. 2008. 社会中间层在知识产权战略实施中的功能定位. 电子知识产权, (10): 23-26.

刘旭霞, 王继鑫, 沈大力. 2014. 论我国转基因生物技术知识产权利用制度. 安徽农业科学, 42(18): 6025-6028.

刘玉涛. 2013. 农业转基因生物技术的社会争论分析. 山东农业大学学报(社会科学版), (1): 11-15.

刘志强, 王成栋, 李宁, 等. 2007. 济南市消费者对转基因食品的认知态度的调查与分析. 中国农业科技导报, 9(1): 52-58.

柳鹏程, 马春艳, 马强. 2005. 消费者对转基因食品安全管理的期望: 消费者意愿视角. 农业技术经济, (6): 16-21.

卢菲菲, 何坪华, 闵锐. 2010. 消费者对食品质量安全信任影响因素分析. 西北农林科技大学学报(社会科学版), (1): 72-77.

卢洪. 2014. 搭建种业科研公共服务大平台. 农家参谋(种业大观), (10): 17.

陆群峰, 肖显静. 2009. 中国农业转基因生物安全政策模式的选择. 南京林业大学学报(人文社会科学版), 9(2): 68-78.

罗忠玲, 邹彩芬, 王雅鹏. 2005. 跨国种业巨头扩张与世界种业科技竞争. 中国科技论坛, (5): 127-130.

罗忠玲, 邹彩芬, 王雅鹏. 2006. 美国种子产业公、私部门 R&D 投资与知识产权保护. 科技进步与对策, 23(5): 34-37.

骆飞. 2014. 国家粮食安全视阈下的转基因主粮产业化问题研究. 武汉科技大学硕士学位论文.

吕小明, 罗凯世, 赵威, 等. 2018. 中美种业兼并重组对比分析. 中国种业, (10): 1-4.

马亮. 2015. 新闻媒体披露与公众的食品安全感: 中国大城市的实证研究. 中国行政管理, (9): 70-77.

毛文娟. 2013. 环境安全与食品安全风险的利益框架和社会机制分析. 经济问题探索, (2): 10-15.

毛新志. 2004. 转基因食品的伦理问题研究. 华中科技大学博士学位论文.

毛新志. 2011. 我国转基因水稻产业化的现实困境及其出路. 南京农业大学学报(社会科学版), 11(3): 124-131.

毛新志, 冯巍. 2007. 转基因食品的风险及其社会控制. 中国科技论坛, (4): 112-115.

毛新志, 王培培, 张萌. 2011. 转基因食品社会评价的调查与分析——基于湖北省的问卷调查. 华中农业大学学报(社会科学版), (5): 5-11.

门玉峰. 2010. 我国现行食品安全监管体系的问题与对策研究. 对外经贸, (7): 89-91.

孟淑春, 马连平, 宋顺华. 2015. 从国际种子研究现状看中国种子科技与种业发展. 世界农业, (8): 182-185.

奈特 F H. 2005. 风险、不确定性和利润. 王宇, 等译. 北京: 中国人民大学出版社.

聂翠蓉. 2013. "生物经济"浪潮再涌——各国发展生物技术产业政策扫描. 中国科技财富, (1): 43-45.

聂晶晶, 简迎辉. 2015. 产品因素对网络促销消费者感知风险影响研究. 武汉理工大学学报(信息与管理工程版), 37(6): 795-798.

农业部农业转基因生物安全管理办公室. 2013-04-27. 我国为什么要发展转基因水稻?http://www.moa.gov.cn/ztzl /zjyqwgz/kpxc/201304/t20130427_3446854.htm[2016-03-26].

彭光芒, 尤永, 吕瑞超. 2010. 转基因食品信息对个人态度和行为影响的实证研究. 华中农业大学学报(社会科学版), (3): 13-18.

彭黎明. 2011. 气候变化公众风险认知研究——基于广州城市居民的调查. 武汉大学博士学位论文.

彭玮. 2013. 农作物现代种业发展路径探究——基于湖北省种子企业、农户的调查数据. 西北农林科技大学学报(社会科学版), 13(3): 67-74.

齐振宏, 王瑞懂. 2010. 中外转基因食品消费者认知与态度问题研究综述. 国际贸易问题, (12): 115-119.

齐振宏, 周慧. 2010. 消费者对转基因食品认知的实证分析——以武汉市为例. 中国农村观察, (6): 35-43.

齐振宏, 周萍人, 冯良宣, 等. 2013. 公众和科学家对 GMF 风险认知的比较研究. 中国农业大学学报, (5): 213-219.

綦成元, 王昌林, 任志武, 等. 2007. 促进生物产业发展的政策研究. 高科技与产业化, (12): 26-31.

钱洁凡, 孟耀斌, 史培军. 2009. 北京城市居民风险认知状况调查. 中国减灾, (12): 26-27.

钱振华, 刘家华. 2016. 关于国内外对转基因食品安全状况的文献分析——基于科学计量学的视角. 北京科技大学学报(社会科学版), (2): 67-79.

乔雄兵, 连俊雅. 2014. 论转基因食品标识的国际法规制——以《卡塔赫纳生物安全议定书》为视角. 河北法学, 32(1): 134-143.

秦天宝. 2013. 欧盟生物技术产业发展的法律保障——以转基因生物安全管制为例的考察. 河南财经政法大学学报, (4): 43-50.

青平, 李崇光. 2005. 消费者计划行为理论及其在市场营销中的应用. 理论月刊, (2): 78-80.

青平, 吴乐. 2010. 消费者转基因食品感知风险的实证分析. 科学对社会的影响, (2): 38-41.

仇焕广, 黄季焜, 杨军. 2007. 政府信任对消费者行为的影响研究. 经济研究, (6): 65-75.

曲瑛德, 陈源泉, 侯云鹏, 等. 2011a. 我国转基因生物安全调查 I. 公众对转基因生物安全与风险的认知. 中国农业大学学报, 16(6): 1-10.

曲瑛德, 陈源泉, 侯云鹏, 等. 2011b. 我国转基因生物安全调查 II. 转基因生物风险交流的途径与优先内容. 中国农业大学学报, (6): 11-19.

全世文, 曾寅初, 刘媛媛, 等. 2011. 消费者对国内外品牌奶制品的感知风险与风险态度——基于三聚氰胺事件后消费者调查. 中国农村观察, (2): 2-14.

任鸿隽. 1989. 何为科学家?新青年科学, (1): 46.

洒聪敏. 2011. 基于顾客感知价值的品牌、广告、口碑对购买意愿的影响研究. 华南理工大学硕士学位论文.

商务部. 2012. 欧委会推出欧盟"生物经济"战略的建议. http://www.china-nengyuan.com/news/30034.html[2016-5-13].

沈大力. 2015. 我国转基因生物技术产业知识产权战略研究. 华中农业大学硕士学位论文.

沈平, 章秋艳, 张丽, 等. 2016.我国农业转基因生物安全管理法规回望和政策动态分析.农业科技管理, 35(6): 5-8.

宋修伟, 缪翼, 石亚楠. 2014-10-21. 三部委联合打假专项行动开展近一年 种子市场秩序明显好转. 农民日报, 第 11 版.

孙国庆, 金芜军, 宛煜嵩, 等. 2010. 中国转基因水稻的研究进展及产业化问题分析. 生物技术通报, (12): 1-6.

孙剑, 李崇光, 黄宗煌. 2010. 绿色食品信息、价值属性对绿色购买行为影响实证研究. 管理学报, 7(1): 57-63.

孙永朋, 王美青, 徐萍, 等. 2011. 开放背景下中国种业后发优势与战略. 中国种业, (2): 8-11.

谭涛, 陈超. 2014. 我国转基因作物产业化发展路径与策略. 农业技术经济, (1): 22-30.

佟屏亚. 2006. 全球化视野下的中国种业. 种子世界, (1): 11-15.

万建民. 2011. 我国转基因植物研发形势及发展战略. 生命科学, 23(2): 166-167.

王崇, 王祥翠. 2011. 网络环境下基于价值理论的我国消费者购买意愿影响因素研究. 数理统计与管理, 30 (1): 127-135.

王甫勤. 2010. 风险社会与当前中国民众的风险认知研究. 上海行政学院学报, 11(2): 83-91.

王娟, 胡志强. 2014. 专家与公众的风险感知差异. 自然辩证法研究, 30(1): 49-53.

王柳巧. 2008. 基于消费者特性的顾客感知价值影响因素研究. 东北大学硕士学位论文.

王明远. 2010. 我国转基因生物安全立法及其完善. 北京: 北京大学出版社.

王萍. 2005. 运用数据挖掘技术预测客户购买倾向——方法与实证研究. 情报科学, 23(5): 738-741.

王迁. 2004. 欧盟转基因食品法律管制制度研究. 华东政法学院学报, (5): 91-97.

王琴芳. 2008. 转基因作物生物安全性评价与监管体系的分析与对策. 中国农业科学院博士学位论文.

王瑞懂. 2010. 武汉市消费者对转基因食品的认知研究. 华中农业大学硕士学位论文.

王卫清, 薛达元. 2008. 消费者对转基因食品认知态度再调查. 中央民族大学学报(自然科学版), (17): 27-32.

王卫中. 2005. 产业整合与我国种业发展的路径选择. 农业经济问题, (6): 34-37.

王旭静, 贾士荣. 2008. 国内外转基因作物产业化的比较. 生物工程学报, 24(4): 541-546.

王彦博, 朱晓艳. 2018. 上海市居民转基因食品认知与购买意愿研究. 现代商业, (2): 14-15.

王燕. 2017. 基于前景理论的通勤者出行路径选择行为及风险态度研究. 西南交通大学硕士学位论文.

王宇红. 2012. 我国转基因食品安全政府规制研究. 西北农林科技大学博士学位论文.

王志刚, 彭纯玉. 2010. 中国转基因作物的发展现状与展望. 农业展望, 6(11): 51-55.

魏守军, 袁有禄, 陆作楣. 2003. 现代农业生物技术发展及其对种业技术体系的影响. 农业现代化研究, 24 (5): 396-400.

魏雅华. 2014. 中国正在成为全球第一粮食进口大国. http://www.tradetree.cn/content/3208/4.html [2014-03-15].

邬兰娅, 齐振宏, 李欣蕊, 等. 2014. 基于"四力模型"的中美种业发展比较研究. 经济问题探索, (9): 102-106.

吴亮锦, 糜仲春. 2006. 珠宝知觉价值与购买能力模型之研究. 集团经济研究, (3): 51-53.

吴林海, 钟颖琦, 山丽杰. 2013. 公众食品添加剂风险感知的影响因素分析. 中国农村经济, (5): 45-57.

吴林海, 吕煜昕, 吴治海. 2015. 基于网络舆情视角的我国转基因食品安全问题分析. 情报杂志, 34(4): 85-90.

吴蔚, 胡海洋, 宋伟. 2012. 转基因水稻商业化过程的安全监管. 科技与法律, (4): 12-15.

武立鑫, 宋禹佳, 孙月雯, 等. 2016. 基于 CVM 法消费者对转基因食品购买意愿的研究与分析. 商, (15): 100.

武永红, 范秀成. 2004. 基于顾客价值的企业竞争力整合模型探析. 中国软科学, (11): 86-92.

夏欣欣. 2011. 转基因食品的消费者购买意愿的影响因素研究. 暨南大学硕士学位论文.

项高悦, 曾智, 沈永健, 等. 2016. 消费者对转基因食品的风险感知及购买意愿研究——基于南京市消费者调查数据分析. 食品工业, 37(8): 256-261.

项新华, 张正, 庞星火. 2005. 北京市城区居民的转基因食品知识、态度、行为及影响因素分析. 中国食品卫生杂志, (17): 217-220.

谢鑫. 2012. 未来若干年中国种业发展面临的挑战及其发展路径选择. 中国科技论坛, (12): 138-143.

徐海萍. 2009. 转基因植物知识产权保护法律问题研究——以转基因水稻为例. 华中农业大学硕士学位论文.

徐立青, 徐晓梅. 2013. 牛奶安全风险感知影响因素研究. 商业研究, (7): 109-116.

徐铭鸿. 2018. 主观幸福感、风险态度与居民家庭资产选择. 山西财经大学硕士学位论文.

徐秀秀, 韩兰芝, 彭于发, 等. 2013. 转基因抗虫水稻的研发与应用及在我国的发展策略. 环境昆虫学报, 35(2): 242-252.

徐振伟, 文佳筠. 2016. 美欧对待转基因农作物的态度差异及其原因兼后果分析. 经济社会体制比较, (6): 165-179.

许博, 邵兵家, 杨海峰. 2010. C2C 电子商务感知风险影响因素的实验研究. 软科学, 24(7): 125-128.

宣亚南, 周曙东. 2002. 关于消费者对转基因农产品认知的调查. 中国人口·资源与环境, (3): 128-133.

薛达元. 2009. 转基因生物安全与管理. 北京: 科学出版社.

薛强, 朱远, 李颖. 2003. 影响消费者购前信息搜寻因素的主成分分析. 大连海事大学学报(社会科学版), (6): 45-47.

闫石, 杨东霞. 2010. 消费者对转基因食品的认可: 性状、标签及多种信息. 农业科技管理, (6): 64-66.

严功翠, 秦向东. 2006. 浅析消费者对转基因食品的认知和意向——以上海为例. 安徽农业科学, (34): 154-156.

严浩仁, 贾生华. 2004. 移动通信顾客忠诚驱动因素的实证研究. 电信科学, (3): 88-92.

杨龙, 王永贵. 2002. 顾客价值及其驱动因素剖析. 管理世界, (6): 146-147.

杨青, 钱新华, 庞川. 2011. 消费者网络信任与网上支付风险感知实证研究. 统计研究, 28(10): 89-97.

杨艳. 2017. 现代种业发展存在问题与建议. 种子科技, (12): 28.

杨永清, 张金隆, 满青珊. 2010. 消费者对移动增值服务的感知风险外向因素及其中的调节效应研究. 经济管理, 32(9): 147-154.

杨钰. 2009. 基于食品安全风险感知的消费者行为研究——以成都市居民奶制品消费为例. 西南财经大学硕士学位论文.

杨振海, 张志青. 2001. 21 世纪初中国饲料工业发展战略研究. 中国饲料, (16): 3-6.

叶林. 2011. 专栏导语. 公共行政评论, 4(1): 16-19.

叶青. 2001. 中国证券市场风险的度量与评价. 北京: 中国统计出版社.

尹世久. 2010. 基于消费者行为视角的中国有机食品市场实证研究. 江南大学博士学位论文.

于丹, 董大海, 刘瑞明, 等. 2007. 网上购物风险来源、类型及其影响因素研究. 大连理工大学学报, 28(2): 13-19.

于佳. 2012. 顾客感知价值对绿色食品购买行为的影响研究. 华南理工大学硕士学位论文.

袁丹丹. 2018. C2C 型分享经济背景下消费者购买意愿影响因素的实证研究——技术接受模型视角. 中国物价, (9): 84-87.

袁德霞. 2010-01-04. 张红武: 应限制发展耗水经济促进社会经济持续发展. https://news.qq.com/a/20100104/002422.htm[2014-03-15].

袁宏福. 2008. 基于个性的顾客感知价值研究. 中国人民大学硕士学位论文.

曾文革, 田路. 2013. 欧美国家转基因食品监管立法的差异性及其对我国未来立法的启示. 经济法论坛, 10(1): 109-120.

展进涛. 2015. 转基因信息传播对消费者食品安全风险预期的影响. 农业技术经济, (8): 15-24.

张朝辉. 2011. 转基因农作物产业化的法律问题研究. 郑州大学硕士学位论文.

张晋铭, 徐传新. 2015. 中国转基因作物产业化的困境与研究对策. 中国科技论坛, (2): 137-141.

张俊祥, 程家瑜, 王革, 等. 2011. 生物技术产业特性和发展战略选择研究. 中国科技论坛, (1): 25-39.

张宁. 2012. 风险文化理论研究及其启示——文化视角下的风险分析. 中央财经大学学报, (12): 91-96.

张启发. 2001-12-18. 转基因技术(上). 科技日报, 第 7 版.

张启发. 2001-12-20. 转基因技术(下). 科技日报, 第 7 版.

张启发. 2005. 对我国转基因作物研究和产业化发展策略的建议. 中国农业信息, 19(2): 4-7.

张启发, 齐振宏. 2011. 转基因生物研究与产业可持续发展咨询报告. 北京: 中国科学院.

张文静. 2017. 转基因食品消费行为研究. 西北农林科技大学博士学位论文.

张晓勇, 李刚, 张莉. 2004. 中国消费者对食品安全的关切——对天津消费者的调查与分析. 中国农村观察, (1): 14-21.

张熠婧. 2015. 转基因水稻商业化发展的影响因素分析. 中国农业大学博士学位论文.

张应语, 张梦佳, 王强, 等. 2015. 基于感知收益-感知风险框架的 O2O 模式下生鲜农产品购买意愿研究. 中国软科学, (6): 128-138.

张郁, 齐振宏, 黄建. 2014. 基于转基因食品争论的公众风险认知研究. 华中农业大学学报(社会科学版), (5): 131-137.

章力建, 朱立志. 2005. 我国"农药立体污染"防治对策研究. 农业经济问题, (2): 4-7.

赵博, 王丽英, 蔡菲菲, 等. 2013. 我国种业发展现状、制约问题及战略对策研究. 种子, 32(6): 64-66.

赵冬梅, 纪淑娴. 2010. 信任和感知风险对消费者网络购买意愿的实证研究. 数理统计与管理, 29(2): 305-313.

赵海燕, 何忠伟. 2013. 中国大国农业国际竞争力的演变及对策: 以蔬菜产业为例. 国际贸易问题, (7): 3-14.

赵其国, 周应恒, 耿献辉. 2008. 我国现代农业发展路线与发展战略. 生态环境, 17(5): 1721-1727.

赵牟, 黎瑶, 梅娟, 等. 2018. 京郊居民转基因食品购买意愿及影响因素. 北京农学院学报, 33(1): 104-108.

赵天水. 2016. 基于感知风险的跨境电商平台消费者信任对购买意愿的影响. 东华大学硕士学位论文.

赵源, 唐建生, 李菲菲. 2012. 食品安全危机中公众风险认知和信息需求调查分析. 天津财经大学学报, (6): 61-70.

赵铮. 2010. 基于感知价值的大豆食用油消费行为倾向实证研究. 哈尔滨工业大学硕士学位论文.

郑立明. 2003. 基于顾客价值分析的企业战略定位和战略选择. 南京工业大学硕士学位论文.

钟浩. 2007. 不同生活型态人群的知觉风险对信用卡消费金额的影响研究. 浙江大学硕士学位论文.

钟小娜. 2005. 网络购物模式下的顾客感知价值研究. 经济论坛, (15): 131-133.

周峰. 2003. 消费者对转基因食品的认识、态度及其因素分析. 中国农业大学硕士学位论文.

周慧. 2012. 公众对转基因食品的认知研究. 华中农业大学硕士学位论文.

周洁红. 2005. 消费者对蔬菜安全认知和购买行为的地区差别分析. 浙江大学学报(人文社会科学版), (11): 113-121.

周锦培, 刘旭霞. 2010. 阿根廷转基因作物产业化的法律监管体系评析. 岭南学刊, (6): 96-101.

周蕾. 2015. 消费者创新性、顾客绿色感知价值与绿色消费意图的关系研究——基于环境知识的可调节中介模型. 吉林大学硕士学位论文.

周梅华, 刘馨桃. 2009. 长沙市消费者对 T 转基因食品的认知程度和态度研究. 消费经济, (25): 51-54.

周萍人. 2012. 公众和科学家对转基因食品风险认知的比较研究. 华中农业大学硕士学位论文.

周萍人, 齐振宏. 2012. 消费者对转基因食品健康风险与生态风险认知实证研究. 华中农业大学学报(社会科学版), (1): 5-10.

周懿瑾. 2006. 绿色产品顾客感知价值维度研究——以绿色化妆品为例. 广东外语外贸大学硕士学位论文.

周应恒, 卓佳. 2010. 消费者食品安全风险认知研究——基于三聚氰胺事件下南京消费者的调查. 农业技术经济, (2): 89-96.

周应恒, 霍丽月, 彭晓佳. 2004. 食品安全: 消费者态度、购买意愿及信息的影响——对南京市超市消费者的调查分析. 中国农村经济, (11): 53-59.

朱聪, 刘芳, 何忠伟. 2013. 全球化视野下中外种业发展比较研究. 中国种业, (7): 1-4.

朱晶. 2014. 全球化下中国粮食安全: 几点思考. 华中农业大学.

驻巴西使馆经商处. 2015. 巴西的知识产权的保护规定. http://br.mofcom.gov.cn/article/ddfg/qita/201107/20110707671618.shtml[2016-5-13].

卓志. 2007. 实体派与建构派风险理论比较分析. 经济学动态, (4): 97-101.

James C. 2015. 2014 年全球生物技术/转基因作物商业化发展态势. 中国生物工程杂志, (1): 1-14.

James C. 2016. 2015 年全球生物技术/转基因作物商业化发展态势. 中国生物工程杂志, 36(4): 1-11.

James C. 2018. 2017 年全球生物技术/转基因作物商业化发展态势. 中国生物工程杂志, 38(6): 1-8.

Ajzen I, Driver B. 1992. Application of the theory of planned behavior to leisure choice. Journal of Leisure Research, 24(3):207-224.

Alexandratos N, Bruinsma J. 2012. World agriculture towards 2030/2050: the 2012 revision. Food and Agriculture Organization of the United Nations, Rome.

Anderson J C, Jain D C, Chintagunta P K. 1992. Customer value assessment in business markets: a state-of-practice study. Journal of Business-To-Business Marketing, 1(1): 3-29.

Anthony J C, Travis R G, Jan P N. 2003. The release of genetically modified crops into the environment. The plant Journal, (33): 23-24.

Arrow K J. 1963. Uncertainty and the welfare economics of medical care. The American Economic Review, 53（5）:941-973.

Asian Development Bank. 2001. Agricultural Biotechnology, Poverty Reduction, and Food Security. Manila: Asian Development Bank.

Badrie N, Titre M, Jueanville M, et al. 2006. Public awareness and perception of genetically modified foods in Trinidad, West Indies. British Food Journal,108(3):192-199.

Baker G A, Burnham T A. 2001. Consumer response to genetically modified foods: markets element analysis and implications for products and policy markers. Journal of Agricultural and Resource Economics, (26): 387-403.

Barker T, Bashmakov I, Bernstein L, et al. 2009. Contribution of Working Group Ⅲ to the Fourth Assessment Report of the IPCC : Technical Summary. Cambridge: Cambridge University Press.

Bauer R A. 1960. Consumer behavior as risk taking. Dynamic Marketing for A Changing World, 398.

Berry L. 2000. Cultivating service brand equity. Journal of the Academy of Marketing Science, 28(1): 128-137.

Bettman J R, Luce M F, Payne J W. 1998. Constructive consumer choice processes. Journal of Consumer Research, 25(3): 187-217.

Boecaletti S, Moro D. 2000. Consumer willingness to pay for GM food products in Italy. AgBio Forum, 3: 259-267.

Bredahl L. 2001. Determinants of consumer attitudes and purchase intentions with regard to genetically modified food: results of a cross-national survey. Journal of Consumer Policy, 24(1): 23-61.

Burton M, Rigby D, Young T, et al. 1995. Consumer attitudes to genetically modified organisms in food in the UK. European Review of Agricultural Economics, (28): 155-173.

Burton M, Rigby D, Young T, et al. 2002. Consumer attitudes to genetically modified organisms in food in the UK. European Review of Agricultural Economics, 28(4): 479-498.

Campbell M C, Goodstein R C. 2001. The moderating effect of perceived risk on consumers' evaluations of product incongruity: preference for the norm. Journal of Consumer Research, 28(3): 439-449.

Carothers G H, Adams M. 1991. Competitive advantage through customer value: the role of value-based strategies. Competing Globally Through Customer Value, 32-66.

Chaudhuri A. 2015. Does Perceived Risk Mediate The Relationship of Product Involvement and Information Search? Proceedings of the 1999 Academy of Marketing Science (AMS) Annual Conference. Berlin: Springer International Publishing.

Chen R, He F. 2003. Examination of brand knowledge, perceived risk and consumers intention to adopt an online retailer. Total Quality Management and Business Excellence, 14(6): 677-693.

Clow K E, Baack D, Fogliasso C. 1998. Reducing perceived risk through advertising service quality cues. Journal of Professional Services Marketing, 16(2): 151-162.

Codex Alimentarius Commission. 1998. Proposed draft principles and guidelines for the conduct of microbial risk assessment. World Health Organization. Food and Agriculture Organization of the United Nation. Rome, Italy: Codex Alimentarius Commission.

Costa-Font J, Mossialos E. 2007. Are perceptions of 'risks' and 'benefits' of genetically modified food (in)dependent? Food Quality and Preference, (18): 173-182.

Cox D F. 1967. Risk Handling in Consumer Behavior An Intensive Study of Two Cases. Cambridge: Harvard University Press.

Cunningham S M. 1967. Risk Taking and Information Handling in Consumer Behavior. Cambridge: Harvard University Press.

Dodds W B, Monroe K B. 1985. The effect of brand and price information on subjective product evaluations. Advances in Consumer Research, 12(1): 85-90.

Dodds W B, Monroe K B, Grewal D. 1991. Effects of price, brand, and store information on buyers' product evaluations. Journal of Marketing Research, 28(3): 307-319.

Dosma D M, Adamowicz W L, Hrudey S E. 2010. Socioeconomic determinants of health and food safety-related risk receptions. Risk Analysis: An International Journal, 21(2): 307-318.

Douglas M, Wildavsky A. 1982. Risk and Culture. Berkeley: University of California Press.

Dowling G R, Staelin R. 1994. A model of perceived risk and intended risk-handling activity. Journal of Consumer Research, (21): 119-134.

Dubinsky A J. 2003. A conceptual model of perceived customer value in ecommerce: a preliminary investigation. Psychology and Marketing, 20(4): 323-347.

Duffy R, Fearne A, Hornibrook S, et al. 2013. Engaging suppliers in CRM: the role of justice in buyer-supplier relationships. International Journal of Information Management, 33(1): 20-27.

Eiser J R, Miles S, Frewer L J. 2010. Trust, Perceived risk, and attitudes toward food technologies.

Journal of Applied Social Psychology，32(11)：2423-2433.

Ellen G，Michal S. 2004. Gender differences in the perceived risk of buying online and the effects of receiving a site recommendation. Journal of Business Research，(57)：768-775.

Ewald F. 1991. Insurance and risk// Burchell G, Gordon C ,Miiller P.The Foucault Effect：Study in Governmentality. Hempstead：Harvester Wheatsheaf.

Featherman M S，Pavlou P A. 2003. Predicting e-services adoption: a perceived risk facets perspective. Int. J. Human-Computer Studies，(59)：451-474.

Fischer G，Shah M，Tubiello F N，et al. 2005. Socio-economic and climate change impacts on agriculture：an integrated assessment. Philosophical Transactions of the Royal Society B，(360)：2067-2083.

Fishbein M，Ajzen I. 1975. Belief，attitude，intention and behavior：an introduction to theory and research. Philosophy and Rhetoric, 41(4): 842-844.

Fray I E. 2012. A Comparative Study of Risk Assessment Methods， MEHARI & CRAMM with a New Formal Model of Risk Assessment (FoMRA) in Information Systems. Computer Information Systems and Industrial Management. Berlin /Heidelberg:Springer.

Frewer L J，Salter B. 2002. Public attitudes, scientific advice and the politics of regulatory policy: the case of BSE. Science and Public Policy，(29)：137-145.

Frewer L J，Salter B. 2003. The changing governance of biotechnology: the polities of public trust in the agri-food sector. Applied Biotechnology Food Science and Policy，1(4)：1-5.

Frewer L J,Shepherd R ，Sparks P. 1994. Biotechnology and food production knowledge and perceived risk. British Food Journal, 96(9): 26-32.

Frewer L J，Howard C, Shepherd R. 1996. The influence of realistic of product exposure on attitudes towards genetic engineering of food. Food Quality and Preference，(7)：61-67.

Frewer L J，Howard C，Hedderley D，et al. 1997. Consumer attitudes towards different food-processing technologies used in cheese production-the influence of consumer benefit. Food Quality and Preference，8(4)：271-280.

Garretson J A，Clow K E. 1999. The influence of coupon fair value on service quality expectation，risk perception and purchase intention in the dental industry. Journal of Service Marketing, 13(1)：59-72.

Gaskell G，Bauer M W，Durant J，et al. 1999. Worlds apart? the reception of genetically modified foods in Europe and the U.S.. Science，285(5426)：384-387.

Grewal D，Monroe K B，Krishnan R，et al.1998. The effects of price-comparison advertising on buyers' perceptions of acquisition value and transaction value. Journal of Marketing, 62(2):46-59.

Hallman W K， Metcalfe J. 2001. Public perceptions of agricultural biotechnology：a survey of New Jersey residents. The Food Policy Institute Cook College, New Jersey.

Hallman W K，Adelaja B，Schilling J，et al. 2002. Consumer beliefs，attitudes and preferences regarding agricultural biotechnology. New Brunswick：Food Policy Institute Report, Rutgers University.

Hansen K. 2004. Does autonomy count in favor of labeling genetically modified food. Journal of agricultural and environmental ethics，12(1)：67-76.

Hartog J，Ada F C，Jonker N K. 2002. Linking measured risk aversion to individual characteristics.

Kyklos, 55(1): 3-26.

Hillson D, Murray W R. 2007. Understanding and Managing Risk Attitude. Hammond: Gower Publishing Ltd.

Hoban T J. 1997. Consumer acceptance of biotechnology: an international perspective. Nature Biotechnology, 15(3): 232.

Hoban T J. 1999. Consumer acceptance of biotechnology in the United States and Japan. Food Technology, 53(5): 50-53.

Hornibrook S A, Mccarthy M, Fearne A. 2005. Consumers' perception of risk: the case of beef purchases in irish supermarket. International Journal of Retail and Distribution Management, 33(10): 701-715.

Hossain F, Onyango B M. 2010. Product attributes and consumer acceptance of nutritionally enhanced genetically modified foods. International Journal of Consumer Studies, 28(3): 255-267.

Hossain F, Onyango B M, Adelaja A O, et al. 2002. Public perceptions of biotechnology and acceptance of genetically modified food. Working Papers: 34.

Huang J, Scott R, Rau C, et al. 2002. Plant biotechnology in China. Science, 295(25): 674-676.

Huang J K, Hu R F, Rozelle S, et al. 2005. Insect-resistant GM rice in farmers' fields: assessing productivity and health effects in China. Science, 308(5722): 688-690.

Huber A H. 2003. The role of customer value in arriving at an assessment of satisfaction: results of a causal analytic study. Developments in Marketing Science, 30(1): 110-115.

Huffman W E. 2003. Consumers acceptance of (and resistance to) genetically modified foods in high-income countries: effects of labels and information in an uncertain environment. American Journal of Agriculture Economics, (85): 1112-1118.

Jacoby J, Kaplan L B. 1972. The components of perceived risk. Advances in Consumer Research, 3(3): 382-383.

Jarvenpa S, Todd P A. 2005. Consumer reaction to electronic shopping on the world wide web. International Journal, 1(2): 59.

Jonge J, Frewer L, Trijp H. 2004. Monitoring consumer confidence in food safety: an exploratory study. British Food Journal, 106(10): 837-849.

Kapferer J N, Laurent G. 1993. Further evidence on the consumer involvement profile: five antecedents of involvement. Psychology and Marketing, 10(4): 347-355.

Kim S, Littrell M A, Ogle J L P. 1999. Academic papers: the relative importance of social responsibility as a predictor of purchase intentions for clothing. Journal of Fashion Marketing and Management, 3(3): 207-218.

Kotler P. 2002. Marketing Management. New Jersey: Prentice Hall Inc.

Kysar D A. 2004. Preferences for processes: the process/product distinction and the regulation of consumer choice. Harvard Law Review, 118(2): 525-642.

Laurent G, Kapferer J N. 1985. Measuring Consumer Involvement Profiles. Journal of Marketing Research, 22(1): 41-53.

Lobb A E, Mazzocchiand M, Traill W B. 2007. Modelling risk perception and trust in food safety information within the theory of planned behavior. Food Quality and Preference, 18(2): 384-395.

Macer D, Ng M A C. 2000. Changing attitudes to biotechnology in Japan. Nature Biotechnology,

18(9)：945-947.

Mahon D, Cowan C. 2004. Irish consumers' perception of food safety risk in minced beef. British Food Journal, 106(4)：301-312.

Martinez-Poveda A, Molla-Bauza M B, Gomis F J D C, et al. 2009. Consumer-perceived risk model for the introduction of genetically modified food in Spain. Food Policy, (34)：519-528.

Mazumdar T. 1993. A value based orientation to new product planning. Journal of Consumer Marketing, 10(1)：28-41.

Mccluskey J J, Grimsrud K M, Ouchi H, et al. 2016. Consumer response to genetically modified food products in Japan. Agricultural and Resource Economics Review, 32(2)：222-231.

Mendenhall C A, Evenson R E, Santaniello V, et al. 2001. Estimates of Willingness to Pay a Premium for Non-GM Foods：A Survey Wallingford: CABI Publishing.

Mertz C K, Slovic P, Purchase I F. 1998. Judgments of chemical risks: comparisons among senior managers, toxicologists and the public. Risk Anal, 18(4)：391-404.

Mitchell V W. 1999. Consumer perceived risk：conceptualizations and models. European Journal of Marketing. 33(1)：163-195.

Moon W, Balasubralmanian S K. 2001. A Multi-attribute Model of Public Acceptance of Genetically Modified Organisms. Chicago：American Agricultural Economics Assoiation.

Morris S H, Adley C C. 2001. Irish public perceptions and attitudes to modern biotechnology：an overview with a focus on GM foods. Trends in Biotechnology, 19(2)：43-48.

Nicolas C L, Jose F, Castillo M. 2008. Customer knowledge management and e-commerce: the role of customer perceived risk. International Journal of Information Management, (28)：102-113.

Nonhebel S. 2012. Global food supply and the impacts of increased use of biol fuels. Energy, 37(8)：115-121.

OECD-FAO. 2009. Agricultural Outlook：2009-2018. 15th edition. Pairs：Organization for Economic Co-operation and Development.

Parasuraman A, Grewal D. 2000. The impact of technology on the quality-value-loyalty chain：a research agenda. Journal of the Academy of Marketing Science, 28(1)：168-174.

Peter J P, Tarpey L X. 1975. A comparative analysis of three consumer decision strategies. Journal of Consumer Research, 2(1)：29-37.

Philip A. 2001. Public attitudes towards agricultural biotechnology in developing countries：a comparison between Mexico and the Philippines. Cambridge ：STI/CID Policy Discussion Paper, Harvard University.

Philip A. 2002. Public attitudes towards agricultural biotechnology in South Africa. Cambridge：CID Policy Discussion Paper, Harvard University, South Africa: SALDRU Policy Discussion Paper, University of Cape Town.

Pijawka K D, Mushkatel A H. 2010. Public opposition to the siting of the high-level nuclear waste repository：the importance of trust. Review of Policy Research, 10(4)：180-194.

Pray C, Huang J, Hu R, et al. 2002. Five years of Bt cotton in China：the benefits continue. The plant Journal, 31(4)：423-430.

Renn O, Rohrmann B. 2002. Cross-Cultural Risk Perception: a Subway of Empirical Studies. London: Kluwer Academic Publisher.

基于风险认知与知识产权视角的
转基因水稻产业化可持续发展研究

齐振宏 等 著

科学出版社

北京

内 容 简 介

　　本书基于风险认知与知识产权视角对我国转基因水稻产业化可持续发展问题进行了系统研究。借助风险认知理论、感知价值理论、风险社会理论等相关理论和多元有序分类 Logistic 模型、结构方程模型建模等统计数据分析工具进行了实证研究，重点研究了转基因水稻产业化可持续发展公众认知、风险管理、知识产权、法律监管、生物育种和政策创新等问题。对相关领域的理论研究者、政策制定者和工作实践者具有较为重要的指导和参考价值。

　　本书可供关注转基因水稻产业化可持续发展的科技工作者、管理工作者、高等院校师生参考使用。

图书在版编目（CIP）数据

基于风险认知与知识产权视角的转基因水稻产业化可持续发展研究/
齐振宏等著. —北京：科学出版社，2019.9
　ISBN 978-7-03-062262-4

　Ⅰ.①基…　Ⅱ.①齐…　Ⅲ.①转基因植物-水稻-农业可持续发展-
研究-中国　Ⅳ.①F326.11

中国版本图书馆 CIP 数据核字（2019）第 193887 号

责任编辑：林　剑／责任校对：彭珍珍
责任印制：吴兆东／封面设计：无极书装

科学出版社 出版
北京东黄城根北街 16 号
邮政编码：100717
http://www.sciencep.com

北京中石油彩色印刷有限责任公司 印刷
科学出版社发行　各地新华书店经销

*

2019 年 9 月第　一　版　开本：720×1000　1/16
2019 年 9 月第一次印刷　印张：19
字数：370 000
定价：208.00 元
（如有印装质量问题，我社负责调换）

本书获得华中农业大学农林经济管理一流学科建设经费资助

本书获得国家科技重大专项子课题"抗虫转基因水稻新品种培育"研究经费资助

本书获得国家重点项目"转基因农业生物技术产业化可持续发展研究"经费资助

前　　言

　　本书基于风险认知与知识产权视角对我国转基因水稻产业化可持续发展问题进行了系统研究。借助风险认知理论、感知价值理论、风险社会理论等相关理论和多元有序分类 Logistic 模型、结构方程模型建模等统计数据分析工具进行了实证研究，重点研究了转基因水稻产业化可持续发展公众认知、风险管理、知识产权、法律监管、生物育种和政策创新等问题。

一、研究内容与特点

　　1. 转基因水稻产业化可持续发展背景和现实意义分析——基于全球粮食安全视角

　　粮食安全始终是推动经济发展、保持社会稳定的基础。但从中长期发展趋势看，我国受人口、耕地、水资源、气候、能源、国际市场等因素变化的影响，在现有的农业科技水平下，实现粮食安全和可持续发展将面临更加严峻的挑战。国家科技支撑计划水稻产业技术调研课题组（简称课题组）结合全球转基因技术产业化发展面临的机遇和挑战，针对我国粮食生产面临的资源禀赋约束、资源环境瓶颈、粮食供需结构性矛盾等突出的现实问题，就转基因水稻产业化可持续发展对保障我国粮食安全和食品安全、培育战略新兴产业、提高生物育种产业国际竞争力、转变农业经济发展方式及实现农业可持续发展的重要性、必要性和紧迫性进行了全面而深入的分析。

　　2. 公众对转基因食品风险认知实证分析——基于结构方程模型实证研究

　　转基因食品风险问题一直备受争议与关注。公众作为市场的主体，其对转基因食品风险客观而科学的认知在一定程度上直接影响其对转基因食品的价值判断和购买意愿。因此，如何消除公众对转基因食品的风险认知偏差，不仅直接影响政府对转基因食品的相关决策，也将直接决定转基因食品的产业化发展和商业化进程。

　　课题组通过对信息不对称理论、风险认知理论和计划行为理论的诠释与运用，提出了公众对转基因食品风险认知的分析框架；通过描述性统计分析了公众对转基因食品风险认知的现状；采用验证性因子分析识别了影响公众对转基因食品风险认知的关键因子；并运用结构方程模型和回归分析方法揭示了公众对转基因产品知识认知、安全风险认知及卷入程度对其转基因食品感知价值和购买行为的影响机理。课题组运用多元有序分类 Logistic 模型揭示了公众和科学家风险认知差异产生的根本原因，并提出了建立有效的风险交流机制的对策路径，对政府部门制定转基因食品相关政策、引导转基因产业健康有序发展具有重要的参考价值。

3. 知识产权视角下转基因水稻产业化可持续发展战略设计与制度安排

我国转基因生物技术和产业化发展虽然取得一定成绩，但技术发展不够和产业化水平不高仍然是整个转基因水稻产业化可持续发展面临的最大实际问题。如何有效地推动和保障我国转基因水稻产业化可持续发展，需要从宏观上制定转基因水稻技术产业知识产权战略来引导转基因水稻技术创新和产业化可持续发展，从微观上建立健全以知识产权制度为核心的法律法规，保护相关利益主体的利益，促进转基因水稻技术产业化发展。

课题组以《国家知识产权战略实施纲要》和《农业知识产权战略纲要（2010—2020 年）》为指导，在充分借鉴发达国家和发展中国家转基因水稻技术产业知识产权战略实践经验的基础上，提出了我国转基因水稻技术产业知识产权战略制定的现实基础、指导原则、发展目标及战略重点，重点对我国转基因水稻技术产业知识产权创造战略、保护战略、管理战略和运用战略进行了系统分析和建构。为了保障我国转基因水稻技术产业知识产权战略的有效实施，从知识产权保护模式、客体、内容，配套政策法律，科技成果转化，以及人才队伍与文化建设等方面提出了政策建议。

4. 转基因水稻产业化增加生物种业可持续发展路径选择

课题组基于风险认知与知识产权保护视角进行的转基因水稻产业化可持续发展的实证研究和综合分析，系统总结了国内外转基因水稻产业化可持续发展对全球种业特别是生物种业科技发展带来的重大机遇和挑战。为了突破我国种业发展瓶颈，推进生物种业可持续发展，提升我国生物种业核心竞争力，分别从提高育种研发创新能力、加快种业科技创新体制改革、培育大型生物种业公司、推广上下游一体化的育种模式、加快育种制种基础设施建设和完善市场政策法规体系等方面提出了促进我国生物种业可持续发展的对策建议。

二、研究方法与特点

本书研究范围涉及经济学、管理学、社会学、心理学、法学等领域的内容，因此在研究过程中课题组打破了时空、学科界限，采用文献研究法、实证研究法和计量模型研究法，通过将规范分析与实证分析相结合，定性分析与定量分析相结合，案例研究、比较研究与计量模型研究相结合来进行研究。

在对转基因水稻产业化可持续发展背景和现实意义进行分析时，通过文献收集、统计年鉴数据测算，揭示国内外转基因食品产业化可持续发展的现状、特征与问题。在对公众转基因食品风险认知进行分析时，借鉴相关学科领域的理论，构建了公众及科学家对转基因食品风险认知的分析框架，并运用实地调研数据和多元有序分类 Logistic 模型，探讨影响公众和科学家对转基因食品风险认知的因素及这些因素之间的相互关系。在对转基因水稻产业化可持续发展战略及相关保障制度进行设计时，通过对转基因水稻技术产业知识产权战略已有相关研究成果进行比较分析，为我国转基因水稻技术产业知识产权战略规划制定提供参考借鉴；通过对国际法律体系、发展趋势和发展动向对比的研究，提出完善我国转基因水稻技术产业知识产权战略的政策建议。

三、创新程度与特点

1）研究视角和范式创新之处：已有文献对转基因水稻产业化方面的研究主要是从技术视角，或从伦理学、法学、社会学、管理学、经济学等单一视角展开，本书则是以 21 世纪全球生物科技与产业革命发展和我国粮食安全为研究背景，从"技术链+产业链"整合视角，从产业链视角运用可持续发展理论范式对我国转基因水稻产业化可持续发展问题进行了研究。从宏观、微观层面建立了一个具有中国特色的转基因水稻产业化可持续发展基本模式和分析框架。本书首次从产业链视角运用可持续发展理论范式，从文理交叉的整合视角来研究相关问题，其研究视角和范式有所创新。

2）在研究方法上的创新之处：已有文献对转基因水稻产业化可持续发展的研究以经验总结式定性描述性分析为主，课题组根据转基因水稻产业化发展具有的"自然系统+经济系统+社会系统"的复合系统特性，广泛采用产业经济理论、可持续发展理论、信息不对称理论、风险认知理论、产业链理论、制度经济学、计量经济学模型等相关理论与方法，采用规范分析与实证研究相结合，定量分析与定性分析相结合，案例研究、比较研究和数理模型研究相结合的研究方法，同时综合运用逻辑的混合合成（logic compound systhesis）方法。研究方法整合性强，体现了文理多学科交叉综合的特点。实证研究作为本书的基点，也是一大特色。

3）在研究内容上的创新之处：近年来，转基因作物产业化研究是一个前沿性的研究热点问题，但理论界对转基因农业生物技术产业化可持续发展的研究还非常少见，特别缺乏深入而系统的理论研究与实证分析。课题组运用产业链理论、可持续发展理论，首次从风险认知与知识产权保护两个视角，构建了转基因水稻产业化可持续发展分析框架；以往对转基因风险管理的研究主要是从客观的技术风险角度来研究的，本书从风险认知视角对其进行深入的实证调查和理论分析，建立基于信息不对称理论的风险认知 Logistic 模型与风险交流机制分析框架。这些研究内容都是首次全面而系统地研究转基因水稻产业化可持续发展问题，具有较大创新。

四、突出特色与主要建树

1）本书比较系统、全面地梳理和分析了我国转基因水稻产业化可持续发展问题，构建了基于信息不对称理论的公众转基因风险认知实证模型与风险交流机制分析框架；从知识产权视角丰富了我国转基因水稻产业化可持续发展战略系统；构建了我国转基因水稻产业化可持续发展的法律监管制度框架；构建了基于"四力模型"的生物育种产业可持续发展分析框架。

2）本书研究成果打破了时空、学科界限，以跨学科研究和文理交叉研究为主要研究方法，综合运用文献法、描述性研究法、调查法、比较分析法、个案研究法等方法，从伦理学、法学、社会学、管理学和经济学等不同领域对转基因水稻消费者认知问题、转基因科技伦理问题、转基因风险管理问题、转基因知识产权问题、转基因产业经济影响问题和国际贸易问题进行了系统研究。

五、学术价值和应用价值，以及社会影响和效益

1. 学术价值

本书比较系统、全面地梳理和分析了我国转基因水稻产业化可持续发展问题，构建了基于信息不对称理论的公众转基因风险认知实证模型与风险交流机制分析框架；从知识产权视角丰富了我国转基因水稻产业化可持续发展战略系统；构建了我国转基因水稻产业化可持续发展的法律监管制度框架；构建了基于"四力模型"的生物育种产业可持续发展分析框架。

2. 应用价值、社会影响和效益

课题阶段性成果——《打造国家种业中心研究》被湖北省委书记李鸿忠批示，获得湖北发展研究奖一等奖。齐振宏提交的《打造国家种业中心研究》被湖北省委书记李鸿忠、省委副书记张昌尔、省委秘书长傅德辉等批示，认为"课题重大，针对性强，意见具操作性，建议很好"，要求农业厅、省农业科学院、种业公司等"要大力推进"，农业厅在落实全省现代农业发展规划、制定种业工程专项规划时"要统筹研究考虑"。该成果获得湖北发展研究奖一等奖（编号：HBF2014-1-05；湖北省人民政府 2014 年 12 月颁发），产生了较大的经济社会效益。

转基因水稻可持续发展研究，研究的视角很多，而且有的还特别重要，由于研究经费、研究时间、研究能力所限，我们遵循有限目标与重点突出原则，主要从公众对转基因食品的风险认知和转基因水稻的知识产权保护两个视角来进行重点研究，其他视角（如科技创新视角、产业链发展视角）的研究有待于今后进一步深入展开。

由于课题组掌握的资料和课题组认识水平的限制，本书难免存在不足之处，恳请广大读者批评指正。

齐振宏

2019 年 1 月 10 日

<h1 style="text-align:center">目　　录</h1>

Rousu M, Monchuk D, Shogren J, et al. 2005. Consumer perceptions of labels and the willingness to pay for 'second-generation' genetically modified products. Journal of Agricultural and Applied Economics, (37): 647-657.

Savadori L. 2004. Expert and public perception of risk from biotechnology. Risk Analysis, 24(5): 1289-1299.

Schroeder T C, Tonsor G T, Pennings J M E, et al. 2007. Consumer food safety risk perceptions and attitudes: impacts on beef consumption across countries. Journal of Economic Analysis and Policy, (1): 1848-1849.

Sheth J N, Newman B I, Gross B L. 1991. Why we buy what we buy: a theory of consumption values. Journal of Business Research, 22(2): 159-170.

Shimp T A, Bearden W O. 1982. Warranty and other extrinsic cue effects on consumers' risk perceptions. Journal of Consumer Research, 9(1): 38-46.

Siegrist M. 1999. A causal model explaining the perception and acceptance of gene technology. Journal of Applied Social Psychology, (29): 2093-2106.

Siegrist M. 2000. The influence of trust and perceptions of risks and benefits on the acceptance of gene technology. Risk Analysis, (20): 195-203.

Slovic P. 1987. Perception of risk. Science, 236(4799): 280-285.

Slovic P. 1993. Perceived risk, trust and democracy. Risk Analysis, 13(6): 675-682.

Slovic P. 1997. Public perception of risk. Journal of Environmental Health, 59(9): 22-26.

Slovic P. 1999. Trust, emotion, sex, politics and science: surveying the risk-assessment battle field. Risk Anal, 19(4): 689-701.

Smith D, Riethmuller P. 1999. Consumer concern about food safety in Australia and Japan. Imitational Journal of Social Economics, 26(6): 724-741.

Spence H E, Engel J F, Blackwell R D. 1970. Perceived risk in mail-order and retail store buying. Journal of Marketing Research, 7(3): 364-369.

Stephen A T. 2016. The role of digital and social media marketing in consumer behavior. Current Opinion in Psychology, (10): 17-21.

Stone R N, Gronhaug K. 1993. Perceived risk: further considerations for the marketing discipline. European Journal of Marketing. 27(3): 372-394.

Sweeney J C, Soutar G N. 2001. Consumer perceived value: the development of a multiple item scale. Journal of Retailing, 77(2): 203-220.

Tang G, Hu Y, Yin S A, et al. 2012. β-Carotene in Golden Rice is as good as β-carotene in oil at providing vitamin A to children. American Journal of Clinical Nutrition, 96(3): 658-664.

Verdurme A, Viaene J. 2003. Consumer beliefs and attitude towards genetically modified food: basis for segmentation and implications for communication. Agribusiness, 19(1): 91-113.

Wang. 2004. An integrated framework for customer value and customer-relationship-management performance: a customer-based perspective from China. Managing Service Quality, (14): 2-3.

Wansink B. 2004. Consumer reactions to food safety crises. Advances in Food and Nutrition Research, (48): 103-150.

Wärneryd K E. 1996. Risk attitudes and risky behavior. Journal of Economic Psychology, 17(6): 749-770.

Westcott P C, Trostle R. 2012. Long-term prospects for agriculture reflect growing demand for food, fiber, and fuel. Developing Economies, 4(6): 8.

Wood C M, Scheer L K. 1996. Incorporating perceived risk into model of consumer deal assessment and purchase intent.Advances in Consumer Research, 23(1): 399-404.

Woodruff R B. 1997. Customer value: the next source for competitive advantage. Journal of The Academy of Marketing Science, 25(2): 139-153.

Yee W M S, Yeung R M W, Morris J. 2005. Food safety: building consumer trust in livestock farmers for potential purchase behavior. British Food Journal, 107(11): 841-854.

Yeung R M W, Morris W J. 2001a. Consumer perception of food risk in chicken meat. Nutrition and Food Science, 31(6): 270-278.

Yeung R M W, Morris W J. 2001b. Food safety risk consumer perception and purchase behavior. British Food Journal, 103(3): 170-186.

Zeithaml V A. 1988. Consumer perceptions of price, quality, and value: a means-end model and synthesis of evidence. Journal of Marketing, 52(7): 2-22.

Zeithaml V A, Berry L L, Parasuraman A. 1996. The behavioral consequences of service quality. Journal of Marketing, 60(2): 31-46.

附录 本书全部作者列表

章节	作者	单位	E-mail
前言	齐振宏	华中农业大学经济管理学院企业管理系	qizhh@mail.hzau.edu.cn
第1章	张董敏	长江大学管理学院工商管理系	355050314@qq.com
第2章	黄炜虹	华中农业大学经济管理学院农业经济管理系	shineyellow@163.com
	齐振宏	华中农业大学经济管理学院企业管理系	qizhh@mail.hzau.edu.cn
	周慧	华中农业大学经济管理学院企业管理系	chow-hui@qq.com
	胡剑	华中农业大学经济管理学院企业管理系	775325080@qq.com
	李欣蕊	华中农业大学经济管理学院企业管理系	amerylee12@163.com
第3章	黄炜虹	华中农业大学经济管理学院农业经济管理系	shineyellow@163.com
	冯良宣	华中农业大学经济管理学院企业管理系	flx1987715819@yahoo.cn
	陈斓珺	华中农业大学经济管理学院企业管理系	747525956@qq.com
第4章	朱萌	湖北省农业科学院农业经济技术研究所	827815513@qq.com
	黄建	华中农业大学经济管理学院企业管理系	1036753506@qq.com
	陈斓珺	华中农业大学经济管理学院企业管理系	747525956@qq.com
第5章	朱萌	湖北省农业科学院农业经济技术研究所	827815513@qq.com
	董园园	华中农业大学经济管理学院企业管理系	dyyonly@hotmail.com
	陈斓珺	华中农业大学经济管理学院企业管理系	747525956@qq.com
第6章	杨彩艳	华中农业大学经济管理学院农业经济管理系	yangcaiyan110@126.com
	周萍人	华中农业大学经济管理学院企业管理系	zhou_ping_ru@yahoo.cn
	曹丽红	华中农业大学经济管理学院企业管理系	250160721@qq.com
	韩成英	山东外贸职业学院商务管理系	cyhan0225@163.com
第7章	银圆圆	华中农业大学文法学院法学系	bisuyinyuanyuan@163.com
	刘旭霞	华中农业大学文法学院法学系	liuxuxia@mail.hzau.edu.cn
	游梦琪	华中农业大学经济管理学院企业管理系	929133489@qq.com

续表

章节	作者	单位	E-mail
第8章	张楠	华中农业大学文法学院法学系	907744604@qq.com
	郑钧武	武汉市洪山区人民法院	1198208321@qq.com
	王琪	华中农业大学文法学院法学系	770148221@qq.com
	刘桂小	华中农业大学文法学院法学系	460700095@qq.com
	周燕	华中农业大学文法学院法学系	pikazou@163.com
	刘旭霞	华中农业大学文法学院法学系	liuxuxia@mail.hzau.edu.cn
	万文彬	华中农业大学经济管理学院企业管理系	1093956117@qq.com
第9章	邬兰娅	三峡大学经济与管理学院	439643993@qq.com
	韩成英	山东外贸职业学院商务管理系	cyhan0225@163.com
	李欣蕊	华中农业大学经济管理学院企业管理系	amerylee12@163.com
	齐振宏	华中农业大学经济管理学院企业管理系	qizhh@mail.hzau.edu.cn
第10章	齐振宏	华中农业大学经济管理学院企业管理系	qizhh@mail.hzau.edu.cn